世界名著阅读经典文库

影响世界的100部争议名著

吴文智 卢月 主编

苏州大学出版社

图书在版编目(CIP)数据

影响世界的100部争议名著/吴文智，卢月主编. —苏州：苏州大学出版社，2010.4
(世界名著阅读经典文库)
ISBN 978-7-81137-467-4

Ⅰ.①影… Ⅱ.①吴…②卢… Ⅲ.①著作—简介—世界 Ⅳ.①Z835

中国版本图书馆CIP数据核字(2010)第058622号

书　　名	**影响世界的100部争议名著**
主　　编	吴文智　卢　月
责任编辑	赵　强
出版发行	苏州大学出版社 (苏州市干将东路200号　215021)
印　　刷	丹阳市教育印刷厂
开　　本	787 mm×1 092 mm　1/16
印　　张	22.75
字　　数	416千
版　　次	2010年4月第1版 2010年4月第1次印刷
书　　号	ISBN 978-7-81137-467-4
定　　价	36.00元

苏州大学版图书若有印装错误，本社负责调换
苏州大学出版社营销部　电话：0512－67258835
苏州大学出版社网址　http://www.sudapress.com

前　言

当今社会，物质世界发展之快是人们有目共睹的，就常识而言，无论社会如何发展，精神世界仍是主导物质世界的力量所在，从这个角度看，书籍，特别是那些优秀的文学名著，才是我们这个社会所共有的最大财富。

无疑，书籍是人类最好的朋友，读书能让我们变得聪慧、善良、谦逊……很多优良品质我们都是从书本上得到的，而名著更是给我们留下巨大财富的良师益友。要想成为一个高尚的人，就必须让自己学会阅读。阅读升华人格情操，触及心灵自省，是最有效的教育之一。阅读名著，可以培养我们健康向上的情趣，增长知识，促进智力，可以提高人的综合素质。在阅读的过程中，书中的智慧能使我们的人生得到启迪，书中顽强拼搏的精神能让我们自强不息。阅读名著，就是与伟大心灵的对话。

人，只有通过阅读，才能够发现自己思想的卑微，才能使心灵和灵魂得到净化。名著如同沙漠里的绿洲与甘露，可以使自己的心灵获得重生。从这个意义上说，阅读名著是一种快乐，是很有意义的事情。阅读名著可以让人在精神上得到最大的满足和享受。特别是对于青少年而言，阅读是头等大事，它是青少年增长知识、开拓眼界和陶冶情操的有效途径。

古今中外的名著历来是人类共同的精神财富，对人们生活的各个方面有着巨大的影响。不可否认，世界文明的发展给我们留下了许多优秀的文化作品，但相对于海量的一般普通作品而言，我们所能接触到的优秀作品充其量也不过如沙中珠玉。在这座世界文化宝库面前，存在的一个显要的问题就是：精华与糟粕共存。这里就有一个如何引导的问题。引导阅读，已被发达国家上升到了人才竞争、国力竞争的层面上来认识。正确引导读者步入有益阅读是思想界与学术界的神圣职责。对于大多数一般读者而言，要从浩如烟海的一般图书中去甄别那些有特别阅读价值的名著，虽不是什么登天难事，但也绝非易事。所以，我们的多数读者，想要多读一些优秀作品的愿望还是很难实现的。不仅有不少人限于财力不能购买那么多书，也因现代人生活节奏太快，不能拥有大块时间去一本本地细细阅读、慢慢体味。因此，无论是对研究者还是对普通读者，如果能拥有一套可以概括世界主要名著的工具书，无疑是一大美事。这就是我们编写这套“世界名著阅读经典文库”丛书的初衷。

丛书以独特的视角切入，对世界文化发展脉络予以深刻洞察和梳理，在占有大量信息的基础上，以那些塑造和改变了我们这个世界的人、事乃至理念为线索，勾画了一部生动而清晰的世界文化发展史。在选择评介对象时，以学术性或艺术性并重的原则，兼顾作品的实际影响；在广泛调查、大量翻阅工具书的基础上确定书目。在写作时，语言上注重可读性，追求一种介于学术性和文学性之间的风格。内容上，大致包括三个方面：作者生平及著述与学术或艺术成长历程、作品内容提要及简析、作品的主要影响。

读者可以在短时间内通过对丛书的轻松阅读系统地感受世界哲学、文学、历史、政治、艺术、科学等各个领域的发展与成就。希望这套荟萃世界名著的丛书会被大众所接受，所喜欢。

contents

目录

contents

目录

contents

目录

contents

目录

雷巴科夫 [俄罗斯]

《阿尔巴特街的儿女》

作者简介

雷巴科夫(1911—1998),俄罗斯作家。雷巴科夫所写的作品在某种程度上都带有自传性。其早期作品多以青少年生活为题材。如1948年发表的第一部中篇小说《短剑》和它的续篇《青铜鸟》(1956)、《枪声》(1975),就是描写苏维埃政权初期建立第一批少先队的过程,以及反映国内战争时期及新经济政策时期第一批共青团员为苏维埃政权斗争的经历。另一个中篇小说三部曲《克罗什历险记》(1960)、《克罗什的假期》(1966)、《无名战士》(1970),描写中学生生活和他们的性格成长过程。这两个三部曲情节曲折,人物形象鲜明,语言生动,充满机智、幽默和时代感,深受青少年喜爱。长篇小说《司机》(1950)塑造了他所熟悉的某汽车场中形形色色的人物群像。为此雷巴科夫被吸收为苏联作家协会成员。《司机》还荣获1951年斯大林奖金。长篇小说《叶卡捷琳娜·沃罗宁娜》(1955)取材于海港生活。这些作品和另一部长篇小说《松林村之夏》(1964)都是以生产为题材,描绘人际关系之间的矛盾。《沉重的黄沙》(1975—1978)的发表,表明雷巴科夫的创作进入一个新阶段,小说反映了一个世代居住在乌克兰的犹太人家庭从20世纪初到二次大战前后几十年间的悲欢离合的命运。这部描写被纳粹占领的乌克兰某小镇犹太人居住区生活的作品,先后在25个国家出版。

作品提要

小说共分三部分。第一部分叙述的是,1933年莫斯科运输工程学院的学生萨沙·潘克拉托夫参加了学院党员大会,会上,党委书记巴乌林宣布收到了讲授《社会主义统计基本原理》课的教师阿吉疆对萨沙的一份指控。原来,在课上,阿吉疆既不讲统计,也不讲基本原理,而是讲那些歪曲基本原理的人。萨沙直截了当地说,倒不妨给我们讲讲会计学本身是怎么回事。阿吉疆将此事提交给了党委会,给萨沙安上了一个“反对以马克思主义作为统计科学的基础”的罪名。会议认为应当让共青团去讨论此事,看看它的政治成熟性如何。

译林出版社 1998 年版封面

而在萨沙之前讨论的则是老布尔什维克克里克沃卢奇科“破坏集体宿舍修建工程”的问题(事实上这一指控是毫无根据的)。除一人弃权外,其余党委委员举手表决,同意将克里克沃卢奇科开除出党。

11 月 7 日,萨沙去参加在红场举行的游行。同学们向他投去了对倒了霉的人才会用的警觉而好奇的目光。他的朋友对他说,他出的那期“庆祝十月革命节”的墙报被巴乌林撤销,原因是“丑化突击手运动”(实际上这只不过是几句无伤大雅的同学之间的玩笑而已)。巴乌林特地走到萨沙面前,当众羞辱了他。人们通过观礼台,眼睛盯着一个人,口中叫着一个人的名字:斯大林!斯大林!人们兴奋着。

节后召开了党委紧急会议,指出发生了两起反党行为。一起是萨沙攻击统计科学中的马克思主义,另一起是萨沙出的墙报。人们指责萨沙搞政治破坏,有反党行为,居心险恶……萨沙试图辩解,可是人们不听解释,反而诱导地询问他与其他人的“联系”:有没有找过副人民委员布加金?没有。那为什么布加金找院领导为你说情?大概是舅舅马尔克·梁赞诺夫告诉布加金的。也就是说,用“上面”来压人?系主任扬松试图解释情况,可是被积极分子们的起哄阻止了。第二天贴出了命令:萨沙作为“反党行为的策划人”被开除学籍,其他几个“丧失了警惕性”的共青团员则受到了记过和警告的处分。扬松的系主任一职被某个积极分子所取代。

萨沙开始为给自己恢复名誉而奔走。在区党委里,“人们”却正在整材料,以期证明萨沙与前反对派分子克里克沃卢奇科有联系。罪名越来越严重了。

妈妈有一天惊恐地对萨沙说有人在跟踪他,萨沙不相信,可妈妈说的是真的。一种可怕的东西在进入他们的生活。妈妈请一些好心人去劝萨沙到外地躲一躲,萨沙不认为他萨沙·潘克拉托夫需要躲避“自己人”。“我相信党,因此也不打算离开她逃走。”

中央监察委员会的索里茨意外地过问了萨沙的事,决定为萨沙恢复学籍。(然而就在前一天,索里茨还无可奈何地签字同意因为 40 米电线而根据第 26 条乙款将什么人判八年徒刑。)萨沙得到了严重警告的处分。

夜里,家里来了一个陌生人和两名红军战士,逮捕了亚历山大·巴甫洛维奇·潘克拉托夫(亚历山大是俄语中“萨沙”的正式称呼)。

在布蒂尔监狱的审讯室里,侦查员问:“您是为什么在这里坐牢的?”萨沙有点糊涂了,他不明白人家为什么会问这样的问题。他直说了和阿吉疆的冲突以及墙报的事。侦查员对这些不屑一顾，他需要知道的是：萨沙和什么人进行过反革命谈话？萨沙为什么要去找布加金和马尔克说情？克里克沃卢奇科没有和萨沙进行过反革命谈话吗？

妈妈、马尔克、布加金以及朋友们都在以不同的方式帮助萨沙。没有人知道萨沙被捕的真正原因。

共产国际前领导人之一洛米纳泽对中国革命的看法与斯大林相左，因而成了反对派并被撤去在共产国际的职务，他被派到乌拉尔当市委书记(马尔克也在此处工作)。对洛米纳泽进行了专案审查：有人指控他似乎在创建新的共产国际。与他有牵连的是格林斯基。格林斯基的妻子格林斯卡娅正是运输工程学院的院长。学院里似乎发现了一个反对派的地下组织，为首的恰恰是格林斯卡娅的副手克里克沃卢奇科，过去的"工人反对派"的成员。国家政治保卫总局局长雅戈达对此事抓住不放……为前反对派和老布尔什维克准备的绞索正在收紧。

而斯大林认为：美国、法国、日本是苏联的敌对国。美国把苏联看做是它的殖民帝国的威胁，日本认为苏联是它入主中国的威胁，而法国看到的是苏联对它在欧洲的影响的威胁。与此同时，英国和日本是美国在世界市场上的主要竞争对手，战败国德国和战胜国法国是对立的。结论是：英国、日本、法国是一方，苏联、美国、德国是另一方。布加金等一些老布尔什维克对此是不赞同的。布加金是老干部了，曾与斯大林在一起过流放生活。怎么，难道就老让他反对自己？而马尔克似乎是另一位政治局委员奥尔忠尼启泽的部下？他的外甥被抓了，他有什么反应？还有基洛夫，他在党内威望不低啊，他为什么不听中央，也就是说斯大林同志的劝告，在列宁格勒保留了那么多的前反对派分子，让季诺维也夫分子柯达茨基当列宁格勒市苏维埃主席，把列宁格勒几乎要弄成一个独立王国了？基洛夫为什么要在列宁格勒的青年人那里追求廉价的声誉，上街从不带警卫呢？他要反对斯大林同志吗？周围的人谁比较可靠？莫洛托夫、卡冈诺维奇、伏罗希洛夫可靠些，他们是很好的执行者；加里宁和安德列耶夫会随大流；不可靠的是基洛夫、奥尔忠尼启泽、柯秀尔、古比雪夫、鲁祖塔克这几个政治局委员。基洛夫和奥尔忠尼启泽过从甚密，他想成为党的另一个领袖？娜佳(斯大林的妻子)受了他们不少的影响，她用自杀来反对斯大林，难道他们就没有责任？

马尔克在一次政治事件中疏远了奥尔忠尼启泽。他对斯大林更加崇拜了。

在小说的第二部里，萨沙开始了他的流放生活。他开始接触到那些以前只能在书刊和口头知道的各种反对派分子：社会革命党人、托洛茨基分子、僧侣……历史和生活在他面前展开，他开始认真地反思自己的命运。他想变得更宽容些。

妈妈和马尔克舅舅吵翻了。妈妈已经怕够了，她从儿子的命运中看清了许多事情，她恨斯大林。马尔克舅舅决不能容忍她对领袖的这种轻蔑和愤怒。妈妈说："向无依无靠的无辜者举起屠刀的人，最终也将亡身于屠刀之下!等到那个时候，你会想起萨沙的。不过，等你想起来的时候已经晚了。你没有保护住无辜的人，将来也不会有人保护你。"

斯大林在准备重建莫斯科，莫斯科从现在起是他的城市，未来的莫斯科是他的纪念碑。可斯大林仍然是孤独的，他不要人们爱他，他要人们怕他。在过去，权力必须是威严赫赫的，只有在这种权力面前人们才会拜倒，才肯屈服。只有这种权力才能令人诚惶诚恐、毕恭毕敬。为什么那些老布尔什维克们要写那些无聊的回忆录呢?他们似乎想贬低斯大林同志在历史上的地位，而把他们自己说成是列宁的亲密战友，他们想以此表明对斯大林同志天然继承的领袖地位的不同意见?他们想把自己说成是列宁主义的保卫者，列宁观点的唯一解释者，这是为什么? 这些反对派分子还不死心吗?列宁观点的唯一解释者只能是列宁的接班人，列宁事业的继承人，只可能是在列宁之后领导国家的人，那就是斯大林同志本人!斯大林是今天的列宁，而斯大林死后，他的继承人应该被称做"今天的斯大林"。只有这样才能建立权力的牢不可破的继承性，它的千古不变的稳固性。集体领导只是个神话。国家权力是联合一切愿意保护和巩固这个权力的人们的要素?可实际上权力是使人分离的，因为人人都想得到它。权力，只有当它集中于这种人手中，即任何其他人不仅没有能力，而且连想都不敢想从这种人手中夺走时，才是团结的因素。为此应该使人民建立对于权力的牢不可破的信念，并要消灭能够谋取权力的人。1934 年 6 月 30 日从德国传来消息，希特勒进行了内部清洗，纳粹党元老、冲锋队总队长罗姆和许多冲锋队长被杀，这一行动以"长刀之夜"载入了历史——也就是说，分裂并不会削弱政治运动，而会扩大它的社会基础，把各种拥护者吸引到运动中来，并在与分裂者的斗争中巩固运动的主流。人民不相信来自格鲁吉亚的非俄罗斯族人斯大林而想要一个俄罗斯族人基洛夫吗?怎么，在斯大林同志之外，还有人，比如说基洛夫，也可能被树立为领袖人物吗?斯大林同志和基洛夫同志之间只相差七岁，不能容忍反对派。一切反对派，无论是过去的、现在的还是将来的，都应消灭之，而且一定会被消灭。一个强国必须从内部巩固自己，它理应使别的国家怕它而不敢挑起战争。为此必须在最短的时间内把一个农业国变为工业国，而这需要不计其数的人和物质作为牺

Eesti raamat
Publications1988 年版封面

牲品。人民应该充当这种牺牲品。但是单凭热情冲动是做不到这点的，必须强迫人民去牺牲。为了这一点，必须有一个强有力的政权。要使人民懂得恐惧。必须动用一切手段来维持这种恐惧——永不停息的阶级斗争理论则为此提供了全部合法性。

必须加强专政机关的建设。内务人民委员会都应该是一个握有重权的机构，它要包括国家政治保卫总局、警察部队、边境卫戍部队、劳改营和教养院，也还要包括消防部队和户籍登记处。应该有一个既非天使也非美男子的、必不可少的岗位上需要的必不可少的人来领导这一机构。雅戈达似乎是个合适的人选：人们怀疑雅戈达为沙皇服务过，虽然要证明这个有困难，但是，要证明自己的清白岂不难得多?雅戈达对这些知道得一清二楚，这足以使他忠心耿耿地工作了。斯大林提出了问题：为什么基洛夫同志周围有那么多的反对派分子？季诺维也夫和加米涅夫现在在竭力利用基洛夫同志作为反对党中央的突击力量，但是总有一天他们将用不着他，将会除掉他以造成国内的危机状态。基洛夫的怀里揣着一条托洛茨基－季诺维也夫的毒蛇来反对斯大林同志，然而，这条毒蛇就不会反咬基洛夫同志一口?雅戈达明白了吗?明白了。要紧的是行动。

Little Brown Publications
1988年版封面

还要叫来叶若夫。这个同志从外地调来，在中央谁也不认识(似乎他与中央的人们之间有敌对情绪)，而让他监管雅戈达的部门造成的二人之间的相互憎恶对事业只会有好处。正确合理的不信任是合作共事的良好基础。叶若夫同志应该记录下斯大林同志的如下意见：要改变一下中央委员会的结构，在中央委员会机构中增设一些新的部门：工业部、农业部、运输部。最重要的部应该由政治局委员来管，如基洛夫同志。也许这样处理更好一些，让基洛夫与同样主管工业的奥尔忠尼启泽共事，而基洛夫将扮演这一位的角色。他们私交确实是太好了，奥尔忠尼启泽可能会有委屈，基洛夫大概也会不自在，但这不应当成为妨碍事业的理由。

小说的第三部叙述的是，萨沙在流放地克日玛安定了下来。他看到了集体农庄运作的情况：太糟了。他认识了内务人民委员部驻克日玛的特派员阿费洛夫，后者原来对萨沙是抱有同情心的。集体农庄的庄员们由于不懂起码的技术常识，弄坏了一架机器，农庄主席怪到了萨沙头上——这样的“破坏行为”是足以把人套上第58条法规而送去坐牢的。阿费洛夫把萨沙从这件事中救了出来，还很有道理地向萨沙展示了一套极其完整的整人逻辑。

萨沙无言以对。他在想：为了革命事业我做了那么多生理的、心理的准备，但是却不被看成“自己人”，而成了人民的敌人，这是为什么？

正如许多专政机构的工作人员所感觉到的那样，列宁格勒正在准备某种行动：在一场人事变动中，阿费洛夫没有如基洛夫所要求的那样被派往列宁格勒，而是去了克日玛，派到列宁格勒的是雅戈达的亲信扎波洛热茨；出现了一个奇怪的人物列昂尼德·尼古拉耶夫，此人把自己的个人不幸全部归咎于基洛夫盲目信任他周围的那些托洛茨基分子，据称，他已“被逼到绝路，什么事都会干出来”。

斯大林邀请基洛夫参加编写一部“正确的”党史。可基洛夫却以对情况不是很清楚为由消极应付。基洛夫同志害怕什么呢？难道斯大林同志在革命前就是党内第二把手的情况他也不愿意证实吗？他愿意听任那些“列宁的老近卫军们”不考虑现实地写那些不负责任的回忆录，而害怕强调斯大林同志的历史作用吗？这些回忆录会使人们对斯大林同志的继承人的合法地位产生什么样的想法！还有什么“列宁遗嘱”，什么列宁说斯大林同志“粗暴”！这些对于权力的集中是不利的，因而是有害的，基洛夫同志对此难道不清楚吗？那么好吧，就让熟悉情况的贝利亚同志来解释一下高加索党组织的历史情况及其重大意义吧！可为什么基洛夫同志不愿意离开列宁格勒的那些反对派分子，拖延到中央主管工业的时间呢？列宁格勒简直成了一个独立王国了！关系破裂了。

1934 年 12 月 1 日，列宁格勒，斯莫尔尼宫，基洛夫被暗杀。凶手是尼古拉耶夫。从政府公报看，这件政治暗杀案在十天后才开审：“不得辩护，不准上诉，不作赦免，判决后立即执行枪决。”

人们说：“不管这件事是谁干的……黑暗的年头开始了。”

小说的尾声部分是萨沙与青年时代的好友在与德军作战的沙场上相见的情景。从萨沙被捕而造成分别以来，已经过去了 11 年……

争议内幕

《阿尔巴特街的儿女》从构思到完稿历经 20 年，第一部的预告登在 1966 年的《新世界》杂志上，第二部的预告登在 1978 年的《十月》杂志上。但当时都未能发表。小说两次被“禁止”发表并没有使雷巴科夫搁笔。他继续第三部的写作，并于 1982 年底完稿。在历时 30 多年中，雷巴科夫先后完成了 7 个稿本。

《阿尔巴特街的儿女》一问世就十分畅销，印了 120 万册仍供不应求。它被翻译成多种文字在 25 个国家发行。西方报纸称它是“莫斯科的一颗文学炸弹”。小说引起的反响十分强烈。不论是一般的读者，还是作家、评论家，对这部作品的褒贬分歧主要在对待斯大林这个人物形象上。有些评论家认为，从本质上说小说是对个人崇拜和20世纪30年代苏联社会悲剧的揭露和批判。雷巴科夫从真实的立场出发，毫不隐瞒地反映30年代的一切，表现了那个时代的生活许多在文学中几乎没有反映过的方面。这是一部在国家开始革命改革的现阶段所需要的一部小说，没有经历过昔日悲剧的青年应该知道悲剧的原因是什么，根源在什么地方。

但也有不少读者不接受这部小说，不同意雷巴科夫对所描写的时代和斯大林的解释的。有的甚至要求停止刊登和禁止这部小说。《文学报》曾刊登过这类来信。圣彼得堡的一位公务员写到，作家对待国家历史的看法是主观的，因此小说是有害的，对不太了解1917年至1956年这一段历史的青年人尤其有害。她不仅要和出版社交换意见，而且要给克格勃写信。雷巴科夫从前的一位老师认为他在把水搅浑，还说要建设世界上第一个社会主义国家不犯错误是不可能的，作家的立场不对，发表这部小说是错误的。有一位读者在信中说，他认为，所有的人，包括作者、《民族友谊》杂志编辑部、直到校对员，都应该受到惩罚，他们罪有应得。

除此之外，有一些评论家和文学家也认为这部小说并无可取之处。小说之所以走红，只是因为人们想了解斯大林的情况。还有一些评论家和读者责问书中对斯大林的描写，尤其是其内心活动的描绘是否真有依据。

亚历山大·索尔仁尼琴［苏联］

《癌症楼》

作者简介

亚历山大·索尔仁尼琴(1918—2008),苏联作家、政治家,著名持不同政见者。1962年发表描写劳改营生活的小说《伊凡·杰尼索维奇的一天》引起很大反响,同年被吸收为苏联作家协会会员。1967年索尔仁尼琴向苏联第四次作家代表大会散发公开信,要求取消对文艺创作的检查制度和保障苏联作家的合法权益,作家因此“在俄国知识分子心目中成了道德高尚和刚正不阿的象征”。1970年被授予诺贝尔文学奖。他最著名的作品、长篇小说《古拉格群岛》出版于1973年。1974年2月,索尔仁尼琴被苏联当局驱逐出境,开始长达20年的海外流亡生活。1976年,索尔仁尼琴定居在美国佛蒙特州的卡文迪什小镇,自此以后很少离开这里,集中精力进行创作,他称在这里生活的18年是自己一生中最高产的时期。1990年,时任苏联领导人戈尔巴乔夫恢复了索尔仁尼琴的国籍,1991年对他进行的叛国罪起诉也被撤诉。普京上台之后,索尔仁尼琴的政治观点与普京不谋而合。2007年6月,时任俄罗斯总统普京来到索尔仁尼琴的家中,将文化教育领域杰出贡献国家奖颁给他。

作品提要

1955年隆冬的夜晚,下着雨,一个瘦骨嶙峋、形容枯槁的男子闯进了一所医院。这个男子名叫奥列格·科斯托格洛托夫,今年34岁,出于政治原因被判7年徒刑。判刑时没有判决书,只有一张像发货单似的凭单,他却因此被永久流放,刑满后仍被强制留在边远地区。好不容易才因胃癌转移获准从流放地来此就医。因为他的病情被严重耽误了,入院时仿佛将不久于人世,但是入院后,他在医生精心治疗下,病情奇迹般地得到了控制。2月初,病房里来了一个名叫巴威尔·尼古拉耶维奇·卢萨诺夫的新病人,是当地工业管理局的干部,他的脖子上长了个肿瘤。这使卢萨诺夫深感不安,然而更使他苦恼的是这座医院的环境很差,又脏又乱,而且医院不肯给他这个“领导干部”特殊照顾,反而让他住在人员混杂的病房里。卢萨诺夫有 4 个孩子，生活有条不紊，住宅陈设富丽，不幸的只是现在他身患癌症，于是所有这一切便与他速然分离，被肿瘤隔在了世界的另一边。然而即使是在这里，他也念念不忘自己的特殊地位。

他住的病房里有不懂事的孩子、干部子弟、有在病床上钻研业务的地质工作者……他们身上都带着各自的生活烙印，几乎每个人都构成一个小小的世界。一天晚上，病人们聚在一起谈天。卢萨诺夫对一位病人讲述托尔斯泰写的一则民间故事十分反感，认为这全是胡说八道。科斯托格洛托夫一改以往寡言少语的习惯，立即反唇相讥说，谈道德修养只会刺痛那些道德败坏的人。这使卢萨诺夫非常恼火。

医院有一个新来的实习生名叫卓娅，她经常照料科斯托格洛托夫，两人渐渐熟络起来。他告诉卓娅，他因反苏宣传罪被永久流放。被捕时，他刚上大学一年级，思想单纯，业余时喜爱和同学一起跳舞玩耍，只是偶尔谈谈政治。可是不久他们几个都被抓了起来，判了刑。科斯托格洛托夫还说他曾经有个未婚妻，言语中可以听出他对这位未婚妻依然一往情深，这让卓娅十分感动。卓娅十分欣赏科斯托格洛托夫身上的刚毅坚强的品格，科斯托格洛托夫也从漂亮、真诚的卓娅身上感受到了重返生活的强烈欲望。

卢萨诺夫的妻子前来探望丈夫。在告诉丈夫一个消息之后，一向自以为是的卢萨诺夫居然失魂落魄起来。原来，曾经被他诬陷而坐了 18 年牢的罗季切夫恢复名誉，从流放地回来了。这些年来他不知迫害过多少人，想到这些，卢萨诺夫的脸一下变得惨白，可怕的恶梦紧紧地缠住了他。病房里再次爆发了激烈的争论。在争论中，科斯托格洛托夫指责卢萨诺夫是一心想着维护自己特权的寄生虫。科斯托格洛托夫在争论中占了上风，他感到自己已经有很多年没有这样痛快地表达过思想了。

经过一段时间的治疗，科斯托格洛托夫的病情明显好转，随着身体逐渐康复，他的内心深处重新燃起了爱的火焰。他为自己强烈的情欲感到不安和难堪，如今人到中年的他，刚从苦役和病

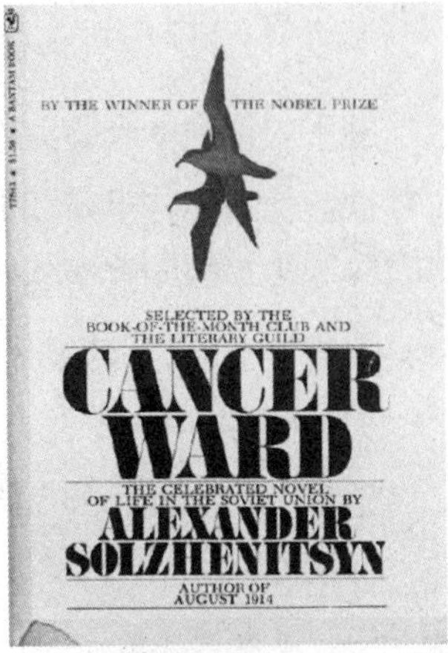

Bantam Publications 1972 年版封面

Rosetta Books Publications 2005 年版封面

译林出版社 2009 年版封面

魔手中得到喘息，就像秋天的草木急于吸干土地的最后几滴汁水一样，产生了病态的情欲。他最初与卓娅和薇拉的交往中都带有这种情欲的因素。

放射科主任董佐娃是个有二十多年丰富实践经验的医生，她医德高尚，医术精湛，一生兢兢业业，刻苦钻研。可是自己却得了胃癌，只能被迫离开了自己心爱的工作岗位。一天，卢萨诺夫的女儿来探望父亲。她告诉父亲：现在莫斯科的政治形势发生了变化，国内开始反思对斯大林的个人迷信。当年告发他人的人被唤到法庭对质。卢萨诺夫听后，更加心神不宁。

医院里有各式各样的病友。舒路宾被捕之前在农业科学院工作，是个共产党员，而且学有专长。三十年代的大清洗运动使得他的许多同事被捕入狱。为了自己的家庭，他违心地承认错误，与被捕者划清界线。可是这么多年来，他一直忍受着内心的煎熬。在上手术台前，他向科斯托格洛托夫倾诉了自己由衷的悔恨。还有一个叫叶甫列姆的建筑工人，一生四处飘流、到处为家，生活放荡，以至在年过半百之时还是孤身一人。然而就是他这个天生不爱看书的人，居然在这里读起书来，并开始思考"人靠什么活着"的问题了。这一年的春天，最高法院全部改组，部长会议主席自动请求解除职务被获准，对过去的案子进行普遍复查。这一系列重大政治事件不断敲打着癌症楼里每个病人的神经。

科斯托格洛托夫康复出院了。此时，他与医生薇拉的关系相当微妙，薇拉甚至把家庭住址给了科斯托格洛托夫，但科斯托格洛托夫最终还是决定不去扰乱她的生活。生活的大门已重新打开，然而重返生活对于科斯托格洛托夫来说并不是轻松的事。

争议内幕

索尔仁尼琴在流放地患过癌症，可是他申请到外地就医的报告隔了好几个月才获批准。这种亲身经历成了《癌症楼》素材的来源。《癌症楼》在没有公开发表的时候，许多作家都对其持肯定态度，《新世界》杂志也准备予以刊登，但出版最终流产。有很多评论家认为，小说主人公奥列格·科斯托格洛托夫在一定程度上可以说是作者的自我写照。小说就是通过他的遭遇，企图反映苏联劳改营的"残酷"和"不人道"。

著名文学评论家西蒙诺夫说，《癌症楼》是一部比《伊凡·杰尼索维奇的一天》（索尔仁尼琴的第一部小说，第一次公开描述了苏联劳改营的生活内幕。——编者注）更有力地写出了斯大林个人迷信时期的那些痛苦而黑暗的篇章中的一切最重要的东西。但在苏联国内的那个敏感时期，报刊和出版社均不发表这部小说。1970年，《癌症楼》在法国发表，作者凭此作获诺贝尔文学奖。

让·雅克·卢梭［法国］

《爱弥儿》

作者简介

让·雅克·卢梭(1712—1778),法国著名哲学家和文学家,浪漫主义文学运动的先驱,启蒙运动最卓越的代表人物之一。

1750年,卢梭应第戎学院征文写出的《论科学与艺术》使他一举成名。卢梭批判人类所创造的物质财富与科学技术,阐明人类道德的败坏是由于科学与艺术的发展,人类文明所带来的是灾难而非幸福,人类的贪婪使人类逐渐背离人的自然、朴实、美好的本性。卢梭标举人的自然状态,惊世骇俗地提出"弃智绝圣"的主张,对近代文明予以坚决否定。

1754年,卢梭发表《论人类不平等的起源和基础》,认为人在未开化的自然状态中本来是平等的,可是当人们争取科学与文明发展时,历史看起来是在发展与进步,实际上却在不断加剧人与人之间的不平等;在专制统治之下,不平等发展到极端。卢梭继而提出,既然专制暴君可以运用暴力维护其统治,那么也可以用暴力推翻它。这一见解成为法国大革命时期雅各宾派的强大思想武器。

卢梭的小说《新爱洛绮丝》发表于1761年。作品那感伤的笔调使无数女读者为之流泪。书中也反映出作者的矛盾,第一卷是感情自由奔放的赞歌,第二卷是劝人安于命运的道德说教。1762年,卢梭出版《爱弥儿》和《社会契约论》。《爱弥儿》开篇第一句就说:"出自造物主之手的东西都是好的,而一到了人手里就变坏了。"卢梭主张按照"自然法则"保存和发展儿童来自自然的善良本性,尊重自然给予儿童的禀赋,保证儿童的自由和独立。《社会契约论》指出,人生来是自由、平等的,人所具有的天赋权利不容剥夺,国家应该是、也只能是自由、平等的公民共同制定的契约的产物。人们放弃天然自由,换取公民自由,只有受人民契约约束

卢梭位于瑞士的故居

而组成的民主共和政府，才可能实行人民的意志。为了获得自由，人民有权进行革命，推翻不民主的政府，恢复天赋人权。这一政治理想后来被写进了美国《独立宣言》和法国《人权宣言》中。

1770 年，卢梭完成《忏悔录》。1771 年他应波兰要人请求为波兰起草宪法。1778 年 5 月，年轻的罗伯斯庇尔慕名拜访卢梭。同年 7 月，卢梭病逝。从 1780 年起，一半的法国人都到卢梭的墓前朝拜。法国大革命期间，各政党领袖都是卢梭的敬仰者和爱慕者。1794 年，法国国民公会颁布法令，把卢梭遗骸迁入巴黎先贤祠。今天，卢梭纪念碑和塑像屹立于他的故乡日内瓦，供每天成千上万的游人瞻仰。

作品提要

《爱弥儿》是一部哲理小说，也是西方文学史上“教育小说”的发端。卢梭在《爱弥儿》中，以形象化的艺术手法阐述了他所独有的激进的自然观、文明观与历史观。早在《论科学与艺术》、《社会契约论》、《论人类不平等的起源》等论著中，卢梭就惊世骇俗地、系统地批判了西方沿袭千百年的文明传统、价值观念体系和占统治地位的意识形态。其观点之激进、思想之高瞻远瞩，不仅震撼了法国与西方知识界、思想界，也引起了统治阶级、封建教会的极大恐惧。而《爱弥儿》则更进了一步，因为卢梭不满足于从观念形态上批判与颠覆西方文明、既存的社会秩序、价值观念与意识形态体系，他还试图培养旧制度、旧秩序、旧体系的掘墓人，并藉此进一步确立激进民主主义的新的现代化的教育制度。

French & European Publications 1966 年版封面

《爱弥儿》共分 5 章：第 1 至第 4 章专论对男主人公爱弥儿的教育与培养，第 5 章则描写了对作为爱弥儿的理想妻子的索菲的教育与培养方法。从自然神论的观点出发，卢梭力主在教育中顺乎自然，顺乎人性、天性，使人类与大自然结束二元对立的状态，进而达到合二为一的境界。卢梭以自然神论、泛神论破除唯心主义的“上帝创造一切”的宗教观，进而否定超自然、超现实的、神秘的终极本源——上帝的存在，否定教会千百年来把持教育事业的合法性与合理性。卢梭还从具有朴素唯物主义成分的经验主义出发，认为人类知识的获得并非来源于超验或神授，并非“生而知之”，而是来源于人们的生产斗争与社会实践。因而卢梭让爱弥儿在大自然中栉风沐雨，在田野里劳作，在作坊里学木匠活，在实践中获取自然科学中诸如节气、地理、生物学、植物学、几何学、物理学等知识，培养在自然界与社会中生存下去的本领。卢梭还从“人性论”的角度出发，指出人性本无善恶，是社会的存在、宗教的偏见戕害了人类的心灵，使其远离自然状态；是对物质享受的无休止的追逐导致了人类自然本性的退化、道德的沦丧与恶的倾向的泛滥。因而，卢梭在对爱弥儿与索菲的教育中，摒弃宗教偏执情绪，摒弃物质欲的毒害，摒弃封建的等级观念，培养他们的人道主义理想与情操，培养其人类生而自由平等等天赋人权的观念，培养其尊重他人的宽容精神和开放性的思维倾向，培养其独立思考、独立分析问题与解决问题的能力，培养其健康的心智与强健的体魄。

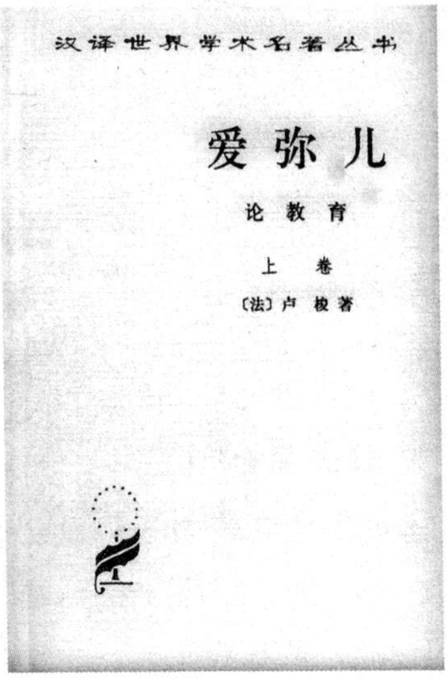

商务印书馆2004年版封面

《爱弥儿》是一部充满了理想主义色彩的哲理小说，是对大自然的颂歌，是对人类本性的礼赞。应该说，卢梭的激进的理想主义显然具有一定的乌托邦色彩，但同时，卢梭的教育思想却从根本上颠覆了西方千百年来的文明传统和意识形态的基础，因而，卢梭的教育思想对19世纪和20世纪法国乃至西方的现代教育制度的确立与改革产生了深远影响，卢梭的理想正逐步融化在现代法国的教育实践中。

争议内幕

《爱弥儿》是一部充满了理想主义色彩的哲理小说，是对大自然的颂歌，是对人类本性的礼赞。应该说，卢梭的激进的理想主义显然具有一定的乌托邦色彩，但它在历史上是有进步意义的。因为若像基督教那样把人视为先天罪犯，则必然诉之严酷惩戒，迫使人们盲目顺从而摧毁人权；不如强调人们向善发展的可能性，更有助于提高人的政治地位和保障人的社会权力。变抑制天性的教育为尊重天性的教育，是教育上的巨大变革。

毫不奇怪，《爱弥儿》一出版，就引起了封建统治阶级与教会势力的极度惊恐。法国大法院以宗教裁判所式的判决下令焚毁已印刷、发行的《爱弥儿》，并下令通缉作者。卢梭不得不逃往瑞士，而瑞士当局亦将卢梭视为“上帝的死敌”，下令焚烧《爱弥儿》。卢梭又逃往普鲁士的属地莫蒂耶。然而普鲁士的教会亦发表文告诋毁《爱弥儿》及其作者。卢梭只好又流亡到圣彼得岛，后应英国哲学家休谟的邀请，去了英国，终因与休谟之间的分歧愈来愈大而离开英国。他不得已化名回到法国，长期在外省各地避难，直到1770年才重返巴黎。

麦金雷·坎特［美国］

《安德森威利》

作者简介

麦金雷·坎特(1904—1977)，美国作家、编剧家。他的第一部小说《发现》于1928年出版，当时他只有24岁。此小说并未获得巨大的成功，坎特又回到为爱荷华州的报纸写作的工作中去。1934年，他出版了《永久的记忆》，这是他的第一部畅销书。好莱坞买下了此书的版权，将它拍成电影；坎特就去了加利福尼亚州，进行剧本的创作。第二次世界大战打乱了他的创作生涯。他当上了一名战地记者，报道欧洲战场上的作战情况。1945年，坎特发表了《我的光荣》一书，后该书被改编成电影剧本《我生命中的辉煌》。十年后，《安德森威利》出版，他因这本描写内战的小说而获得了普利策文学奖。在坎特的创作生涯里，他共发表了32本书，上百本短篇小说、散文、诗歌和论文。

作品提要

麦金雷·坎特的《安德森威利》是一本关于内战的小说，小说的结构很松散，主要反映的是主人公伊若的生活和他对美国内战以及对安德森威利战俘营生活的回忆和反思。

战争刚开始时，诚实能干的伊若·克雷夫在没有监工和帮助的情况下管理着自己的种植园。在内战的最后一年，他负责地养育着家人。只有两个人和他一起生活在种植园里：他的妻子佛罗妮卡和他们的女儿露西。伊若的三个儿子都在战争中牺牲了。这种沉重的打击使佛罗妮卡渐渐地对现实生活失去兴趣，沉湎于对过去的回忆中。三个哥哥和未婚夫的死讯使露西承受了巨大的打击和痛苦，她只能怀着巨大的勇气悲愤地生活着。

伊若不是一个脱离联邦主义者，他不支持战争。他为自己的儿子感到愤怒和悲伤。他的哲学观和性格使他认识到战争破坏性的事实，还使他认识到，许多北方的家庭也像他的家庭一样，为他们失去的儿子们伤心。伊若反对奴役奴隶，他以家长般的慈爱对待他的奴隶(包括孩子在内共12个人)。他不许南部联盟士兵虐待他们；当他不得不出售这些奴隶时，他一定会为这些奴隶挑选不会虐待他们的买主。内战快结束时，他对他的奴隶们说，你们自由了,可以自由离开种植园;但是,出于为他们安全和未来生活的考虑,他要求他们作为拿薪水的雇员留在种植园里。当一对夫妻准备离开时,他还送给他们一头骡子和一辆马车。

Penguin Books 1955 年版封面

起先,伊若不相信战俘营故意虐待战俘,不给他们提供避难所,以致许多人死亡。渐渐地,残酷的事实让他十分震惊。他试图帮助这些遭到恶意对待的战俘们——向战俘营的军官们提出抗议,与邻居们一起给俘虏提供食物和衣服(这些都是不允许的)。其他人也希望和他一起帮助战俘。医生哈利·埃尔金斯就是其中之一,他负责调查病人健康状况,并为战俘们提供人道主义的医疗帮助。警卫队长、陆军中校泊森斯也置自己的职业于不顾,抗议南部联盟准将约翰·H. 温德和他儿子斯德·温德上尉残暴对待战俘的行为。其他一些巡警也提出抗议。

温德将军任命亨利·沃兹上尉为监狱主管。沃兹原是个医生,他野蛮地对待战俘:他们的食物数量和营养都不足;他们的生活条件极其恶劣。沃兹是温德一家的帮凶;他对战俘营中一切糟糕的情况负有责任。

对战俘营和战俘的描写是小说的中心。该战俘营占地 27 英亩,大约关押着 10000 人,但最高峰时曾经达到了 30000 人,大约 16000 人死在这里。战俘营中没有卫生设施,有限水源受到污染。所以,从这里散发出去的恶臭,老远的临近地区都能够闻到。战俘们死于痢疾、坏血病和被污染的水;战俘们的伤口、擦伤的皮肤和被蚊虫叮咬的地方就发展成坏疽病。还有些人死于饥饿、暴力以及"强者"对弱者的攻击和抢劫。

Penguin Books 1983 年版封面

对于战俘们来说,如何生存以及是否能生存下来成为他们最需要关注的问题。考林斯使用他野蛮的力量和厚颜无耻建立了一个组织,专门偷窃和抢夺那些身体较弱的、有东西可掠夺的战俘的物品。布莱梅利用自己视力好这一优势,为考林斯在战俘中寻找那些可以偷或抢的对象。最后,他被判有罪,与同伙一起被绞死。多利福的的童年时代基本上就是在鸟类的鸣叫声中度过的,但是在战俘营中,他因饥饿不得不袭击麻雀,作为食物。来自密苏里州的维利·曼在 13 岁时拯救了几个德国移民的孩子;后来,他爱上了其中的一个女孩,一直梦想着回到她身边。他之所以能生存下来，是因为做医生的的父亲教过他要饮用干净的水；所以除了雨水，他拒绝饮用其他任何水。

小说在主要描写安德森威利战俘营的士兵和军官的生活状况的同时，也对一些细节性情节进行了描写。泰布斯家庭的故事为小说增添了不少丰富性。考罗•泰布斯 17 岁入伍，回到家时却少了一只脚。他的家人因此感到痛苦绝望。当他在找他射中的鸟时，他发现了一个逃跑的战俘，缺了一只手，几乎就要因为饥饿和虚弱而处于垂死的状态。因为他们都是在葛底斯堡战役中失去了肢体，考罗冲动地决定帮助他，给他食物并帮他躲藏；作为回报，这个北方孩子纳扎雷斯根据从他父亲那里学来的技术和从伊若•克雷夫那里借来的工具，给考罗做了个假腿。伊若发现了他们之间的秘密以后，就开始帮助他们。有一次，伊若的同情心再度涌现；他在做假腿时还在沉思："同时给一个受伤的北方士兵和受伤的南部联盟士兵提供服务，好像很古怪。"人性将这两个孩子团结在了一起，象征着南北分裂的愈合与重新统一。

争议内幕

1961 年，《安德森威利》被从四所中学图书馆里删除，原因在于它的政治见解，而且它的作者是"非美国活动调查委员会"的调查对象。1962 年，在一个听证会上，《安德森威利》的一个节选部分被当做淫秽肮脏的范例来宣读。1963 年，《安德森威利》被从密歇根州一所中学的阅读书目中删除。学校校长和县检察官接到了无数的抱怨；有些家长指出，他们不在乎此书是否获得了第 20 届普利策文学奖，但它的确不适合高中的学生阅读。1976 年，俄亥俄州一个学生家长对《安德森威利》一书提出异议，他称这本小说"肮脏不堪"，认为他 16 岁的女儿不能阅读此书，因为她不理解小说中的淫秽语句；他指出此书描写了 1%的历史，却包含了 99%的垃圾。1981 年，邦考比县的其他一些学校图书馆也发生了号召禁止使用一些图书馆藏书的建议，《安德森威利》因为语言"淫秽不堪"而被列在了禁书行列之中。

安妮·福兰克［德国］

《安妮日记》

作者简介

安妮·福兰克(1929—1945)是个犹太少女，原来居住在德国的法兰克福，纳粹兴起，希特勒上台后随家人避难到荷兰的阿姆斯特丹。1942年6月12日，她收到一个作为生日礼物的日记本，从此开始写日记。同年7月6日，由于压迫犹太人的风声紧急，她的一家和另外四名犹太人共八人到一间密室躲藏，1944年8月4日因被检举而遭到逮捕，8人中除她父亲奥托·福兰克外均遭不幸，安妮和她的姐姐玛丽1945年3月初死于集中营，尸骨难觅。

作品提要

《安妮日记》是一个名叫安妮·福兰克的15岁犹太女孩生前留下的笔记和文章。《安妮日记》告诉我们的，就是一个青春期的少女如何面对战争、种族迫害、自我成长与定位等问题。安妮藏身在一栋荷兰人的办公楼里。安妮和家人躲藏在这里，白天必须保持安静，因为楼下那家荷兰人的企业照常做生意；到了晚上没有人的时候，他们就可以出来自由地活动了。当安妮一家被德军发现以后，掩护他们的那家荷兰人将日记藏了起来。当安妮的父亲奥托·福兰克从死亡营返回到这地方，拿走了这些笔记和文章，并寻求将其予以出版。奥托希望能够因此实现已故女儿安妮对自己作品的梦想，并希望通过出版安妮的著作，让安妮再生。

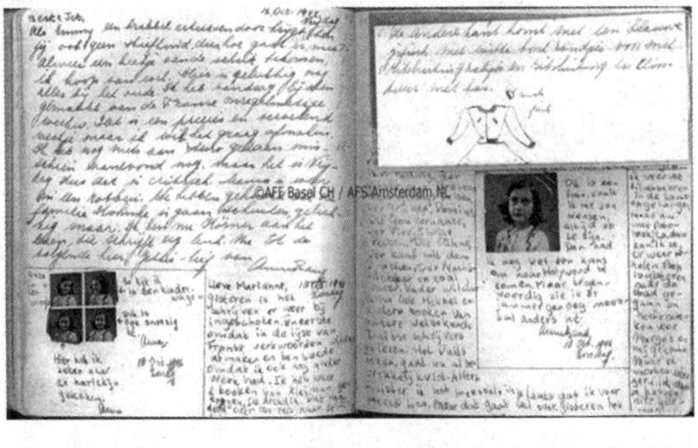

博物馆中的《安妮日记》复制品

在《安妮日记》中，这本普通的日记本成了一位有血有肉的朋友，安妮称它为“凯蒂”。安妮家收到纳粹的通知，要征安妮的姐姐服苦役，这使安妮和姐姐惊慌失措。全家匆忙收拾东西，第二天就冒着大雨搬进秘密阁楼。进了阁楼之后，母亲和姐姐因为紧张连打开行李的力气都没有，只有安妮和父亲能够保持镇定。一个月后，冯·丹恩一家搬来了。他们16岁的儿子彼德安静、害羞，给安妮留下深刻的印象。两家人经常为小事争吵，却又互相扶持着度过恐惧紧张的日子。

在小小的阁楼上一个特殊的学校开学了，安妮学习法语，彼德则学习英语。大人们夸奖安妮"不算愚蠢"，这使她学习的劲头更足了。但是，安妮与丹恩太太、自己的姐姐和母亲都相处得不很融洽。

安妮听说那些没有躲起来的犹太朋友被关进了集中营，感到非常害怕。为了减轻精神压力，安妮更加努力地学习法语、数学，并记录下两家之间每一次的小争端，偶尔她也和姐姐一起读自己的日记。

阁楼上来了第八位避难者牙医达塞尔，这给安妮单调的生活增添了一丝新鲜的色彩。达塞尔告诉他们，每天夜里德军就像幽灵一样在街上搜寻犹太人，安妮听后深感恐惧。房子的主人把房子出售。当新主人来看房子时，原来的主人只好假装丢了钥匙，保住了阁楼的秘密。

安妮在阁楼里度过了14岁的生日。不久，一位常到阁楼来帮助安妮他们的荷兰人被诊断患了不治之症，这使他们失去了重要的依靠。1943年7月16日夜里，几个小偷潜进楼下的房间，偷走了食糖配给券，还把所有储存的食物吃光了。接着楼下的街道发生了火灾，而他们又不敢逃出去求生，这使八个人的神经几乎到了崩溃的边缘。为了帮助女儿们打发时间，弗兰克先生开始教她们学习《圣经》和拉丁文。又一个圣尼古拉节来到了，安妮为阁楼上的每个人写了一首小诗。

1943年的圣诞节到了，安妮等人从保护人那里收到了意外的礼物，但是她更嫉妒那些能在外面自由欢庆节日的人。安妮的心理、生理都逐渐走向成熟，她经常梦见以前的初恋男友。新的一年来临了，彼德开始用一种新的眼光看安妮，这使她"十分高兴"，因为她原以为彼德喜欢的是她的姐姐。两个年轻人经常躲在一边倾吐各自的心事，彼德成了她生活中的一缕阳光。周围的人开始拿他们取笑，而安妮的妈妈则警告她不要老是打扰彼德。

在1944年3月7日的日记中，安妮总结了自己从躲进阁楼以来的成长历程，对自己的表现比较满意。避难的生活越来越困难，大部分的保护人都病倒了，向他们出售黑市食物的人也被抓了，阁楼里出现了食物短缺。安妮听

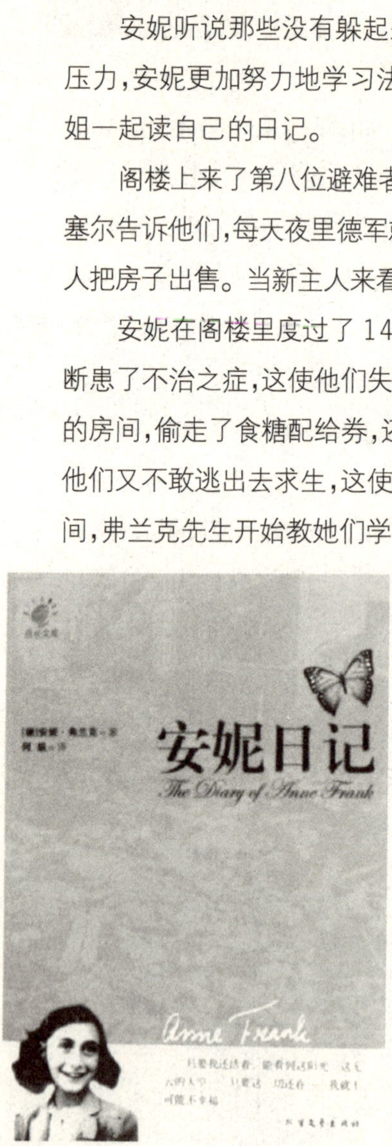

北方文艺出版社2006年版封面

说一位流亡的荷兰部长宣布战后要出版一批信件和日记，这让她兴奋不已，她希望以后能以这本日记为基础，把阁楼里的生活写成一部小说。在再次发生一起入室行窃事件后，大家开始担心暴露行踪，考虑要把收音机和安妮的日记处理掉，这让安妮愤愤不平。

Bantam Books 2007 年版封面

安妮终于得到彼德的吻，这让她又喜又羞。父亲责备安妮与彼德太过亲密，安妮写了一封信给他，倾诉自己的孤独。战争的发展对盟军越来越有利，安妮和姐姐憧憬着战争很快可以结束，她们可以重新回学校读书。在 1944 年 8 月 1 日最后一篇日记中，她写道："似乎有两个安妮，一个暴露在众人面前的，另一个是秘密的"，是日记中的安妮。

争议内幕

为了能让日记出版，奥托·福兰克首先删去了有关于安妮对那户荷兰人自私自利和冷酷无情的抱怨。因为当初这本日记只是她的私人作品，所以她多次表达了自己未加修饰的想法和观点。奥托·福兰克找到一家荷兰出版商，出版商要求他进一步删除那些编辑们认为"无味的"和"不得体的"章节。这些包括安妮对她和姐姐月经来潮的描写和对性的好奇感。

1950 年，德国的一家出版社出版了德文版，删改了一些会特别惹恼德国读者的细节，如对德语的否定。

1952 年，在英国出版的该日记恢复了以前大多数被删节的章节，越来越多的新的质疑集中在安妮对性日益增长的意识上面。1944 年 1 月 5 日，日记中记载了安妮曾与女友一起睡觉并有一种强烈的欲望想要吻她，于是她吻了。安妮进一步阐述了她对其他女孩子的身体有强烈的好奇，当她看到一个妇女的裸体时，便会欣喜若狂。她还发现了牙医和范·达恩夫人之间不可告人的奸情……

1982 年，美国弗吉尼亚州的一些家长对此书在学校的使用提出了质疑，并断言安妮对有关性的讨论是不恰当和无礼的，而且对于其母亲和其他成年人的批评彻底损害了成年人的权威。还有人反对"虐待犹太人"的讨论，一个阿拉伯裔的家长反对书中对犹太女孩的描绘。1983 年亚拉巴马州教科书委员会的四名成员要求拒绝此书在学校中使用，因为它"确实让人堕落"。

古斯塔夫·福楼拜［法国］

《包法利夫人》

作者简介

古斯塔夫·福楼拜(1821—1880),法国作家,被认为是自然主义学说的先驱,法国19世纪小说史上三位巨人之一,以严谨的文风著称。他的著作包括《包法利夫人》(1857年)和短篇小说《纯朴的心》(1877年)。

福楼拜生于法国西北部鲁昂城一个世代行医的家庭。他的文学创作明显带有医生的细致观察与剖析的痕迹。福楼拜从中学时代起就开始尝试文学创作。1841年他就读于巴黎法学院,22岁时因被怀疑患癫痫病而辍学,此后他一直住在鲁昂,专心从事创作,终生未婚。《包法利夫人》是福楼拜用了将近5年的时间于1857年完成的。这部作品开创了文学史上的一个新纪元,也成为他的代表作。随后他又创作了《萨朗宝》(1862)、《情感教育》(1869)和《三故事》(1877)。

作品提要

福楼拜照片

查理·包法利是个乡村医生。母亲做主给他找了一位年收入有1200法郎的45岁的寡妇。老新娘对他管束极严,甚至经常隔着墙偷听包法利大夫给女病人诊病。不过她尽可放心,她的丈夫一向是个老实人。

一天夜晚将近11点钟,包法利医生接到拜尔斗田庄派人送来的求诊信,请他迅速前往医治主人卢欧老爹摔断的腿。卢欧老爹是一位富裕的农民,太太死去两年,身边只有他的女儿爱玛,帮他料理家务。爱玛出落得很漂亮,有一种天真无邪的胆大的神情。腿伤并不复杂,经过一段时间的精心治疗,包法利接好了老人的腿,同时也对爱玛产生了爱慕之情,经常到田庄去。包法利的妻子得知后,醋劲大发,可是没多久便病故了。包法利决计向爱玛求婚。卢欧老爹觉得包法利有些单薄，不是理想的女婿，不过人家说他品行端正，省吃俭用，不用说，不会计较陪嫁的，便答应了包法利的求婚。婚后，包法利夫妇住在道特的诊所里。

人民文学出版社 2003 年版封面

爱玛是在修道院接受的教育。由于修道院长年无所事事，幽闭的栅栏刺激想象，爱玛养成了富于幻想、憧憬和感伤的气质。她渴望充满激情的人生，以为婚姻会带来她所希望的爱情。然而包法利的谈吐就像人行道一样平板，让人激不起情绪，也激不起笑或者梦想。他从未动过念头去剧院，不会游泳，不会比剑，不会放手枪，与爱玛想象中骑黑马的白羽骑士相去甚远。爱玛会跳舞，懂地理，会画画，能刺绣，还能弹一手钢琴，对生活充满了诗一般的遐想和浪漫的热情。而这位先生，一无所教，一无所知，一无所期，对这一切都觉得出奇，表现出稳如磐石的安定，心平气和的迟钝，感情流露在他成了例行公事。夫妇双方在气质上的巨大反差和婚后生活的平庸刻板使爱玛大失所望，并产生了厌恨情绪。她不禁向自己发出了疑问："我的上帝！我为什么结婚？"她试图做一个贤惠的妻子，刻意培养对包法利的热情，但包法利感觉不到她的良苦用心，也没有给予相应的回报，爱玛很快对婚姻厌倦了。

一个偶然的机会，爱玛参加了一场盛大的宴会。那奢侈淫逸的场面、雍容华贵的气派给她以极大的刺激，她越来越不能忍受粗鄙的小镇生活。每当回忆起这次舞会，她就感到莫名的惆怅和巨大的痛苦。她的心绪越来越坏，脾气越来越乖戾，身体状况也越来越差。为了爱玛的健康，包法利决定迁居较繁华的永镇寺。这期间爱玛已有了身孕。爱玛想生个男孩，因为男人是自由的，可以尝遍热情，周游天下。可女人就不断受到阻挠，没有生气，处处受到法律拘束。这也是她作为一个女人的切身感受。可是事与愿违，她偏偏生了个女儿。她转过头，晕了过去。

永镇这个小城同样庸俗不堪。药剂师郝麦没有行医执照，为了保住自己的职业，他曲意奉承包法利。在郝麦身边，爱玛认识了年轻的外省公证人的助手赖昂。赖昂多愁善感，举止得体，他们有共同的兴趣，常在一起讨论浪漫主义的小说和时兴的戏剧，两人逐渐熟识起来。后来，赖昂厌倦了永镇的枯燥生活，去巴黎完成法科学业。两人分手时，尽量压抑着悲哀的心情。

一天，临近庄园的一个地主罗道耳弗带着仆人来看病了。罗道耳弗是位风月场上的老手，他洞悉了爱玛的心思，见爱玛长得标致，便想勾引她。两人一拍即合。偶尔，爱玛也有忏悔之心，想好好爱包法利，然而他并不理会，她虽然有心牺牲，可是他视而无睹，也就很难着手。正在进退维谷之际，药剂师郝麦为了沽名钓誉，竭力怂恿包法利做一个尚无先例的正腿手术。爱玛出于虚荣心，也在一旁撺掇。可手术彻底失败了，包法利的名声和收入受到重创，他在爱玛心目中的形象更加一落千丈。爱玛丧失了对包法利的最后一丝幻想和愧疚，打心眼里鄙夷他的庸碌无能。残留的一点妇德，也最后倒塌了。在这种情况下，她和罗道耳弗更加频繁地幽会，沉溺于私欲与享乐的泥淖之中。罗道耳弗把爱玛训练成了一个又服帖又淫荡的女人，这使爱玛产生了一种不可理喻的依恋。她纵情声色，积习难返，姿态也起了变化。时装商人勒乐为了谋取利润，借机给她送来形形色色的巴黎货，并向她放债。

爱玛越来越觉得丈夫平庸愚蠢，了然无趣，对周围环境无法忍受下去，便请求罗道耳弗带她远走高飞。可临到私奔前一天，她却收到这个风月场上老手的来信，声称为爱玛前程着想，不得不不辞而别，并在信上洒上水滴以示痛别之情。罗道耳弗的离去使爱玛精神倍受打击，她大病了一场。病好后，她想痛改前非，开始重新生活。勒乐趁爱玛病危期间，利用机会滥开账单。

为了让她散散心，包法利带爱玛到卢昂去看戏，不料在剧场却碰到了赖昂。分别 3 年，赖昂已不是从前那个怯弱、迟疑的年轻法律见习生了。他决定这次不能放过良机，很快勾引上了爱玛。爱玛为了填补心灵的空虚，投入了他的怀抱，并沉湎于淫乐之中。为了能同赖昂幽会，爱玛以上城里学钢琴为名，每周到卢昂一次。从此，她的生活只是连串谎话，用以包藏她的爱情。在两年的偷情生活中，爱玛越来越追逐人生的享乐，她从勒乐那里赊购了大量服饰，债务越积越多。为了维持放荡奢靡的生活，爱玛还不惜借高利贷。

爱玛以欺骗的手段瞒着丈夫，频繁地与赖昂交往。他们的秘密被狡猾的勒乐发现了。勒乐借机上门逼债，要她抵押房产清偿，爱玛不得已只好同意了。她不断地借债，不断典卖，把薄产挥霍一空。勒乐毫无情义地催逼爱玛在 24 小时之内还清 8000 法郎的巨债，还上告法院，扣押了包法利家的全部东西。爱玛瞒住丈夫去卢昂借钱，没有一个肯借。陷入困境的爱玛向赖昂求助，但赖昂却用谎言稳住她，然后躲得无影无踪。爱玛被迫去找居由曼律师，不料居由曼居心不良，企图利用她的苦难占有她。从居由曼家出来后，她想起了罗道耳弗。爱玛对他还抱有最后一丝幻想，以为他念及旧情可

上海译文出版社 2007 年版封面

能会帮她一把，可是他也拒绝了她。罗道耳弗的态度把爱玛最后的梦打碎了，她感到彻底的幻灭。她一路跑到药剂师的家里，打开储藏室，抓了一把砒霜便吞了下去。在死前，她给包法利留下了一封遗书，请求他“什么人也不要怪罪”。爱玛在痛苦中等待死的来临。她听见窗外的歌声，想起这是个失明的乞丐，她叫了一声：“瞎子！”便咽了气。

Bantam Books 1982 年版封面

爱玛终于在痛苦的挣扎中死去了，包法利极度悲伤。但他不清楚爱玛与罗道耳弗和赖昂的私情，更不知道爱玛为何自杀。直到一天，他偶然在阁楼上发现了罗道耳弗给爱玛的那封告别信，才明白了一切。一天，他与罗道耳弗狭路相逢，不仅不想报复，反而表示不生对方的气，还说了一句有生以来他说过的唯一的伟大的话：“错的是命！”第二天，他的女儿看见他坐在石凳上一动不动，原来是死了。

包法利医生死后，家里的东西仅卖了十几个法郎。包法利小姐无处栖身，只得投奔一个远房姨母。姨母家道贫寒，为了谋生，把她送进一家纱厂。包法利一家家破人亡了。药剂师的家庭却又兴旺，又快活，事事如意。郝麦逢迎当道，排挤同行，生意兴旺，并且得到了十字勋章。

争议内幕

尽管《包法利夫人》是一部现实主义巨著，但在出版之初还是遭遇了重重阻力。《包法利夫人》最初曾在《巴黎评论》上连载，在同意刊载该小说之前，编辑要求将小说的结尾部分大约一页半的篇幅删去。这个部分讲述的是爱玛在拉上的马车帘子后与赖昂缠绵，因为编辑觉得这一段不可能通过审查。删除了那些引起争议的章节并没有阻止政府对《包法利夫人》的查禁行动，这一行动在福楼拜看来更像是针对自由开放的《巴黎评论》这本杂志。1857 年 1 月，《包法利夫人》一书被告上了法庭，律师详细地概括了小说的内容，而且逐字逐句地读出了被指控的段落。一周后陪审团公布了审判结果，因“证据不足”，作者、出版商和印刷商都被判无罪释放。几个月后，福楼拜小说的全本出版了，所有被删节的内容都被重新补上了，而且在两个月内就卖出了 15000 册。

1888 年，福楼拜作品的英文版出版商威兹特利受到了国家警戒联合会(NVA)的攻击，这个组织主要是由牧师组成的，它继承了几年前停止工作的阻止色情犯罪协会的工作。同时，下院议员史密斯发表讲话说威兹特利是“传播邪恶文学的罪魁祸首”。下院通过了一项提议：制定法律严禁出版黄色书刊、图片和照片，如有必要，还可以加强力度。

其他政治家和报纸也加入到反对色情文学的战役中来，扩大了斗争的范围。罗马天主教报纸攻击福楼拜，说他是一个“色情狂”。威兹特利被告上法庭，陪审团给他定的罪名是“出版并销售淫秽作品”。威兹特利被罚了款，并且被要求停止出版这些书籍。当他在1889年再次被指控时，他被判处了四个月的监禁，并不准保外就医。

亨利·米勒 [美国]

《北回归线》《南回归线》

作者简介

亨利·米勒(1891—1980)是美国一位极富争议的作家，其小说《北回归线》(1934年)及《南回归线》(1939年)因性内容而在美国遭禁。成名作《北回归线》出版时，立即遭到所有英语国家查禁(小说封面甚至印有“不准进入英国和美国”的字样)，直到20世纪60年代才重印问世。

亨利·米勒生于纽约布鲁克林，年轻时从事过许多不同的工作。1930年迁居巴黎，1934年在巴黎出版了《北回归线》，五年后又出版了《南回归线》。1940年米勒回到美国，创作了“殉色三部曲”《性爱之旅》、《情欲之网》和《春梦之结》，但由于被当做“下流作家”，他的主要作品不能在美国出版。后逐渐被重新认识，20世纪60年代反主流文化人士誉其为“自由和性解放的先知”。

作品提要

米勒以自己放荡不羁的生活为素材创作了《北回归线》，以超现实主义和自然主义的手法，运用各种形式的夸张变形叙述反映社会，集自传和社会批判于一体。

书名“Tropic of Cancer”，中文译为“北回归线”，实际上小说的主题与这一地理标线毫无关联。“Cancer”英文有二重意义：一是癌症的意思，小说内容其实应该指“癌症地带”，寓意他那个时代国家及其文化的死亡；另一个指“巨蟹座”，象征着自由的精神、旺盛的精力和敏锐的洞察力。综合来看，书名所要表达的思想是在文化濒临灭亡的地带，带着牺牲与救赎的情感，历经堕落虚无等丑恶的洗礼而重生。

对于作者生活的世界，米勒给予彻底的否定：他认为这个世界罪恶熏天、痛苦连绵，历史的巨轮不曾彻底地改变过人性的一丝一毫。米勒用赤裸裸的笔墨剥露出一群青年艺术家浪迹巴黎的苦闷和消极。在不知等待何事又不知为了何事而等待的境遇中，时间有如死水一般的凝滞、发臭。在他眼中，世界是一个癌症病体，正在吞噬自己。

中国人民大学出版社《北回归线》
2004 年封面

小说没有整齐有序的篇章，也没有前后连贯的情节，一事一议，触景生情，这是米勒在《北回归线》及其他几部作品中的习惯写法。作者用丰富的想象力，由一件日常小事引出许多跳跃式的、不符合逻辑的联想，发出令人莫名其妙甚至目瞪口呆的感慨。小说中的“我”也就是米勒自己，自称是个艺术家，实际上是个整天饿着肚子闲晃的文化乞丐，他甚至沦落到为妓院撰写宣传报道，但换来的也只是一夜的免费嫖妓。

小说中经常出现的场景无非是一间空荡的别墅和几个花天酒地的餐馆，几条用来闲逛的贫困的街道，一群古怪又缺乏才气的“艺术家”，一堆姿色各异的妓女和情妇，一种干瘪冷漠的性爱关系。整部小说都充斥着“淫秽”描写——不仅是在描写性行为以及令人作呕的情节时会出现这些淫秽词语，随便大小事情都是如此。小说像一场接一场的街头梦游、一部奇思怪癖的性爱漫画、一篇精神赴死的荒诞遗嘱。在米勒的笔下，流落巴黎的艺术家不是怪胎就是色情狂，在描写犹太作家摩多夫时米勒这样写道：乍看之下，摩多夫那张脸就像一幅讽刺画：三角眼、轮胎嘴，讲话像滚水。……不管你怎么看他，你脑中总会浮起这些景象：玉缀鼻烟壶、象牙如玉、棋子、团扇、雕梁画栋。他发酵太久了，所以已经没有固定的形体。失去维生素的酵母菌，没有塑料花的瓶子。在小说中，没有一个女人是正经的，所有女性总是以最底层、最低级的妓女角色出场，并且表现为最廉价的交配器。

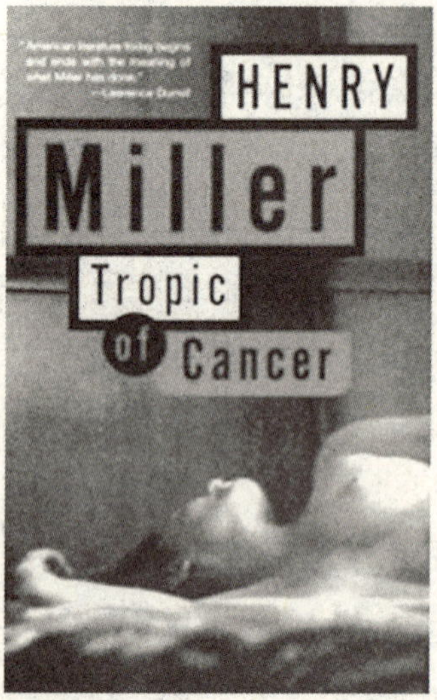

Random House《北回归线》
1987 年版封面

对于习惯于传统小说的人来说，《北回归线》在内容与形式上均令人瞠目结舌。实际上，《北回归线》是一部现代“审丑美学”的代表作，和艾略特的长诗《荒原》有异曲同工之妙。《荒原》对泰晤士河上漂浮着空瓶子、面包纸、丝手帕、卡纸盒与香烟头等破落污浊的描写，就是在表现战后欧洲满目疮痍的丑恶景象。尽管“审丑”至今依然被视为另类，但对于作家来说是良心和勇气的体现，一种对濒临土崩瓦解之世道人心的深度关怀与忧虑。在书的最后部分，米勒写道：塞纳河静静地流着，静到几乎让人不会注意它的存在。……在这种奇妙的宁静中，我觉得我好像攀上了一座高山的尖峰；再过一下子，我就可以环顾四周，一览大地的意义。

《南回归线》发表于1939年，也是半自传性的作品，是亨利·米勒最初在法国发表的自传三部曲中的最后一部。它主要叙述和描写了亨利·米勒早年(1920—1924)在纽约的生活经历，以及与此有关的种种感想、联想与幻想。在此期间，米勒为西联公司工作，在小说中，西联被称为“北美天魔电报公司”。在一个情节中，作者写道：“我不是一个善于拍马的人。”因为工业社会给艺术家带来了媚俗的压力，米勒在这部小说中着重反映在迷失的社会中找寻自我、忠诚于自我而承受的痛苦。在《南回归线》中，作者交代已经有了第一任妻子，但他还是和许多形形色色的女人不断发生着肉体关系。

中国人民大学出版社《南回归线》2004年版封面

亨利·米勒尖刻地批评美国文化，认为美国的文化开始走向没落，整个大陆便是一个噩梦，正产生着最大多数人的最大不幸。

尽管小说充满了令人作呕的性描写，但是作者还是在试图告诉读者一种荒谬的人类生存状态。

争议内幕

《北回归线》和《南回归线》首先在巴黎出版，由于他的作品中存在着露骨的性描写，英美等国长期拒绝发表他的作品。随着盟军在1944年以后来到巴黎，英美军队的军人及随军人员在巴黎市场上发现了亨利·米勒的书，争相传阅，并把它们偷偷带回英美等国。亨利·米勒的作品意外地获得了广泛的读者。后来，大学生走私了成千上万本《北回归线》进入美国。

Grove Press《南回归线》1987年版封面

1950年，旧金山美国民众自由联盟的主席欧内斯特·贝西格试图将《北回归线》和《南回归线》进口到美国，并由此引发了第一个关于该小说的诉讼。在案件审理之前，贝西格要求允许19名宣誓作证的文学评论家验证这些小说的文学价值，以及米勒可以称得上是一名严肃作家。但是法官拒绝了这一要求，因为他认为两本书均充满了长篇淫秽的段落，目的是挑起淫秽念头和欲望；尽管这两本书也有些篇幅或段落，可以说是有些文学价值，但是“黄色”的部分没有任何的文学价值，而且“黄色”部分的描写非常直接和详细，和该书主题的文学内涵没有任何合情合理的联系。

此案于1951年在没有陪审团的情况下进行了审判。法官不顾贝西格关于米勒作品的文学评论的陈述和文学评论家对这两本书的文学价值的肯定，判决这两本书为淫秽书籍。在结案陈词中，法官写道："这些书里的大篇幅的关于性的经验、体会和器官的描写是淫秽的……该书中大量的黄色章节有邪恶的气味，包括那些脚注都显得色情……书中还有许多章节描写女性的性器官及其功能，使用了许多粗俗的语言使得读者作呕。如果这些是可以引进的文学，那么人类的尊严、家庭的稳固，这些社会的基础都会离我们而去。"

贝西格随后向法庭提起上诉，1953年10月23日，又被一致判定为"淫秽书籍"。法官在书面材料中把该书描述成为"堕落的和道德败坏的作品，不宜出版"，并声明，就算从总体看来，它们也缺少文学价值。

1961年丛林出版社出版的《北回归线》招来了无数的法律纠纷，还惊动了最高法院，就像《查太莱夫人的情人》一样。在随后的几年中，康涅狄格、佛罗里达、伊利诺斯、宾夕法尼亚和纽约这五个州宣布这两本小说是"黄色"的；而同时加里福尼亚、马萨诸塞和威斯康星则宣布它们"不是黄色"的。1964年，美国最高法院宣布《北回归线》"文中有性成分，但是主题积极，具有文学、科学、艺术价值或其他社会形式的重要性的读物，不应该贴上黄色的标签，而应该受到法律的保护"。

纳丁·戈迪默［南非］

《伯格的女儿》

作者简介

纳丁·戈迪默(1923—　)，用英语创作的南非杰出作家。她抨击种族隔离制度，其作品被多次列为禁书。

戈迪默9岁开始写作，15岁即在杂志上发表作品。主要长篇小说作品有《说谎的日子》、《恋爱时节》、《尊贵的客人》、《自然资源保护论者》、《伯格的女儿》、《专制的人》、《大自然的运动》等。戈迪默还创作了大量短篇小说，其主题和长篇小说相近。主要短篇小说集有《蛇的低语》、《六英尺土地》、《星期五的足迹》、《不宜出版》、《利文斯通的伙伴们》、《故事选》、《准是某个星期一》、《士兵的拥抱》等。其紧凑精心的故事结构、精练客观的语言描述，都表明写作技巧的纯熟。其他著述有文学评论集《黑人解释者》、《基本姿态》，以及与人合编的《今日南非创作》等。

戈迪默文学作品浩繁、成就卓著，自20世纪60年代先后荣获国内外文学大奖10余次。1991年，她在6次提名之后获诺贝尔文学奖。

作品提要

《伯格的女儿》以罗萨童年时代的沙佩维尔大屠杀和成年时代索维托学校的暴乱为大的政治背景。第一部分写的是里奥耐·伯格的女儿罗萨对她童年和青年生活的回忆。罗萨的父亲里奥耐·伯格出身于南非的一个富裕白人家庭，是个有名望的医生；但是，他是南非共产党的领袖，反对政府的种族隔离制度，因而遭到了当地白人及政府的打压。他与第二任妻子凯西建立了一个家庭，以平等的姿态欢迎南非黑人，强调每个家庭都要有社会

作者和心爱的猎犬在一起

意识和社会责任感。他们因此经常面临逮捕的威险;被捕后，里奥耐在被判终身监禁后的第三年死于狱中，凯西的健康在监禁中备受折磨，死于综合动脉硬化症。

London Penguin Publications
1980 年版封面

罗萨少年和青年时代的生活深深烙上了父母社会活动的印记，她的早期生活代表着她父母的人生观和价值观。一天，14 岁的罗萨等在监狱外面，给被捕的母亲带来了被子和热水瓶。罗萨小小年纪就懂得把有关自己父亲的消息秘密地放在热水瓶的瓶盖中，让母亲知道父亲的情况。几年后，当罗萨 17 岁时，她假装与她父亲的副手，一个著名政治犯订婚，从而可以获准进入监狱探视他们。在这几个月的探视里，她用情书传递了大量的信息给他们，并从他们语调的变化和肢体语言中得到狱中政治犯的信息和情况。

沙佩维尔大屠杀的晚上，非洲国民大会党的领袖们、泛非会议成员、律师和其他人都聚集在罗萨家，整夜在谈论变化中的政治局势。而另一方面，因为一个成功的抗议和游行使一个领导人从监狱中被无罪释放，那些反对种族隔离的人，不论黑人还是白人，都聚集在他们家举行庆祝活动。罗萨清楚地记得一个与她年龄相仿的黑人孩子，名叫博厄斯，是非洲国民大会组织者的儿子。因为他父亲为了非洲国民大会的事务在奔波，所以就把他寄养在罗萨的家中。她经常回忆起他们一起学习游泳的情景。当罗萨的父母被捕时，他们分开了;她再也没见过他，直到很多年后在伦敦的一个聚会上才重逢，这对罗萨来说是一次精神上的巨大灾难。

罗萨为了父母的事业牺牲了自己本该轻松愉快、无忧无虑的少年时代，对此，她时常会感到很委屈。比如，她不得不在大家的眼皮下，站在监狱外，等待她的母亲，还要参加他父亲 217 天的审判。父母让他扮演一个政治犯的未婚妻更让她感到有些愤怒，尽管她对政治犯本人的印象并不坏。在父母去世后，她不得不完成他们的遗志，继承他们为黑人争取平等权利的事业。她认识到，黑人无法保护自己孩子的权利，他们的财产得不到尊重，也无法照顾他们的爱人，整天生活在水深火热之中。这种社会状况是病态的，必须有人站出来帮助他们。

一年后，罗萨来到比勒陀利亚。因为她被禁止通过正常渠道得到护照，所以她此行的目的是获得一张护照暂时离开南非，她说:“我想去欧洲旅行。”罗萨知道，官方正在监视她的行动，她的住处、她的恋人、她的社交以及一切行为都逃不过当局的眼睛。一年后，罗萨拿到了一张护照，在她将要离开南非的一刻，她开始犹豫要不要去欧洲，并认为自己在走向飞机时会被拦下。不过她最后还是登上了飞机，然而，当局对她的监视也如影随形。

Oxford University Press 2007 年版封面

《伯格的女儿》第二卷记述了罗萨逃难到法国的经过。她先到巴黎，然后去法国南部与里奥耐的第一任妻子凯提娅会面，虽然罗萨以前从未见过她。凯提娅是个有抱负的芭蕾舞演员，但因“不积极”和“个人生活”问题而被禁止演出。罗萨对法国美丽的风光和灯红酒绿的奢华生活着迷极了；她觉得即使孤身一人，这里生活的氛围也十分令人沉醉。这段时光是完全属于她自己的，没有什么伟大的使命要她完成，也没有讨厌的监视。不久，她就有了恋人；在她准备去伦敦前，她的恋人安排了与她在伦敦的约会。

在伦敦的逗留没有像她期望的那样。她的恋人生病了，无事可做的时候，她就在伦敦闲逛，与那儿的人们聊天，参加法语学习班。她开始考虑与那些她曾经准备回避的人接触，于是也这样做了。她去了一个非洲人参加的集会，其中包括南非革命者。有人认出了她，把她介绍给在场的人。在演讲中，他们提到了革命英雄，特别是她的父亲里奥耐·伯格。

博厄斯也在那里。当晚的集会结束后，他打电话给她，但他们没有重温儿时的友谊，而是对罗萨和她的父亲持一种敌视态度。里奥耐被推崇为英雄使博厄斯痛苦并怀恨在心，因为他的父亲也是斗争的受害者，却被忘记了；只因为里奥耐是白人，而自己的父亲是黑人。罗萨也很伤心，她的思想和感情一片混乱。

罗萨回到南非，在约翰内斯堡医院当理疗医生。1976 年她值班时，发生了索维托学校的暴乱事件。警察向投掷石头的学生开枪，病房里塞满了受害者。这是一场反对教育隔离制度的示威活动，活动结束后，很多学生没有再回到校园。

1977 年 10 月，许多人被逮捕、拘留或监禁；许多组织被迫关闭，唯一的黑人报纸遭查禁。罗萨·伯格也被拘留，罪名是帮助南非共产党和非洲国民大会党实现阴谋，涉嫌煽动、帮助和教唆学生暴乱。一条指控她的证据就是她在伦敦参加了一个左翼的“会议”。

争议内幕

《伯格的女儿》刚刚在英美等国发表，就遭到了南非共和国的查禁，理由是它“威胁到了国家的安全”，书中写道：“白人全是坏蛋恶棍，黑人全是好人。”另外，作者还被控告使用她小说中的主角“作为借口来对南非共和国发动一场全面的攻击”。但在稍后的审查中，专家提出尽管小说中有对白人进行亵渎诽谤的意图和对南非政治形势扭曲的描述，但并没有威胁到国家安全。

随着国内政治形势的转变，1980 年戈迪默因《伯格的女儿》被授予南非最高文学奖。1991 年，她还被授予诺贝尔文学奖。

皮利尼亚克［苏联］

《不落的明月》

作者简介

皮利尼亚克（1894—1938），苏联文学奠基人之一，出身于莫斯科一个医生家庭，1920年毕业于莫斯科商学院。著有短篇小说集《乘最后一班客轮》（1918）和其他短篇小说、《野草》（1920）。1921年，他的长篇小说《荒年》一问世就广受好评，被译成多种文字。一些批评家指责《荒年》中对十月革命的描写，皮利尼亚克针锋相对地表示要"做个对己对俄罗斯诚实坦荡的人"。他继续写作，又发表了短篇小说集《尼古拉娜·波索季亚哈》（1923）、《英国的故事》（1924）、《失去的时光》（1927）、《东方的故事》（1927），中篇小说《湿山萝花》（1922）、《彼得堡的故事》（1922）、《后母》（又名《第三个首都》）（1923）、《黑面包的故事》（1923）、《大地》（1925），长篇小说《机器和狼》（1924）、《不落的明月》（1926）、《伊万——莫斯科》（1927）、《石头与树根》（1934）、《果实的成熟》（1936）等。皮利尼亚克1937年创作的长篇小说《盐仓》直至1964年才部分发表。皮利尼亚克1937年10月被捕，1938年4月21日被枪决。50年后才被恢复名誉。1987年12月皮利尼亚克的中篇小说《不落的明月》公开发表，1989年1月他的《红木》首次在苏联问世。

作品提要

一列特快专列开进了莫斯科车站，停在备用道上，月台上警卫森严。司令员从他的起居车厢走进办公车厢。他个儿不高，宽肩膀，军上衣缀有四个菱形袖章。他的名字标志着整个内战时期红军的英勇无畏，也标志着成千上万，甚至几十万人的死亡、困苦、伤残。他指挥千万人组成的军队，指挥人、胜利和死亡。围绕着他的名字演化出了无数的传奇故事。他曾经犯过胃溃疡，在高加索经过治疗和疗养，他感到自己已经恢复了健康。现在他突然接到一封信，要他从高加索直接回莫斯科，使他连妻子那儿也没来得及去告别。他怎么也猜不透其中原因。副官进来，把一叠报纸放到桌上。司令员翻开报纸，只见当日重要新闻栏上刊登了一条消息：红军统帅加弗里洛夫临时离开军队来此接受胃溃疡手术，加弗里洛夫同志的健康情况令人忧虑，但医生们一致保证此项手术必获成功。

中午时分，一辆高级轿车开进一号宅院。府邸深处，办公室里窗帷半掩。书桌上亮着绿罩台灯，一位腰背不弯的人坐在书桌后的木椅上，他的脸庞落在台灯阴影里，看不真切。司令员沿着地毯走来，坐进书桌前的圈椅里。腰不弯的人说："加弗里洛夫，我们俩用不着谈革命的残酷性了。历史的车轮，很遗憾，我是这样认为的，是靠了鲜血和死亡向前推动的。"司令员说："不需要开场白。为什么召我回来?免去外交辞令，直说吧!""召你来，是因为你应该接受手术。你是革命所不可少的人。我已经下达了命令，甚至请来了一位德国大夫。""我的医生曾对我说过，不用手术会自动痊愈的。我觉得自己完全健康，任何手术都不需要，我不要。""请原谅，不用多谈了，加弗里洛夫同志，我已经下了命令。"司令员："别了。"腰不弯的人："再见"。

下午 4 时。几辆汽车开进了市郊的二号宅院，送来的是内科和外科医生们，都是教授。一封被拆开的漆封过的密件在他们手中传阅，第一个、第二个、第三个……全都压低声音，你一句我一句地说："何必还要会诊呢?!"这时，司令员迅速走进了接待室，接受会诊，会诊后写出了一份会诊记录，认为患者必须手术。只是在手术后，才从私人谈话中获悉。实际上没有一位教授真的认为有动手术的必要，不过会诊时谁也没有挑明。只有那个沉默寡言的德国人提出过无需手术的设想，但在同事们的反对下没有坚持这个意见。加弗里洛夫回到列车上，开始写信。他思考着每个句子，写得很慢。他写完三封信，然后拿起一个大封袋，将三封信统统装了进去，封好，在大封袋上写道："待我死后开拆。"

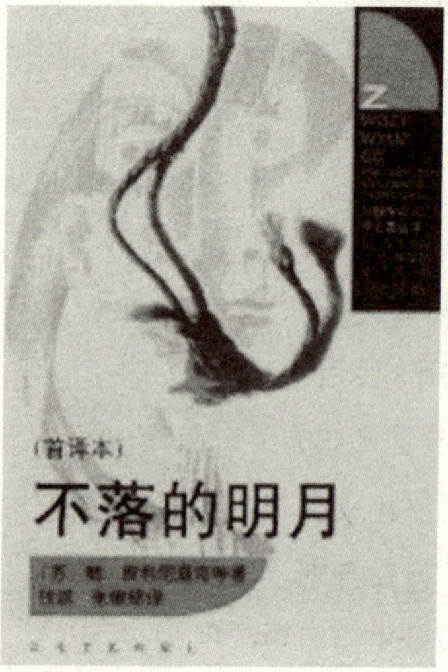

百花文艺出版社 1998 年版封面

加弗里洛夫随助理护士不慌不忙进了手术间，躺倒在手术台上，到 48 分钟后他才睡着。医生打开患者的腹腔，发现溃疡已经愈合，手术是多余的。但是，就在这时候，加弗里洛夫的脉搏和呼吸停止了。这便是心脏休克，机体因不适应氯仿而中毒。人工呼吸、输氧、使用樟脑或注生理盐水只能将死亡稍许推迟，但他再也不能恢复知觉。实际上，他已经死亡。医生把内脏粗粗续在一起，然后把表皮用线缝上。女助手将生理盐水输进患者的胸膛，以保持血压。加弗里洛夫被抬下手术台，搬上四轮推车送回病房。37 个小时后，他完全死了。其间按走廊里侍者的说法，一号宅院曾两次打电话召见主刀大夫，大夫俯身对着话筒说，手术很顺利。但患者的身体十分衰弱，情况严重。后来他去了一号宅院，在办公室里的谈话内容无人知晓，但一共只有三分钟。医生走后，腰不弯的人与三个最高的领导人之一通了电话：“亲爱的，又一个人去世了。一位战友不再在世上了。”然后他去了医院，在遗体旁低头默坐了好久。最后他拿起加弗里洛夫的手，握了握说：“别了，同志!别了，老弟!”

晚上，加弗里洛夫司令员的葬礼结束后，成千上万的送葬人各自走散时，他的战友波波夫在旅馆里睡着了；他的衣袋里装着加弗里洛夫给他的信，即入院前夜写的那张信笺。上面写道：“阿廖什卡，老弟!我知道这次非死不可。我已经给妻子去信，请你也写封信去。你就和她一起生活吧。怎么说呢？就娶她吧。由你们把孩子抚养大。原谅我，阿廖什卡!”

浙江文艺出版社 2002 年版封面

争议内幕

1926 年，《新世界》5 月号上发表了皮利尼亚克的中篇小说《不落的明月》。由于作品隐射 1925 年伏龙芝之死，指出个人崇拜、个人凌驾于党之上的机制在苏联开始出现的征兆，而遭到猛烈抨击，刊登这部作品的杂志全部遭没收。这部小说被禁止出版，甚至被禁止公开谈论，直至 1987 年才在第 12 期的《旗》杂志上重新登出。

米兰·昆德拉 [捷克]

《不能承受的生命之轻》

作者简介

米兰·昆德拉(1929—　),捷克小说家、作家。1948 年中学毕业后考入查理大学哲学系,学习时停时续,未能毕业。1958 年毕业于布拉格影艺学院的电影专业,之后任该学院外国文学教研室助教,后聘为副教授。1970 年起失业,1975 年成为法国大学客座教授,同时移居法国,由于其日益增高的文学声誉,被法国总统特别授予法国公民权。他于 1979 年被取消捷克斯洛伐克国籍,1990 年从巴黎返回布拉格。

他潜心于小说创作,多次获得各项国际性文学奖,还曾被提名为诺贝尔文学奖候选人。主要作品有:短篇小说集《可笑的爱》(1968 年前),长篇小说《玩笑》(1968)、《生活在别处》(1973)、《为了告别的聚会》(1976)、《笑忘录》(1976)、《不能承受的生命之轻》(1984)、《不朽》(1991)。

作品提要

如果我们生命的每一秒钟都有无数次的重复,我们就会像耶稣钉于十字架一样,被钉死在永恒上,这是尼采常常与哲学家们纠缠的“永劫回归”观。从“永劫回归”的反面来说,民族历史和个人生命一样,都只具有一次性,一次性消失了的生活,像影子一样没有分量,也就永远消失而不复回归了。在那“永劫回归”的世界里,无法承受的责任重荷,沉沉压着我们的每一个行动,所以尼采说“永劫回归”是最沉重的负担。如果“永劫回归”是最沉重的负担,那么我们的生活就能以其全部辉煌的轻松,来与之抗衡。也许最沉重的负担同时也是一种生活最为充实的象征,负担越沉,我们的生活也就越贴近大地,越趋近真切和实在。相反,完全没有负担,人变得比大气还轻,会高高地飞起,离别大地亦即离别真实的生活。那我们将选择沉重,还是轻松?

有一位叫托马斯的年轻医生,十年前就与共同生活不到两年的妻子离婚,他很快使自己忘记了妻子、儿子以及父母,因为他明白自己天生就是单身汉的命。他害怕女人而又渴望女人，于是他发明出一种“性友谊”，使自己既能与一些女人私通，同时又与其他许多女人保持短时的交往。很多人不理解他，最理解他的人是画家萨宾娜，她欣赏托马斯的毫不媚俗。这不成文的“性友谊”原则，规定了托马斯一生应与爱无缘。但特丽莎的出现，使他开始向自己的原则挑战。

“Kitsch(媚俗)”起源于无条件认同生命存在。《创世记》告诉我们，世界的创造是合理的，人类的存在是美好的，我们因此才得以繁衍。我们把这种基本信念称为无条件认同生命存在。媚俗就是制定人类生存中一个基本不能接受的范围，并排斥来自它这个范围内的一切。

特丽莎家乡的医院碰巧发生了一起复杂的病例，他们请托马斯所在的布拉格医院的主治大夫去会诊，可主治大夫碰巧生病，于是派托马斯去代替他。托马斯碰巧被安排在特丽莎工作的旅馆里，又碰巧在走之前呆在旅馆餐厅里，当时特丽莎碰巧当班，又碰巧为托马斯服务。正是这6个碰巧的机会把托马斯推向了特丽莎。

从孩提时代起，特丽莎就喜欢偷偷照镜子，她希望在镜子里看不到自己脸上有母亲的影子，因为她的整个生命就像是她母亲的延续，她在与母亲对抗。初识托马斯，他面前的桌子上放着一本打开了的书，而她也爱读书；那一刻，收音机碰巧在放贝多芬的音乐；他住在六号房，她以前住的房子也是六号，而且她六点钟下班；她发现他坐在自己以前读书常坐的公园黄色长凳上，时间刚好是六点。正是这些极其偶然的机缘带给特丽莎离开家庭去改变命运的勇气，把她推向了托马斯。

Harper Perennial Publications
1999年版封面

事实上，难道不是一件必然的偶然所带来的事件，才更见意义重大和值得注意吗?特丽莎出其不意地来到布拉格，找到托马斯，他们当天便做爱。随后特丽莎被流感所击倒，在他的公寓里呆了一个星期才回去。托马斯觉得特丽莎像个被放在树脂涂覆的草筐里的孩子，顺水漂到他的床前，使他感到一种莫名其妙的爱，他无法明白自己要什么，与特丽莎结合或独居，哪个更好?

人类生命只有一次，我们既不能把它与我们以前的生活相比较，也无法使其完美之后再来度过。因此，我们不能测定我们的决策孰好孰坏。

带着一只沉重的箱子，特丽莎第二次来到托马斯的身边。托马斯从不与其他人一起过夜，即使是他最好的情人——萨

Faber and Faber Publications
2004 年版封面

宾娜也不例外。可这一次，他在特丽莎的身边睡着了，等他醒来，发现她还紧握着他的手，他开始觉出某种莫名的快意。于是他俩都盼着一起睡觉。托马斯由此得出结论：同女人做爱和同女人睡觉是两种互不相关而且相对立的感情。特丽莎和萨宾娜代表着他生活的两极，互相排斥不可调和，然而都不可少。在萨宾娜的帮助下，特丽莎找到了一份杂志社的工作。特丽莎也因偷看了托马斯的信件而知道了他们的关系，知道托马斯一夫多妻的生活。强烈的妒意使她在夜里经常被噩梦惊醒，而托马斯也因同情（同样的感情，一种最强烈的感情想象力和心灵感应力）而理解特丽莎的行为，不仅没有对她发火，而且更加爱她了。为了减轻特丽莎的痛苦，托马斯娶了她，还送给她一只小狗。虽然那是只母狗，但他还是为它取了公狗的名字——卡列宁，他希望它能照顾特丽莎。

卡列宁并不能使特丽莎感到快乐，因为她已被托马斯的不忠弄得虚弱不堪，她甚至开始想回到母亲身边。她主动为萨宾娜照相，试图培养自己与她的友谊，萨宾娜的作品使她对萨宾娜充满倾慕之情。在俄国攻占了布拉格之后，特丽莎开始穿行于布拉格的街道，拍摄侵略军的照片，在这些天里，面对种种危险，她才享受到少许的欢乐。

托马斯带着特丽莎和卡列宁移居到苏黎世，和特丽莎在一起的日子，他的每一步都受到她的监视，她的嫉妒给他带来沉重的负担，她的噩梦给他带来了明白无误的谴责。直到有一天，特丽莎带着卡列宁不辞而别，让托马斯感到自己又回归到单身汉的生活，回到他曾认为命里注定的生活。而现在，他的脚步轻了许多，他飞起来了，正享受着甜美的生命之轻。两天之后，他却被从未体验过的重负所击倒。

没有什么比同情更为沉重了。一个人的痛苦远不及对痛苦的同情那样沉重，而且对某些人来说，他们的想象会强化痛苦，他们千百次重复回荡的想象更使痛苦无边无涯。

在布拉格，特丽莎只需要托马斯的爱；在异国他乡，她却需要托马斯的一切。如果托马斯抛弃了她，她该如何？她不敢想。她无法忍受在失去他的恐惧中生活，也不愿意继续成为他的负担，所以她和卡列宁又回到了布拉格。

Es muss sein（非如此不可）！托马斯又一次服从"感情"的驱使，在特丽莎离开五天后回到布拉格的家。托马斯站在门口，教堂的钟正敲六点。"数字六"这一机缘再次给特丽莎带来一种美感，治疗着她的忧郁，给了她继续生活的意志，使她感到了无比的快乐。

俄军攻入布拉格不久，萨宾娜就移居日内瓦。在那里，她结识了大学讲师弗兰茨，并迅速成为他的情人。萨宾娜戴着一顶旧圆顶黑礼帽出现在弗兰茨面前，但弗兰茨似乎对它并不感兴趣。许多年以前，祖父的这顶礼帽曾使托马斯拜访她时兴致盎然。她去苏黎世见托马斯时就戴着这顶帽子，这顶帽子已经变成一座往昔时光的纪念碑，使他们感动不已。弗兰茨不能理解这顶帽子的含义，所以也无法跨越他与萨宾娜之间的深渊。萨宾娜知道弗兰茨空有强壮的身体，在他的妻子和她面前却显得软弱无力，他不适合她，虽然他是她一生所见男人中最好的一个。萨宾娜结束了日内瓦的生活，定居巴黎。萨宾娜离开一个男人只是因为她想要离开他，她的一生并不沉重，而是轻盈的，生命中不可承受之轻。

弗兰茨相貌英俊，学术事业成功，但却天天担心情人的离去。弗兰茨认为，几个小时内从一张女人的床转到另一个女人的床，对妻子和情人都是一种耻辱，对他也是一种耻辱。弗兰茨不断寻找外出旅游的机会，与情人做爱的床离与妻子睡觉的床越远，他的羞耻心也就越轻。弗兰茨把自己的妻子看成他母亲的影子，他尊敬他的母亲，他把对母亲的忠诚表现在对妻子的身上，但他并不知道能迷住萨宾娜的不是忠诚而是背叛。当他终于背叛了他的妻子的时候，萨宾娜同时也背叛了他。失去萨宾娜，虽然使弗兰茨感到悲伤，但他很快又沉浸于自由和新生带来的欢乐之中。这种自由使他在女人面前更具魅力，他的一个学生爱上了他并很快代替了萨宾娜的位置。

弗兰茨显然不是媚俗的信徒。萨宾娜是他精神上爱情的象征，为了表示对她的忠诚，弗兰茨离开了现实中的情妇，和其他医生和知识分子向柬埔寨进军，去救死扶伤。在异乡，弗兰茨才意识到自己与学生情妇在一起是何等幸福，而柬埔寨之行对他来说既无意义又可笑。他终于发现，他唯一真实的生活，还是他那位戴眼镜的学生。残酷的现实愚弄了他，他被劫匪打伤，虽然他到死之前都在想着自己的情妇，但死了的他却终于又属于他妻子了。

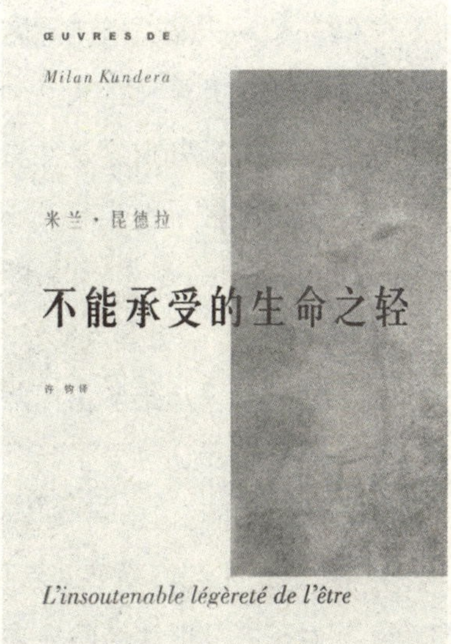

上海译文出版社 2003 年版封面

托马斯生平第一次发现自己陷入了困境。由于发表过一篇有关《俄狄浦斯》的感想，现因涉嫌反政权而受到当局的调查。尽管托马斯一向很正直，但这件事却让他的同事们相信托马斯是不诚实的，而且纷纷传言，说他会服从当局的要求写自我批评的声明，这令托马斯感到震惊。托马斯不信任这些人，更不能忍受看这些人的眼色行事，他没有写一个字，也就被迫离开了医院。由于拍了一周的坦克入侵而同样被报社解雇的特丽莎，现在也只能在一间酒吧里工作。

当局并没有就这样放过托马斯，他们继续为此与他纠缠不休，因为他们要从他那里得到更多有关反政权方面的情况，并且表示只要他肯写一份声明，他这个医学专家仍然可以回到原来的工作岗位上。托马斯虽无法肯定做出何种选择才合适，但“非如此不可”的精神在他心底已经根深蒂固，坚定的立场使他当时非如此不可。这次，他又从郊外诊所的小医师彻底沦为与医学无缘的擦窗工人。

成了擦窗工以后，托马斯又回到了单身汉的日子。他只能在特丽莎半夜从酒吧里回来后才能见到她，每天他都拥有属于自己的十六个小时，性活动时间变得非常宽裕。在两年的时间里，托马斯自然与不少女主顾们进行了冒险的活动。

特丽莎无法忍受托马斯头发里的女人气息。托马斯认为爱情与做爱是两回事，她现在不再拒绝理解这一点，她渴望通过尝试能为自己的混乱找条出路，能学会轻松。在一个工程师的再三引诱下，特丽莎终于违背了自己的意愿，她想实践和证实一下托马斯的话。与工程师没有爱的交合，并没有让她觉得轻浮的性爱与爱情毫不相关，没有让她感到轻松，更没有使她平静下来，她内心深处的灵魂渴望着对方的呼唤。

直到有一天，特丽莎带回一只半死的乌鸦，并向托马斯诉说自己工作的苦闷时，托马斯才忽然发现近两年来他见到她的时候是何其之少，更别说握住她颤抖的手了。他感到难过，心开始让特丽莎占据着，完全没有了冒险的兴致。

一位私人雇主坚持点名让托马斯去干活，开始他还担心是另外某个女人，但最终却发现是自己的儿子和那个受到迫害的编辑设下的圈套，为了让他在赦免政治犯的请愿书上签名。托马斯知道这是件看似高尚但却毫无用处的事，在与儿子和编辑的争论中，他发现只有特丽莎才是他唯一关心的东西，签名会使密探更多地光顾她，他绝不能做任何伤害她的事，其他什么都无所谓，即使儿子会因为他的懦弱而拒绝承认他。托马斯不能肯定自己是否做对了，但能肯定他做了自己愿意的事——拒绝签名。

特丽莎又从噩梦中惊醒，听到那令人惨痛的梦呓，托马斯觉得心都要碎了，他感到他再也不能承受这种爱了，他渴望平静与安宁。托马斯忽然觉得自己对女色的追求，也是一种“非如此不可”，一种奴役着他的职责，为了从所有职责中解脱，从一切“非如此不可”中解脱，他终于和特丽莎搬到了乡村。

对于托马斯和特丽莎来说，乡村生活是他们唯一的逃脱之地。特丽莎庆幸自己终于放弃了城市，甩掉了醉鬼对她的侵扰，还有托马斯头发上的女人味，同工程师的那段插曲也似乎成了一场梦，她终于和托马斯单独生活在一起了。卡列宁也对新环境表示满意，它和村里的一头猪建立起非同寻常的友谊。但好景不长，卡列宁得了癌症，这使特丽莎的心情变得沉重。特丽莎觉得自己与卡列宁的爱要比她与托马斯的爱要好一些，这完全是一种无我的爱，她不想从卡列宁那里获取什么，也未要求它给予爱的回报。卡列宁在特丽莎和托马斯周围的生活基于一种重复，它期待他们也同样如此。最终，他们怀着凝重的心情，让卡列宁在微笑中安息。

人类的时间不是一种圆形的循环，是飞速向前的一条直线。幸福是对重复的渴求，所以人不幸福。

特丽莎感到一种强烈的自责：托马斯从苏黎世返回布拉格是她的错，他离开布拉格也是她的错，甚至就在这里，她也未能给他留下一丝安宁，卡列宁弥留之际，她还用隐秘的怀疑来折磨他。特丽莎看出了自己的不公正，他们所走的路，只是为了让她相信他爱她吗？

几年后，特丽莎与托马斯在乡村因车祸而丧生。

萨宾娜一生都宣称媚俗是死敌，但实际上她难道就不曾有过媚俗吗？她的媚俗是关于家庭安宁、和谐的幻觉，是一曲幸福家庭生活的歌，不时从她生命的深处飘出，汇入那生命中不可承受之轻。特丽莎与托马斯的死显示着重，萨宾娜想用自己的死来表明轻，她将比大气还轻。正如巴门尼德曾经指出的，消极会变成积极。

历史和个人生命一样，轻得不能承受，轻若鸿毛，轻如尘埃，卷入了太空，它是明天不复存在的任何东西。而在太空以外的什么地方有一颗星球，所有的人都能在那里再生，对于自己在地球上所经历的生活和所积累的经验，都有充分的感知。这就是托马斯的“永劫回归”观。

争议内幕

1968年，苏联占领布拉格以后，米兰·昆德拉的所有作品都遭到查禁，作者本人也被剥夺了国籍。昆德拉最著名的小说《不能承受的生命之轻》于1984年在法国出版，获得了极高的国际声誉，但是由于敏感的时代背景和内含太多的复杂意义，在20世纪90年代以前的捷克斯洛伐克，此书一直被禁。唯一的捷克语版本为1985年由移民主掌的出版社“六十八出版人”在加拿大出版，但发行量很小。1990年哈韦尔上台后，昆德拉才得以回国。很多捷克人仍没有读过原著，而是经由好莱坞改编的电影了解书中内容。2006年10月下旬该书首次以捷克语在其作者的祖国捷克出版，并迅速成为当地头号畅销书，在布拉格的许多书店里，仅仅三周就告脱销。

米哈依尔·布尔加科夫［苏联］

《不祥的蛋》

作者简介

米哈依尔·布尔加科夫(1891—1940),苏联作家和戏剧家。布尔加科夫从小热爱音乐和文学，尤其喜欢果戈里的讽刺小说。主要作品有中篇小说《不祥的蛋》(1925)、《狗心》(1925),长篇小说《大师和玛格丽特》(1940),剧本《卓依金的住宅》(1926)、《土尔宾一家的命运》(1927)、《逃亡》(1928)和《火红的岛》(1928)、《莫里哀》(1936)、《最后的日子(普希金)》(1940)等。中篇小说《不祥的蛋》一问世,便引起了批评界的关注,有些批评家认为小说丑化了社会主义制度,应予否定。20世纪20年代,布尔加科夫创作的戏剧在许多苏联文艺界人士的挞伐之下遭禁停演。而他在同一时期创作的中篇小说《狗心》也未能逃脱厄运,一度曾被苏联当局没收,索回后不能发表。

从20年代末起,布尔加科夫遭到了全面的批判。据他本人统计,国内报刊上对他十年来的文学创作活动共刊载过301篇评论,其中赞扬的只有3篇,其余298篇均属敌视和谩骂。当时的布尔加科夫的处境非常艰难,后来被迫到莫斯科艺术剧院工作。在此期间,他创作了许多历史题材的剧本和小说,由于在这些历史题材的作品中注入了现实精神,这些剧本也大多未能上演。布尔加科夫独树一帜的小说和戏剧未能见容于他所处的时代。

作品提要

《不祥的蛋》是布尔加科夫1925年发表的中篇幻想小说,也是他的成名作。小说描写1928年4月16日晚上,第四国立大学动物学教授、莫斯科动物研究所所长佩尔西科夫在自己的实验室里发现了一道奇特的红光,在这道红光的照射下变形虫迅速繁殖,而且异常强壮。教授通过教育人民委员部向德国邮购器材,造出了一台仪器,逮住了神奇的红光。他立即专心致志地开始用蛙卵做照光实验。实验结果令人震惊,两昼夜内,从不多的蛙卵里孵出了几千条蝌蚪。蝌蚪又在一昼夜内异常迅速地长成青蛙，青蛙未到生殖期便提前产卵,并且无须任何光照,在两天内孵出了新一代蝌蚪,数量之多无法计算。青蛙爬出实验室，占领整个研究所。最后，大肆繁殖的沼泽动物终于被毒药全部歼灭。

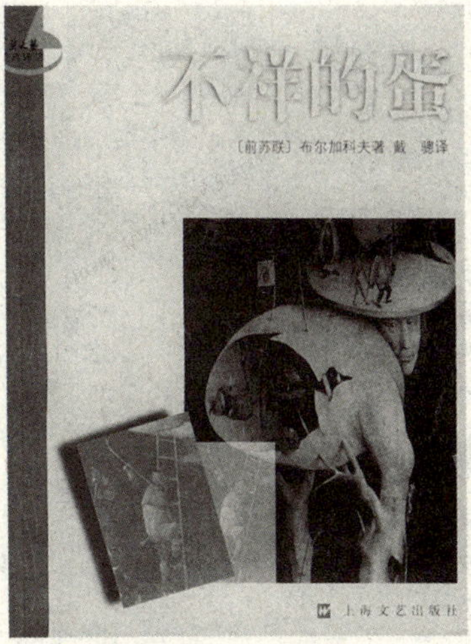

上海文艺出版社 2003 年版封面

报纸上注销了有关生命之光的轰动新闻。各式人物登门造访，电话铃声不断。此时全国突然发生鸡瘟，佩尔西科夫教授当上了防治鸡瘟特别委员会成员。他不得不花费大量时间研究鸡瘟病菌，甚至用 3 个晚上匆匆忙忙写了一本小册子《瘟鸡肝脏的病变》。

到 7 月底，混乱渐趋平息，佩尔西科夫回到被中断的研究上。飞机从哥尼斯堡运来了专门订购的透镜，技工们又制成了两台新的大型仪器。佩尔西科夫开始准备一项神秘而又复杂的实验，这时有一位名叫罗克的男子手持克里姆林宫的机密公函来找他。要求取走仪器去孵小鸡，因为全国的鸡都死光了。罗克的人搬走了 3 台大的仪器，只给教授留下了用于第一次实验的那台小仪器。仪器被运到斯摩棱斯克的红光国营农场，场长罗克亲自安装仪器。第二天，又从车站运来 3 只漂亮光洁的胶合板箱子，这是从国外进口的新蛋种。他想借助佩尔西科夫的光在一个月内复兴共和国的养鸡业。但是，等待他的是个不快的消息。小鸡出壳了。却无论哪里都没有小鸡的影子。罗克经过水塘时，听到了沙沙的声音，还伴有短促的嗞嗞声。他全神贯注地看着草丛，突然，一条足有 10 米长、一个人那么粗的蛇仿佛弹簧似地游出草丛。随之传来一个女人撕心裂肺的惨叫，只见那蛇张开血盆大口，倏地咬住他妻子玛尼娅的头。转眼之间罗克的头发全白了。他翻肠倒肚地呕吐着，离开那条小路奔跑起来。

国家政治保卫局的特工骑上摩托车来到农场了解情况，他们绕宫殿走了一圈，越走越感到奇怪。他们从关着的玻璃窗里看了看伙房。发现里面一个人也没有，然而满地都是盘子的白色碎片。走近暖房时，他们警觉起来。暖房里和暖房后面的什么地方，传来一种奇怪而又非常刺耳的声音。旋即他们张开嘴巴，握着手枪呆住了。整个暖房就像一个乱哄哄的蛇窝，巨大的蟒蛇时而盘曲，时而伸展，嗞嗞叫着。特工一连扣了九次扳机，子弹在暖房附近划出一道道浅绿的闪光。整个暖房疯狂了，特工一声惨叫仰面跌了下去，一条鳄鱼咯吱一声咬掉了他的左臂。另一个特工被一条五米长的蛇缠住了身体，大叫一声便断了气。

研究所向国外订购的蛇蛋运来了，打开一看却是鸡蛋。佩尔西科夫脸色发青，慢慢坐到椅子上。当天的报纸上刊登这样一条消息："蛇成群队地朝莫扎伊斯克方向游动……产下无穷无尽的蛇蛋。特种部队……和国家政治保卫局下属部队在点燃维亚济马郊外森林

上海译文出版社 2005 年版封面

后挡住了蛇的入侵……”莫斯科灯火通明，一片疯狂，家家户户惶恐不安。车站上常有令人不安的尖利枪声掠过人群上空——部队正在制止沿铁路线从斯摩棱斯克省逃来的疯狂的难民造成的混乱。告示宣布莫斯科进入战争状态。据说城防司令列席了苏维埃会议，会议认为居民住宅必须安装钢甲，为此采取了一系列紧急措施，以便在红军和空军大队无法阻挡蛇群进攻时，在首都街头展开巷战。

随着一声巨响，研究所的大门被撞开了，人们闯进门来喊叫着：“揍他!往死里揍!”“是你孵出了蟒蛇!”一个矮个子，率先冲到佩尔西科夫跟前，举起棍子朝他头上狠狠打去。那台关着的仪器被砸成了碎片，走投无路的青蛙不是被打死，就是被踩死。

1928 年 8 月 19 日深夜，一场前所未闻的严寒突然降临，持续了两天两夜，直到第三天，居民们方才恍然大悟，是这场严寒拯救了首都和首都郊外无边无际的田野和村落，平息了那场骇人听闻的灾难。一望无际的土地上是无数鳄鱼和蛇的尸体，那是一对天才的眼睛里诞生的神秘的光引出的生命，但它们已经不再构成威胁。那种光和 1928 年的灾难还久久地被全世界议论着，但后来佩尔西科夫教授的名字蒙上迷雾，很快消失了，就像四月的夜晚发现的红光一样。重新获得那种光的努力始终没有成功。第一台仪器被愤怒的人群在打死佩尔西科夫那天夜里毁坏。运往红光国营农场的三台仪器在空军大队和蛇的第一次交战中毁于大火，无法修复。显然除了知识，这还需要某种特殊本领，而世界上具备这种特殊本领的唯有故世的教授佩尔西科夫。

争议内幕

中篇小说《不祥的蛋》一问世便引起了批评界的关注，产生两种截然不同的反应。高尔基在给友人的信中称赞小说写得“机警而巧妙”，并在给罗曼·罗兰的信中预言小说将“进入文学史”。而“拉普”派的批评家则认为，小说反映了“新资产阶级的情绪”，丑化了社会主义制度，应予否定。由于拉普的严厉批评，布尔加科夫此后创作的小说，如《狗心》、《大师和玛格丽特》等都未能得以发表，创作的剧本也被禁止公演，直至 1940 年 3 月 10 日病逝于莫斯科寓所。布尔加科夫作品被禁的原因并不在于作品的荒诞不经，而在于作家用夸张的手法尖锐地讽刺了当时苏联社会的阴暗面，引起了当局的不满。直至 50 年代布尔加科夫获得平反、恢复名誉后他的作品才陆续发表。

小休伯特·塞比［美国］

《布鲁克林的最后出口》

作者简介

小休伯特·塞比(1928—2004),美国小说作家,电影编剧。他的多部小说被改编成为电影,获得了成功,他还多次参与电影的拍摄。

小休伯特·塞比的作品《布鲁克林最后的出口》改编为同名影片,1989年由德国导演乌尔里德·埃德尔导演,美国、德国、英国合拍,片长102分钟,颇有美国60年代B级片的味道。作者亲自在片中出演了一个卡车司机的小角色。有另一部影片亦取材于这部小说——《梦之安魂曲》(Requiem for a Dream),经过了兼为作家的导演阿罗诺夫斯基的改编,讲述了一个让人心碎的故事。小休伯特·塞比不但参与了剧本的改写,还再次扮演一个龙套角色。

作品提要

《布鲁克林最后的出口》以20世纪50年代纽约为背景,讲述了发生在贫民街区布鲁克林里一些年轻人生活的故事。小说以意识流的方式写成,语气非常口语化。“布鲁克林最后的出口”实际上是指纽约一个高速公路的出口，这个出口通向破烂不堪的贫民生活区,里面有廉价的酒吧、穷人住的救济性公寓,还有水泥操场和堆满瓶子的空地。住在这里的是社会最底层的人,他们的生活中充斥着毒品和暴力;微薄的收入和恶劣的环境使得他们缺乏同情心,道德规范对他们而言根本不值一提,犯罪成了生活的一部分。

塞比的宠物是一只鹦鹉

年轻妓女查拉拉专门勾引军人,然后伙同其男友和其他同伴一起向军人进行洗劫,

电影《布鲁克林的最后出口》剧照，图为女主角查拉拉

但查拉拉每次得手后分到的钱都最少。某次，查拉拉搭上了军官史蒂夫，史蒂夫对其既体贴又慷慨，并要求她陪伴至自己上战场为止。查拉拉一直希望从史蒂夫身上得到一笔可观的报酬，但最后只得到一封感人的情书。查拉拉在失望之余，前往酒吧买醉，在酒意及苦闷之下，查拉拉冲动地提出要与在场的所有男士发生关系。她后来被带到一个堆满碎瓶子和烂罐子的空地，被来自酒吧的50多个男人强暴，最后死在了那里。

有几个整天泡在酒吧里的小混混喜欢炫耀自己的犯罪记录，和一帮爱穿女装的异装癖者混在一起，目的是享受免费的杜松子酒和大量的安非他命药片。小混混们假装关心这群异装癖者，但他们残忍地使其中一个异装癖者因为吸食了过量的安非他命药片而丧命。

小说中没有一个生活幸福的人。那些有工作的丈夫们对待妻子都十分粗暴，总是不停地打骂妻子，对待孩子也十分吝啬，甚至舍不得给孩子买吃的；而那些没工作靠妻子挣钱养家的丈夫们也十分暴躁，还拒绝承担任何家庭义务，包括抚养孩子和家务劳动。他们的婚姻是在争吵中度过的，充满了绝望的主题。

还有一个让人心碎的故事。在一个穷人聚居区里住着一对母子。儿子哈里是个生活中的失败者，他沉溺于电视和巧克力之中，感到非常孤独。他希望时间能够把他带回小时候，那时身穿红衣的母亲总能吸引同学们的目光。为了"追求更好的生活"，他染上了毒瘾。他深爱着一个可爱但却毒瘾缠身的女人马里昂，然而却无法用正常的方式获得幸福的生活。为了摆脱悲苦的命运，他决定铤而走险，和女友以及好友泰伦一起靠贩卖海洛因赚大钱，但这个梦不可避免地落空了，他和爱人备受精神和肉体的摧残。

他的母亲已步入中年，肥胖而邋遢。她忍受着儿子无穷无尽的索取，过着毫无希望的生活。直到有一天，她接到了一个电视台打来的电话，说要她参加一个节目的制作。她以为这是她实现"做电视明星"梦想的开始，拼命打扮自己以获得电视台的好感。但当她发现再也无法穿下那件曾给她带来骄傲的红衣服时，她开始疯狂地吞食减肥药……

小说中的几个主要人物不是习惯于酒精的作用就是沉溺于对药品的依赖；他们还活着，但活得毫无尊严，仿佛人间地狱一般。整个故事在一种悲观绝望的气氛中结束。

争议内幕

London Calder & Boyars Publications
1968 年版封面

《布鲁克林的最后出口》在许多国家都曾遭查禁。在美国，其中名为“查拉拉”的部分于 1957 年首次以戏剧的形式出现，立即禁止在百老汇上演。小说在意大利和爱尔兰因“淫秽和色情”被禁止发行，被俄罗斯列为“限制阅读的书籍”。

对这本书最大规模的查禁事件发生在英国，当时《布鲁克林的最后出口》在英国已经售出了 11000 多册。对该书提起诉讼的是英国一位保守党议员，受理这一起诉的法官是罗伯特·布朗德尔爵士，他曾经支持对《一个快乐妇人的回忆录》一书的查禁。在 1966 年的庭审中，许多控方证人表达了他们对书中描写的场景的厌恶之情，尤其是对“查拉拉”中的强奸和侮辱的章节表示了反感，因为塞比描述了查拉拉受辱至死，而旁观者却冷漠无情这样恐怖的场面。法官谴责《布鲁克林的最后出口》，认为这本书的描写已经超过了任何一本曾在法庭看到过的色情书籍，它比任何一本淫秽书籍更易诱人堕落和腐化。1967 年 11 月，对该案件的审判重新开始。在经过了五个半小时的法庭辩论之后，陪审团宣布《布鲁克林的最后出口》是淫秽作品，阅读此书只能带来恐怖、震惊、憎恶和令人恶心的感觉。出版公司对此判决不服，再次提出上诉。这一次上诉法庭的法官推翻了原先的判决，《布鲁克林的最后出口》终于得以自由发行未删节的完整版本。

沃尔特·惠特曼［美国］

《草叶集》

作者简介

沃尔特·惠特曼（1819—1892），美国著名诗人，出生于纽约长岛西山一个村庄里。惠特曼只读过几年书，但十分爱好文学，后来在报社和杂志社担任主编等工作。1850 年惠特曼感到民主党政治家们不仅出卖了伟大的事业，而且出卖了自己的人格。尤其是某些领导人，竟在国会通过了一项镇压奴隶们的《逃亡奴隶法》。为了揭露这些背叛行为，他在 1850 年 2—6 月写下了《某些国会议员之歌》、《血腥的金钱》、《朋友之家》等诗。在 1851—1852 年间，惠特曼爱上了音乐剧，这对《草叶集》产生了直接影响。1855 年惠特曼借了朋友的印刷机、哥哥的罗马体铅字排出了自己的诗集。到 7 月，《草叶集》第一版问世。《草叶集》虽然受到当时美国文坛显赫人物爱默生的称颂，却依然被大多数人指责、攻击。1856 年第二版《草叶集》出版了。在第二版中，作者对 12 首旧诗作了修订，主要在措词、韵律和形象上有所改进，并且增加了 20 首诗。1860 年 5 月《草叶集》第三版出版。该版中增加了 124 首新诗，共有 156 首诗。1867 年《草叶集》第四版出版，只是增加了 8 首诗，对前一版做了一些不大的修改和重新安排，增印了《桴鼓集和续集》。1868 年 2 月，罗塞蒂编的《惠特曼诗选》出版了。1873 年惠特曼不幸中风，几个月后他的母亲去世了。此后惠特曼的身体状况曾一度有所好转。自他中风到去世共 19 年，这期间他写诗不多，在生命的这段最后时间里，他重游过出生地，接见来访者，并继续出版《草叶集》。鉴于他贫病交加，文化界不少名人为他募捐，解决他的生活需要。1891 年 3 月 26 日惠特曼与世长辞。

作品提要

《草叶集》从 1855 年初版的 12 首发展到 1891—1892 年临终版的 401 首，记录着诗人一生的思想和探索的历程，也反映出他所处的那个“国家和时代”的面貌，所以说这不仅是他的个人史诗，也是 19 世纪美国的史诗。对于惠特曼来说，他的诗篇和他的生命糅合在一起的。《草叶集》随着作者阅历的增长，越发谦恭和充满智慧。在 1855 年版的序言里惠特曼第一次讲到创作的根本动机。1888年《十一月枝桠》序言里又表达了同样的思想。他说动机是一种情感或雄心，要用文学或诗歌的形式毫不走样地说出并忠实表现我自己体魄上、情感上、道德上、知识上与美学上的个性。可见，惠特曼创作《草叶集》的目的一方面是为了忠实地表现自己的个性，另一方面是为了反映他所处时代的科学与民主。这两者又是相互交融的，因为惠特曼表现的个性很具有代表性，是那个时代的产物。写我自己，以表现我的特殊的时代和环境，美国民主，这就是《草叶集》的主旨。事实上，《草叶集》也确实做到了这一点。

Bantam Books 1983年版封面

19世纪中期在美国多种形式的生活经历通过作者的感官、驰骋的想象、对生活的强烈乐趣及创造的冲动倾泻而出。《草叶集》中正面写诗人自己和他的“国家与时代”以及普通人的精神面貌的诗篇很多。著名的有《自我之歌》、《大路之歌》、《欢乐之歌》、《斧头之歌》、《各行各业的歌》以及《开拓者哟！啊，开拓者哟！》等。《草叶集》中的《桴鼓集》被誉为美国南北战争时期的史诗。惠特曼骄傲地宣称，他既是自然的诗人也是城市的诗人。当英美诗人纷纷歌唱乡村时，惠特曼却在钢铁时代的纽约纵情歌唱。他不仅赞美高山、大海、草原，也热情地赞美火车头、电缆、脱粒机这些新大陆新时代的产物。

为了适应这样丰富多彩的内容，惠特曼采取了一种崭新的诗体，摒弃传统的常规如脚韵、格律等。他甚至说：“现在是打破散文与诗之间的形式壁垒的时候了。”这一主张未免有些偏激，因为诗毕竟是诗，不过惠特曼的诗中还是保留了诗歌的部分形式，如《草叶集》经常出现的头韵、半押韵、重复、叠句、平行句等。同时他以诗行的短语构成一种隐约的内部节奏，在某些较长的诗中，有时随着奔放的激情形成波澜起伏、舒卷自如的旋律。《草叶集》艺术上的另一特点是那些琐碎又冗长的“列举”，这些列举处理得好也能发挥铺张的作用，但如果滥用则有单调之嫌。无论如何，《草叶集》并没有当初诗人所设想的那样赢得广大读

人民文学出版社1994年版封面

者。不过惠特曼毕竟开创了新的诗风，它对美国和世界上许多国家近百年来的诗歌运动都有相当的影响。

《草叶集》是一本新型的书，标志着浪漫主义文学运动的结束及美国文学史上新时代的开始。《草叶集》问世前的美国文学，虽然已经在浪漫主义运动与超验主义哲学相结合的基础上呈现出一派繁荣，但它主要仍是英国文学传统移植到新大陆的产物。以爱默生为代表的革新派思想家和作家一再提出要建立美国自己的民族新文学。正是在这样的时候，惠特曼开始以崭新的姿态歌唱。因此《草叶集》的出版不仅是惠特曼个人文学生涯的标志，而且也是美国文学史上的一件大事。

争议内幕

1855 年 7 月，《草叶集》在纽约出版了。《草叶集》高歌性爱的力量，并且经常流露出对男性身体的赞美，没有一位出版商敢出版。最后，诗人只能自己筹资出版。尽管如此，他还是不得不进行删节与改动，如通过把男性称呼改成女性来掩盖同性恋色彩。《草叶集》里最受攻击的诗是《给一个普通妓女》和《有个女人在等我》。

《草叶集》得到了评论家的一系列恶评。有些人甚至骂作者是个疯子，根本不懂艺术。1860 年初，《草叶集》第三版行将出版时，欣赏惠特曼的爱默生劝告惠特曼把公开描写性爱的组诗《亚当的儿女》抽掉，惠特曼并没有接受。1881 年秋天，《草叶集》新版印刷完毕，但是波士顿地方检查官却宣布《草叶集》是淫书，出版者只好撤销了合同。

戴维·赫伯特·劳伦斯［英国］

《查特莱夫人的情人》

作者简介

戴维·赫伯特·劳伦斯(1885—1930)是英国小说家、诗人、戏剧家和画家,当过屠户会计、厂商雇员和小学教师,曾在国内外漂泊十多年,对现实抱批判否定态度。1885年9月11日生于诺丁汉郡的伊斯特伍德村。父亲是煤矿工人,母亲当过小学教师。劳伦斯少年时代在诺丁汉矿区上学,后到诺丁汉大学学院学过植物学、法律。他很早就开始写诗,于1911年发表了第一部长篇小说《白孔雀》,表达了作者对大自然勃勃生机的礼赞、对畸形文明迫害人们天性的谴责。1910年母亲的去世给他很大打击,与大学教授的夫人弗丽达一见钟情,弗丽达的爱情给他很大鼓舞,两人于1914年结婚。一战中发表长篇小说《虹》,因触犯当局战时利益而被禁毁,使他处境艰难,几乎一蹶不振。战争结束后他开始了流亡生涯,先后到过意大利、德国、澳大利亚、美国、墨西哥等地,企图找到一处世外桃源。1928年私人出版了最有争议的最后一部长篇小说《查特莱夫人的情人》,但英美等国直到60年代初才解除对此书的禁令。其他小说作品还有《儿子与情人》、《恋爱中的女人》、《迷途的姑娘》、《亚伦之杖》、《袋鼠》和《羽蛇》。1930年3月2日劳伦斯因患肺结核死于法国尼斯附近的旺斯镇,骨灰安葬在美国新墨西哥州的一个农场。

劳伦斯是20世纪英国文学史上最独特、最有争议的作家,他认为小说是人类表达思想感情方式中的最高形式,认为“艺术的使命在于揭示人与周围世界的关系”。他敢于打破传统方式,以其独特的风格揭示人性中的本能力量,召唤人们从资产阶级文明的灰烬中重建现代社会。

1981年拍摄的电影剧照

Bantam Books 1983 年版封面

作品提要

故事发生在英格兰中部地区。女主人公康妮出身于一个中产阶级知识分子家庭，受过良好的教育。她在1917年大战中和出身贵族的克利福·查特莱结婚。他们的蜜月刚过，克利福就重返前线，不久一身破碎地被运返英国，虽然幸免一死，但落得个下肢瘫痪，丧失了性功能。1920年，克利福承袭了男爵的爵位，和康妮回到老家拉格比。这幢18世纪中叶的建筑坐落在一个优美的满是橡树的老林中，可附近却是烟尘弥漫的煤矿场。康妮很不习惯这座阴森森的宅第和附近的环境，唯一喜欢的是那个林园，树林像是她唯一的安身处，她的避难地。正是在这个林园中，有一次康妮陪坐在轮椅上的克利福散步，邂逅了后来成为她情人的梅勒斯——克利福雇佣的守林人。梅勒斯出身于煤矿工人家庭，曾经为逃避不幸的婚姻而当了几年兵，尽管已擢升中尉军衔，但终因厌恶军队生活而又回到故乡。康妮初识梅勒斯并非一见钟情，可对方却敏锐地注意到她有一种渴慕着什么、不满着什么的感觉。

康妮和克利福的婚姻生活枯燥乏味。起初，因为克利福是个负伤的人，康妮还热情地怜爱他。可对于康妮，克利福却从来没有过一个男子对于妇人所有的那种温情。追逐名利成了克利福生活的全部：他先是致力于写作空无一物的小说，后来又沉醉于兴办矿业。为了使拉格比有个继承人，克利福甚至建议康妮和另一个男人生个儿子，只要那个男人属于他那个阶层的人。康妮与克利福的一些“知识界”名流中的一位剧作家麦克利斯有过一段私情，但麦克利斯极端自私，只顾满足自己，对康妮没有丝毫的温情，并且深深地挫伤了她作为一个女人的自尊心。康妮慨叹世界之大，竟找不到一个“男子”！她感到，和麦克利斯这类人生孩子，是屈辱和可憎的！

康妮在拉格比日复一日地过了将近两年的毫无生气的日子，生命日渐衰萎，几乎都给闷死了。她算是看透了克利福这类自诩为统治阶级的人，内心坚钝无情，只有一种冷酷的虚荣心，没有温热的人道的接触。康妮清楚地认识到，跟克利福在一起只有死路一条。她要反抗，但又找不到出路，只好一有机会就逃到她唯一的避难所——树林中去。在那儿，她可以呼吸到新鲜而自由的空气，感受到一种奇异的、有力的、向上的生命。

一天黄昏，康妮又逃到林中的一块空旷地，那是守林人梅勒斯养鸡的地方。康妮被孵着雏鸡的母鸡深深迷住了。她感怀身世，不禁黯然落泪。梅勒斯见此情景，爱怜之意油然而生，并且温柔地抚慰她。在一种神秘的梦幻的状态下，他们有了第一次性关系。事后，梅勒斯感到康妮身上有着生命的温柔，女人的温柔——而这正是机械化的贪婪世界里的近代女子所没有的。他觉得，她所接触的庸俗之流太不配她了！而在康妮这方面，女性的直觉告诉她，梅勒斯有着一种温暖的、天真的、和蔼的东西，又奇特又骤然。他是一个热情的人，健全而热情的人。从此，康妮经常到树林中去和梅勒斯幽会。康妮深深体验到：作为一个女人，她复活了。在这个尚未被工业文明污染的伊甸园，这对情人充分地实现了一种自然和谐的性爱关系。

不久，康妮怀孕了。那年夏天，康妮应姐姐之邀到巴黎和威尼斯旅行。康妮原想借此机会为自己的怀孕找个可以向克利福交代的借口，但这期间发生了一件意想不到的事情。梅勒斯的妻子突然回到他身边，在林中小屋发现了他和查特莱夫人之间的“秘密”。一时“谣言”四起，闹得不可开交。梅勒斯向克利福辞职，准备远走他乡，并且和康妮约好在伦敦相会。康妮见到梅勒斯后，即刻写信给克利福要求离婚。随后康妮不得不回到拉格比，当面表明自己已怀孕，情人正是梅勒斯，她决不会在拉格比呆下去了。冷酷自私的克利福拒绝离婚，但康妮出走的决心坚定不移。与此同时，梅勒斯那段婚姻的解除也有待时日。这对情人将来的命运如何呢？小说没有明确说明，只是在结尾时作了提示：他们打算在来年春天一起开始新的生活。

争议内幕

对《查特莱夫人的情人》的查禁是历史上一桩著名的禁书事件。该书最早于1928年在意大利出版，美国政府即于1929年宣布其为禁书。从欧洲旅行回来的人如果携带了这本书，就会被美国海关没收，而且美国邮政局也禁止邮递该书。

1929年，曾任耶鲁图书馆馆员的藏书家德雷西预定了5本《查特莱夫人的情人》，波士顿监督与预防委员会得知后，立即起诉了德雷西。德雷西被判罚款800美元并入狱4个月。审判结束后，德雷西提起上诉。但是再审法官还是维持了原判。于是该案件就被提交到了马萨诸塞最高法院，最高法院维持

人民文学出版社2004年版封面

外文出版社 2008 年版封面

了对德雷西的宣判，即四个月的监禁。

1930 年，这本小说成了当时席卷美国参议院所谓的“有伤风化问题争论”的焦点。同一年，费城的一名检察官批准了对一家书店的突然搜查，没收了 300 本书，其中包括《查特莱夫人的情人》、《范妮·希尔》、《香园》，这一行动在这个城市掀起了一场大规模的消除“淫秽书籍”的行动。

《查特莱夫人的情人》以删节本的形式出版了 30 多年，但是丛林出版社在 1959 年以完整版的形式出版该书，保存了所有“淫秽词语”和劳伦斯描写的性交场面。丛林出版社刚一出版这本小说，邮政总局局长克里斯汀伯利就下令禁止邮寄该书。出版商于是诉诸法庭，该案由联邦地方法院审理，法官布赖恩偏向于同意出版商的观点，取消对该书的限制。他陈述了自己的观点：“由于言论自由的扩展，人们越来越坦率，性和性关系不再是诲不可言了，这些都是无须争论的事实。在一部接一部的畅销小说中，对于性行为的直接描写和‘淫秽词语’频繁地出现在人们眼中，这样的趋势存在于所有的公共媒体中，存在于人们所用的语言和上流社会的言谈话语中，存在于电影、广告、服饰和其他类似的事物中。很多如今已经被大众所接受的事物如果出现在上一代人面前，整个社会都会被震惊。不管我们赞成或是不赞成，这样的事物都已经被普遍接受了。我坚信在我们社会发展的现阶段，这部英语小说从总体上说并没有超出我们社会对描写性和性行为的作品的最高容忍程度。”

该判决的生效意味着全美国在出版行业内对《查特莱夫人的情人》一书的接受。

但是邮政总局局长克里斯汀伯利决定继续禁止邮寄《查特莱夫人的情人》，他指责此书充满了“淫秽”、“猥亵”、“卑劣”、“令人讨厌和憎恶”的词汇和性行为的描写，并声称这些“不堪入目的词语和段落”掩盖了这本书可能有的任何文学价值。

让·雅克·卢梭 [法国]

《忏悔录》

作者简介

见《爱弥儿》。

作品提要

《忏悔录》是卢梭一部影响巨大的作品。本来是他晚年因遭到诬蔑、诽谤后，被迫反击敌人及其帮凶而写的一部自传体作品。作品写得坦率，“完全按本来面目把自己表现出来”。《忏悔录》记录了作者从出生到 1766 年 50 多年的生活经历。

卢梭于 1712 年生于瑞士日内瓦，父亲是制造钟表的能工巧匠，母亲是牧师的女儿，她聪明美丽且多才多艺，不幸生下卢梭没几天因产褥热而去世了。卢梭幼时由姑姑带大，她的歌声从小启发了卢梭，使他一生酷爱音乐。卢梭稍大后，父亲把他接过去，但对他很少管束。五六岁时，卢梭就学会了阅读，常常吃过晚饭后，小卢梭与父亲一起阅读。卢梭在童年时代就形成了爱自由、爱共和的思想以及倔强高傲、不愿受束缚和奴役的性格。

长大后卢梭被舅父送到法院书记处学诉讼业务。他觉得高尚的人不应用卑鄙手段去发财，而且那份业务枯燥乏味，结果他被赶出了事务所。他又被送到一个零件镂刻师处当学徒。师傅脾气粗暴，经常体罚学徒，他摧残了卢梭温柔多情、天真活泼的性格，使卢梭堕落为卑鄙的市井无赖。卢梭曾沾染了说谎和小偷小摸等不良习惯。1728 年卢梭 16 岁，有一天他到郊外玩得太晚，城门已关，他怕回去又遭罚，决定干脆离开日内瓦，到外面世界开始流浪生活。

一位神父说服卢梭由新教改信天主教，并建议他去见华伦夫人。卢梭第一次见到她便对她无限钟情，产生了一种永不磨灭的依恋感。因为卢梭从未受过正式教育，华伦夫人送他去神学院学习，他那不能忍受任何束缚的思想使他不肯服从学院的限制，两个月后院长也对他失掉了信心。华伦夫人发现卢梭对音乐特别爱好，又把他托付给一个巴黎来的乐师。于是，卢梭度过了一段心旷神怡的幸福时光。

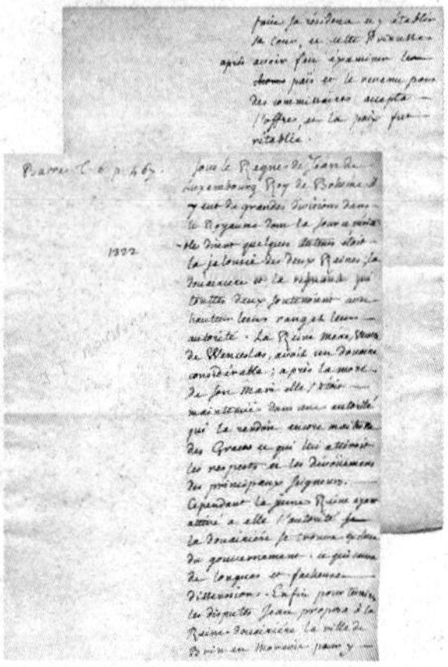

卢梭《忏悔录》手稿

由于华伦夫人去巴黎完成一项秘密使命，卢梭只能到处游荡。他与两个可爱的少女共同在一处古堡度过非常快乐的一天。在这之后，卢梭送华伦夫人的侍女回弗赖堡老家，因得不到华伦夫人的消息，决定索性一路漂泊下去。

一个偶然的机会，一位希腊东正教主教让卢梭做他的秘书和翻译。卢梭跟随他经伯尔尼到达索勒尔，该地法国大使把他留下来，举荐他到巴黎谋事。卢梭在巴黎大失所望。他走到里昂，身无分文，常常露宿街头。他终于得到华伦夫人在尚贝里的消息，这一次长途的流浪总算结束了。卢梭从不以流浪的艰辛为苦；相反，流浪是最契合他性情的，他觉得自由自在。

1732 年，卢梭重回尚贝里华伦夫人身边，直到 1742 年他离开去巴黎。这一段变化特少的生活既单纯又愉快。正是在这一段宝贵的时期内，卢梭杂乱而无系统的教育开始有了稳定的基础，他的性格逐渐定型。他一直寄居在华伦夫人家，次年秋她成为他的情妇，他为华伦夫人管家。1836 年，他们在尚贝里附近沙尔麦特山谷找到一处住所，此后长期居住在环境优美的山水田园之间。在这阿尔卑斯山麓清幽的环境中，卢梭广泛涉猎天文、地理、历史、哲学、音乐、拉丁文、几何学和植物学等方面知识，研究洛克、莱布尼茨、笛卡尔等人的著作，他把伏尔泰所写的文章都读了，其作品优美的文笔使他入迷，引起他要学会用优雅的风格写文章的愿望。

1737 年，25 岁的卢梭回日内瓦继承母亲留给他的一份遗产，之后他因病去蒙彼利埃看一个医生，在旅途中他结识一个已有 10 个孩子的夫人，与她度过了充满疯狂激情的一段日子。次年卢梭回到尚贝里，突然发现华伦夫人也有了一位年轻、健壮的新情人，他在家里的位置被人占据了。虽然她安慰卢梭他们可以开始新的三人生活，但他的心受到了不可愈合的创伤。在令人心碎的痛苦中，他独自呆在屋子里和书籍为伴。1740 年，卢梭曾去里昂一贵族官员家做家庭教师，但他的教育法并无成效。他考虑发明一种用数码记录音符的方法，就是今天通用的简谱法。他终于获得了成功。

1742 年，30 岁的卢梭永别了华伦夫人，携带新记谱法到巴黎，他确信乐谱稿本一交给学士院，他就会掀起一场革命，到时他就能发财成名了。他的音乐论文的确被推荐在法兰西学院宣读，但他除了一张证书外什么也没得到，在豪华热闹的巴黎城他又一次陷入生活的困境。经人介绍，他被接受做法国驻威尼斯大使的使馆秘书，于 1743 年到威尼斯上任，然而卢梭的这位上司吝啬贪财，疏于职守。一年后，卢梭与大使闹僵，被赶出大使馆。卢梭回巴黎决定要讨还公道，他有充分的理由却申诉无门，这就在他的心灵里撒下了愤慨的种子。他要反对这种表面秩序下愚蠢的社会制度。

北京燕山出版社 2005 年版封面

卢梭住在巴黎一处僻静地段的小旅馆写歌剧，开始与旅馆女雇工戴莱丝·瓦瑟同居。卢梭预先向她声明，他永远不会抛弃她，也永远不会和她结婚。戴莱丝性格纯洁善良，能在生活上照顾卢梭，但她头脑愚笨，卢梭对她的任何栽培和教育都无济于事。她共为他生了六个孩子，但他们一个个被卢梭送入育婴堂了事。

卢梭积极参加巴黎的文化生活，经常看戏和坐热闹的咖啡馆，并出入上流社会贵妇人的沙龙。他结识了启蒙派作家狄德罗、伏尔泰、达朗贝尔、霍尔巴赫等人。狄德罗正着手编纂《百科全书》，卢梭应约撰写音乐方面的条文，两人相交日深。1749 年夏，狄德罗因发表文章触犯当局而被捕入狱，卢梭去巴黎郊外监狱探望朋友，偶然从报上看到第戎学院征文的公告，他一看到《科学与艺术的进步是有助于伤风败俗还是敦风化俗》这个题目，顿时就看到了另一个宇宙。在狄德罗的进一步鼓励和启发下，卢梭写了《论科学与艺术》一文应征，次年第戎学院宣布卢梭论文获得第一名，年底论文出版于日内瓦。卢梭一举成名，成为社交界追逐的时髦人物，巴黎女士们争相邀请他做座上客。但卢梭不慕虚荣，他仍以替人抄写乐谱为生，宁愿在独立和简朴中生活。

1752 年，卢梭写的喜剧《乡村卜师》在枫丹白露为宫廷演出，受到普遍称赞。第二天，国王路易十五准备接见作者，并授予他一笔年金。卢梭既怕在宫廷面前言行不当而出丑，又怕年金成为加到他身上的枷锁，于是他以健康为由一走了之。放弃年金是他采取了一个合乎他的生活原则的决定，他为此受到上流社会的普遍谴责。

1754 年，卢梭荣归日内瓦，受到各界人士的热烈欢迎和盛情招待。他沉浸于共和主义的激情之中，把刚写成的《论人类不平等的起源和基础》献给日内瓦共和国，并且恢复日内瓦公民权和新教信仰。在日内瓦居住四个月后，卢梭返回巴黎。

卢梭早就厌倦于城市的喧嚣生活，他热切盼望能到乡间居住，他的朋友塔皮奈夫人为他在巴黎近郊环境幽静的蒙莫朗西森林安排了一处住所，卢梭称它为“退隐庐”。1756 年春卢梭从巴黎退隐，他仍以抄写乐谱维持他的生活，并把蒙莫朗西森林当做他的书房，开始写作他的《新爱洛绮丝》和《爱弥儿》。

长江文艺出版社 2007 年版封面

这年冬天，卢梭一位好友的情妇乌德托夫人来退隐庐看望他，卢梭对她一下子燃烧起既不幸而又炽热的爱情，他们的交往日渐亲密。卢梭与戴莱丝一直生活在一起，但他们只是生活的伴侣，卢梭对她一直没有感情，现在卢梭公然争夺一位朋友的女人，这激起了包括塔皮奈夫人和狄德罗在内的许多人的愤怒。1757 年底，塔皮奈夫人等与卢梭绝交，他被迫搬出退隐庐。

1758 年，卢梭发表《致达朗贝尔论戏剧的信》，驳斥其对日内瓦戏剧文化生活的意见。自此，卢梭与百科全书派全面决裂。这期间卢梭结识了宫廷重臣蒙莫朗西领主卢森堡元帅。次年元帅同意卢梭搬到他城堡里一座楼阁居住。在那儿，他完成了三部重要著作，《新爱洛绮丝》出版于 1761 年，受到热烈欢迎，《社会契约论》和《爱弥儿》次年发表。

《爱弥儿》由于否认教会的权威而受到巴黎天主教会的声讨，巴黎最高法院下令焚毁书籍和并逮捕作者，卢梭在卢森堡元帅安排下逃出巴黎，准备前往日内瓦，但日内瓦议会也下令查封《爱弥儿》和《社会契约论》，伯尔尼步其后尘驱逐卢梭。卢梭只好逃到普鲁士国王辖下纳沙泰尔邦的莫蒂埃，受到纳沙泰尔总督的保护，并获得国王允许，在莫蒂埃平静居留了两年。卢梭写文驳斥教会对他的攻击，为自己进行辩护，又因对普鲁士国王的厌恶之情拒绝他赠送的年金，他的行为引起了新的风暴。1765 年 9 月的一个晚上，当地天主教居民用石块袭击他住的房子，卢梭被迫逃往圣皮彼尔岛。

在圣皮彼尔岛原始的风光和孤独的环境里，卢梭找到了短暂的宁静。但大自然并不能保护卢梭，几个月后，管辖该岛的伯尔尼政府再次命令他离境，卢梭又登上坎坷的旅程，继续他前途未卜的流亡生活。

争议内幕

《忏悔录》之所以遭查禁，主要是因为书中有关性的描写以及卢梭对与情妇 16 年生活的公开讨论。教皇庇护七世将《忏悔录》列入 1806 年罗马禁书录内。1821 年，《忏悔录》遭到了法国天主教会主教的指责，他指出该书“亵渎神灵，败坏道德，有损国家，应禁止在主教的辖区内出版和销售这些书”。在 1892 年，卢梭的《忏悔录》被卷入了沃辛顿图书出版公司的诉讼案中，因为公司陷入财政困境，想卖掉库存的世界文学经典名著，包括伯顿翻译的《天方夜谭》、菲尔丁的《汤姆·琼斯》、薄伽丘的《十日谈》、拉伯雷的《巨人传》、奥维德的《爱的艺术》和卢梭的《忏悔录》等。但却遭到反对，甚至有人要求法庭把那些书公开烧毁，但法庭没有批准。1929 年美国海关禁止进口《忏悔录》，声称它“有伤风化”。第二年海关就取消了禁令。

威廉·莱德勒，尤金·伯笛克［美国］

《丑陋的美国人》

作者简介

威廉·莱德勒，生于1912年，美国记者、作家。1930年加入美国海军。他在海军的生涯持续了28年。1951年，他被委任为太平洋舰队总司令的参谋。1958年退役，之后于1958年至1963年间成为《读者文摘》的远东地区记者。

那时，莱德勒作为一名作家已经出名了。他的关于海军生活的文章在二战后开始发表在发行量很大的杂志报刊中。1950年，他的第一本书《最后的航行》出版，它描写了一艘美国潜艇沉没的故事。1950年出版的《海上的所有航船》是个回忆录，讲述了平时及战时的海军生活。这本书获得的巨大成功鼓励了莱德勒创作更长的小说集《徽章和我》，后被改编成电视系列剧。莱德勒最出名的书是与尤金·伯笛克合写的《丑陋的美国人》。此书以小说的口吻控诉了美国对亚洲的政策。此书出版之后，许多读者都写信询问普通公民应该如何做来影响美国的对外政策，莱德勒就写了上千封的回信，收录在《绵羊的国家》一书中。在《我们自己最可怕的敌人》一书中，莱德勒将注意力转向越南，指出美国在战争的各个方面——军事、道义和政治——都已失败。他还创作了《婚姻的海市蜃楼》及其他许多短篇故事。

1963年拍摄的电影《丑陋的美国人》，由影星马龙·白兰度主演

尤金·伯笛克（1918—1965），美国作家、学者。获牛津大学哲学博士学位。伯笛克的第一本小说《第九波》（1956）创作历时9年，讲述了一个不道德的加州政客从贫穷到富贵的故事，此书受到了评论家的好评。伯笛克与威廉·莱德勒合作创作的《丑陋的美国人》（1958）给他们带来巨大的声望和名誉，后被拍成电影。伯笛克与哈威·维勒合写小说《无法保证的安全》（1962），讲述了一个“全球的恐怖故事”，即核战争如何会被一个偶然事件轻易触发。《尼娜的书》（1964）是关于第二次世界大战时法国一位女英雄的故事。《摩羯宫的绿色》是一本短篇故事集，反映了他对南太平洋的深厚感

情。另外，伯笛克还创作了一些电影和电视剧本。

W W Norton & Co Inc Publications 1958 年版封面

作品提要

在《丑陋的美国人》一书的开头，作者威廉·莱德勒和尤金·伯笛克就声明，书中的故事虽然是虚构的，但却是以事实为基础的。他们写到："人物的名字、地点、事件都是我们虚构的；我们的目的是不要给个人带来麻烦，而只是激励起人们的思考，并促进人们的行动。"

路易斯·塞厄斯是美国驻东南亚国家塞克汗(Sarkhan)的大使。塞克汗是一个虚构的国家，位于缅甸和泰国附近。18 年来，塞厄斯一直担任美国议员。当他在等待着会被任命为联邦法官的时侯，他被委派为驻塞克汗的大使。塞厄斯对这个国家一无所知；事实上，他连它的位置都不清楚。20 世纪 50 年代的早期，他接受了这个任命；来到塞克汗，但他从未学习过这个国家的文化和语言。他将当地人看做是"该死的小猴子"，对待当地人的态度粗鲁傲慢，这使他与当地人很疏远，并且得罪了他们。

塞厄斯到达一周之后，苏联大使路易斯·赫鲁皮斯基也来到塞克汗。路易斯·赫鲁皮斯基和妻子在过去的两年里勤奋努力地学习当地的文化和习俗。他知道怎样阅读和书写当地的语言。他已经将自己塑造成符合塞克汗人标准的人：他体重减轻了 40 磅，还学习芭蕾舞，阅读塞克汗的文学和戏剧作品；他成为一个吹鼻笛高手，并固定参加佛学讲座。在他到达后的第二天，就去寺院参拜大住持——当地佛教的领袖，并用古典的塞克汗语言充满敬意地和住持交谈。

塞厄斯和赫鲁皮斯基都努力去赢得塞克汗政府和人民的支持与喜爱，虽然塞厄斯并不真正懂得它的意义。因为赫鲁皮斯基的努力，苏联人正在接近他们用 30 个月时间将塞克汗纳入共产主义世界的目标。赫鲁皮斯基和他的手下将苏联政府描绘得比美国政府更愿意对塞克汗提供帮助和支持。

鉴于塞克汗有可能实行共产主义制度，约翰·卡尔文——一位美国战略情报局的前特工写信给美国的州议员，阐述了塞克汗的文化习俗并提出几项帮助当地人民的建议。但是他的建议并没有受到政府的重视，于是他决定靠自己的力量去帮助塞克汗人。他计划向塞克汗输入奶粉，并最终将德克萨斯州的牛引进，因为塞克汗到处都是可供牛吃的杂草。他将进行首期投资，并计划将管理工作和经营收入移交给当地人。

Random House 1985 年版封面

卡尔文的奶粉计划只做了两周便受阻，因为他以前的朋友——现在是个共产主义者——攻击卡尔文，说他试图毒害当地人民。一群妇女对他又踢又打；她们剥光他的衣服，让他站在人行道上，在他裸露的胸前用别针别上一个标语，上面写着他强奸了一个当地妇女。大使塞厄斯也不相信卡尔文对此事的解释。

1952 年，菲尼安神父被任命为驻缅甸的天主教传教工作的监督者。他的主要任务是促使缅甸人民反对共产主义。为了达到这一目的，菲尼安神父与当地人民生活在一起，学习他们的语言；为了吃惯当地的食物和水，他忍受几个星期痢疾的折磨。他召集了 8 个当地男子，实施一个计划来消除农村的共产主义。他们出版了一份报纸《共产主义农民》，用“事实”向人民展示有关共产党的“真实情况”。通过他们的努力，终于将共产主义者从缅甸的农村赶走。菲尼安神父计划下一个地方去塞克汗，进行类似的行动。

在几次重大的失误后，塞厄斯被提前授予了法官职务，于是他立即离开了塞克汗。在离开这个国家之前，他做了三件事：他拒绝向菲尼安神父提供保护；他建议塞克汗政府不给约翰·卡尔文颁发签证；他写信给美国政府，列举了他在塞克汗的成就。

新任大使是吉尔伯特·麦克怀特，他是公认的苏联问题专家。他对自己新的使命表现得很兴奋，开始学习塞克汗语言，阅读有关塞克汗的历史和政治生活书籍。麦克怀特下定决心要攻破塞克汗的共产主义堡垒。但是，他那复杂的计划被两个他所信任的塞克汗仆人透露给共产主义者。麦克怀特决定去菲律宾和越南学习他们对付共产主义者的经验，以便更好地了解亚洲人民。在他的这次旅行中，他还邀请了几个美国人到塞克汗帮忙改善那里的形势。

这其中就包括工程师豪莫·阿特金斯和他的妻子艾玛。他们搬到了塞克汗的一个小村庄，请当地人帮忙一起设计、建造和出售水泵。这些水泵可以将河里的水抽到山上地势高的稻田里。艾玛注意到所有的老年人都因长期使用短柄的扫把而导致驼背，她发现了一种野生的高芦苇，并用它做成了长柄扫把，从而帮助村子里的人。詹姆斯·沃尔切克是个伞兵，他学会了在战斗中如何对付共产党的战术，他来到塞克汗向士兵们讲述如何应对共产党的游击战。尤马苏是个有名望并受尊敬的缅甸记者，他告诉麦克怀特，说约翰·卡尔文被共产主义者陷害，他建议将卡尔文请回继续他的工作。

当被问及美国人在东南亚的声望时，尤马苏回答到：“可怜的美国。英国人一百年后才失去了在亚洲的威望。美国只用了不到十年。事实上，如果它愿意的话，可以在两年内重建在亚洲的影响力。”他解释说，美国人在外国社交圈很封闭，喜欢自命不凡，还夸夸其谈、好出风头。

美国外交事务委员会主席、议员布朗决定到亚洲和远东地区访问。他计划访问尽可能多的国家，与当地人和低级的雇员交谈，以了解这些国家的实际情况。驻越南大使阿瑟·亚历山大·格雷被事先得知了布朗此行的目的，他决定做些准备，不让布朗了解到越南的真实情况。他雇用了一个翻译，让他在翻译当地人对议员说的话时做些处理。他要求他的工作人员呆在大使馆，每天工作到至少晚上八点，骑自行车回家，而不是像原来那样坐轿车；不去法国餐馆，以证明他们的“紧迫感和使命感”。阻止布朗了解真实情况的计划非常成功，布朗回到美国，对自己在国外取得的成果感到很高兴。

而塞克汗的大使吉尔伯特·麦克怀特是个诚实的人，他给美国政府的报告与议员布朗的报告相冲突，这种不一致受到了国务卿的指责。作为回应，麦克怀特写到，他还没有准备好与共产主义世界在方方面面的斗争。他指出，苏联从第二次世界大战以来没有受到重大的挫折和失败，他建议美国政府采取合理的人性化的对外政策，摒弃霸权主义。

在麦克怀特信中的最后部分，他要求派到塞克汗的每个美国人都应学会塞克汗语；愿意在塞克汗服务两年以上的工作人员才可以带家眷前往；除了卫生用品、婴儿食物、罐装牛奶、咖啡和香烟，其他美国产品不许在塞克汗的大使馆出售；美国人不许将自己的汽车带到塞克汗；派到塞克汗的每个美国人都应熟读共产主义领袖的著作。麦克怀特还声明，如果这些要求不能满足，他就会辞职。三个星期后，所有的要求都被认为“太不切实际”而遭否决，麦克怀特便要求返回美国。

争议内幕

《丑陋的美国人》出版不久，就遭到了美国新闻署主任乔治·阿伦的审查，他认为不能把这本书出口到海外，因为他认为如果这本书流入外国将不符合美国的利益。

美国参议院对外关系委员会主席富布莱特在一次会议上对《丑陋的美国人》提出了批评。因为书中的美国人全是笨蛋，甚至比笨蛋还笨，而苏联的外交人员都是有才能的、献身共产主义的公仆。他说这本书已经误导了许多容易上当的美国人，包括一些议员，使他们认为此书是对海外的美国人的真实描述。

威斯康星州的老师和一些家长反对《丑陋的美国人》，是因为它对海外美国人的批评；他们还攻击书中他们认为不道德的和淫秽的内容。

布尔加科夫［苏联］

《大师和玛格丽特》

作者简介

见《不祥的蛋》。

作品提要

暮春的傍晚，莫斯科文联主席柏辽兹正和绰号“无家汉”的诗人伊凡侃侃而谈。诗人应柏辽兹的要求，写了一首反宗教的长诗，用阴暗的笔调丑化了主要人物耶稣，但柏辽兹仍不满意，认为应当推倒重写，因为历史上并无耶稣其人。这时，一个相貌奇特、言行古怪的外国人翩翩而来，加入了两人的谈话。外国人自称是研究魔术和历史的教授，他宣称耶稣是存在的，因为他本人曾亲眼目睹彼拉多对耶稣的审讯。教授断然否定人可以掌握自己的命运，并且预言柏辽兹不久就将被一位女共青团员切下脑袋，死于非命。果然，柏辽兹想打电话给外事局报告情况，当他穿越铁轨时，被一辆疾驶中的电车轧得身首异处，而开车的，正是一位女共青团员。

目睹这一切的诗人伊凡被吓坏了，他怀疑这一切都是那位陌生外国人设下的圈套，于是展开了对他的追踪。但是追踪失败了，衣着不整的伊凡来到莫斯科文联，语无伦次地向正在餐厅里享用美餐、跳舞的人们讲述了他所经历的一切，却被当做精神病人送进了精神病院。

电视版在《大师和玛格丽特》拍摄现场

“外国人”沃兰德实际上是魔王撒旦。他和他的随从们一起占用了柏辽兹的套房，他们用魔法将柏辽兹的合住者利霍捷耶夫送到了千里之外的雅尔塔，并且以外宾自称。

当晚，沃兰德带着卡罗维夫、黑猫和赫勒在瓦列特剧院表演魔术，他们恶作剧般地揪下了声称“相信妖魔、那是迷信”的报幕员孟加拉斯基的脑袋，又给他安了回去；用魔法在场上下起了卢布雨，在舞台上开设了妇女用品商店，摆满巴黎时装，引起了人们疯狂而贪婪的抢夺……演出在一片混乱中结束，当那些穿戴焕然一新的妇女们走上街头的时候，她们的新衣、新鞋突然不翼而飞，使她们狼狈不堪。

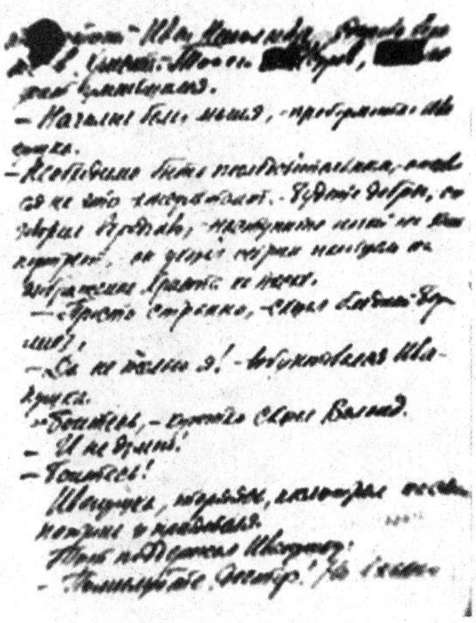
《大师和玛格丽特》手稿

第二天，不可思议的事情继续发生着。人们从院场得到的卢布成了一文不值的矿泉水商标；剧院门前排起了几千人的购票队伍，但剧院总务协理瓦列奴哈和财务协理里姆斯基却不知去向。文娱委员会主任普罗霍尔从穿着的西服中消失了，在写字台后办公的是一套会说话的空西服；而在文娱委员会的市分会，人们则中了邪般不能自控地合唱着《光辉的海洋》……莫斯科陷入惶惶不安之中，种种莫名其妙的谣言传遍大街小巷。

精神病院里，已安顿下来的诗人伊凡遇上了一个深夜来访的、自称大师的病友。此人放弃了生活中的一切，因而也放弃了姓氏。大师相信伊凡在牧首湖畔的遭遇，并且对此表现出了异乎寻常的兴趣，因为他本人正是因为写了一本宗教题材的、有关犹太总督彼拉多的小说才沦落到这个地步的。

大师告诉伊凡，他曾是莫斯科一个博物馆的工作人员，在一个偶然的机会里，他中了十万卢布大奖，于是辞了职，在阿尔巴特街租了两间地下室，开始专心写作。春天来临，一天他出外散步，与玛格丽特相识，玛格丽特崇拜大师的才华，成了他秘密的妻子。在玛格丽特的鼓励下，大师很快完成了关于彼拉多的小说。

人民文学出版社 2004 年版封面

大师的这篇小说赢得了玛格丽特的赞赏，却不为文艺界所接受，人们无法理解作者何以选择这样奇特的题材，一位编辑从小说中摘了几章在报上发表，引起了轩然大波，谩骂式的批评铺天盖地而来，大师在恐惧中烧毁了手稿。厄运接踵而来，新闻记者莫加雷奇为了占有大师的住房，诬告他藏有非法书籍，将他送进了监狱。三个月后，大师出狱，因无家可归便自己住进精神病院。但美丽聪慧的玛格丽特却一刻也没有忘记大师。为了能够

Penguin Publications 2001 年版封面

找到他，她答应了魔王的要求，去赴他的约会。在魔王的随从阿扎泽勒的安排下，她在全身涂上了回春油脂，骑上飞刷，自由地飞向了城南的河边。这是一个奇妙的夜晚，她受到了许多魔怪精灵的膜拜和欢迎，并被称为“玛格女王”，原来，魔王选中了她做“上元晚会”的女主人。晚会后，魔王对她的表现十分满意，作为酬谢，他为玛格丽特召来了大师，并恢复了大师一度被焚毁的小说原稿。

魔王在莫斯科的所作所为引起了当局的注意，他们来到花园街 50 号，企图找到魔术师的踪迹。于是爆发了一场激烈但没有伤亡的枪战，大火吞噬了一切，人们看见五楼的窗口里飞出几个鬼影。大师和玛格丽特回到了阿尔巴特街的地下室，两人为心灵的创伤所困扰，不能平静。这时，魔王应耶稣之请，安排阿扎泽勒来访。阿扎泽勒用毒酒使大师和玛格丽特脱离了自己的肉身，跨着骏马飞驰而去。

在飞行中，他们见到了在一座荒凉孤寂的山顶上忏悔了近两千年的彼拉多，大师用一声呼喊“你解脱了”使得彼拉多得到了渴望已久的宽恕。魔王一行给大师和玛格丽特指明通向安宁的道路以后，旋即消失，一对情侣朝自己永久的归宿走去。

莫斯科有关部门继续调查“沃兰德案件”，但一无所获。人们很快就将此事淡忘了，生活恢复了原状。只有诗人伊凡无法忘怀他曾经历的一切，每年暮春他必定来到牧首塘畔，在当年遇到魔王时坐的长椅上坐一两个小时，然后穿街过巷，踯躅于曾是玛格丽特居所的哥特式小楼的院墙外面。夜里他都会梦见行走在月光之路上的彼拉多和流浪哲人耶稣，梦见手挽手一起走向月宫的大师和玛格丽特。

Grove Press Publications 1987 年版封面

争议内幕

布尔加科夫的作品以幽默和辛辣的讽刺著称，可是他对苏联社会当时阴暗面的尖锐批评使他的大部分作品在生前均受到严厉的抨击，被禁止出版。1940 年 3 月 10 日作家逝世后大约 10 天，苏联作协主席团举行例会讨论纪念布尔加科夫的问题，作协成立了专门机构整理出版布尔加科夫的遗作。1956 年 10 月，苏联报刊发表题为《关于布尔加科夫的戏剧创作》的文章。接着又陆续出版了他的作品。与此同时，连续发表研究布尔加科夫及其作品的一系列文章、著作，开始重新评价他的文学创作和在文学史上的地位。1966 年《莫斯科》杂志在第 11 期和翌年第 1 期上首次刊出稍加删节的《大师和玛格丽特》。小说发表后，这两期《莫斯科》杂志被迅速抢购一空。

约瑟夫·海勒 [美国]

《第 22 条军规》

作者简介

约瑟夫·海勒(1923—1999)是当代美国文坛上黑色幽默派最重要的代表作家。他的成名作《第 22 条军规》是“黑色幽默”文学的代表作,已被公认为美国当代文学史上的经典作品。

除《第 22 条军规》外,海勒还发表过两部长篇小说:《出了毛病》(1974)和《像高尔德一样好》(1979)。小说《出了毛病》通过对美国中产阶级经理人员日常生活的描写,反映了他们苦闷、彷徨的精神世界。小说通过某大公司高级职员斯洛克姆的视角,反映了美国社会、特别是中产阶段的精神危机,《出了毛病》就是对这种危机的高度概括。小说《像高尔德一样好》通过一位美国犹太裔大学教授畸形的精神世界的展示,深刻地提示了美国官僚政治的腐败,是用黑色幽默风格写成的二战后美国最优秀的政治讽刺小说之一。他用诙谐嘲讽的笔法,通过一个试图涉足官场的犹太知识分子的生活经历,描绘了一幅有关美国政治、社会生活的讽刺画。《纽约时报书评》认为,它是迄今最滑稽也最辛辣刺人的美国政治小说。

作品提要

《第 22 条军规》被誉为“描写疯狂世界的典范”、“60 年代的史诗”,而 Catch-22(美国军规只有 21 条)也作为“无法摆脱的困境”的代名词,进入了美国人的日常语言。但《第 22 条军规》情节安排和结构曾受到批评:小说人物多,事件多,却没有一条完整的情节发展线索,乍看起来头绪纷纭、杂乱无章,与传统小说很不同。这也是黑色幽默文学的基本特征:不重视情节的连贯性和统一性,通过荒诞散乱的情节、离奇癫狂的场面,着意营造出一种梦魇似的气氛。但稍微梳理后,不难发现该书的结构犹如一块石子投进水里所激起的一连串的同心圆似的水波,石子便是第 22 条军规,同心圆便是各个人物的不同荒诞经历和最终命运。尽管小说人物复杂,情节颠三倒四,但是这个漩涡的中心是固定不变的。

Vintage Publications
1994 年版封面

这部小说的主要情节非常简单：二战末，在意大利某小岛的一个空军基地上，轰炸手约瑟连上尉像只惊弓之鸟，在一片混乱、荒诞与恐怖中，置一切权威、信条于不顾，为保存自己的性命而疯狂地努力。他生活的唯一目标就是逃避作战飞行，保住性命。他一次次装病住进医院，甚至擅自修改作战地图以拖延飞行任务。最后，他终于开小差逃到了瑞士。

约瑟连是个胆小鬼，而且人人都认为他是个疯子，但他却是小岛上难得保持了理智的人。他看出战争的"神圣"不过是个骗人送死的弥天大谎，士兵不过是梦想升官发财的卡斯卡特上校、米洛之流的手中棋子，如果他约瑟连死了，那并不是为国捐躯，而是被卡斯卡特们以战争这个堂而皇之的理由谋杀了。这个岛上的一切都不可理喻，令人绝望，表现出一种有组织的混乱和制度化了的疯狂。这里的荒唐事一个接着一个：为了自己的官场前途，卡斯卡特上校可以不顾士兵死活，一次次增加作战飞行次数，折磨得士兵个个精神反常，不是做恶梦彻夜嚎叫，就是变得对暴力无所畏惧，丧心病狂；医院里有个全身素裹、全无知觉的士兵，他被治疗的方法是：从胳膊下往里输液，从腹部接出排泄物，两个盛液体的瓶子被来回调换；军医丹尼卡为完成飞行护理任务，只管签名而不参加飞行，有一次一架飞机失事，而他的名字签在飞行卡上，他便被认为是死了，人们连军饷也不发给他，他只好在阴影里徒劳无益地活着，活像一个无处不在的幽灵；很多军官千方百计想被提升，彼此倾轧，不择手段，一心想呆在军营里打篮球的梅杰却阴差阳错地平步青云，原因是 IBM 公司的一台机器提升了他；前一等兵温特格林在邮件分类室工作，竟对各种报告掌握着生杀予夺的大权，任意打神秘电话，仅仅因为不喜欢一篇文章的文风就可以将其销毁；一级准尉怀特·哈尔福特威胁要割断同室居住的弗卢姆上尉的喉咙，后者就吓得再也不敢睡觉，逃到树林里像野人那样生活……如此种种，构成了这个荒唐世界。为从这非人性的、荒谬而又令人恐怖的世界逃出，约瑟连做出了种种努力，但都徒劳一场，原因就是那根本不存在、但又无处不在控制一切的第 22 条军规。它像一个让人无法摆脱的圈套，操纵着士兵们的命运：军规规定完成了飞行次数便可以回国；很多人已经完成了，他们可以回国了。是吗？不是。因为军规还规定军人必须执行上级的每一条命令，卡斯卡特上校可以任意增加飞行次数，约瑟连却不能不执行；军规规定疯子可以被遣送回国，但申请必须由本人提出，而提出申请逃避飞行的人又不可能是疯子，因此他也不能回国。这就是 Catch-22，一个永远服务于卡斯卡特之流的逻辑怪圈，具有椭圆型的精确。而确实也有人能对其奥妙心领神会、运用自如，如科恩中校提出的“只有从未问过问题的人方可提问”这一天才提问规则；梅杰少校规定的“只有我不在的时候，才能让人见我”的规定；布莱克上尉认定梅杰上校是共产党人，原因是他没有在效忠誓约上签字，而实际上是布莱克不允许他签；侦察部认定某字迹是牧师的，而牧师现场写的字迹如果与之不一样，那一定是牧师在字迹上撒了谎。这种种以无证无、自相矛盾的逻辑谬论正是与“第 22 条军规”一脉相承的。

围绕着“第 22 条军规”，小说人物可以被分成三类。一类人属于统治阶层，如那两个惯于相互诋毁、暗算的佩克姆将军和德里德尔将军，野心勃勃的卡斯卡特上校，表现欲极强的沙伊斯科普夫少尉等；外加上深谙“第 22 条军规”，并钻其逻辑空子为自己大谋私利的食堂管理员兼跨国大公司老板米洛。他们共同的特点是卑鄙无耻、恶劣透顶、情感冷漠、行为疯狂，一切都指向个人利益。

沙伊斯科普夫是个处心积虑向上爬的野心家，专管部队操列训练，大战爆发使他极为高兴，因为这样一来，他便有机会天天穿上军官制服，冲一群群小伙子喊一声：“弟兄们！”他外表虚心谦卑，实际上却总在算计报复提意见的人；他总想自己的中队在阅兵中得到第一，为此处心积虑。为了设计出行进时两手几乎不用摆动的姿势，他甚至考虑过把镍合金钉嵌入每个学员的股骨，然后再用恰好三寸长的铜丝把钉子和手腕接起来，只是考虑到时间不够、材料不易配置才放弃。最后他的中队终于以这种奇怪的姿势在阅兵式上受到注意，他一举成名，被誉为军事天才，从此青云直上官至将军。但来到战火纷飞的前线，他唯一能胜任的仍然只有阅兵。

下级军官米洛生就一张单纯老实的脸孔，这张脸孔是不可能作出任何狡猾的事情或阴谋诡计来的。但正是这个飞行大队的食堂管理员，在战火中成立了“辛迪加联合体”，充分利用了自己在商业上神乎其神的天才赚足了私利，还美其名曰“辛迪加”是“人人有份的”，他是在为大家赚钱。他手中掌握了几架飞机，在世界各地穿梭飞行做投机生意，处处受到热烈的欢迎，有的地方还选他为市长，奉为神明。为了赚钱，他甚至和敌对国——德国做生意，他声明说：“也许是他们挑起了战争，也许他们的确杀了成千上万的人，可他们付起账来却比我所知道的我们的盟国痛快得……”他甚至分别同美国当局和德国政府签合同，去既轰炸又守护同一座桥，而无论是炸桥还是守桥，都不要他的公司破费一文，因为双方政府有的是人力物力从事这些事情。他掌握了“军规逻辑”的精髓，运用起来娴熟自如又厚颜无耻。当他做棉花生意卖不出去眼看要赔时，他在棉花外面包上巧克力准备卖给士兵吃，被约瑟连臭骂。约瑟连为他出主意，说可以通过行贿让政府买下这些棉花，米洛听了勃然大怒。“你真可耻！”他厉声怒喝道，但接着又说：“行贿犯法，这你是知道的。可做生意赚钱是不犯法的，对吧？所以对我来说，为赚得正当的利润而去贿赂某人这不能算犯法，不是吗？不算，当然不算犯法！”米洛就是这样在战争和利润之间左右逢源、大发横财的，他的上司也无不敬其三分，尊他是个人物。

Scribner Book Company Publications 1996 年版封面

第二类是军规的牺牲者，他们或是不明不白地死在战火中，或是无休无止被安排新的飞行任务，每日都生活在死亡的阴影中，性格发生着可怕的扭曲。克莱文杰对许多原则信守不渝，而在这个荒唐之地，他信守原则倒像是愚蠢之举，他的严肃认真和一心一意在约瑟连眼里才实在是失去了理智。他竭力说服约瑟连，说他们是在为国家而战斗，他们的义务神圣不可侵犯，每次争论最后都总是气急败坏，不住地眨眼，强忍住伤心的泪。他非常聪明却看不到事情的真相，热忱地向表里不一的沙伊斯科普夫少尉提建议，结果受到一连串的迫害。最后，在一次飞行任务中“消失”在了云层里。哈佛迈耶同约瑟连一样，也是一名领队轰炸员，他已对“死亡”的残酷麻木不仁，每次飞向轰炸目标时从不做规避动作，使同一编队飞行的所有人员面临的危险陡增。战斗闲余，他便用猎刀把子弹改制成杀伤力很强的达姆弹射向田鼠，看到毛茸茸的躯壳给击成腥臭的肉酱，溅得帐篷里到处都是，他便纵声狂笑。亨格利·乔完成飞行次数已经无数次了，等来的却是又增加的飞行任务，不得不重返战斗岗位。渐渐地，他产生了阴阳错乱的反应，完成任务后，他便彻夜做噩梦，神情忧郁，而一有了任务，他便宽心地微微一笑，又恢复了平常的恐惧状态。另外还有一心追求纯洁爱情的内特利，因珍惜生命竟愿意做讨厌的事以感觉时间之漫长的邓巴，他俩一个在战斗中死了，另一个则被当局迫害得“失踪”了，都是“第 22 条军规”的受害者、牺牲者。

第三类则是小说中的闪光人物，他们对自身也参与其中的疯狂有清晰的认识，不甘受人摆布，积极寻求出路挽救自己。约瑟连和奥尔都是这类人。虽然很多人认为约瑟连疯疯癫癫，但他很清楚自己从来没错过，“他目光所及，处处是疯子，而在这疯子充塞的世界里，唯有自己这样明智而有教养的年轻人，方能明察事理。他必须如此，因为他明白他的生命危在旦夕。每次执行任务，他都毫不在乎自己是否命中目标，因为他早就拿定了注意，或是永久生存，或是在求得永生中死去。他几次三番想脱离战争，但每次都被“第 22 条军规”束

译林出版社 2005 年版封面

得更紧，于是他只好装肝病住院，为延缓执行任务在全队的饭菜里加肥皂水造成集体腹泻，偷偷修改战况地图，甚至仅仅因为对讲机坏了就下令返航。但战争夺取了他的伙伴们的生命，他们的鲜血几次溅污了他的军装，使他对战争愈发深恶痛绝。当上司为掩饰自己中队的无能而发给他奖章时，他竟只穿了双军鞋，浑身一丝不挂地出现在队伍里，因为他再也不想穿军装了。一可以休假时，他便过放荡的生活，追逐女性，寻求某种模糊的安慰。有足够智力进行独立思考的约瑟连，使卡斯卡特和科恩感受到了一种威胁，便决定要么让他为他们送死，要么送他上军事法庭，见这两招都不奏效，便换了一副嘴脸，打算与他做交易，条件是做他们的伙伴，不论是在这里，还是回国以后，都替他们说好话，报酬是可以送他回国，过舒服日子。约瑟连起初受了诱惑，觉得这样不会有损任何人的利益，便答应了。但后来出于正义感和对死难战友的感情，他决定走奥尔的路，开小差，逃亡瑞士，小说最后一句便是：约瑟连跑了。

奥尔是另一个光辉形象。他矮小，机灵，什么都会做，但装得非常愚笨，嘴里总含着两颗海棠果，还让妓女用鞋跟狠敲自己的头顶，表现出虽然处处受气，但总自得其乐的样子。每次飞行他不是迫降就是掉队，但每次都毫发无伤，实际上他是掩人耳目练习飞行技术和逃生本领。他曾邀请约瑟连与他一起飞，但约瑟连未能看出奥尔的良苦用心。后来时机成熟，他终于从海上划着小桨逃到了瑞士，他的成功给了约瑟连极大鼓励。

随军牧师起初也受尽欺侮，他因为有正直的信仰，所以一直忍让，结果境遇更加不堪，后来才发现对待这个荒诞丑恶的世界，唯有用撒谎、挑衅、开小差对付才有效，他鼓励约瑟连逃走，自己却要在这儿不屈不挠地坚持下去，而且相信如果奥尔能划船到瑞士去，那自己只要不屈不挠地坚持下去，就一定能战胜卡斯卡特上校和科恩中校。

争议内幕

1972 年，美国俄亥俄州斯特朗斯维尔的教育委员会不顾教师的反对，禁止辖区内的学校把《第 22 条军规》等书作为学校的阅读书籍，并指责这些书是令人恶心的“垃圾”。

小说中的女人大多被称为“荡妇”，约瑟连朝思暮想的女人被描述成“浪荡的、粗俗的、下流的烂货，她最感兴趣的就是与别人通奸”。约瑟连还是希望“内特利的荡妇”能够帮助他找到一个性欲旺盛的女人。因为这些描写，1974的德克萨斯州和1979年的华盛顿州的一些学校对《第22条军规》提出异议，希望能把这本书从学校图书馆清除出去，因为小说中充满了对妇女的蔑视，会给学生带来不良影响。还有批评者认为，该小说过度渲染暴力，不宜给未成年人阅读。

乔治·奥威尔［英国］

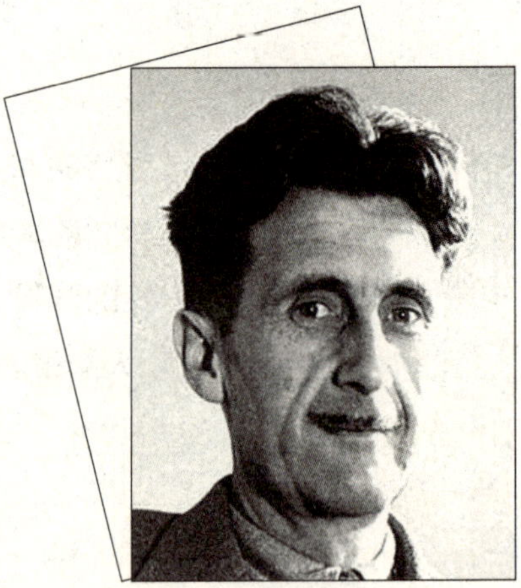

《动物庄园》

作者简介

乔治·奥威尔(1903—1950),英国著名小说家、新闻记者和社会评论家。主要的小说作品有《巴黎伦敦落魄记》、《牧师的女儿》、《让叶兰继续飘扬》、《缅甸岁月》、《动物庄园》和《1984》。其中《动物庄园》和《1984》是奥威尔的传世之作,堪称世界文坛上最著名的政治讽喻小说。奥威尔曾一度信仰社会主义,后又转变立场,反共反苏,企图在帝国主义与共产主义之间寻找一条中间道路,正是这种思想指导了他的创作过程。

作品提要

乔治·奥威尔的小说《动物庄园》有个副标题“一个神话故事”,表明他没有以传统的方式将内容集中在现实生活上。事实上,他小说中的角色大都是动物,他们反抗人类,接管了曼纳庄园,将它重新命名为“动物庄园”。《时代周刊文学增刊》中记载了奥威尔在(1954 年 8 月 6 日的)“Signet Classics” 第 29 版的前言中写的话:“自从 1936 年以来,我所写的每一行文字,直接还是间接地都在反对极权主义……《动物庄园》是我第一本将政治和艺术目的融合为一体的著作。”

作者 1943 的“记者工会证”

动物的反叛可以追溯到“老少校”身上,这个获奖的公猪在一天晚上将动物们召集起来,传达他奇怪的梦。他鼓吹说,动物在人类手中,一生都在辛勤劳作,除了少得可怜的口粮和勉强可以栖身的牲口棚外,一无所得,地位极其低贱;而人类不劳而获,所以动物们必须下决心与自己的敌人——人类进行战斗。“老少校”通过他的梦想预言,人类将会被战胜,动物将自由自在地生活。

动物们被这一新前景所激励,他们秘密地开始计划一次反叛。猪被公认为是最聪明能干的,他们在“雪球”和“拿破仑”这两头猪的领导下负责此事。几个月后，当琼斯先生喝醉睡了一整天而忘了给动物喂食时，动物们出于饥饿和愤怒而采取行动。他们控制了庄园。

起先，一切都像在天堂里一样幸福；动物们平等地生活。他们制定了七条戒律，张贴在谷仓的墙上，表达和阐述了“动物平等”及其他的原则，主要是以他们自己的方式反映了对人类的憎恨。动物们一起辛劳工作，为了共同的利益完成庄园的任务。一个叫“拳击手”的马最卖力，他为自己建立了“我要更辛勤工作”的格言。动物们还在“雪球”的领导下打败了琼斯和其他人的攻击。在这之后，动物们的追求自由的精神和意识更加强烈和明确了。

但是，这个天堂般的幸福和平等遭到了破坏：一开始，猪把每天所有的牛奶都拿回来自己享用；接着，他们又把风吹落的苹果自己吃了。这看起来很自然，他们应该负责并指导庄园的活动，也应该从事组织和规划的工作，而不是在地里辛苦地劳动。不太聪明的动物接受了这一切，还为“雪球”和“拿破仑”之间的争吵感到十分不理解。

“雪球”和“拿破仑”之间的权利争夺，在“雪球”的挑动下达到了白热化的程度。当“雪球” 就要在农场中取得绝对优势的时候，“拿破仑”给予了坚决的反击；“拿破仑”秘密训练的九只巨大的狗冲进谷仓，袭击了“雪球”，“雪球”只能逃离农场。“拿破仑”的专制政权建立了，动物们被这场斗争弄糊涂了，非常惊恐和害怕，不敢反对新的教义。现在，新的教义是“忠诚和服从”。

动物们遵守他们的义务和职责，而“拿破仑”也加紧了对他们的控制，向他们强求更多的工作，给他们更少的食物和休息时间。当“拿破仑”与他们的敌人——人类——建立起贸易往来时，动物中有着隐隐约约的不安和忧虑；但是，他们相信了“拿破仑”的亲信“告密者”的保证。他们还接受了一个观点，“雪球”是一切错误的起源，“雪球”成了替罪羊，一开始只是温和地指责“雪球”，后来就演变成对他的过去的造反目的的否定，并指责他曾与人类秘密地串通。在一次大会上，“拿破仑”在那九只咆哮着的狗的围攻下，要求所有不忠的动物“坦白和忏悔”；他还命令将那些有罪的动物当场杀死。

Secker & Warburg Publications 1995 年版封面

Plume Books 1996 年版封面

Longman Publications 2000 年版封面

中国妇女出版社 2005 年版封面

又害怕又迷惑不解的动物们感到十分悲痛和气馁。他们看到,“从饥饿和皮鞭下解放出来的动物社会,一切都平等,人人都按照自己的能力工作,强者保护弱者”的梦想有些处于危险中。他们中的较聪明者,名叫“拳击手”的马、名叫“红花草”的马以及名叫“穆丽尔”的山羊指出,有些信条好像改变了——“任何动物不许杀死其他动物”中加入了“没有理由地”——但他们不确信,也记不清原始信条是怎样讲的。

在接下来的几个月里,农场击败了另一场入侵,但收获不大。与“雪球”不同,“拿破仑”总是在后方指挥动物们打仗。“拳击手”在战斗中受伤,仍需要继续工作,但由于筋疲力尽而倒下。人们以为他会光荣退休,但却被一个标有“屠马者和胶水锅炉”的卡车运走。这个情况被“告密者”坚决否认,称其为“恶意的谣言”。

几年后,原来参加反叛的动物所剩无几。“反叛”这个概念在他们的记忆中渐渐淡化;而后来的动物对此一无所知。这个寓言故事以三件令人吃惊的事件结尾:猪开始像人一样,用他们的后腿走路,行使他们对农场的控制权;只剩一个信条留在墙上——“所有的动物都是平等的,但是有些比其他的有更多的特权”;“拿破仑”举行了一个晚会,客人们是附近地区的农场主。“红花草”和其他动物通过窗户看到,一个农夫向“拿破仑”敬酒,称赞他对“低级动物”的约束,能让他们干更多的工作却得到更少的报酬。“拿破仑”在他的回敬中宣布,将庄园的名字从动物庄园改回过去的“曼纳庄园”。动物们在窗外观看,猪和人类之间几乎已经没有什么区别而言了——从猪看到人,从人看到猪,再从猪看到人;但是区分谁是谁,是不可能的。

争议内幕

1963 年,威斯康星州进行的调查表明,约翰·伯奇协会强烈反对使用《动物庄园》作为教材,因为它会让“公众造反”。1968 年,纽约州英语协会就禁书问题进行了一个比较研究,其结果表明,在 160 轮调查中,《动物庄园》高居“有问题书籍”的榜首,原因据说是“奥威尔是位共产主义者”。1982 年,佐治亚州的德凯尔布县对 1979—1982 年学校的书籍查禁进行了调查,结果显示,《动物庄园》因为政治理念而遭到查禁。1987 年 5 月 7 日,佛罗里达州海湾县和穆斯利县高中把《动物庄园》列为 64 本课堂教学所禁止使用的文学作品之一。在《禁书大百科》的禁书索引中,乔纳森·格林发现《动物庄园》是“最频繁”遭禁的一本书。

斯蒂芬·金 [美国]

《厄　兆》

作者简介

斯蒂芬·金，1947 年出生于美国缅因州一贫困家庭，由母亲抚养长大。他 5 岁那年在铁道边玩耍时，亲眼看见一个小伙伴被火车碾成了肉酱。14 岁那年，他在家中阁楼上发现了一个小箱子，里面是他父亲收藏的一些恐怖小说和科幻作品，金在阅读之余便也舞文弄墨起来，在缅因州大学学习英国文学时还在校刊上发表了几篇习作。

1974 年，斯蒂芬·金的第一部小说《魔女嘉利》出版，讲的是一个不快乐的女高中生爆发超自然力量、造成全镇大屠杀惨案的故事。出版社起初并不特别看好这个恐怖故事，不过，让所有人(包括当时的斯蒂芬·金自己)没有想到的是，这本书刚一亮相就卖了 40 万本。70 年代中期斯蒂芬·金声名渐起，被《纽约时报》誉为“现代恐怖小说大师”。和传统的恐怖小说不同的是，他不靠具体的意象来获得恐怖效果，而是通过对事件气氛的营造来震慑读者。他的每部小说发行量几乎都在 100 万册以上；他的每一部作品，都成为好莱坞制片商的抢手货。斯蒂芬·金的其他作品还包括《黑暗的另一半》、《死亡区域》、《神秘火焰》、《闪灵》、《吸血鬼复活记》、《杰罗德的游戏》、《尸体》、《不同的季节》、《宠物公墓》、《玫瑰疯狂者》、《撒冷镇》、《厄兆》等。

作品提要

在缅因州一个叫卡斯特罗克的小镇上，有一只叫卡乔的圣伯纳犬。它是坎伯家的宠物，重达 200 磅，性情温和，也是 10 岁的小布莱特·坎伯最好的朋友。父亲乔·坎伯是一个机械工人，对人态度粗暴。他用一种粗暴的方式教育小布莱特，而他的妻子拉蒂竭力反对丈夫的这种教育方式。

卡斯特罗克镇上有几个奇奇怪怪的人。有从纽约搬来的特雷顿一家，他们向往小镇宁静的生活，但丈夫维克·特雷顿和妻子当娜的关系并不融洽；这个小镇上年龄最大的居民、93 岁的老太婆埃维拉喜欢报天气，邮递员梅拉称她为“老不死的大嘴婆”，而埃维拉则称

Viking Press Publications 1981 年版封面

梅拉是“老蠢货”；皮维尔是一个十分吝啬的人，他把自己的服役优秀奖章弄成了烟灰缸；还有几个留着长发嬉皮士整天游手好闲。

有一天，小镇平静的生活被打破了。卡乔钻进山洞追逐野兔，被一群邪恶的蝙蝠咬伤。卡乔回家之后，行为和以前大相径庭，家人都觉得这不是原来的卡乔。一次，它居然咬伤了维克·特雷顿的儿子特德！从此，特德每天晚上都会看到有一个怪物躲在自己的衣柜里，这个怪物的眼睛是琥珀色的，这双眼睛似乎总是跟随他，吓得他毛骨悚然。特德还听到了那个怪物低鸣般的吼叫声，似乎还能闻到它甜蜜的呼吸声。一旦特德的父母进到特德的房间，那个怪物就会消失，但父母一离开，怪物就重新出现。它对特德说："我的名字叫弗兰克·多德，我杀死了很多女人，或许还吃了这些女人。"它还警告特德，未来的某一天，它会扑向这个小男孩，把他吃了。

卡乔意识到自己的身体在逐渐衰弱，它浑身肌肉酸痛，嘴巴也在溃烂。它对自己想杀死周围人的欲望感到困惑，但是它控制不了自己，这种欲望越来越强烈。周围的人被它一个接一个地杀死。有一天，当娜带着特德，准备把车开到坎伯的汽车修理部去修理。卡乔看准机会，把当娜和特德困在汽车里。在大约两天的时间里，为了不让卡乔伤害自己的儿子，当娜被迫和卡乔这只狗展开惨烈的肉搏战，她用棒球棍自卫，并最终杀死了卡乔。当娜活了下来，不过她的伤口很深，一直在流血，而且还染上了狂犬病，必须接受治疗；但是特德还是没有得救，尽管当娜极力去救特德，但特德还是因严重脱水而死去。

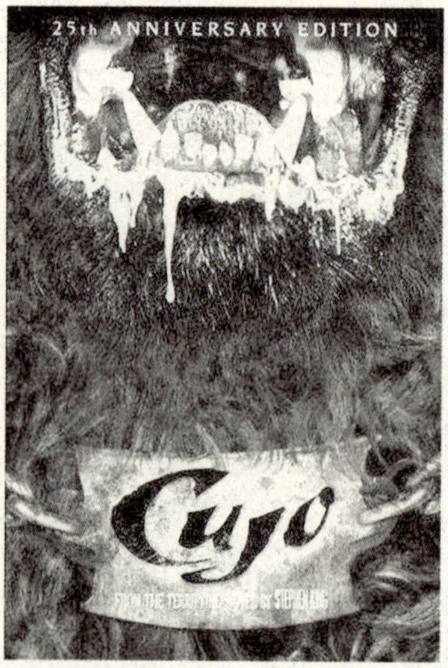

1983年出品的 DVD版《卡乔》

最后，维克和当娜重修旧好，而且坎伯夫妇也开始了不再受卡乔干扰的新生活。小镇终于恢复了往日的安宁。

争议内幕

斯蒂芬·金的许多作品都曾受到学校和社区图书馆的查禁，其中最让人诟病的当属《厄兆》，因为它“不适合阅读”、“用语粗俗”、“充满暴力”。

1984 年，密西西比州的一些学生家长反对该书出现在学校的图书馆中，指责该书“低级趣味，黄色下流”。1985 年，纽约州布拉德福德的中学图书馆在家长们指责该书是“一堆垃圾”后将该书清理出学校图书馆。同年，加利福尼亚州海达德学校拒绝统一采购该书，理由是“文字粗俗”和“露骨的色情描写”。阿拉巴马州华盛顿县的教育委员会一致同意将该书从该县所有的学校图书馆中清理出去，因为他们认为小说中有“难以接受的语言”和“色情成分”。1987 年，威斯康星州的一些家长们因为该书“充满暴力”和“语言不妥”而提出抗议，于是学校将该书从图书馆中清除。

1992 年，印第安纳州一些地区的家长们指责《厄兆》和斯蒂芬·金的另外两本小说《死亡区域》及《克里斯汀》中有“污秽的语言”，而且“不适合中学生阅读”，学校迫于压力查禁了这些书。同年，缅因州南波特兰的中学生家长要求学校董事会将该小说从学校图书馆中搬走，理由是它有色情内容。

1994 年，北达科他州首府俾斯麦的一个地方牧师和一个学校委员会成员宣称，应将《厄兆》一书以及斯蒂芬·金的其他小说从学校的图书馆中清除。他们不满这部小说的理由是这些小说“不适合学生阅读”。

戴维·赫伯特·劳伦斯［英国］

《儿子与情人》

作者简介

见《查特莱夫人的情人》。

作品提要

劳伦斯的第三本小说《儿子与情人》成为了他的传世名著，八十多年来引起了文学界内外的广泛关注和争议，足见其魅力的经久不衰。

小说的情节是这样的：莫瑞尔与格楚德小姐在一次舞会上相识。莫瑞尔强烈的男性魅力吸引了格楚德，不久他俩成了婚。但是，生活的现状粉碎了她的梦。他俩一个出身于中产阶级，谈吐温文尔雅；一个来自矿工家庭，满口土话。两人在思想上无法沟通，在情趣上迥然不同。对丈夫的失望使她转向儿子寻求爱的寄托。长子威廉的死使母亲悲恸欲绝。她开始与保罗相依为命。保罗秉性敏感善思，从小就能感受到母亲的不幸。他痛恨父亲，对母亲怀有一种强烈的依恋。他最大的心愿是有朝一日能和母亲一起住在伦敦附近。保罗长大后，米丽安在他的生活中出现。两人的感情日益加深。但是，米丽安受宗教观念的影响，将爱情的任何热烈表示都视为不轨与低下，只追求精神上的恋爱。莫瑞尔夫人恨米丽安，担心她会把儿子从身边夺走，因此蓄意阻挠他们的关系。由于这两方面的原因，保罗与米丽安的关系最后终于破裂。保罗为了摆脱母亲在精神上对他的控制和米丽安在感情上对他的打击，便一头投入了一个与丈夫分居的女工克拉拉的怀抱。他俩的关系虽然充满了火热的感情，但缺乏精神上的共同信仰与理解。保罗又陷入了分裂与矛盾的困境。纯粹的精神恋爱不能使他幸福，单纯的肉体满足也不能给

安徽文艺出版社 2005 年版封面

他带来长远的欢乐，他无法找到使精神与肉体统一起来的爱情。不过，母亲的去世使他在精神上和感情上摆脱了控制。他走向了自我的成熟。

《儿子与情人》所反映的主题是少年人在成长过程中表现出憎父爱母的本能倾向。无独有偶，与劳伦斯同时代的奥地利心理学家弗洛伊德提出的“俄底浦斯情结”(即“恋母情结”)，其症状与《儿子与情人》的情节非常吻合，这不但增强了小说的可信性，而且为《儿子与情人》的研究辟出一条独特的路子——精神分析。早在小说出版后第三年，就有学者运用弗氏学说详细地分析了保罗，指出由于保罗不能脱离母亲独立做出有关性的成熟决定，他永远无法完成生理上和情感上的转移。《儿子与情人》可说是第一部用英语撰写的精神分析小说。

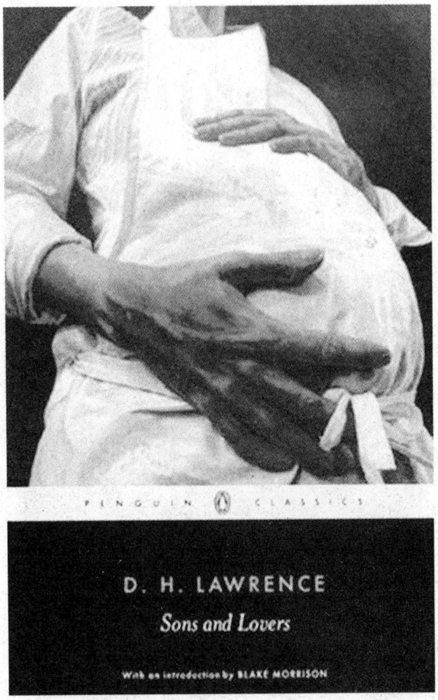

Penguin Publications 2006 年版封面

争议内幕

《儿子与情人》是一部富有独创性和感染力的作品，使劳伦斯一举成名，从此奠定了他在英国小说史上的地位。大体上说，虽然《儿子与情人》既没有通常被定义为“淫秽”的语言，也没有大段的性爱描写，但是文中保罗与母亲非正常的关系仍然引起了一部分人的强烈反对。1961 年美国俄克拉荷马州发起了禁书运动，在租用的一辆被称为“淫秽书籍曝光车”所展示的不宜阅读的书籍中，《儿子与情人》被列在首要的位置。许多学校图书馆都把此书列为禁书。

安东尼·伯吉斯［英国］

《发条橙》

作者简介

1971年的电影《发条橙》中的男主角

安东尼·伯吉斯(1917—1993),英国著名小说家、剧作家、评论家和作曲家。伯吉斯出身于曼彻斯特一个罗马天主教中产阶级家庭,早年丧母对其以后的生涯和作品影响很大。

1940年,伯吉斯大学毕业后入伍,先被指派到英国皇家陆军医疗部队,后转至小型歌舞团担任钢琴师兼作曲人。他的第一部小说《城垛上的幻影》(1949年完稿,1965年采用笔名"约瑟夫·凯尔"出版)讲述一名落魄失意的音乐家理查德兹·恩尼斯其人生平,也是作者塑造的反英雄第一人。恩尼斯经历一连串残酷的磨难,领悟到不只是音乐,他的人生也一败涂地。《城垛上的幻影》背景设定在直布罗陀,主要描述战后兵士无所事事,只能等待任务指派下来的尴尬处境。

1954年,他担任马来西亚教师兼大英帝国殖民服务队教育长官,展开了"以写作自娱"的文学生涯。他在这段期间著有《老虎降临》、《毯中敌人》以及《东方床第》,后来集结成《马来西亚三部曲》系列小说,一方面描述年轻的英籍教师在马来西亚独特迷人的冒险旅程,点明大英帝国统治的殒落,也详述英国殖民者与当地各族群(坦米尔人、锡克教徒、马来人以及中国人)的冲突事件。

1954—1959年间,伯吉斯被派驻马来西亚和文莱负责教育工作,创作力惊人的他在此期间又陆续完成小说《邪恶者的王国》以及两本回忆录《小威尔森和大造物主》、《长路已尽》。

1959年,伯吉斯被诊断出罹患脑瘤,仅剩一年可活。他为了确保妻子在他死后收入无虞,返回英国专事写作,陆续有五部作品问世。伯吉斯的"临终小说"包括融入自身悲剧经验的《病医师》、《恩德比先生的内心》、《虫子与戒指》、《缺席的种子》以及《孤掌难鸣》等,其中两部以笔名“约瑟夫·凯尔”出版。伯吉斯无心插柳成为专职作家，“临终小说”产量堪称惊人，也使出版商和批评家叹为观止。

1962—1980年间，伯吉斯总共创作了15部小说，包括《圣维纳斯之夜》、《发条遗嘱》、《大胡子的罗马女人》、《天父啊天父》等，其中不乏幽默小品，至于其他严肃作品如《太阳万能》、《蓄意的颤栗》、《恩德比的外貌》、《M/F》、《拿破仑交响曲》以及《尘世权力》等，文学价值则相对较高。

伯吉斯和妻子哈娜

作品提要

伯吉斯的中篇小说《发条橙》1962年出版，刚出版时，一般读者认为它是通俗科幻小说，作者力排众议，坚称这部小说强调自由意志和行为主义心理学。《发条橙》也不负伯吉斯所望，其文学地位与乔治·奥威尔的《1984》、阿道斯·赫胥黎的《美丽新世界》等作品不分伯仲。伯吉斯在引言中指出，《发条橙》书名的意义来自伦敦东区俚语“像发条橙子一样怪”(“as queer as a clockwork orange”)，意思是一个人“外表是有机物，具有可爱的色彩和汁液，实际上仅仅是发条玩具，由上帝或魔鬼所操纵”。

故事发生在似乎不太遥远的未来英国社会。那时人类科学技术相当发达，已经在“月宫”上建立了定居点，地球上的环球电视转播也已经形成了电视文化；而就在室外，冬夜里，却恶梦迭出：成群的流氓阿飞满街游荡，他们抢劫、斗殴、强奸妇女以及吸毒和酗酒，无所不为。整个社会则都是无精打采和百无聊赖，没有人在读书了，尽管也有诸如艾米斯大道和普里斯特利街等这样的街道名称(艾米斯和普里斯特利均为英国著名小说家)。青少年的词汇大多采用俄语词根。当前流行的音乐明星是一个名叫日瓦戈的俄罗斯人。社会的规则是所有“没小孩的、不是小孩以及没有生病的人”都得出去上班；由于所有监狱必须腾出来关押政治犯，罪犯们不得不接受快速改造；反对党还存在，并举行选举，但当政者总是连选连任。高压统治威胁着自由意志。“哥们”一起昼伏夜出，用“超级暴力”恐吓公众，并从事“抽送”勾当。

小说的主人公名叫艾里克斯，是一个骄傲自大又自我放纵的人，他的这种个性既是这个崩溃的社会制度的产物，也是造成社会崩溃的一个原因。这个社会的城市生活堕落、法律实施无效、官员无力制定规则以控制混乱局面和性暴力，社会的弊病激化了暴力行为，并破坏了社会的团结。这是一个可怕的地方，流氓阿飞成夜在街上开着车，轧到一个大家

Penguin Books 1996 年版封面

伙，它有一张嗥嗥叫的满口牙齿的大嘴，嘎咂一声扑倒，回城时，又一路碾过“尖叫着的怪物”。年轻的流氓还喝着掺有毒品的牛奶，而且在从事抢劫活动之前，艾里克斯和他的流氓同伙会带上他们的“面具”，装扮成历史人物，如迪斯累利(英国政治家及小说家，曾任英国首相)、“猫王”埃尔维斯·普雷斯利、亨利八世和诗人雪莱。艾里克斯对女人不感兴趣，只把她们当做暴力和奸淫的目标，而且性也被赋予了机械的特征。他们用一句话来形容这个行为：“老一套的进进出出”，这更加深了这种机械化的特征。即便是通常被视为高雅品位象征的古典音乐，在这部小说中也被赋予了新的特征。交响乐是艾里克斯的最爱，他经常会赤条条地躺在床上，四周是立体声音响器材，一边倾听莫扎特或巴赫的音乐，一边憧憬着用靴子踩别人的面孔，或者强奸被灌得酩酊大醉、猛烈尖叫的姑娘。音乐达到高潮时，他的情欲也迸发了。

小说被分成了三个部分。在第一部分中，艾里克斯只管去做他想做的一切，没有罪恶感也不管他人的想法。各种类型的暴力都让他感到快乐，从大喝搀毒品牛奶、破坏东西、偷东西，到各种形式的性侵犯或非性攻击，他都乐在其中。他可以自由地选择他寻欢作乐的方式，不管这些会给社会带来多大的破坏。可是，因为他的选择是有害的，社会还是要剥夺艾里克斯的自由。由于在一次夜盗过程中谋杀了一个老年妇女，艾里克斯被判处 14 年的监禁。在监狱中，他又杀死了自己的狱友，由此进入小说第二部分。

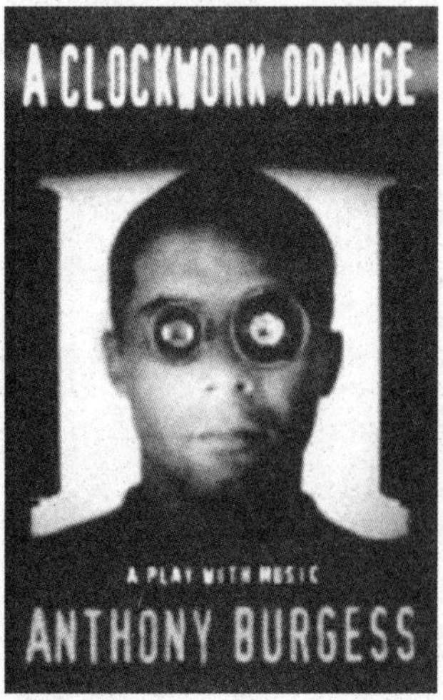

Methuen Drama Publications 1998 年版封面

第二部分讲述了艾里克斯的狱中经历，主要讲政府对他的治疗过程。艾里克斯被注射了药品，绑在椅子上，被迫观看反映第二次世界大战期间日本和纳粹德国的暴力行为的电影，还要观赏用药物相辅的特制电影，以制止他产生任何暴力念头。工作人员通过一个和他的身体之间有着连线的电子装置测试他的进展。这一控制工作获得了成功，负责实施控制的医生宣布说，艾里克斯已经失去了暴力倾向，而且现在已经是虔诚的基督徒……你打他的左脸，他可以伸过右脸来让你打。他时刻准备着受难而不是施虐，即便是杀死一只苍蝇，他也会感到痛心疾首。艾里克斯陷入了自身的人性遭到怀疑的地步，伯吉斯探索着道德选择和自由意志的基本问题，问道：“难道一个人不能选择作恶，就必然从善吗？”

在小说的第三部分，经过改造的艾里克斯已经是一个对社会无害的公民了。他回到家里发现父母已经把自己的房间出租给了其他房客，而且他的音响设备也被警察没收并卖掉了，用来养活被自己谋杀的老妇人的猫。以前受他欺负的一群老人，现在反过来攻击他。三个警察救了他，其中有两个警察以前都曾经是自己流氓团伙的成员。这两个人告诉艾里克斯，政府已经清理了街道，并把以前的流氓都雇来当警察。这两个人不仅没有帮助艾里克斯，而且还重重地毒打了他，直到把他打得站不起来。艾里克斯爬到一处小农舍附近，在那里，他获得了帮助，一个男人给他包扎了伤口，并给他提供了食物。这个男人也曾被艾里克斯毒打过，他的妻子还被艾里克斯残忍地强暴、殴打，起初这个男人并没有认出艾里克斯来，反而把拯救艾里克斯看成是反政府宣传的一个机会。他声称，人若不能选择，就不再是人，他把自己的一些朋友召集到家中，但很快发现艾里克斯就是杀死自己妻子的人。于是，他开始用大声播放交响乐的方式来折磨艾里克斯，这让他从窗户跳下去，企图自杀。几天后，艾里克斯在医院中醒来，他的全身都已经被包扎了起来，而且他意识到自己过去的暴力倾向又开始死灰复燃了。后来，他遇到了唯一忠于自己的哥们，对方已经成家立业，于是，主人公自由意志复苏，终于领悟到，自己得到了一次新生的机会。他立刻意识到也想结婚，也想要生儿育女，同时又感到困惑：自己的孩子会走上相同的自我毁灭的道路吗？

译林出版社 2001 年版封面

争议内幕

《发条橙》一出版发行就引起争议，争议集中在这本书的语言和小说对暴力和性的过度渲染上。1973 年，美国犹他州奥勒姆的一名书商因为出售包括《发条橙》在内的三本内容淫秽的书而被捕。虽然这一指控后来被驳回，但这位书商只能被迫关闭书店，搬到其他的城市生活。

1976 年科罗拉多州奥罗拉市，学校委员会批准 1275 本书可供中学使用，但《发条橙》却不在其中。学校委员会对教师声明称：“不要购买和使用这些书作为课内读物，同时也不提倡个人阅读这些书。”学校委员会并没有说这些书在法律上是淫秽的，也没有把它们从学校图书馆中取走。1977 年在康涅狄格州的西港，家长们建议学校委员会的委员禁止在中学的课堂教学中使用该小说，他们怨声载道，并且引用了书中的一些“要不得”的语言。结果这种作品便从课堂教学中消失了。

肯·凯吉［美国］

《飞越疯人院》

作者简介

肯·凯吉（1935—2001）是美国著名小说家。肯·凯吉的一生颇具传奇性：1935 年 9 月出生于科罗拉多州一个奶牛场主家庭，1934 年迁移到俄勒冈州祖父家。肯·凯吉自幼体格强壮，喜好运动，尤擅长摔跤，为此获奖学金进入俄勒冈大学学习新闻学。1959 年，到斯坦福大学攻读创造性写作学位，自愿参加了政府在一所医院的毒品实验项目，尝过如 LSD 这样的致幻兴奋毒品。1963 年，基于这一体验写成且出版了长篇小说《飞越疯人院》并一举成名。由于滥用大麻，他曾经在加利福尼亚州被监禁 4 个月。1965 年，与高中认识的女友法耶结婚，后来在普勒真特西尔定居，养育了 4 个子女。他还在好莱坞影片中出演过次要角色。1990 年携家回到俄勒冈，任教于俄勒冈大学，于 2001 年 11 月 10 日在俄勒冈州尤金市患肝癌逝世。

《飞越疯人院》电影剧照

作品提要

美国一片树林旁座落着一所国家精神病院，那儿住着各种各样的精神病人。一天，一个名叫兰德尔·帕特里克·麦克默非的青年男子被送进精神病院。其实麦克默非是为了躲避牢狱之苦而假装成疯子，才来到这家精神病医院的。他身强力壮，性格豪放，说话语速很快，在死气沉沉的精神病院里是个异类。

麦克默非进院后，他原以为可自由轻松一点了，哪知却处处受到限制，连抽烟也禁止，家属带给病人的一盒香烟都被没收。麦克默非常与六七个病人在一起。有位个头高大、体格粗壮的印第安人，人称“酋长”，总是沉默寡言，麦克默非故意与他搭腔，他仍不理不睬。

拉奇德护士是这家精神病医院有名的“凶女人”，她用一套极为严厉而且行之有效的方法管理精神病人，即便是最严重的精神病人都会乖乖地听她的话，甚至医院的勤杂人员也要随时听命。拉奇德在医院中的权威让麦克默非吃惊不已，这一点可以从其他病人的反应中鲜明地反映出来。这些病人已经放弃了努力，不再坚持自己的主张以获得自由，他们变得唯唯诺诺，胆小怕事，几乎完全屈服于她的肆无忌惮的权威之下。而且她常以提问、责问方式戏弄、侮辱病人，这引起了麦克默非的愤怒。麦克默非决定要破坏拉奇德有效的控制，给拉奇德管理的病房制造混乱。麦克默非以冷冷的目光盯视着她，使她惶恐不安。一次，拉奇德护士看到活泼的麦克默非在和病人们打篮球，突然发现他在叫“酋长”投篮，这使她更感到是一种威胁。

NY Viking Publications 1962 年版封面

精神病院单调、枯燥、折磨人的生活，使天生爱找乐子、具有反抗精神的麦克默非难以忍受，头脑发涨。他把该服的药，背着护士长吐在厕所内。一天，他终于冲进病人不该进的护士办公室，想提意见，但被护士长“请”了出来。这家医院标榜采用先进的药物与精神治疗方法，但把病人视如动物，剥夺了他们的基本生活权利和爱好。麦克默非和其他病人忍无可忍，采取了一些越轨的行为来发泄自己对周围的不满。

麦克默非违反了医院里的所有规定，在住院病人之间发动赌博活动，把女人和酒私自带到病房中来。他还煽动病友们翻墙外出，偷开路边停着的汽车，去轮船上“大闹天宫”。他的恶作剧让病友重新找回了自由，但有时候带来的却是悲剧性的结果。有个病人因为手指头被水疗池底的格栅卡住了而被活活淹死；而年轻的比利则因为受到了拉奇德的威胁而自杀。因为拉奇德威胁他说，她会将比利和一个由麦克默非私自带到医院中来的妓女发生性关系的事情告诉他母亲。后来，麦克默非在医院中消失了一周时间。当他再次回来的时候，其他的病人几乎不能接受他的变化，病人们认为新来的麦克默非是一个冒名顶替者。原来，麦克默非受到惨无人道的“治疗”，医院将他做了脑切除手术，成了地地道道的“白痴”。当他被扔在床上后，“酋长”十分哀伤地望着他，轻轻地抚摩着他。“酋长”明白他已经成为无用的人，而且又想到逃跑的希望落空，在忍无可忍的情况下，他用枕头将麦克默非闷死后，悲痛地离开了。“酋长”来到浴室，双手抱起沉重的水泥墩，砸坏了医院的铁窗，跳

重庆出版社 2008 年版封面

出窗户，迎着暮色，奔向医院旁的丛林深处……

小说中的精神病院实际上是美国病态压抑的工业化社会的缩影。小说具有深刻的寓意和尖锐的讽刺力。小说表面上是在叙述一个精神病院中所发生的悲剧故事，实则却展现了那种为了个性解放而孤军奋战的英雄，由于找不到正确的解放道路而最后为社会所吞噬的悲惨命运，有着浓重的悲剧色彩。

争议内幕

《飞越疯人院》被认为是一部含有种族歧视内容、挑战权威、违背道德的淫秽作品。在小说中，白人病人经常会用一些具有种族歧视的字眼来称呼黑人杂工，例如“蠢货”、“小子”、“黑鬼”等，而用“日本妞”来称呼重症看护病区的日本护士。诸多的淫秽字眼充斥在麦克默非的言语中，尤其当医生和护士对询问他精神错乱倾向时，他故意刁难，回答说：“是指我的打架倾向，还是我的性倾向？一定是性倾向，是吗？”他甚至称拉奇德小姐乳房太大，是放荡的妓女。

由于书中的“淫秽、肮脏的字眼”，1971 年《飞越疯人院》在科罗拉多州遭到当地公立学校学生家长们的责难，他们要求将此书从美国文学选读书目中删除。1975 年，《飞越疯人院》被从纽约州和俄克拉荷马州的公立学校图书馆中清理出。1977 年马萨诸塞州一些地区的教育官员将《飞越疯人院》从必读书目中删除。1978 年爱达荷州的一所中学禁止在课堂教学中使用《飞越疯人院》。1982 年，《飞越疯人院》遭到了新罕布什尔州一所中学学生家长的抗议，被学校宣布为禁书。

约翰·斯坦贝克［美国］

《愤怒的葡萄》

作者简介

约翰·斯坦贝克(1902—1968),生于加利福尼亚州萨列纳斯。父亲是县政府职员,母亲是教员。他在小镇和乡村长大,自小参加劳动,对贫苦农民、雇工的生活很熟悉。上过斯坦福大学,后来到纽约,当过记者,干过各种杂役。回到西部后开始运用他所熟悉的生活素材进行文学创作。《煎饼坪》(1935)写小镇上流浪汉的生活。《人与鼠》(1937)写两个流浪的农业工人对土地的渴望如何彻底破灭。20 世纪 30 年代是革命风起云涌的时代,他早在 1936 年就在《胜负未决》一书中描写了罢工斗争,塑造了领导罢工的共产党员形象。《愤怒的葡萄》(1939)是他最优秀的作品,描写经济大恐慌时期农民破产、逃荒和斗争的故事,它以真实性获普利策奖。其他优秀作品还有:《珍珠》(1947)描写种族压迫下印第安渔民的灾难;《任性的公共汽车》(1947)也涉及种族歧视问题;《我们不安的冬天》(1961)表现他对美国社会道德风气的不安和忧虑。1962 年斯坦贝克荣获诺贝尔文学奖。

作品提要

《愤怒的葡萄》以 20 世纪 30 年代经济大萧条时期美国中部各州农民破产、逃荒和斗争这一史实为背景。受垄断资本的控制,俄克拉荷马和邻近州的很多农场被大公司兼并,当地农民无立足之地,只能举家西迁,希望在加利福尼亚州找到出路。

电影中的汤姆和父母

汤姆·乔德一家就是其中之一。为了生计,他们不得不背井离乡加入逃荒的行列。四年前汤姆因打抱不平失手杀人，此时他正打算搭便车返乡。下车后他巧遇以前曾任牧师的吉姆·凯绥，于是结伴同行。连续的干旱把尘土扬到空中，土地由于干旱结了一层硬壳。回到家后，他惊奇地发现家中一片狼藉，空无一人。经过打听方得知他家的土地已被没收，目前暂时寄居在约翰伯父家中。一家人见到汤姆回来十分惊喜。为了筹措盘缠，他们只得狠下心以极其低廉的价钱变卖了全部家当，全家 13 口人挤在一辆破旧的卡车上踏上了前途未卜的漫漫征程。

66 号公路是主要的移民路线，人们在 66 号公路上川流不息地前进，有时候是单独的一辆车，有时候是一个小小的车队。白天他们沿着这条公路缓慢前进，晚上就在水边安顿下来。不幸的是，还没有到达目的地，爷爷、奶奶就中途病逝了。而哥哥诺亚和妹夫康尼又因不堪艰辛先后离开了家人。一路上他们风餐露宿、忍饥挨饿、历经千辛万苦，唯一的精神寄托就是一旦到了土地肥沃、农产丰富、"工资优厚"的"希望之乡"加利福尼亚他们就能找到理想的工作，过上新的生活。这一路的颠簸使同为逃荒的人们成了好朋友。晚上，他们成了一家人，为别人的高兴而高兴，为别人的痛苦而痛苦；而天一亮，大家就又像马戏班似的散了，各奔前程。 到达加利福尼亚之后，汤姆一家忐忑不安地发现，他们从一些去过加州的人中得知那里的实际情形与招工传单的吹嘘大相径庭。农场主们拼命压低工人的工资，有些甚至宁愿让水果烂在地里，或者干脆把水果浇上汽油烧掉，也不愿花钱雇工采摘。到达加州后，汤姆一家找不到安身之处，只得住进政府开办的收容所。汤姆一家被安排进帐篷住下。但是找工作并不是一件容易的事，一大家子人几乎没有谁能找到工作。罗撒香快生孩子了。当地警察制造出种种借口到处抓人，要是任何人对工资或工作条件提出异议，就会遭到残酷的迫害。后来他们被果园主雇去摘桃子，到农场去摘棉花，但工资极低，受尽了盘剥。并且他们发现自己原来是被利用来破坏农场工人罢工的。很快，季节性的临时工作也找不到了，乔德一家再度陷入了困境。在一次农业工人罢工斗争中，汤姆看到自己的朋友、罢工的组织者凯绥被警察打死，他不禁怒火中烧，杀死了那名警察，从而不得不出外逃亡。

Viking Press Publications
1939 年版封面

一场持续不断的大雨淹没了失业农民的露宿营地，汤姆的父母带着临产的妹妹罗撒香转移到一间地势较高的仓库中。罗撒香的孩子不幸夭折。这时一个躺在仓库角落里的男人正饿得奄奄一息。在母亲的鼓励下，罗撒香做出了一个大胆的举动，她解开衣服，用自己的奶水去挽救那个垂危的生命。她看看上面，又看看仓棚外面，神秘地微笑了。

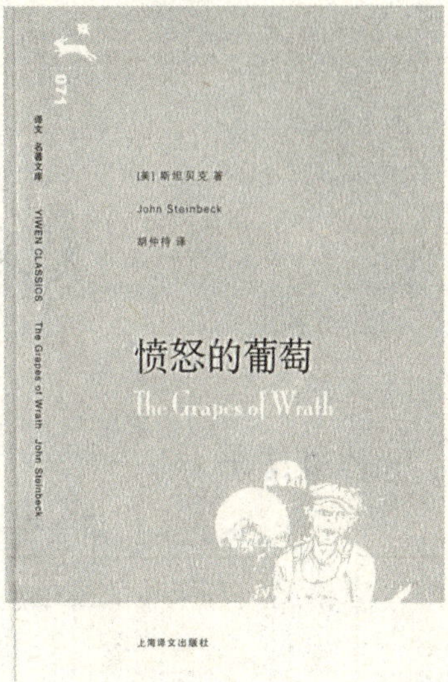

上海译文出版社 2003 年版封面

争议内幕

真实反映美国 30 年代火热的阶级斗争的优秀小说《愤怒的葡萄》是 20 世纪美国文学中最重要的小说之一，它出版后，引起统治者的恐慌。此书 1939 年刚出版就面临着被查禁的命运，直到今天依然如此。人们攻击它的理由有：用词粗俗、淫秽下流、用堕落的方式描写人的生活等。许多州都禁止这部小说的发行。在圣路易的公共图书馆，此书仅向成人开放；堪萨斯和俄克拉荷马州的许多城市，则对它彻底禁止。加利福尼亚科恩县“农场联合会”展开了一场运动，反对在该州的学校中使用此书，因为该书把这个州描写得很坏。俄克拉荷马州还阻止电影公司去那里拍摄根据小说改编的影片。美国的宣传机器还出版了宣传统治阶级恩德和移民如何发财致富的《快乐的葡萄》等书来抵制本书的影响。除了本书以外，作者获 1953 年普利策奖的小说《任性的公共汽车》也因触及美国种族歧视问题而在许多城市受到审查。《斯坦贝克全集》在爱尔兰也被列为禁书。

屠格涅夫［俄国］

《父与子》

作者简介

伊凡·谢尔盖耶维奇·屠格涅夫(1818—1883)生于俄国一个富裕的贵族家庭。童年的屠格涅夫在风景如画的村郊中嬉戏玩耍,倾心于大自然。但农奴制的种种景象却给他的童年蒙上了一层阴影。15 岁时屠格涅夫进入莫斯科大学语文系学习,一年之后,转入彼得堡大学哲学系语文专业学习。

屠格涅夫的主要小说作品有《木木》、《罗亭》、《阿霞》、《初恋》、《贵族之家》、《前夜》、《父与子》、《烟》、《处女地》等。《罗亭》中的主人公罗亭是 19 世纪 40 年代俄国先进贵族知识分子的典型。他拥有天赋、智慧、知识和才能,能唤起人们去追求崇高的目标,但是他却是“语言的巨人,行动的矮子”,脱离实际,意志软弱,是“多余人”的典型。通过罗亭的悲剧,屠格涅夫抨击了俄国现存的社会制度,尖锐地提出了天才、个性与社会条件之间的矛盾问题。《贵族之家》通过主人公的婚姻、爱情中的宗教道德观念,显示了贵族庄园的衰亡和贵族知识分子历史作用的消失,充满了挽歌的情调。《前夜》描写了一个出身贵族门第的俄国姑娘叶琳娜爱上了一个把自己的一切都献给祖国解放事业的保加利亚青年英沙罗夫。她不顾父母的反对嫁给英沙罗夫,同丈夫一起去为保加利亚而献身。在赴保加利亚的途中,英沙罗夫不幸逝世,但叶琳娜仍然勇往直前,投身于英沙罗夫未完成的事业。在这部作品中,屠格涅夫认为当时的俄国只是处在俄国的英沙罗夫的“前夜”,并且没有指出这个“前夜”有多长。《烟》既批判了俄国的反动贵族集团,也讽刺了侨居伦敦的俄国革命者。作品主人公所说的“好像一切都是烟,他自己的生活,俄国人的生活,人类的一切……都是烟”,反映了作者的颓唐心理和人生虚幻的悲观思想。1877 年,屠格涅夫发表了他的最后一部长篇小说《处女地》,描写了 19 世纪 70 年代展开的俄国民粹派运动。

作品提要

1859 年 5 月 20 日,在马利因诺庄园上,一个年纪不过四十出头的绅士,尼古拉·彼得罗维奇·基尔萨诺夫正弯着腿坐在那儿等候着暑假归来的儿子阿尔卡季·基尔萨诺夫。一辆四轮马车出现了，一个熟悉的亲爱的脸的轮廓出现在尼古拉眼前，他激动万分。阿尔卡季将前来作客的大学好朋友巴扎罗夫介绍给父亲，受到了父亲的热情接待。

第二天早晨，巴扎罗夫醒得很早，就到外面去了，并且与两个家仆的男孩一起捉实验用的青蛙。阿尔卡季的伯父帕维尔问起巴扎罗夫时，阿尔卡季介绍道，巴扎罗夫的父亲是个军医，是一个用批评的眼光看一切的人。听了这个介绍，帕维尔对巴扎罗夫有些反感。

帕维尔和尼古拉是将军的儿子，拥有两百名农奴和两千亩土地。帕维尔是个十足的绅士，年轻时是个风流军官，迷恋过一个公爵夫人。后来被抛弃了，对生活丧失了希望，便回到乡下。尼古拉大学毕业后做过文官，结婚后辞去了职务，同妻子共享家庭幸福。不幸的是在阿尔卡季 10 岁时，他的妻子病逝了，他悲伤得白了头发。以后回到乡下农庄里，同出身卑微的美丽姑娘费多西娅同居，并生了一个小男孩米加。他们兄弟始终住在一起，过着养尊处优、无所事事的典型俄国贵族的生活。

巴扎罗夫从外面回来，和帕维尔兄弟发生了一场激烈的争论。他们关于自然科学、德国人和艺术都有着自己不同的看法。巴扎罗夫对德国人在科学方面的成就十分看重，但却对帕维尔提出的“那么您就只相信科学”的问题，予以否定的回答。谈到诗歌和艺术时，巴扎罗夫带着轻蔑的微笑，他认为一个好的化学家比二十个普通的诗人还有用，而帕维尔兄弟的态度却恰好相反。在争论时，巴扎罗夫的那种极端随便，甚至近乎无礼的态度，伤害了帕维尔的贵族气质，使他十分不高兴。以致阿尔卡季对巴扎罗夫说：“你对他太不客气了，你得罪他了。”巴扎罗夫却不屑一顾地回答道：“怎么，难道要我去恭维他们，恭维这些乡下贵族吗？”

尼古拉是个优柔寡断的人，想在农庄进行一些改革，却时常失败，并受农民欺骗。为此他常请教帕维尔。一天，帕维尔从尼古拉的书房里出来，到费尼奇卡的房间看望母子俩。就在同一天，巴扎罗夫也同费尼奇卡认识了。

大约过了两个星期的光景。马利因诺的生活还跟往常一样：阿尔卡季整天玩乐，巴扎罗夫认真工作。宅子里的每个人都和巴扎罗夫熟了，帕维尔仍然对巴扎罗夫十分反感，认为他傲慢无理。巴扎罗夫则认为他们落后了，他们的好时候已经过去了，并且嘲笑他们的改革，嘲笑尼古拉念普希金的诗和拉小提琴的浪漫派举动。这使得帕维尔十分不服气，准备和巴扎罗夫干一仗。

Signet Classics Publications
1989 年版封面

Penguin Publications
2003 年版封面

果然，一天傍晚喝茶的时候，就开了仗。在谈到俄国的社会问题时，巴扎罗夫主张彻底改造社会，厌恶一味空发议论。他不承认任何的抽象概念，认为事实上需要解决的问题却是每天的面包。因此，当帕维尔谈到“贵族制度是一个原则”时，巴扎罗夫立刻反驳道：“贵族制度，自由主义，进步，原则，这么一堆外国的……没用的字眼！对一个俄国人，它们一点儿用处也没有。”在他看来，目前最有用的事就是否定。尼古拉问道：“您否定一切，或者说得更正确一点，您破坏一切……可是您知道，同时也应该建设呢。”而巴扎罗夫却回答到：“那就不是我们的事情了……我们应该先把地面打扫干净。”在这场争论中，阿尔卡季崇拜巴扎罗夫，赞成他的观点，但又同情父亲和伯父。

阿尔卡季接到某地一位阔亲戚的邀请，第二天他就同巴扎罗夫一块儿出发了。那位阔亲戚邀请他们去参加省长举行的欢迎舞会。为了参观这儿的绅士，他们接受了邀请，并拜访了省长。拜访归来的途中，他们遇见了巴扎罗夫的学生西特尼科夫。后者叫他们一起去见一位当地的进步女子阿夫多季娅。在谈话中，巴扎罗夫知道了富孀奥金佐娃。几天后，在舞会上，他们认识了奥金佐娃夫人，并应邀去她家作客。

奥金佐娃是一个投机家和赌徒的女儿。父亲死后，留下一份很小的遗产，结果她和妹妹卡佳的处境非常艰苦。不久，她被一个 46 岁的大富翁奥金佐夫看上了，并答应嫁给他。6 年后，丈夫去世了，把全部财产都遗留给她。现在，她带着妹妹在富丽堂皇、陈设精致的宅子里过着安闲自在的生活。阿尔卡季和巴扎罗夫一起到旅馆拜访奥金佐娃。令阿尔卡季暗暗吃惊的是，巴扎罗夫竟然感到局促不安，而且和往常的习惯相反，讲了相当多的话。奥金佐娃再次邀请他们到尼科利斯科耶村去玩，他们接受了邀请。三天以后，他们便坐车到了尼科利斯科耶。

阿尔卡季和巴扎罗夫在奥金佐娃家里愉快地度过了两个星期，并且都爱上了奥金佐娃。奥金佐娃只是把阿尔卡季视为小弟弟，叫妹妹卡佳陪伴他。阿尔卡季虽然为此感到很忧郁，但是在卡佳面前却感到十分舒畅自然，因为他们有着共同的志趣。而奥金佐娃却经常和巴扎罗夫一起散步、谈天、辩论，并互相产生了爱情。但是奥金佐娃是一个喜欢在平静状态下生活的人，只有这时，她才能感到呼吸自由，因此当巴扎罗夫向她表白时，遭到了她的拒绝。

巴扎罗夫带着十分痛苦的心情与阿尔卡季一起回到了自己家里。看到阔别三年的儿子，父母感到十分激。父母对儿子的热情和关怀并不能减轻巴扎罗夫的烦恼。他也不能忍受父母所过的生活，只感到厌倦和愤怒。但是他的这种想法遭到了阿尔卡季的反对。三天以后，他不顾父母亲的失望和悲痛，和阿尔卡季一起离开了自己的家。

Wildside Press 2003 年版封面

在去马利因诺的途中，他们顺便拜访了奥金佐娃，但是并没有受到热情的欢迎。几小时后，他们又重新上路了。第二天傍晚他们就平安地到了马利因诺。在这个时候，庄园的生活并不十分美满，尼古拉的处境很不好。巴扎罗夫并不插手别人的事情，而是从事起他的实验和研究来。阿尔卡季表面上装着十分关心的样子，心里却挂念着尼科利斯科耶。最后，他借着研究星期学校的机构的名义，转到了尼科利斯科耶。这次他受到了奥金佐娃亲切的接待。自从阿尔卡季走后，巴扎罗夫更加专注于他的工作。在此期间，费尼奇卡与巴扎罗夫的关系越来越融洽，他们互相喜欢。费尼奇卡向巴扎罗夫请教有关哺育孩子的问题，她不但信任他，不怕他，并且在他面前感到无拘无束。巴扎罗夫也喜欢和她谈话。

一天早晨，巴扎罗夫散步回来，在丁香凉亭里遇见费尼奇卡。他们谈了一会儿，巴扎罗夫趁势吻了费尼奇卡。这一幕恰巧被帕维尔看见了。他向巴扎罗夫提出决斗，巴扎罗夫接受了挑战。在决斗中，帕维尔被巴扎罗夫打伤了。第二天巴扎罗夫收拾好行李，离开了马利因诺庄园。

在尼科利斯科耶花园里的树荫下，阿尔卡季与卡佳正在聊天。由于奥金佐娃的到来，两个害羞的年轻人不得不分开。这时管家向阿尔卡季通报巴扎罗夫正在他的屋子里等他。巴扎罗夫向阿尔卡季讲了与帕维尔的决斗。后者感到很吃惊，并且十分伤心。奥金佐娃得知巴扎罗夫来了，便差管家来请他去。巴扎罗夫让奥金佐娃忘记他的傻事，并说他已恢复了理性。奥金佐娃也叫他忘记过去，并说自己也有错。阿尔卡季向卡佳表达了爱情，并且向她求婚。巴扎罗夫得知后，决定离开奥金佐娃家。巴扎罗夫走后，阿尔卡季完全忘了他的导师，沉溺于甜蜜之中。

巴扎罗夫回到父母身边，他们欢喜得不得了。父母承诺不打扰他的工作。然而过了几天，巴扎罗夫的工作狂热消退了，苦恼的厌倦和沉闷的烦躁抓住了他。他不再把自己关起来，不再一个人散步了，而是去找人谈话，和父亲一块抽烟，但是他的脚步里却显出奇怪的疲倦。父亲注意到了儿子的变化，开始还十分高兴，不久就为儿子担心了，便关心地询问儿子的状况，而巴扎罗夫只是冷淡地回答。巴扎罗夫后来终于给自己找到了事情做，那就是帮父亲给人治病。虽然他同时又不断地嘲笑自己向父亲推荐的治疗方法，嘲笑马上采用这个治疗方法的父亲，父亲却因此而感到安慰。

一次巴扎罗夫在解剖一个患伤寒病致死的病人的尸体时，不小心割伤了手指，感染了病菌，他自觉时日不久了。年迈的父亲得知后，感到十分痛苦不安。在临死的时候，巴扎罗夫叫人请奥金佐娃来，并对她说："我是完结了。……我也想过，我还要办好多事情，我…不要死。……我还有使命，因为我是一个巨人！现在这个巨人的全部使命就是：怎样才死得体面……不管怎样，我是不会摇尾乞怜的。"他还说："俄国需要我……不，明明是不需要我。……永别了，我那个时候没有亲您……吹一下快尽了的灯，让它灭了吧……现在…黑暗……"巴扎罗夫第二天就死了。疲劳的、痛苦的人终于得到了安适的睡眠。

六个月过去了。在马利因诺的一个小教堂里，阿尔卡季与卡佳，尼古拉与费尼奇卡举行了婚礼。帕维尔到外国去休养了。奥金佐娃嫁给了一个处世常识丰富、意志坚强、且有惊人辩才的法学家。阿尔卡季现在对经营农庄的事十分热心，并且每年有相当的收入。

巴扎罗夫静静地躺在偏僻角落里的乡村公墓，十分凄凉。只有他年迈的父母会站在墓前默默地为他祷告。坟上的花用它们天真的眼睛宁静地望着，向人们叙说着永久的和解同无穷的生命……

争议内幕

《父与子》于 1862 年问世，作品的情节发生于 1859 年至 1861 年间。这一时期正是俄国的自由主义改良派与革命民主主义者围绕俄国社会生活的根本问题展开激烈争论的时期。小说反映了代表不同社会阶级力量的"父与子"两代人不同的思想和所持的立场。作品中屠格涅夫塑造了平民知识分子巴扎罗夫的形象，他既具备某些革命民主主义者的特点，又是一个否定一切、打倒一切的"虚无主义者"，并最后在失恋和郁郁寡欢中死去，表明作家的"革命时代尚未到来"的思想。因此小说发表后立即引起激烈的争论。民主刊物和激进的青年一代纷纷谴责和攻击作者诽谤年轻一代。有些评论家认为《父与子》是对"子辈"即"民主青年的诬蔑"。而保守派则指责他对虚无主义的揭露过于宽容，对年轻一代"曲意逢迎"。

米哈依尔·布尔加科夫 [苏联]

《狗　心》

作者简介

见《不祥的蛋》。

作品提要

在十月革命取得胜利后的1925年，一条名叫沙里科夫的流浪狗被中央经委食堂的胖厨师用开水烫伤半边身子，几乎要了它的命。它蜷缩在一幢公寓的楼下，巨痛、饥饿、寒冷折磨得它不断发出轻微的、绝望的哀泣。

莫斯科著名的医学教授普列奥布拉任斯基也许是出于爱心，也许是出于科学试验的需要，把这条奄奄待毙的狗从街上捡了回来，让助手和护士治好它的伤，用精美的食物喂养它。沙里科夫很快恢复了健康，它认定教授是它的救命恩人，对教授感激涕零。普列奥布拉任斯基教授是一个从旧社会过来的老知识分子。这样的旧知识分子和老科学家在当时的苏联是很典型的。他们并没有多少革命的思想，对十月革命翻天覆地的伟大革命实质更不可能有所了解。为了维护他们的既得利益和习惯的生活方式，他们与新政权格格不入，产生怨恨情绪，但他们并不对新政权构成什么威胁，更不是反革命。倘若引导得好。他们甚至能用自己的知识和特长为新社会服务，因为他们还有科学家的良心和为科学献身的精神。这或许就是布尔加科夫在《狗心》里所要表述的一个创作意图。

Harvill P.Publications 1999 年版封面

有个酗酒的流氓无产者克利姆·丘贡金斗殴时被人用刀刺中心脏，在医院停止了呼吸，教授突发奇想，把死者的睾丸和脑垂体移植到沙里科夫体内。这例前无古人的试验获得成功，沙里科夫不仅存活了下来，随着身体的日益康复，外形也

Avalon Travel Publications 2000 年版封面

逐渐现出人的特征，并且学会说话、穿衣，像人那样行走，还认识不少字。他外貌丑陋，叼着烟卷，穿皮夹克，戴鲜艳领带，登漆皮靴。不过狗的很多习性并未从它身上消失，首先是那张狗脸难以改变，其次是粗俗的举止仍带着狗的野性，说话的声音还像是狗叫，连上厕所也不知教了它多少遍。总之，沙里科夫还算不上一个完全的人，“不过是个初具人形，智力低下的生物”。教授亲手造出来的这个人兽复合体给他带来了不尽的烦恼，它可以当着教授的面骂粗话，任意在家里撒野、捣蛋、横行霸道，甚至对年轻的护士非礼。当他刚由一条狗变为一个人时，立刻要求获得在新社会生活和分享的“证明”，要求为他安排工作，要求免服兵役。

教授做这个试验的目的是想为改造人类遗传的劣根性提供一份科学的依据，因为他在两年前从脑垂体中发现了性荷尔蒙，他想把自己的发现用于优生学，用于改选人种。没想到适得其反，他的试验让一只流浪的癞皮狗变成了一个讨厌的流氓。教授很快找到了问题的症结所在，死者克里姆生前恰好是一个劣迹斑斑的流氓，脑垂体的移植把他的恶习全部转到了沙里科夫体内。克里姆身上的劣根性和狗与生俱来的动物性成就了现在这个人身狗面的怪物——沙里科夫。教授认为自己干了一件蠢事，他为他的试验懊悔不已。

Vintage Classics 2009 年版封面

公寓管委会主任施翁德尔看不惯教授的“资产阶级生活方式”，不服气他一个人拥有“十五间带浴室的房子”(其中包括门诊室、手术室、试验室、厨房餐厅卧室等)，几次想压缩教授的住房面积，但教授是世界知名的科学家，党内高层领导也对他客客气气。施翁德尔奈何不了教授，就怂恿沙里科夫跟教授作对，还用无产阶级思想武装沙里科夫的头脑，让它以主人翁姿态同“资产阶级”作斗争。

沙里科夫肆无忌惮，到处招摇撞骗，在公寓管委会主任指使下，诬告教授私藏枪支，发表反革命言论等。幸亏收到告密信的官员是教授救治过的病人，把告密信扣了下来，否则教授真要“吃不了兜着走”。经公寓管委会主任施翁德尔的推荐，沙里科夫居然得到了一个小小的官职——清除流窜动物科科长，他因此变得更加趾高气扬、不可一世，不断地给教授制造麻烦，还胡说他自己是在战斗中负伤的红军军官，以此骗取少女的爱情。

沙里科夫坏事干尽，教授的学生和助手博尔缅塔尔忍不住说："上帝啊，我现在才明白这个沙里科夫会变成什么样的人!我得干掉他。" 而教授说："啊哈，您现在才明白?可我在手术后10天就明白了。"教授很清醒，他知道沙里科夫有了姓名，有了合法身份，不仅成了联邦共和国的公民，还当上了干部，"干掉他"会惹火烧身，甚至会被人以反革命杀人罪起诉。他十分平静地说："不，我不允许你这样做，亲爱的孩子。我六十岁了，可以给你几点忠告。任何时候都不要犯罪，不管对谁，到老也要保持一双干净的手。"他认为唆使沙里科夫来反对他的那个公寓管委会头头施翁德尔才是个最大的糊涂虫。因为，"施翁德尔不懂得沙里科夫对于他比对于我更为危险，更为可怕。假如有人反过来唆使沙里科夫去反对施翁德尔的话，他就会彻底垮台。"

外语教学与研究出版社2006年封面

教授已经有了主意，他仍然要求助于科学来解决问题。在博尔缅塔尔的协助下，他再次成功为沙里科夫施行了手术，从他体内取出人的睾丸和脑垂体，把浸泡在药水里保存完好的狗的睾丸和脑垂体换回去，于是，沙里科夫重新变成了癞皮狗沙里科夫。

争议内幕

布尔加科夫的《狗心》直率地告诉读者，构成对建设新生活的现实威胁，并不是来自外部，而是来自内部，来自人的无知无识和卑劣的灵魂(狗心)——虚荣、怯懦、忌妒、怠惰和冷漠。同人的自身作斗争，同人的自身过去的流毒作斗争，乃是比打碎一个旧世界更为复杂、更为长久、更为艰苦的斗争。但作品中的那些隐喻和对社会某些不良现象的嘲讽，在当时被认为是诋毁新政权的恶毒言论，因此作品被禁止出版。1987年，被禁达62年之久的《狗心》终于得以问世。

拉德克利夫·霍尔 [英国]

《孤寂深渊》

作者简介

拉德克利夫·霍尔(1880—1943),出生于英格兰南部的汉普郡。父亲是典型的花花公子。由于婚后父母感情不和,霍尔出生才几个月他们便宣告离异,霍尔跟随其母迁至伦敦。霍尔的生父去世后,留下遗嘱,使她成为遗产的主要继承人。21 岁时,霍尔依法正式继承了全部应得的财产。

从 20 岁开始,秉承了父亲文艺方面天赋的霍尔开始走上了文学之路,陆续发表了 5 部诗歌集,包括《尘世与星空之间》、《诗札》、《今昔之诗》、《三郡之歌及其他》以及《遗忘之岛》。她的诗歌往往以爱情为题材,抒发作者对美好爱情的向往与渴望,以及在爱情尚未来临之际所面临的那一种孤独、困惑与忧伤。作品感情真挚、音韵流畅、意象优美,很多还被谱成歌曲,广为流传。

霍尔在发表诗歌的时候,使用的是本名玛格丽特,可创作小说时改成了颇具男性化的拉德克利夫。在日常生活中,霍尔喜爱骑马、运动,不仅参加了当地的狩猎俱乐部,还要求旁人以地道的男性用名"约翰"称呼她。由于她的长相原本酷似其生父,更加上后来挽起秀发,穿著男装,昂首阔步,所以很像是一位翩翩美少年,她自己更公开承认是天生的性倒错者。

随着霍尔在文艺圈的崭露头角,她很快就结识比她年长 23 岁的社交名媛蕾蒂。两人一见钟情,不顾旁人反对,很快就开始了长达近 10 年之久的同居关系。蕾蒂的艺术鉴赏及生活情趣,弥补了霍尔早年家庭教育之不足。之后,霍尔的生活中又闯入了女雕刻家尤娜,在蕾蒂去世后不久,尤娜便与丈夫正式离婚,转而与霍尔同居,从此成为她终生的伴侣,并成为她文学事业上的最佳支持者与助手。

自 20 世纪 20 年代以后,霍尔就停止了诗歌的写作,转而创作小说,继续创作了《未燃之灯》、《锻炼》、《周六生活》、《亚当的后代》、《孤寂深渊》、《房屋的主人》、《第六福祉》以及一部短篇小说集《奥格威小姐找到了自我》。霍尔的小说既秉承了奥斯汀一贯的现实主义传统，又吸收了当时文坛以伍尔夫为代表的心理分析的手法，重在刻画人物心理，反映家庭“社会伦理道德及孤独个体之间的心灵碰撞，往往富于哲理和浓厚的宗教色彩”。其中，1926 年出版的《亚当的后代》同时获得了“妇女幸福生活奖”和“布莱克纪念奖”。

小说《孤寂深渊》在英国本土遭禁，反使霍尔在国际上的名声大噪。此时，霍尔结识了当时著名的女作家如梅·辛克莱、吕贝卡·韦斯特、埃维·康普顿·伯内特和法国的著名女作家茜多妮·柯莱特等，并成为英国笔会会员。

1944 年，霍尔发现自己已身患癌症，不久便逝世，她留下遗嘱将价值 10 万英镑的遗产及版权全部留给尤娜。1966 年，尤娜去世后，又将这笔财产全部捐献给教会的慈善机构。1975 年，传记作家洛维特·狄更森受尤娜生前之托，撰写了霍尔的第一部传记《拉德克利夫·霍尔在孤寂深渊》。

作品提要

英格兰乡村的莫顿庄园，主人是典型的英国绅士菲力浦·戈登爵士，与貌美优雅的安娜小姐成婚后生活平静而幸福。夫妇俩一直盼望着能拥有一个男性的继承人，并给“他”取名为“斯蒂芬”。然而生下来的却是长相酷似其父的女儿，她生来就表现出了异乎寻常的男性化倾向，母女之间也生出了一种相互排斥的感觉。7 岁的时候，斯蒂芬便对女仆柯林斯产生了莫名其妙的眷恋之情，当她得知柯林斯与家中一位男仆发生恋情时，她怒不可遏，马上抓起破花盆向他砸去，结果两个仆人都被逐出了莫顿庄园。

在孤寂之中，斯蒂芬拼命练习马术，参加了当地的马术比赛，并获得众人的夸奖。她应邀去邻家做客，因为不堪忍受邻家男孩罗杰的凌辱而奋起抗争，从此留下了性别歧视的仇恨。菲力浦爵士想把女儿培养成知书达礼、学问渊博的人，为她请来了法国的家庭女教师迪福小姐。迪福小姐天性善良，对斯蒂芬放纵多于管束，此时的斯蒂芬除了法语日益精通外，骑马和击剑也取得了相当的成绩，父亲送她的小马拉夫特里也成了她心爱的好朋友。

菲力浦爵士不满足女儿在法语学习方面取得的成绩，在斯蒂芬 14 岁的时候，又为她请了希腊拉丁文的女教师帕德小姐。帕德小姐学识丰富，要求也相当严格，在她的管束和引导下，斯蒂芬对文学艺术的趣味和鉴赏力也日益提高，加上先

Virago Press 1982 年版封面

天遗传的禀赋，这一些都为她日后在文学领域大展身手打下了良好的基础。

在乡村聚会上，斯蒂芬结识了从加拿大来的青年马丁，他对她身上表露出的男性化的气质非常倾慕，并很快堕入了情网。但马丁鼓足勇气向斯蒂芬求爱时，却遭到了毫无原由的拒绝，马丁黯然离去，母亲安娜气急败坏地与丈夫大吵一场，宁静的莫顿庄园由此失去了往日的平静与安宁。在一次意外事故中，菲力浦爵士被倒下的雪松树砸死，失去了一贯理解自己甚至袒护自己的父亲，斯蒂芬悲痛欲绝，她与母亲的裂痕也在悄无声息中日益加大。

庄园附近搬来了商人拉尔夫和安吉拉一家，在外出的路上，斯蒂芬邂逅安吉拉并成了好朋友。安吉拉本为大都会名伶，结婚后来此隐居，婚后的安吉拉颇多不满，与斯蒂芬的相识暂时排解了她的愤懑与失望。随着两人感情的急剧升华，斯蒂芬不顾家人与亲友的规劝，花费大量钱财为安吉拉购置礼品。斯蒂芬甚至想要向安吉拉的丈夫拉尔夫摊牌，可懦弱而自私的安吉拉却坚执不允。安吉拉与斯蒂芬幼年的“仇敌”罗杰偷情，她和斯蒂芬的关系日益疏远，斯蒂芬冲动之下连夜闯进了安吉拉家中，却绝望地窥透了她与罗杰的隐情。安吉拉害怕斯蒂芬向其夫告密，抢先一步将斯蒂芬写给她的信件交给拉尔夫，声言自己是迫不得已，后者更将此信交给安娜，这导致了母女两人的彻底决裂。

斯蒂芬在家庭教师、忠心耿耿的帕德小姐的陪伴下，来到伦敦。旧日的恋情已在她心底死亡，她剪了短发，抽起了香烟，开始没日没夜地从事写作，以此来疗治心灵的创痛。心爱的老马病重，斯蒂芬狠心将它枪杀，从此莫顿庄园便成了她心底永恒的回忆。在同是性倒错者的天才剧作家布罗克特劝说下，她前往巴黎，结识了那里的风头人物瓦莱里夫人，并得到了后者的热心帮助，她的文学创作此时也取得了极大的成功。

文化艺术出版社 2004 年版封面

第一次世界大战爆发，斯蒂芬返回英国参加了救护队，由于表现勇敢，并因受伤而获军功奖章。救护队的另一名年青女子玛丽对她敬佩不已，两人逐渐生出恋情。随后两人一道重返巴黎公开同居，斯蒂芬继续写作，并希望凭借文学上的成就换来人们对玛丽的接纳与认同。可在她埋首写作之时，玛丽的百无聊赖、孤独寂寞又使她心生愧疚，这时候，她昔日的朋友马丁突然造访，玛丽与之一见倾心。发现这一真相后斯蒂芬痛苦异常，在经历了内心激烈的争斗以后，她终于决定做出自我牺牲，将玛丽让给马丁，自己决心继续在孤寂的深渊里苦苦挣扎，直到那个她一直信奉不疑的上帝“在全世界面前承认我们，也把我们生存的权利给我们！”

争议内幕

该书出版后因其真挚的情感得到了评论家的一致好评，但却受到大众化报刊的一致非难。《星期日快报》评论说，宁可给孩子吃毒药，也不愿他们读这本书，因为它“代表最骇人听闻、最令人憎恶的罪恶”，是“颓废使徒的粗野无礼、挑逗煽动的张狂表演”。面对如此歇斯底里的反响，凯普出版社害怕诉讼，主动撤回该书。文人社会以及霍尔本人对此都十分不满。1928 年 9 月巴黎佩格苏斯出版社出版了新的未删节本，当第一批书运抵丹佛时，被英国海关扣留。根据 1857 年通过的《淫秽出版物法》对凯普和佩格苏斯两出版社提出指控。内政大臣指出这是反邪恶之义举，当局也依据该法下达销毁令。1928 年 11 月在地方法庭初审时，法官拒绝了专家们所作的大量对此书有利的证明材料。作为旁观者出席的霍尔一度曾试图打断审判，于是人们威胁要把她逐出法庭。法庭判定该书“美化非自然倾向”，宣布它为“淫书”，下令销毁。法官对于把同性恋关系描绘成“给女性以非常的休憩、满足和愉快”而深感不安。《曼彻斯特卫报》刊登了萧伯纳、罗斯·麦考雷、约翰·巴肯、阿诺德·班内特等著名作家的抗议信，但法庭还是驳回了上诉，维持原判。直到 1949 年英国才重新出版该书，1974 年英国广播电台广播了这部小说而未加评论。

1929 年霍尔的书在美国同样败诉。法官认为该书美化、宣扬女性同性恋是有悖常理，鼓吹腐化堕落。他说此书主题是反社会的，败坏公共道德和文明，追求感官刺激和反常的邪恶，这将对人们的道德观念产生不良影响。审查官引用希克林法，证明书的某些章节可被视为诲淫，因而全书也是淫秽作品，所以必须予以查禁。

亚历山大·索尔仁尼琴［苏联］

《古拉格群岛》

作者简介

见《癌症楼》。

作品提要

古拉格群岛，乍看起来很像地名，其实不然。其中“古拉格”是苏联国家安全部门的一个具体机构——“劳动改造营管理总局”的俄文字头缩写词的拼音。这个神秘的群岛是怎样进去的呢?唯一的必经之路，就是通过逮捕。逮捕对象是从热被窝里拖出来的，他还完全处于半睡不醒的无能为力的状态中，神智是不清的。在进行夜间逮捕时，行动人员在力量上占有优势：他们是几个武装人员前来对付一个裤子都没有穿好的人；在收拾东西和进行搜查时，想必在门口不会聚集起一群遭难人的可能拥护者。按次序不慌不忙地先光临一所住宅，然后去另一家，明天再去第三家和第四家，这样，编内行动人员便可以得到合理的使用，能够把比这些编内人员多许多倍的城市居民关进监狱。这种夜间逮捕还有一个优点，那就是：无论毗邻房屋，无论城市街道，都看不见一夜之间带走了多少人。

在监狱中的索尔仁尼琴

我国几十年政治逮捕的一个特点，恰恰在于被抓起来的人是清白无辜的，因此也就是不准备作任何抵抗的，造成了一种谁都是在劫难逃的共同感觉，一种不可逃脱国家政治保卫局——内务人民委员部手掌的观念。在逮捕流行病蔓延时期，人们每次上班，甚至都先向家里人告别，因为不知道晚上还能不能回来——连那个时候，他们都几乎没有人逃跑（只有少数人自杀）。这正合需要——驯羊狼好啃。

间谍狂是斯大林丧失理智的特征之一。在斯大林看来，他的国家里间谍成群。斯大林好似把风骚的叶卡德琳娜的一句名言翻转过来并加以扩大了：宁可错杀九百九十九，决不能放过一个真正的间谍。

要搞这样的清洗需要有斯大林，但也需要有这样的党：大部分掌权的党员，直到自己被捕入狱的前一刻，还在毫无怜悯地把别人关进去，遵照同样的指示消灭自己的同类，把任何一个昨日的朋友或战友交出去受惩罚。而且今天头顶带上了受难者光环的所有大布尔什维克，都已经充当过杀害其他布尔什维克的刽子手，也许正是需要一个1937年，才能表明他们神气活现地标榜的世界观原来多么不值钱。他们依仗这种世界观把俄国搞得底朝天，摧毁它的基石，践踏它的圣物，而在他们所搞乱的俄国，他们自己却从未受到过这种惩办的威胁。

群众出版社1996年版封面

在隔离室，即著名的搜身室里面，一个衣着整洁的内务人民委员部少校坐在一张临时搬来的小桌旁边，耐心忍受无聊，这是他脸部的主要表情。他明知道这样把犯人一个个地带进带出是白白浪费时间。凑齐犯人的签字本来有快得多的方法。他指指自己桌子对面的一张凳子让我坐下，问了问姓名。拿起与我有关的一张文书，用平淡的语调快速地念了一遍（我明白了给我的是8年），马上就在背面用自来水笔写上，文本已于今日向我宣读。我的心没有多跳半下，事情的经过太平常了，难道这就是我的判决书——我一生的决定性的转折？我说是否应当自己读一下，少校懒洋洋地反对说："难道我会骗你吗？"我不想就这么简简单单地签上名，然后不声不响地走掉，但少校已经向站在门口的看守点头示意准备带下一个，我签了名后便走了。后来想想，怪自己的脑子反应太慢，格奥尔吉·登诺得到的竟然是25年，但他是这样回答的："这不等于无期吗？先前宣判无期徒刑要打鼓，要召集众人。你们这里倒好像领肥皂一样——25箱，推走吧！"阿尔诺德·拉波尔特拿起笔来在背面写："坚决抗议恐怖主义的非法判决，要求立即释放。"宣判的人起初耐心地等着他写，读了以后勃然大怒，把这张判决摘录撕个粉碎。没有关系，刑期依然是有效的：这本来只是一个副本。薇拉·科尔涅耶娃一直预料是15年，她喜出望外地看到文书上印的只有5年。她爽朗地笑了起来，赶紧签了字，生怕被收回。对匈牙利人罗札什·亚诺什，他的10年刑期是在走廊里用俄语宣读的，并且没有翻译。他签了名，却不明白这就是判决，过后好长时间一直等待开庭审判，最后在劳改营里模糊地想起这件事来才猜到了。我面带笑容回到了隔离室。奇怪，随着每一分钟过去，我越来越感到愉快和轻松。大家回来都带着"十元券"（10年刑期），瓦连金也是。我们今天这伙人中，那个发了神经的会计，他直到现在还不懂人事地坐在那里。他的刑期最短,是幼儿园的期限,其次是我。

对犯人的刑讯手法之残酷,超出了中世纪的逼供手段。用铁环来箍紧脑门,把人放进盛有酸性液的浴槽中去,把赤身裸体绑起来的人丢给蚂蚁和臭虫去咬,用汽炉子上烧红的通条插进肛门去,称为“暗烙印”。最轻的则是整星期不让睡觉、喝水,打得血肉横飞;最可怕的是用下面的办法来对付你,扒掉你下身的衣服,仰卧在地上,两腿叉开,帮手们(可爱的军士们)坐在腿上抓住你的手,侦查员——女人也不嫌弃这种事——站到你叉开的两腿中间用自己的皮鞋尖踩住那个某个时候曾经使你成为男人的东西,逐渐地、有节制地、但越来越用力地往地上压,一面瞧着你的眼睛并一遍一遍重复自己的问题或出卖别人的建议。如果他没有过早地踩得稍稍用力些,你还有十五秒钟可以喊叫出来,说你一切都招认,说你决意让那些被你咬出的20个人坐牢。深知底细的人下结论:“招认也罢,不招认也罢,反正要判刑。”要是你死在审讯室里,他们就向亲属宣布:“判了劳改,剥夺了通信权。”让他们去找吧。

没有经历过三五个递解站的犯人是少见的,有专设的大型港口——递解监狱;也有简易港口——劳改营递解点;有特制的封闭式钢壳船只——“囚犯车厢”。在停泊场上接送他们的不是舢舨和汽艇,而是同样封闭式的钢壳的运转灵便的“乌鸦车”。“囚犯车厢”是按照铁路行车时刻表运行的。另外在需要的时候,还发出长串的运输车队——用运牲畜的红色闷罐车皮编组的列车——从一个港口拉到另一个港口,从群岛的一端沿对角线直达另一端。很多人能记起10来个,而古拉格之子们能够毫不费力地数出半百,只不过它仍在人们的记忆中混成了一团,因为它们彼此雷同:毫无知识的押解队,昏头昏脑地根据案情的点名,在烈日下面或者在秋季的严寒中的长久的等待,更长久地脱光衣服的搜身,不讲卫生地推头,冰冷溜滑的浴室,臭气熏天的厕所,散发霉味的走廊,永远拥挤憋闷并且几乎永远黑暗潮湿的监室,地上或板铺上贴在你两边的人肉的暖气,木板钉成的枕头,夹生的、几乎是流质的面包,好像用青贮饲料煮成的菜汤。

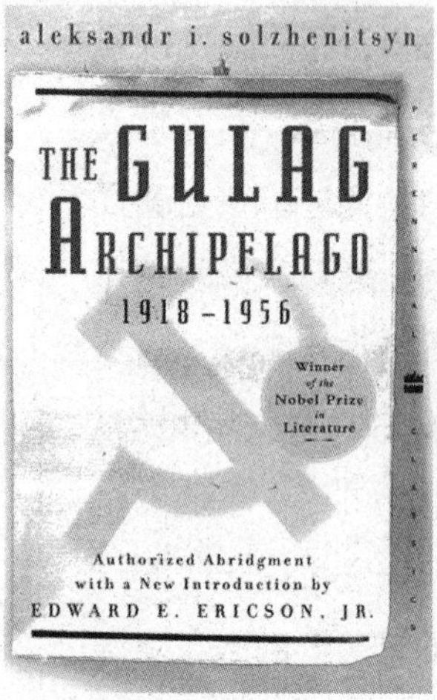

Harper Collins Publishers
2002 年版封面

在劳改营里,犯人的生活,无非是劳动,劳动,劳动;无非是饥饿,寒冷,耍滑,藏奸。谁没本事推开别人而把自己安置到一个舒服的岗位上去,这个劳动对他来说就是所谓的一般劳动。“一般劳动”的工种是数不尽说不完的,推手车,抬担架,光着手卸砖,用背架驮砖,露天采石、挖煤、取土、取沙,把路基踩平,把树干放倒,把枝杈全砍光,然后将树枝拉扯到一起,集成堆烧掉(它们光冒烟,不起火),

再按规定的尺寸，把圆木锯断码垛，完成任务后，你的手臂已经举不动斧子，你的两条腿已经挪不动地方。劳改犯把干三个星期的伐木活叫做“干枪毙”。

干这样的活，给他们吃的是什么?一锅白水，倒进去一些不去皮的小土豆，这算是好的，否则就是黑甘蓝、糖萝卜缨子以及各种该扔进垃圾桶的东西。在缺水地区，如像卡拉干达附近的萨马尔卡劳改点，菜汤则够每人一天喝一钵，另外再发两缸子苦涩的浑水。凡好一点的东西，必定被长官们、杂役们偷去享用，虽然从库房里按一定数量领出来荤油、肉、麦片等，但能进大锅的却寥寥无几。按古拉格的定量本来就没法让一个在严寒中劳动13小时，哪怕10小时的人吃饱。何况粮食里真正顶事的东西被偷光了，只剩下抵偿不了体力消耗的稀汤寡水。

The Harvill Press 2003 年版封面

对于妇女来说，到了劳改营，或者被摧毁，或者屈服、蜕变，以适应环境。进营的头几天就有许多女人顺从了男杂役们的要求。前景是那样残酷，希望是丝毫没有。做出这种选择的包括有夫之妇，孩子妈妈，也包括未成年的少女。正是这些被劳改营的粗鲁和野蛮压得出不了气的小姑娘们变成最无顾忌的荡妇。

怎么，不干?好，走着瞧!穿上男人的长裤和外套!像一个无定形的外表肥大而内里孱弱的生物，拖着沉重的步子到森林里去劳动吧!到时候你会爬着送上门来，会跪在地上哀求的。

请看克里沃谢科沃的妇女劳动。在砖厂的取土场，一个地段开采完毕，就把顶板扔到那里去，过后就需要把这些又湿又沉的圆木，从10至12米深的大坑里拉上来。一个妇女作业班用两根缆绳(用缆绳的半中腰)套住圆木的两头，每一头站两排人，像纤夫似的拽(步子要走齐，免得圆木脱掉，否则一切又要从头做起)缆绳的一端，拉出圆木。然后她们20人一拨，把这样的一根圆木扛上肩，在横眉竖眼的作业班长骂骂咧咧的号令声中把它抬到新地方，堆在那里。

干这样的劳动能把一个人的身体耗空，女人身上一切女性的东西，不论是固定的还是每月一次的都不再有了。如果她们能拖到下一次的体检，在医生面前脱下衣服后露出来的就已经不是洗澡房走廊里杂役垂涎三尺的那个身体了：她变成了说不出年龄的女人；肩膀呈现出尖锐的棱角，乳房耷拉着，像两只干瘪的小口袋；扁平的屁股上多余的肉皮打着褶子；膝盖以上的肉已经这样少，以致两腿之间形成了空档，一个羊头，甚至一只足球都能通过；嗓音变粗、变哑，脸上已经出现糙皮病的黑斑。据一个妇科大夫说，妇女在伐木场上劳动几个月，一个更要紧的器官就会发生下垂和脱出。

青山遮不住，毕竟东流去，总算实现了突破!那堵谎言之墙看来曾是建造得绝对坚固可靠、永远不会倒塌的，可是，现在它竟也裂开了一道缝，让消息冲出去了。直到昨天我们国内还是没有什么劳改营，不存在什么古拉格群岛的，而今天，全国人民和整个世界都看到:有劳改营!而且是法西斯式的!

怎么办?经营了多年的、善于颠倒是非的老手们!老牌吹捧家们!难道你们居然会忍受这一切?你们居然退缩?你们竟会屈从，会示弱吗?不，当然不会，这些善于歪曲事实的老手们自己一马当先冲向这道裂缝，企图将它遮住，填塞住，唯恐惊讶的观众透过它看到古拉格群岛本身。

那我们怎么办呢?……将来我们的后代会把我们这几代人称作窝囊废的:我们先是乖乖地让人家毒打，然后我们又关切地照料杀人犯过一个平安的晚年。那些即使是在1937年摇绞肉机把手的人，现在都已不年轻了，他们都是50岁到80岁的人，他们丰衣足食，舒舒服服地度过了自己一生中最好的时光——因此任何同等的回报都为时已晚，都已经不能对他们实行了。就让我们宽大为怀吧，我们不枪毙他们，不灌他们盐水，不把臭虫撒在他们身上，不上勒口做“燕子飞”，不让一星期站着不睡觉，不用皮靴踢他们，不用橡皮棍打他们，不用铁环箍脑瓜，不把他们塞进监室像行李那样摞起来——不做他们做过的任何事!然而，在我们的国家面前，在我们的子女面前，我们必须把他们统统找出来，统统加以审判!审判的与其说是他们，不如说是他们的罪行。要设法做到使他们每一个人至少大声说出:“是，我曾是刽子手和杀人犯。”

争议内幕

《古拉格群岛》的书稿曾被苏联国家安全机关查抄。在此之前，书稿的微缩胶卷冒着很大的风险被秘密送到西方。但是苏联国家安全机关最后还是找到了书稿，书稿泄露了几百位向作者提供苏联劳改营资料的人名。

《古拉格群岛》的第1卷于1973年12月在巴黎由基督教青年会抢先出版。这部作品立刻遭到苏联报刊的强烈批判，认为索尔仁尼琴恶毒攻击苏联的社会主义制度，为西方反苏分子提供炮弹。1974年2月，索尔仁尼琴以叛国罪被捕，被剥夺国籍，并遭流放。同年《古拉格群岛》第2卷在巴黎出版，美国政府宣布授予他“美国荣誉公民”称号。

1974年，《古拉格群岛》被从联合国范围内的两个瑞士书店中下架。据称，这是苏联授意进行的。用联合国一位官员的话来说，有损成员国尊严的出版物不应在他们的书店中出现。

马克·吐温 [美国]

《哈克贝利·费恩历险记》

作者简介

马克·吐温(1835—1910),美国作家。马克·吐温少年时曾经当过排字工人,在密西西比河上做过舵手,在战争中曾一度参加南军。1863年开始使用“马克·吐温”的笔名。1865年在纽约一家杂志发表幽默故事《卡拉韦拉斯县驰名的跳蛙》,因此而全国闻名。1870年发表短篇小说《竞选州长》、《哥尔斯密的朋友再度出洋》等,以幽默、诙谐的笔法揭露美国“民主选举”的虚伪荒谬和“民主天堂”的欺骗本质。1872年出版《艰苦岁月》一书,反映了他在西部新开发地区的生活经历。1873年他同查尔斯·华纳合写的《镀金时代》,是他第一部长篇小说。小说围绕兴建城市、铺设铁路等投机发财的事件展开,塑造了一个靠投机取巧发家的小市民典型塞拉斯,犀利地揭露讽刺了美国政界、司法界、新闻界的种种丑恶行径。1876年,长篇小说《汤姆·索亚历险记》出版。这是一部著名的儿童惊险小说,以南北战争前一个南部小镇为背景,写一个名叫汤姆的孩子的历险故事。马克·吐温的另一部重要小说《哈克贝利·费恩历险记》于1876年开始执笔,1884年出版。这部小说得到批评家的高度评价,深受国内外读者的欢迎,同时也不断遭到查禁。马克·吐温于1889年出版《亚瑟王朝廷上的康涅狄格州美国人》,它和《王子与贫儿》(1881)都是以英国为背景讽刺封建制度和宗教的长篇小说。1894年,马克·吐温写了《傻瓜威尔逊》,塑造了一个富有斗争性的女黑奴罗克西的形象,批判了“白人优越论”,坚持种族平等。1897年写成《赤道旅行记》,讽刺并谴责帝国主义对殖民地人民的压迫,反对帝国主义,这一主题成为他此后创作的中心思想。1896年出版《贞德传》,描写了15世纪法国民族女英雄贞德的一生。1900年发表的中篇小说《败坏了赫德莱堡的人》是马克·吐温晚期的优秀之作,它辛辣地讽刺了资产阶级虚伪的道德,说明金钱已经腐蚀了人们的灵魂,美国

马克·吐温位于密西西比州的故居

已病入膏肓；它同时也表现了作者对人类前途的悲观情绪，故作品的幽默中透出一种悲凉的意味。

作品提要

南北战争前，在美国西部的圣彼德堡镇，有个不信教、不读书、无人管束的白人“野孩子”名叫哈克贝里·费恩，他的父亲是个酒鬼，已经失踪了一年多。一个叫道格拉斯的寡妇收哈克做了养子，给他穿新衣服，讲解圣经，不许他抽烟，让他受教化，哈克觉得是活受罪。寡妇的姐姐华森小姐更讲究“规矩和体面”，连跷脚、打哈欠什么的都要管，快把人闷死。好在哈克还有个好朋友汤姆，他们喜欢到树林里玩“强盗游戏”。

一天，哈克的父亲突然出现，脸色苍白，一身破烂。他抓住哈克，用一只小船沿河而上把他带到一座僻远的树林，关在一间破屋里。他用猎物换酒，喝醉了就用胡桃棍毒打哈克。哈克实在忍受不了，一次趁父亲外出卖木头的机会，黑夜里驾着一只小划子逃跑了。

哈克在一个荒岛上藏身，巧得很，一天夜里他居然在岛上树林里发现了华森小姐家的黑奴吉姆。原来吉姆听说主人要把他卖掉就逃了出来。于是，他们俩便相依为命，住在一个大山洞里。有一次，他们看见河里漂来一幢木头房子，吉姆还发现房子里有个被枪打死的人，说看到死人会倒霉，就没让哈克看。日子一天天过去，怪无聊的，哈克便男扮女装驾着小划子出去打探消息。在和一个中年妇人攀谈时，他得知有人猜测自己被他父亲弄死了；也有人因为吉姆逃跑了，断定是他杀死了哈克，于是悬赏 300 块钱捉拿吉姆，悬赏 200 块钱捉拿老费恩，有些人正要到荒岛上搜查。哈克急忙赶回，和吉姆连夜离开小岛，乘木筏子沿河而下，他们打算逃到伊利诺州的卡罗镇，然后从那里前往不买卖黑奴的“自由州”。他们每天夜里漂流，白天躲在岸边的树林里，也干些顺手牵羊的事，日子过得倒也痛快。

《哈克贝利·费恩历险记》插图

快要到卡罗镇的一天夜里天降大雾，不能乘木筏前行。当哈克坐小划子去栓木筏时，一股急流把木筏和小划子冲散了，他们两人也被冲散。在白茫茫的大雾中吉姆拼命地喊叫，焦急地寻找哈克。木筏东冲西撞，吃了不少苦头，差点送命。直到云开雾散，哈克终于追上了吉姆。看到双方都平安无事，他们高兴地落了泪。哈克还开玩笑说方才是在梦中，搞得吉姆头昏脑涨，不知所以。但哈克很快意识到这样做对不起吉姆，便鼓足了勇气向这个黑人“低头认错”。

第二天夜里，他们漂到一个大河湾，以为到了卡罗镇。吉姆想到自己即将获得自由就欣喜若狂，激动地说要拼命攒钱，攒够了就去华森小姐那里把老婆孩子赎出来，以后一家人可以在一起快快乐乐地生活。听了吉姆的话，哈克的心情却相当沉重，他明白自己帮助一个黑奴从他的合法主人那里逃走，是一件多么严重的事情，良心上会过不去。于是，哈克划开小筏子，准备上岸去告发，途中恰巧遇见一条前来追捕逃跑奴隶的小船，哈克突然又失去了告发的勇气，反而巧妙地掩护了吉姆，打发走了那条船。后来，他们才发现原来早过了卡罗镇，只得往回走。

外语教学与研究出版社2006年版封面

当夜，一只上水轮船把他们的木筏撞得粉碎，哈克和吉姆落水后失散了。哈克游到岸上，被格兰纪福家收留，却发现自己等于走进了一片战场。原来格兰纪福家与另一家族谢伯逊家是世仇，双方的兄弟互相报仇，大概要到每个人都被打死才算完结。在格兰纪福家黑奴的帮助下，哈克得知了吉姆的藏身之处。趁着两家枪战争斗之际，哈克逃了出来与吉姆汇合，两人高兴得要命，终于摆脱了“打冤家”。经过这次遇险，哈克和吉姆又亲密了很多，他们都觉得把木筏当家最好不过，又自由、又痛快、又舒服。

他们继续漂流。一天天快亮的时候，两个被追赶的人大声向他们求救，哈克就让他们上了木筏。这两个家伙，一个70多岁，一个30多岁，穿得一样寒伧。年轻的那个自称是落泊的“公爵”，吃饭的时候要他们俩在旁伺候；年老的自称是法国“国王”，也要哈克和吉姆按照他的身份对待他。其实，哈克心里有数，这两个说谎的家伙压根儿不是什么国王和公爵，只是故意装作不知道。国王和公爵吃过饭就玩纸牌，玩腻了就合计着订行骗的计划。

在巴克维尔镇，“国王”扮作一个听了牧师讲道而决心改恶从善的海盗，骗得了一笔募捐。到了阿肯色州的一个小镇，“国王”和“公爵”准备演莎士比亚名剧，让“国王”扮演年轻的朱丽叶，骗骗乡下佬，可戏没演完，人就走光了。“公爵”说这些傻瓜看不懂莎士比亚，他们需要更低级趣味的东西。第二天“国王”和“公爵”贴出戏报，说“环球驰名悲剧明星”主演《国王的驼豹！》（又名《皇家奇狗》）。果然观众云集。“国王”光着身子出来，浑身画满了五颜六色的条纹，在台上乱跳乱蹦了一气，“公爵”就宣布演出结束了。大伙儿明白上了当，要找他们算账。有人却出了馊主意，说让镇上其余的人也上上当，所以第二场依旧客满。第三场仍是满座，不过每个人口袋里都装满了臭鸡蛋、烂白菜和死猫。“公爵”花钱雇了个看门的，“国王”根本就没去，他们算准了人们会在最后暗算他们。三个晚上他们一共骗到400多块钱。

一天，“国王”带着哈克穿了派头的衣服，准备搭轮船去开洋荤。半途遇见一个老实巴交的小伙子，“国王”听他讲起刚去世的硝皮厂老板彼得·威尔克斯家的事，觉得有机可趁，便决定与“公爵”冒充彼得失散多年的哥哥和弟弟去奔丧，好捞一笔遗产。两个无赖一进彼得家就嚎啕大哭，大肆表演了一番，很快骗取了一家人的信任，轻而易举得到了一大笔遗产。哈克不忍心看着彼得的三个好心女儿的钱被骗走，就想法子偷出了那些钱。情急之中，哈克把钱袋塞到了棺材盖子下面彼得的尸体双手交叉的地方。接着，哈克又将真相告诉了彼得的女儿玛丽小姐，他们约好等哈克离开以后再惩罚这两个大骗子。就在“国王”和“公爵”拍卖彼得家的坟地时，彼得真正的哥哥和弟弟赶到了，众人真假难辨，就让两对继承人当场对证。真继承人说彼得的胸口刺了三个字，大伙只好到坟地里开棺验证，却意外发现了那一袋失踪的金子。哈克趁乱逃跑，跳上木筏，叫吉姆赶快开船。就在哈克为甩掉两个骗子而欢呼第三次的时候，他听到了一个熟悉的声音，原来是“国王”和“公爵”，哈克一下倒在木筏上，差点哭出来。

他们顺着大河往下溜，再也不敢在哪个镇上靠岸了。两个骗子穷得发慌，就在窝棚里交头接耳地商量。一天清早两个骗子把哈克骗了出去，等到回来时才发现，吉姆被他们卖了。哈克急得没有办法，觉得吉姆还不如回老家去当奴隶，就决定写信告诉华森小姐，请她派人带钱赎回吉姆。可是写完信，哈克又想起了一路上与吉姆结下的深情厚谊，对他的好处真是说不完，于是哈克一下子又撕掉了信，决心亲自营救吉姆，不再让他当奴隶。

哈克找到买走吉姆的斐尔普斯家，没想到买主恰好是哈克的好朋友汤姆的姨父，他们全家都在准备迎接汤姆来做客。哈克一到，莎莉阿姨误以为是汤姆，哈克也就顺势冒名顶替了。然后，哈克到半路去截住汤姆，把事情的经过告诉了汤姆，两人商量好对策，决定一起去营救吉姆。汤姆对莎莉姨妈说自己是席德——汤姆的弟弟。晚上看戏的路上，哈克看到了绑在木杠上被抬着游街的“国王”和“公爵”，他们浑身涂满了柏油，贴满了鸡毛，简直不像人样。

上海文艺出版社 2007年版封面

汤姆和哈克发现了吉姆被关押的地方，就去和送饭的黑人攀交情，终于见到了吉姆，看到他被链条锁在床脚上。他们悄悄地告诉吉姆，千万要装作不认识他们的样子，到了晚上，听到有人在地下挖，那就是他们在营救他。原来汤姆想出了个顶费劲的计划来救吉姆，他觉得这样才够味。他把从冒险故事里读来的知识全用上了：有名的行家去掉身上的锁链，都是把床脚锯断，所以要做把锯子；还要弄件衬衫让犯人记日记，不能用鹅毛笔，只能用旧调羹磨一只笔；很有名的人的墨水用的是自己的血；铁面怪人老爱用吃饭叉子在洋铁盘底写字，他们也要找几个送给吉姆。

那天上午，哈克从晾衣绳上“借”到一条床单和一件白衬衫，第二天又在屋里偷了把锡调羹和一个铜蜡烛台、六支蜡烛。哈克和汤姆一个用鹤嘴锄，一个用铁锹就动手挖起来，大约挖了两个半钟头就把那个洞挖穿了，正好通到吉姆床底下。他们俩偷偷爬进去，推醒吉姆，告诉他，绳梯、洋铁盘这样的大东西他们设法让送饭的黑人“带”进来；一些小东西，他们设法放在姨父、姨妈身上，让他们“捎”进来，要吉姆从他们身上偷出来。又告诉吉姆怎么用血写日记，汤姆说这是他这辈子玩得最有趣的一回。后来，他们还给吉姆搬来一块挺好的大磨石，要他刻纹章和那些伤心的题词。

三个星期之后，一切都按计划准备顺当。汤姆写了封匿名信，说一伙强盗打算在今晚把吉姆抢走……人们看了信就做好埋伏，等着抓那伙强盗。哈克、吉姆、汤姆三人从挖好的地洞钻出来，后面就有人追赶。他们终于上了木筏，几个人正庆幸恢复自由时，汤姆腿上中了一弹，简单包扎了伤口，汤姆就叫哈克带吉姆快逃。吉姆呢，心地也好，一定要等哈克把大夫请来后才走。哈克在半路遇到姨父，被带回家里。第二天，汤姆躺在床垫上被抬了回来，后面跟着被反绑着的吉姆。汤姆醒来后，把整个事情如实地告诉了莎莉姨妈，当他听说吉姆被抓了回来，才说出华森小姐的遗嘱。原来她临死时想起自己曾打算把吉姆卖到大河下游去，觉得太过意不去，就在遗嘱中恢复了吉姆的自由。莎莉姨妈问汤姆为什么不早说，汤姆回答道：“我是要尝尝冒险的滋味呀！”他想让所有的黑人都出来欢迎他，这样他就成了英雄了。

当汤姆提起老费恩时，吉姆说，那次他们碰到的顺着大河往下漂的房子里有个死人，之所以没让哈克进去，是因为那个死人就是哈克的爸爸。莎莉姨妈可怜哈克想收他做干儿子，让他受教育，哈克觉得只好一个人逃走了，他早就尝过那滋味了。

争议内幕

这部小说刚一出版就因其“粗俗的语言”引起争议。马萨诸塞州和科罗拉多州的公共图书馆查禁了该书。1930 年，苏联海关查封了这部小说，同时被查封的还有《汤姆·索亚历险记》。

1957 年，黑人作家拉尔夫·埃利森（著名小说《看不见的人》的作者——编者注）指出，哈克和吉姆之间的友谊关系贬低了黑人男性的才智。因为少年哈克与成年黑人吉姆在决策能力方面相当，甚至要强于吉姆。1969 年，佛罗里达州一所初中将该小说从学生的必读书目中删除，以免让黑人学生产生负面情绪。

20世纪70年代至90年代，该书因为语言不妥而遭到十多次查禁。最受争议的就是它对黑人的指称。为了避免麻烦，很多出版社把“黑鬼”这样的词换成其他较为委婉的词，以免受到指控。但是事情并没有了结。宾夕法尼亚州、艾奥瓦州、弗吉尼亚州、得克萨斯州、伊利诺伊州、密歇根州、路易斯安那州、北卡罗来纳州的部分学校认为《哈克贝利·费恩历险记》有明显贬低黑人的内容而遭到查禁。

埃德蒙·威尔逊［美国］

《海卡特县的回忆录》

作者简介

埃德蒙·威尔逊(1895—1972),美国文学评论家、作家。他富有影响的作品包括评析象征主义运动的《阿克瑟尔的城堡》(1931 年)和美国内战后的文学评论集《爱国的血液》(1962 年)。1955 年出版了畅销书《从死海来的古卷》,引起社会对古卷的广泛关注。通过对古卷的广泛宣传,威尔逊觉得他发现了“基督教起源的神话”。《海卡特县的回忆录》于1946 年出版,由 6 个相互关联的短篇故事组成,讲述了纽约郊区富裕人家的生活,这些故事分别是《射杀鳄龟的人》、《艾伦·特休恩》、《威尔伯·弗利克掠影》、《米尔荷兰一家和他们的肮脏灵魂》、《布莱克本夫妇在家中》和《金发王子》。

作品提要

《海卡特县的回忆录》中的 6 个故事只有《金发王子》有大篇幅露骨的性描写。《金发王子》是叙述者“金发王子”与两个女人之间的经历,这两个女人一个叫伊莫金·卢米斯,她是一个美丽动人的妇人,她的丈夫是一个广告业的巨头;另一个是一名叫安娜·里尼汉的年轻女工,她是移民后代,而且刚刚和精神不正常的丈夫分居。“金发王子”在日记中讲述了他如何勾引伊莫金同时又和安娜保持着良好的性关系。他用详细坦白的语言描绘了他与安娜发生性关系的过程。在他从安娜那里感染了淋病后,他就去看医生并且打算勾引伊莫金。

作者于 1961 年在剑桥大学的留影

当他和伊莫金最终开始幽会时,他发现伊莫金的背上有一个支架。伊莫金抱怨说染上了脊髓炎,但是他后来知道伊莫金的病只不过是心病而已。无论如何,他们的性活动在小说中描写得很详尽。在一个长段落中,讲述者详细地描绘了伊

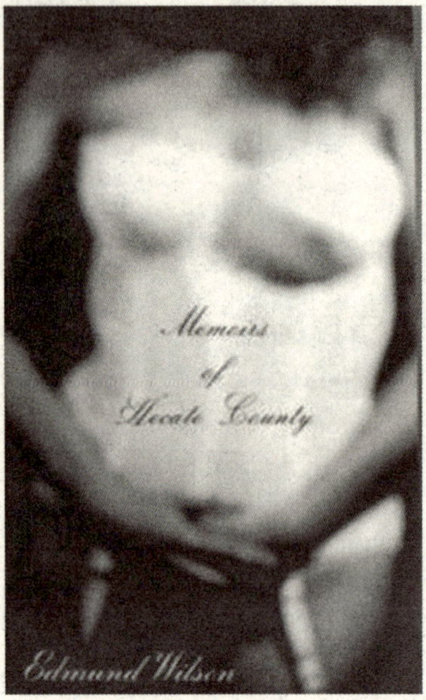

Farrar, Straus and Giroux Publications 1995 年版封面

莫金的大腿和生殖器。

“金发王子”去探望安娜，因为淋病给她的生殖系统带来了创伤，她正住院接受手术治疗。当她在家恢复养病时，他劝她嫁给一个她并不爱的男人。小说的结尾说到“金发王子”收到安娜的一封来信，安娜告诉他，她接受了他的建议，这时“金发王子”才认识到他将永远不能再做爱了。

争议内幕

《海卡特县的回忆录》出版之初得到了评论界的赞誉。《纽约时报书评》称它是“一本优秀的、与众不同的书”，《时代》杂志称它是“本年度第一部可以称得上文学作品的书”。但是，不久局面发生了变化，《海卡特县的回忆录》由于6个故事中的一个涉嫌有不健康的内容而被指控为“黄书”。威尔逊的作家朋友认为作品的文学价值应远大于它的煽动性，书中描写通奸的部分就像“列车时刻表一样无聊”。该书被加利福尼亚和纽约两地当做“淫秽书籍”，旧金山和纽约的书商因为销售这本书而被捕并且被送上法庭，在费城销售的书籍也被全部没收。

在纽约市，纽约道德促进协会依据纽约州反淫秽法案将出版《海卡特县的回忆录》的出版社告上法庭。该协会会长指责该书是“未被限制流通的最黄色和淫秽的作品”，警方从4家书店中缴获了130多本《海卡特县的回忆录》。次日，一些著名的大书店都把这本书从它们的书架上搬走了。由于该书在几个月前就出版了，所以已经销售掉了5万本。

在庭审中，检察官指证说，书中存在着重的性描写片段，而且是毫不避讳的赤裸裸的描写。书中有20处不同的性场面……发生在主角和四个不同女人之间。18次发生在主人公与两个已婚女人之间，时间为一至两个小时。最高法院判处出版商缴纳罚金1000美元。州地区检察官警告那些销售过该书的书商要蹲一年的监狱。1948年，此案被移交美国最高法院，美国最高法院维持原判。

在1951年之前，英国没有出版该书，因为出版商知道在美国的诉讼案件，不想惹火烧身。出版商曾试图出版该书，但是没有印刷厂愿意合作。后来，在美国出版的《海卡特县的回忆录》都标明“不得在纽约州销售”。

艾伦·金斯伯格［美国］

《嚎叫及其他诗歌》

作者简介

艾伦·金斯伯格(1926—1997),美国20世纪50年代和60年代诗歌复兴的关键性人物,“垮掉的一代”的开创者和代表诗人,被《纽约时报》称为“当代惠特曼”的诗歌革新家。

金斯伯格的父亲是一位发表过诗作的中学教师,母亲患有精神病,这对金斯伯格的创作产生了极大影响。他在竭力理解母亲的同时,却被自己内心深处一种日渐强烈的欲望折磨着,那就是对同龄男孩子的渴望。他在中学时爱上了惠特曼的作品,后来进入哥伦比亚大学学习。在那里他遇见了卢西·恩卡尔、杰克·凯鲁亚、威廉·巴勒斯和尼尔·卡萨迪,这些人均成了“垮掉的一代”的核心人物。

50年代金斯伯格着手创作“抗议诗歌”——《嚎叫及其他诗歌》,并于1959年10月13日夜晚在旧金山市六号画廊朗诵,立即引起轰动,标志着“垮掉的一代”的诞生;一场向当下社会及政治制度开火的反叛思潮迅速席卷全国,引起了保守势力的强烈不满,甚至怨愤。《嚎叫及其他诗歌》在为金斯伯格带来巨大声誉的同时也为他带来了一场场官司。

金斯伯格、杰克·凯鲁亚等人于1945年在哥伦比亚大学的合影

金斯伯格一生出版诗集41种、戏剧3种、其他文集14种。其中,《嚎叫及其他诗歌》(1956)、《祈祷文及1958—1960年其他诗歌》(1961),以及1984年出版《诗合集:1947—1980》、1986年出版《白色裹尸布:1980—1985

年诗集》最负盛名。他曾获全国图书奖、全国人文科学协会金质奖章、古根海姆奖、国家人文科学捐助会奖、法国文化部部长授予的艺术与文学骑士勋章等。

作品提要

《嚎叫及其他诗歌》里最杰出、最有影响的诗，无疑是其标题诗《嚎叫》，被人们称为“50年代的《荒原》”。该诗是金斯伯格代表全体反文化的叛逆青年向美国社会递交的一份“抗议书”。全诗共分三部分，外加一个附注。

第一部分最长，在打印稿里是一份长达七页的“清单”，被论者称为“垮掉的一代”的大事记，金斯伯格在其中列举了他和他的“垮掉的一代”同伴们——他那由被误解的诗人艺术家、发表不了作品的小说家、精神错乱者、激进分子、恶作剧者、性变态者、吸毒成瘾者组成的群体里那些疯狂而孤独的成员的所作所为。

第二部分接着交代“毁灭”了第一部分里提到的“最杰出的头脑”的天才以及各类与时代生活格格不入、被弄得疯疯癫癫的人物的元凶——那个无所不在的摩洛神。金斯伯格借唾弃摩洛神来诅咒人类至今仍为之献身的种种虚假的偶像。

第三部分是以金斯伯格、卡尔·所罗门为中心。《嚎叫》写作时，所罗门被送进州立医院的消息，使金斯伯格苦恼了几个星期。在这一部分，诗人再次以在前面运用自如的惠特曼式的编目风格(每一行的开头都以一种固定的格式引起)，向所罗门娓娓倾诉。

第三部分之后，是《嚎叫》的附注。这是金斯伯格为回答评论界关于《嚎叫》的基调“消极、灰暗、淫秽”的指责而作的。体现了对宗教中极乐世界的憧憬，对个性以及个体所拥有的一切的惠特曼式的张扬。

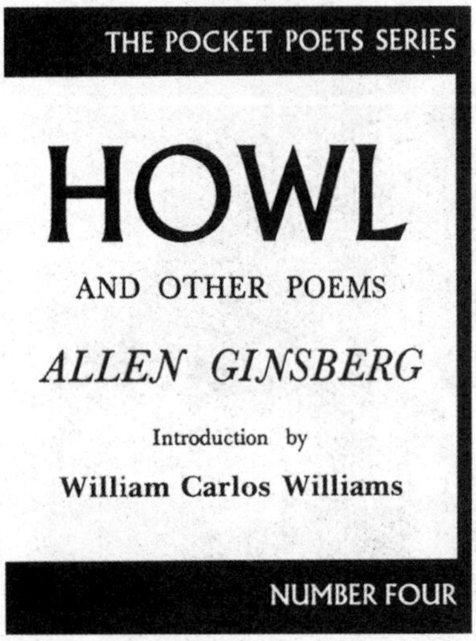

City Lights Books 1956 年版封面

《嚎叫》以惊世骇俗的方式痛陈表面繁荣而实际上枯燥、乏味的美国社会的种种弊端及其隐含的危机，对此作预示世界末日式的启示性批判，同时欢呼和赞美一种正在美国出现的反文化思潮。《嚎叫》在韵律方面也具有自己的特色，诗歌中的每一行都是一个气群，一个气群构成了一个韵律小节，而一个韵律小节又体现了一个思想灵感。金斯伯格能一口气就抑扬顿挫地吟诵完毕，癫狂的神态溢于言表。

争议内幕

1956年,《嚎叫及其他诗歌》连同另外一些诗作一起由诗人劳伦斯·弗林格蒂(Lawrence Ferlinghetti)经营的城市之光书店出版,初版在英国印刷,但美国海关因"语言和写作品味都相当淫秽"而没收了所有入境的成书,后经周旋,海关总算放行。

弗林格蒂干脆出版第二版,却在该诗集深受读者欢迎之际,被旧金山警察局以宣扬淫秽的罪名送上了被告席。在案件审理的过程中,有9名文学专家被传召出庭为艾伦·金斯伯格诗作的"社会意义"作辩护。在对《嚎叫及其他诗歌》的判决中,法官认为"除非该书是完全缺乏社会意义,否则它不能被认为是淫秽书籍",他又说这些诗歌含有"非正统的和有争议的观点",诸如有许多粗俗的语言,但是作品受到宪法规定的言论自由和出版自由的保护。正是这场官司使金斯伯格成了举世闻名的诗人,也促进了《嚎叫及其他诗歌》的畅销。

哈谢克［捷克］

《好兵帅克》

作者简介

哈谢克(1883—1923),生于布拉格一穷苦教员家庭,童年生活十分凄苦。中学时期就积极参加反对奥匈帝国的示威游行,因而屡遭拘留和逮捕。高中毕业后,他游遍各地,广泛了解社会生活,为他以后的文学创作提供了丰富的素材。1903—1904 年间,他同无政府主义者有过接触并受其影响。第一次世界大战爆发后,他应征入伍,开赴德国作战。十月革命爆发时，正在俄国的哈谢克便参加了革命,1918 年 2 月加入苏联红军，担任宣传鼓动工作,不久又加入布尔什维克党。1920 年,哈谢克返回捷克,住在布拉格。1923 年在黎普尼采镇逝世。哈谢克 20 世纪初开始文学创作。写有短篇小说、小品文以及政论文达一千多篇,都是对奥匈帝国统治下捷克资本主义社会的各个方面进行揭露和讽刺。《女仆安娜的纪念日》、《得救》、《巴拉顿湖畔》等是他短篇小说中最优秀的代表作。哈谢克创作中的最大成就是长篇小说《好兵帅克》,成功地塑造了一个普通捷克士兵的形象,以犀利的笔调揭露了奥匈帝国统治者的专横和军队的腐败,这部讽刺作品被译成 50 多种文字并被改编成剧本,拍成电影。哈谢克被欧洲批评家评论道可与 16 世纪的拉布雷和塞万提斯相提并论。

“好兵帅克”(左)

作品提要

一天,帅克正在用药搓着他患风湿症的膝盖,女用人告诉他奥匈帝国的王位继承人斐迪南德大公在萨拉热窝被人暗杀了。帅克大吃一惊,和女用人聊了一会儿,并在想象斐迪南德是怎样挨子弹的,那凶手是怎样穿得很讲究的,等等。帅克还觉得不过瘾,就决定到“杯杯满”酒馆去溜达一趟,找个人尽兴聊聊。

“杯杯满”酒馆里坐着一位顾客,他就是警察局的密探布雷特施耐德，他正在从谨慎的老板巴里维茨嘴里套话。这时，帅克走了进来，要了一杯黑啤酒。布雷特施耐德立刻和他谈起大公被刺的事来。帅克断定大公是土耳其人杀的，他说大公之死是奥匈的一个损失。他还带着纯朴天真的笑脸向密探描绘奥国与土耳其开战的未来，可是却错把奥国的盟国说成敌人，把敌人说成盟国。帅克预卜未来时脸笑得像一轮明月，仿佛他对什么都了如指掌。密探终于忍不住向他出示了带有双头鹰的警察证，宣布他犯了叛国罪，逮捕了他。不问政治的酒馆老板也被逮捕了，因为他擅自摘下了酒馆里的被苍蝇拉上屎的奥皇像。老板安慰自己的老婆说："别哭，他们能为那张被苍蝇拉了屎的皇帝像把我怎么样?"

中国致公出版社 2003 年版封面

当他们跨进警察局里的大门时，帅克说："不知不觉还蛮舒服地就到了这里！"帅克被关进警察局的一间牢房里，在那儿遇到了 6 个伙伴，几乎都是因为斐迪南德被暗杀的事而被捕的。就在这些犯人互诉冤情的时候，帅克心满意足地睡着了。警察来提帅克过堂，一个冷冰冰面带凶相的官老爷历数了帅克的叛国罪和侮蔑王室罪，又引出鼓动叛变的罪名，对这些帅克都天真地招认了，并且要求严办自己。第二次过堂后，帅克在控诉书上签字："以上对我的控诉，证据确凿。"他还温和地问："还有别的公文要我签吗?"回到牢房，帅克对同伴们说："我刚招认了，斐迪南德大公兴许是我杀的。"

第二天，帅克被带到省刑事法庭一位年事已高、相貌和善的审判官面前。经过交谈，审判官建议把帅克交给由三种学派的法医组成的神经检查委员会，他们将确定帅克的智力和他被控的罪名是否相符。帅克一见到他们就大喊："诸位大人!弗朗茨·约瑟夫一世皇上万岁!"结果帅克给了他们压倒一切的印象，三种对立学派的专家一致认为帅克是十足的白痴，于是帅克被送到了疯人院。

疯人院的医生把帅克当成是"逃避兵役的假病号"，并且把他赶出了疯人院。帅克又来到"杯杯满"酒馆，老板娘流着泪告诉他，巴里维茨被判了 10 年徒刑。为了能从帅克那里探听点什么出来，密探布雷特施耐德常去找帅克买狗，可是没有成功。帅克和他大谈贩狗经，千方百计把一番巧妙的关于政治的话题引到怎样给小狗医治犬瘟疫上去，其结果往往是密探又买走一条杂种狗。密探从帅克那里一共买了 7 条奇丑无比的杂种狗，却没能从他身上挤出一点有价值的东西。

帅克的风湿症发作得很厉害。在他得到征兵体检通知书后，他兴奋得彻夜难眠，高唱奥地利国歌。于是，在一个难忘的日子里，布拉格的街上就出现了一幅忠君报国的动人情景：一个老妇人推着一把轮椅，上面坐着一个头戴军帽、胸佩鲜花的新兵，手里不停地挥舞着一副拐杖，嘴里嚷道："打到贝尔格莱德去！"一群流浪汉跟在帅克后面，巡官为了制止他继续扰乱治安，就派骑警护送帅克去体检。帅克的行为被官方报纸誉为"残疾人热心爱国"的壮举，说捷克国土上再也找不到如此高尚的公民了。但体检委员会主席鲍兹大夫却另有高见，尽管帅克再三声明"就是粉身碎骨也要效忠皇上"，他还是判定帅克是装病来逃避兵役的，下令将他押送军事监狱。

帅克到了军事监狱后和那些装病逃避兵役的人住在一起。几天来，军事监狱用饥饿和洗肠的办法给帅克治病。装病逃避兵役的人都要接受不同等级的苦刑：绝对控制饮食、大量服用金鸡纳霜、洗肾、灌肠、用冷水浸过的被单裹身等。但这一切对帅克的风湿病却无能为力，面对帅克那孩子般天真的眼神，军医们气得暴跳如雷，只好把他转到拘留营。

拘留营凶狠的看守长把帅克关进了只能穿背心裤衩的十六号牢房。第二天犯人们就去教堂听随军神父卡兹布道。卡兹常把弥撒的程序弄得颠三倒四，要是他喝多了，他还会临时编造一套独家使用的祷文，犯人们都把听他讲道当做一件开心的事。今天卡兹又喝多了酒，他一边打着嗝，一边咒骂囚犯们甘愿走罪恶的荆棘之路。帅克忽然抽泣起来，周围人愉快地欣赏着。卡兹平生第一次讲道感动得人流了泪，他非常兴奋，尽管帅克事后承认他是假装的，可卡兹神父还是把他领出拘留所，做了自己的勤务兵。

卡兹嗜酒如命，经常喝得烂醉如泥。一次神父把钱喝得精光，逼着帅克向别人借钱，帅克只好以神父无钱付私生子津贴为由借了三百克郎，弄得神父哭笑不得。不久，卡兹把帅克当赌注输给了卢卡施中尉，从此帅克成了卢卡施的勤务兵。

Penguin Publications 2005 年版封面

卢卡施中尉对自己的勤务兵一向很严厉。帅克一去就被他骂成是"一个天字第一号白痴"。帅克把中尉心爱的小猫和金丝雀放在一起，希望它们交朋友，结果猫一下咬掉了金丝雀的脑袋，中尉气得命令帅克把猫关三天禁闭。为了让中尉高兴，帅克答应去给他弄一条漂亮的狗来，并且在老朋友的帮助下，设计诱拐了一条漂亮的狗送给中尉。谁知这狗的主人是克劳斯上校，他正因为丢失了爱犬而大发雷霆。过了几天，中尉带着狗去与一位太太幽会，路上恰巧遇到克劳斯上校。上校认为作为下级军官的卢卡施中尉连上级在报上登的寻狗启事都不注意已属不敬，大摇大摆地带着偷来的狗在街上走就更不成体统的了!为此，上校将中尉“发配”到前线去。中尉真想把帅克这个白痴撕成碎片，但一看到帅克那安详而温柔的眼睛，中尉就觉得连打他一个嘴巴的力气都没有了。中尉宣布，帅克将随自己在三天之内到布迪尤维斯的第91先遣队去，帅克高兴地答应了。

在由布拉格开出的列车上，帅克和一个列车员谈论刹车警铃灵不灵的问题，他俩无意间拉了一下刹车杆，列车猛地刹了车。帅克被当做肇事者带下火车，卢卡施中尉终于甩掉了帅克而感到无比的轻松。既无身份证又无车费的帅克决定步行到91先遣队报到。他冒着严寒，唱着军歌，开始了远征布迪尤维斯的壮举。他披星戴月地走了几天，却又回到出发时的那个小镇。当地宪兵队逮捕了身份可疑的帅克，干练的巡官善于用一种交错审讯的诱供法，逼得无辜者也承认有罪。巡官立即得出结论：帅克是一位老奸巨猾的俄国间谍，会说一口地道的捷克语，企图潜入我第91先遣队。巡官连夜写了连篇累牍的精彩呈文，派人把帅克押往警察分局。分局长认为巡官写呈文时一定醉得天昏地暗，他一眼就看出帅克只是一个普通的逃兵，随即命令把帅克解往第91先遣队。

几天后，当帅克被带到卢卡施中尉面前时，中尉怎么也没有料到再会遇上他。他把帅克关进了禁闭室。

部队进驻匈牙利境内，卢卡施中尉身上那种帝国军官的好色通病又发作了，他看上一位商人的太太。中尉派帅克送一封约那位妇人幽会的情书，不料信却落入了她丈夫的手中，引起一场争斗。帅克因此被拘留，报纸大量登载帝国军官与商人太太调情的丑闻。法庭审理此案时，帅克一口咬定那封信是自己写的，还趁核对笔记时冷不防抢过信吞下肚子里，负责此案的上校因帅克的义举而赦免了倒霉的中尉，并提拔帅克做连部传令兵，继续跟随调任连长的卢卡施中尉。

中尉开会的时候，帅克的任务是守电话机。不一会儿，上级来电话，电话里乱哄哄的，帅克一点也听不清楚，他的回答更是令人啼笑皆非。他把对方骂他的话也记录下来，复述给对方听。帅克还不时拿起耳机偷听别人的电话。他还记录过一些像密码一样的命令，比如“随后更加接近允许但是已经可是或者因而虽然同样等”，连卢卡施中尉看了也只好随它去。

部队再次向前线进发。在军官们的车厢里有个叫扎格纳的上尉营长，他正在给军官们讲解一套查密电码的新方法。所有军官手里都拿着一本《神父们的罪孽》，说这是解密电码的钥匙。大家都鸦雀无声地看着这本书，总是对不上密码。后来发现他们手中的是上册，而大尉拿的是下册。发给军官们的书是帅克从团部抱过来的，车一到站，卢卡施中尉第一个跳出车厢去找帅克算账。帅克说：“我想书都得从上册读起，就只领了上册。”中尉叹气说：

人民文学出版社 2005 年版封面

“我骂你白痴都骂腻了，我简直找不出话来形容你。”

列车停在一个小站时，卢卡施中尉给帅克 15 克郎，让他从当地老乡那里偷偷地买点酒来。帅克一下车，就被总想找他碴儿的杜布中尉盯上了。帅克从马路边一个犹太人手里买到了一瓶白兰地，转身就与等在月台上的杜布中尉相遇了。面对杜布中尉得意的追问，帅克毫不犹豫地说这瓶黄糊糊的液体是他从铁道那边的唧筒里打来的带铁质的水，并且从容不迫地一口气喝完了那瓶“水”。为了证明他的诚实，帅克把杜布中尉领到附近的一架唧筒前，抽出一股黄糊糊的水来，还向人借了一个玻璃杯。杜布中尉只好狼狈地喝下了那杯水，那水在他的嘴里留下了粪汤子的味道。帅克坚持回到车厢向卢卡施中尉报告了情况，然后就倒下呼呼大睡起来。卢卡施中尉气得大骂，不过这次他恨的是杜布中尉，而不是代他受过的帅克。

在即将到达前线的行军途中，帅克和军士万尼克奉中尉的命令去寻找宿营地。中午，他们来到了还散发着腐烂气味的旧战场。这里不久前发生过异常激烈的战斗，好几个营的人被机枪打死了，掩埋士兵尸首的土坑还没覆盖好，荒原上都是纵横的战壕。帅克说：“打完仗，这儿的收成准错不了。他们用不着买什么骨粉了。整个团的人都在田里烂掉，对庄稼人真是好透了，什么大粪也比不上这个肥。”下午，走到一个十字路口，帅克与万尼克在战线上发生分歧，争执不下，只好各奔前程。

帅克走到一座小池塘，一个逃出来的俄国俘虏正在洗澡，他一见帅克就爬出水面，光着身子跑了。帅克很想知道自己穿上俄军制服是什么样子，就换下身上的奥国军装，穿上俄国军服在塘水上欣赏自己的尊容来。他在塘边逗留了好半天，结果被抓进了俄国俘虏营。

就这样，愿为奥皇战死沙场的好兵帅克历尽千辛万苦来到前线，在他即将奔赴战场为奥皇尽忠时，竟成了奥地利军队的俘虏。一封电报救了本来要被处以绞刑的帅克，电报帮助帅克讲清楚了他的来历。

帅克他们的部队在同俄国人打仗。全营蹲在战壕里好久没换地方，难熬的日子一天一天过去，肮脏、虱子、疥疮与日俱增。帅克看到卢卡施也在抓痒痒，就主动帮助他擦点水银油。卢卡施非常感激，他走到一个箱子那儿，取出一块铜质奖章来说：“帅克，把它戴上!我现在补发你一个，表彰你的勇敢，表彰你在危险的时刻没有把你的长官抛弃掉。”

俄国人时不时地打上几枪。已经到了傍晚时分，可帅克还没有回来。有人从一个死尸身上找到了帅克的身份证，大家都认为帅克被打死了。卢卡施听到这个消息分外伤心。

就在大家准备为帅克办理后事时，帅克回来了。原来帅克在洗澡时衣服被人偷走了，只好等到天黑以后再回来。

大约在这些事件发生一个星期之后，俄国人向奥地利的工事发动了猛烈的攻击。全营的士兵都四处逃散。帅克一个人在人流中得意自如地奔跑着，一头母牛把他顶到了地里。由哥萨克人组成的巡逻队发现了他，一个士兵给了他一个耳光，扯下了他的奖章，并把它放进自己的口袋里，随后带着帅克到司令部去了。帅克对俄军团长的问题答非所问，气得团长骂他是“白痴、怪人”。当团长用德语问他叫什么名字时，帅克站得笔直，眼睛盯着团长的眼睛，声音大得连整个俄国都听得见：“约瑟夫·帅克，出生地点——布拉格，工作单位——战场，常去场所——‘杯杯满’酒馆!”

争议内幕

哈谢克性格放荡不羁，爱搞恶作剧和一些荒唐行径，这种个性引起了一些人的不满。因此捷克第一共和国不承认他是个作家，还强加给他“下流文人”、“酗酒犯”等罪名。哈谢克不愿为奴役自己民族的外国统治者卖命，于是他利用俄军突破防线，切断了哈谢克所在部队同帝国主力军之间联系的时机，故意成为俄军的俘虏。奥军发出逮捕令，确认他为叛逃。因此在哈谢克1920年底回到捷克后，立即掀起了一股“反哈谢克”的浪潮。他遭到残酷的围攻和无情的迫害，无人愿意出版他的作品。

《好兵帅克》是哈谢克最杰出的一部近60万字的长篇小说，因被指控为“毒害青年的下流文学”、“猥亵”、“难登大雅之堂”、“无助于对国民的文化教养的培养、熏陶”等罪名，当局曾一度下令禁止出版和严禁青少年阅读该书，并要求各图书馆不得公开借阅。在第一卷写好后，无人为它出版，哈谢克只好同友人一章一章地刻印，沿街叫卖。没想到这部书受到读者极大欢迎，当局立即组织资产阶级右派、天主教的文学评论家们向哈谢克发起猛攻。伏契克在1928年针对资产阶级、天主教对帅克的围攻而写的《围攻帅克的战争》一文中指出，“帅克并非逗人发笑的人物，他是一个批判性的典型”，“资本主义的一切观念：爱国主义、伦理道德、正义和秩序，都被帅克嘲弄得体无完肤。他是扮演‘天才的傻瓜’的角色，用一种非正面的抵抗——也可以说是消极抵抗——的办法来抵制一切反动派的倒行逆施，他一直在抵抗、在斗争。在国难和屈辱的处境下依旧泰然自若、乐观自信，巧妙地和敌人周旋，并且能战胜对手。”

1945年以后，捷克文学界才开始搜集、整理、出版他的著作，至今已出版了16卷，哈谢克的名字越出他的祖国的国界。

《黑孩子》

作者简介

理查德·赖特(1908—1960)是美国黑人作家。出生于密西西比州纳切兹附近的一个种植园里。祖父是奴隶，父亲是种植园工人，母亲是乡村教师。赖特进过孤儿院，曾在亲戚家寄养，15 岁起独立谋生。他从小深受歧视，对社会、尤其对周围的白人世界怀着又恨又怕的心理。这种心理状态不仅在他的著名的自传《黑孩子》(1945)中作了生动的描述，而且在他的小说中也有反映。

赖特离家后曾在孟菲斯、芝加哥等地从事各种体力劳动，同时勤奋自学，立志成为作家。他爱读德莱塞、刘易斯、安德森等现实主义作家的作品，深受他们的影响。

20 世纪 30 年代美国经济萧条时期，赖特长期失业，对美国贫富悬殊、种族歧视的社会有了进一步的认识。1932 年加入美国共产党，学习运用马克思主义的观点去观察社会，这使他后来的创作能够比较深刻地发掘生活，揭露社会的矛盾和黑暗面，向社会提出控诉和抗议，因而成为 20 世纪 30 至 40 年代美国左翼文学中所谓“抗议小说”的创始人之一。

理查德和他的儿子在孟菲斯的寓所中

1937 年赖特去纽约任美共机关报《工人日报》的哈莱姆区编辑。1940 年他的代表作《土生子》问世，使他一跃成为享誉美国文坛的黑人作家。西方有的评论家认为只有在《土生子》出版后，黑人文学才在美国文学中取得地位，开始受到评论界的重视，并在人民群众中产生一定的影响。赖特成名后，逐渐与共产党的观点和政策发生分歧，终于在 1944 年退出共产党。1946 年迁居巴黎，1960 年 11 月 28 日去世。

赖特著有长篇小说 5 部，中短篇小说集 2 部，与人合写的剧本 2 部以及其他著作近 10 部，也发表过一些诗。他的突出成就是小说创作。最早出版的《汤姆大叔的孩子们》(1938)包括5部中篇小说，描写美国南部黑人遭受歧视和压迫的悲惨生活。长篇小说《今日的主》(1961)和短篇小说集《八个男人》(1961)在作者死后才出版。这些小说是作者脱离美共后侨居巴黎时所写，企图“探索新的主题和哲学”。如长篇小说《局外人》(1953)写一个厌世的黑人假装死去，改姓换名，想重新做人，却处处碰壁，引起无穷烦恼和孤独感，结果仍是“局外人”。赖特后期的作品无论在思想上或艺术上都不及《土生子》。

赖特也写过一些报道和论文，其中比较著名的有《黑人的力量》(1954)和《白人们，听着》(1957)。

赖特创作的特点是故事生动、紧凑，文笔简练，字里行间洋溢着激情，富于感染力。

Harper Perennial Publications
1998年版封面

作品提要

《黑孩子》一书的副标题是“童年和青年时代的记录”，这一回忆开始于理查德·赖特4岁时，一直写到他19岁。他对自己的经历和对外关系的描述反映了他的成长过程、生活条件以及他个性品格的形成。

赖特的童年是在充满了创伤、侮辱和贫穷的状态中度过的。他经常居无定所，先从他出生的种植园(在那里他父亲是个佃农)搬到孟菲斯。后来，因为父亲抛弃了自己的妻子和两个儿子，娶了另一个女人，他们不得不多次搬迁。长期颠沛流离的生活使家庭只能住进租金低廉的房子，为了找到工作而迁移到另一个的地方，或者有时投靠亲友，依靠他们不情愿的施舍勉强度日。当他母亲在年轻的时候因为一次中风而导致一条腿瘫痪后，这种四处漂泊、穷困潦倒的日子就再也没有改变过。

赖特童年回忆中充满饥饿、匮乏和恐惧。随着父亲的出走，他们没有了经济来源，除非母亲能够找到工作。持续的令人痛苦的饥饿缠住他们；就算有东西吃，数量也是不够的，就更别谈营养了。通常，他们没有足够的钱让简陋的房间适合居住。有时，年轻的母亲带着两个孩子一起去工作；他们躲在母亲工作的厨房角落里，闻着饭香，却吃不着。他们没有闲钱买衣服；因为衣服过于寒酸，母亲羞于送理查德去上学。

对于孩子的错误行为或不听话，大人们的“自动”反应就是鞭打。赖特是个倔强任性的孩子，所以经常被母亲(在她生病之前)和亲戚们用树枝或皮带鞭打。叔叔和婶婶们也企图用鞭打的办法使赖特听话。他还经常受到邻居和同学的欺负。赖特是个外来户，在进入一个新的圈子时，必须依靠挨打或者打人才能融入。

当他母亲因为无力供养两个孩子而决定把他们送到孤儿院时，赖特内心的失落感和被遗弃感更加深刻了。被遗弃的感觉和失落感对赖特性格的形成起了很大的影响作用。他的这种总认为自己是局外人的感觉，一方面是由于家庭经常到处迁徙，居无定所造成的；另一方面也是由于亲戚对他长期而深刻的压迫造成的。除了有时会从母亲那里得到一些母爱外，他缺少温暖、呵护和鼓励。

宗教是让赖特内心痛苦的另一个原因，特别是当他住在祖母家的那段时期。尽管他很小，但他还是不愿意向祖母屈服，去信仰她的可怕宗教。他那同样严厉而虔诚的婶婶也是他的老师，有一次，她认为赖特弄脏了地板，就用教尺抽打他的手。当时，他发誓不会让她再打他第二次。当她拿着鞭子回到家中时，赖特拿起一把菜刀反击她。实际上，反击和斗争在赖特看来就是正义和独立的象征。

一个矛盾的线索穿插在自传中：赖特是个充满好奇心、十分渴望学习的孩子，而且他还学得很快。他在 6 岁时就从一起玩耍的同伴的书里学识字了；在 1 个小时的时间里，运煤工人就教会了他从 1 数到 100 百。他对任何事物都要问个究竟。他入学很晚，也很不稳定；几乎是在 12 岁以后，他才正式接受了整整 1 年的正规教育。但是，一旦他投入学习状态，就是最优秀的。毕业时，他成为毕业发言的代表。书籍成了他的救星，让他逃避痛苦的环境，进入对未来的畅想中，他的梦想是："去北方，写书，写小说。"书籍为赖特打开了写作的世界和思想世界的大门，鼓励他离开南方压抑的生活环境。

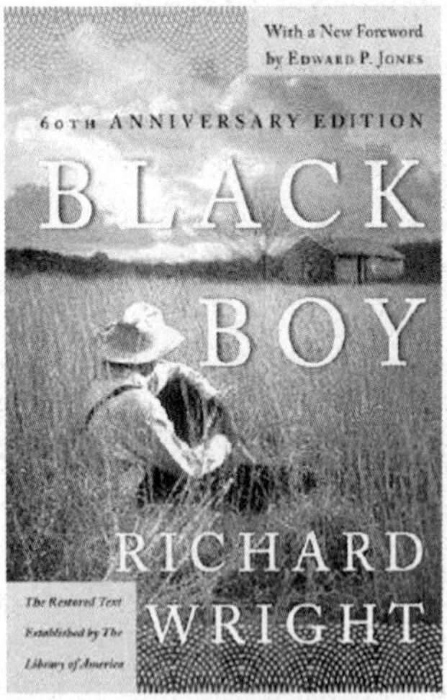

Harper Collins Publishers
2005 年版封面

理查德·赖特记载了他早期与白人有限的接触。9 岁时，他就对白人产生畏惧感，他这种感觉源于三 K 党对黑人的可怕打压，和他自己家庭的生活经历。当他还是个十几岁的孩子时，他开始与白人一起工作，白人对待黑人的态度非常不公正——他们认为黑人是疯子，是低贱的人。赖特深刻认识到，南方的整个教育体制都是在压制黑人的志气和抱负。

随着赖特对白人世界了解的增加，他学会了将自己到北方当作家的梦想作为秘密隐藏起来。他花费了相当长的一段时间学习逢迎拍马等那一套虚伪的行为方式、语言和语调。他这种无所谓的态度使他失去了工作，吃了不少苦头。他的一个朋友在他 16 岁时说，他的"问题"是，他总是迎合白人，好像并没意识到他们是白人，自己是黑人一样。赖特后来承认了这个事实。他的朋友还说："你知道，或许你认为我是汤姆叔叔，但我不是。我憎恨这些白人，恨之入骨。但我不能表现出来；如果我表现出来，他们会杀了我。"

理查德·赖特的确学会了在很大程度上控制自己的表情和语气，但他这样做时，心中充满了耻辱感、压力和紧张感。当这些感觉被孟菲斯的大都市氛围驱散时，他时常提醒自己要保护好自己。这些经历和反映表现了赖特和白人文化的融合。它们还表明了黑人采取这些生存手段都是受白人威胁的，他们迫不得已学会了欺骗、不忠诚、撒谎和不负责任。

当考虑他目前的生活和未来时，赖特看到了四个可能的选择：反抗，组织其他黑人与南方白人作斗争；像温顺的奴隶般屈服，苟且偷生，放弃"按照自己的感情和思想改变生活"；将自己的仇恨转移到其他黑人身上；忘记在书中所学的一切，忘记白人的一切，在酒色之中寻求解脱。为此他继续写到：我对成为一个专业人士不抱希望。不是说我不希望成为专业人士，而是完成这样一个抱负超出了我的能力范围。在白人的世界里，做好一个黑人，对我来说，就像这个白人统治的世界一样让我感到陌生。

但是，最后，"强烈的梦想和希望超越了常识和现实"。赖特和他母亲、兄弟、婶婶商量后，他走出了第一步；他乘上了一列北上芝加哥的火车。

争议内幕

赖特曾于20世纪三四十年代加入美国共产党，联邦调查局因此将他列为重点调查对象，声称他有颠覆美国政权的嫌疑。50年代，赖特被非美国活动特别调查委员会宣布为不受欢迎的人。根据当时的法令，他的书被从美国海外图书馆中清除。

尽管《黑孩子》赢得了广大的读者和评论界的称赞，但还是遭到了密西西比州的查禁。一位州议员指责它编造了一个虚假荒谬的故事，目的是在所有美国人的心中播撒仇恨和罪恶的种子。

这本小说在美国各地的学校都激起了争议，多数是因为种族观点。但在1972年的密歇根州，一位学生家长反对《黑孩子》中有关性的描写，称它不适合不谙世事的学生阅读，从而导致该书被从密歇根州每个学校的课堂中清理了出去。1975年，田纳西州的各个学校查禁此书，理由是它语言淫秽，并容易引发种族仇恨心理。1978年该书被加利福尼亚州一些地区的学校列为禁书，清理出课堂和图书馆。

司汤达［法国］

《红与黑》

作者简介

司汤达(1783—1842),原名亨利·贝尔,童年时在法国大革命的风暴中度过。1799年他还未成年便投入拿破仑的军队,后追随拿破仑南征北战。1801年,司汤达离开军队,回到巴黎。他一心向往成为一个文学家,曾夸口要当莫里哀第二。他渴望创作戏剧,但明显缺乏写戏剧的才能。他尽自己所能找他喜爱的书读,研究了蒙田、孟德斯鸠及18世纪法国启蒙运动作家的作品,同时学习希腊文和英语。1823年到1825年,他发表论文集《拉辛与莎士比亚》,提出一切伟大的作家都是他们时代的浪漫主义者,强调文学要写真实,反映时代真实的东西,以感动同时代的人。1829年,他发表收集在《意大利遗事》中最著名的短篇小说《法尼娜·法尼尼》,表现了意大利人强烈的热情和性格所造成的充满风暴和激烈斗争的爱情事件。1830年七月革命后,司汤达被派为驻教皇统治下意大利一滨海小城的法国领事,任职直至辞世。1831年,他的代表作《红与黑》发表,但这部著作在当时并没有给他带来巨大的声誉。1839年,他又一部小说《巴马修道院》发表。这部以意大利为背景的小说,具有与《红与黑》所提出的相同的主题,即表现才华卓著的个人怎样被压抑人的环境和时代所毁灭,书中有关于滑铁卢战役的个人化真切描写。司汤达晚年多病,1842年3月他在去巴黎外交部门途中突然倒地,当晚逝世。他被葬于蒙马特尔公墓,墓碑按他生前遗愿,用意大利文刻着以下几行字:"亨利·贝尔,米兰人,写作过、恋爱过、生活过。"

作品提要

维立叶尔是法国法朗士-孔德省最美丽的小城之一。这里有个名叫于连的青年,长得文弱清秀,酷爱读书。他父亲木匠老索雷尔,在城边开一间小锯木厂。父亲自己不识字,却最恨别人读书,见于连成天捧着书看不干活,老父亲和两个哥哥经常用拳头教训他。于连受拿破仑旧部一名老军医影响,学习拉丁文和历史。他对拿破仑疯狂地崇拜,渴望将来投身军界,像拿破仑一样建立伟大的功勋。然而时代不同了,从几年前维立叶尔建筑礼拜堂开始，于连声称要做神父，因为供奉神职能带给他更大的收入和权势。他投拜在神父西朗门下钻研神学，仗着惊人的记忆力把一本拉丁文《圣经》全背下来，甚至能倒背如流，这件事轰动了全城，市长也闻讯请他做家庭教师。

电影《红与黑》海报

市长德·瑞那出身贵族，波旁王朝复辟后他投身保王党，做上了市长。德·瑞那夫人年约三十，在修道院长大，具有某种纯洁朴素的仪态和少女般的娇艳，使人觉得她生来就是温柔而甜蜜的。她还不懂爱情时就嫁给了丈夫，但对庸俗粗鲁的丈夫并没有感情，她把爱虔诚地奉献给威严的天主，并寄托在孩子们身上。于连的到来在她眼前打开了一片新的世界，这个年轻人所具有的俊秀与文雅、细腻与热情唤醒了她内心深处沉睡的感情，她纯朴的心灵对于连高尚、自尊而高傲的心灵产生了好感。她在不知不觉中日益关心于连的起居饮食，想方设法多给他一些薪金。当她得知于连拒绝了女仆爱丽莎的爱情时，她心里异样地高兴和激动，发觉自己对他产生了从未有过的一种感情。

于连对置身其中的上流社会是怀着仇恨与恐惧的，他并非不为德·瑞那夫人的美丽温柔所动心，但他从没忘记自己微贱的身份和日后宏远的理想。他激起了征服德·瑞那夫人的欲望，并不是因为他爱上了她，而是想以此报复使自己不断受辱的市长大人，并且考验自己行动的意志力。他把求爱作为自己的一项责任来完成。

一天晚上全家在花园里乘凉时，于连当着德·瑞那先生的面，偷偷握住夫人的手。她没有作出坚决的拒绝，但晚上却被爱情与道德责任感折腾得一夜未合眼。她决定用冷淡的态度去对待于连，可是当于连请三天假去山中看望经营木材生意的好友福格时，她却按捺不住对他的思念。于连回来后变得更加大胆，终于在一天深夜两点潜入了夫人的卧室。尽管开始德·瑞那夫人对于连的无礼行为进行斥责，但看到他两眼充满了眼泪，最终还是投入了他的怀抱。

于连恢复了他那个年纪的全部热情，疯狂地堕入爱情里，甚至向夫人吐露真情，说到他心里的忧患。他也大胆问了她许多有关维立叶尔市政的问题，深入地认识了他所处的社会。

不久，皇帝驾临小城，德·瑞那夫人安排于连当上仪仗队成员。他在公众面前大出风头，还作为陪祭教士参加了瞻拜圣体的典礼。他看到年轻的安地主教能陪伴皇上，有显赫的地位，更坚定了他做神职的决心。

几天后，德·瑞那夫人心爱的小儿子得了重病，她以为是自己的罪孽导致上帝的惩罚，她陷入可怕的忏悔里。虽然孩子的病情渐渐好转，但他们往日爱情的宁静与甜蜜被破坏了，宗教的力量常使夫人在享受爱情之后又恐怖得发抖。这时女仆爱丽莎把夫人与于连的暧昧关系暗中告诉了贫民看守所所长哇列诺。后者早先曾贪恋夫人的美色而毫无所获，在强烈的妒火下他给市长写了一封匿名的告密信。德·瑞那先生知情后却不敢轻举妄动，夫人能从她极富有的姑母处得到大笔遗产，市长先生不敢冒险失去这份财产，他又怕落得自己名誉上不光彩，于是采取只怀疑而不加证实的办法。同时德·瑞那夫人让于连也粘贴出一封匿名信，故意拿给丈夫看，使狂怒的丈夫相信这全是哇列诺出于小人之心干的卑鄙之事。

但小城的居民并没有忘记有关市长夫人与家庭教师之间的流言蜚语，一直关心于连的西朗神父要求于连离开小城，去省城贝尚松神学院进修，于连不得不痛苦地和德·瑞那夫人离别。第三天夜里，于连又冒险赶回小城，与夫人见面。夫人由于与于连分离思念的痛苦，早已憔悴不堪。

于连初到神学院，看到这里阴森恐怖的景象而晕倒在地。由于西朗神父的推荐，院长彼拉神父对于连特别关照，他把于连的学识考察一番，给了他一份难得的津贴。在修道院321名学生中，除了小部分是具有坚定信仰的青年人外，大部分都是庸碌之徒。在这样一群俗物当中，于连自信能迅速获得成功。他暗想道："在拿破仑统制下，我会是一个将军，而在未来的神父当中，我将是一个主教。"但神学院是个伪善的地方，他很快就堕入了忧郁之中，尽管他一再努力，但仍然克制不住对伪君子们的厌恶之情。他渊博的学识和高雅的举止渐渐招来接连不断的嫉恨。在一次有预谋的会考中，于连受到那些憎恨彼拉院长教派的排挤，名次被列在最末一行，他为此感到十分悲观。

Penguin Books 2002 年版封面

彼拉院长敌不过其他教派的仇视和排挤，决定辞职，因为他受到朝廷重臣拉·莫尔侯爵的恩惠，被介绍到巴黎近郊去管理一个富裕的教区。彼拉极力向侯爵推荐于连担任私人秘书，侯爵欣然接受了。于连的命运又发生了转机，他离开神学院，在去巴黎之前偷偷返回维立叶尔，半夜翻过市长家的层层高墙，见到德·瑞那夫人。于连躲在她寝室里度过了整整一天，因不慎重的举动被人发觉才跳窗仓皇逃走。

于连来到巴黎，彼拉神父亲自把他带到拉·莫尔侯爵府邸。他做秘书的工作是每天为侯爵抄写稿件和公文。由于他坚持工作，沉静、聪明，侯爵对于连十分满意，慢慢地把一些比较难处理的事务都委托他去办。他派于连去管理自己两个省的田庄，负责贝尚松的一项诉讼官司，后又派他去伦敦搞外交，送给他一个十字勋章，使于连的骄矜得到很大的满足。有一天，侯爵带于连去列席保王党人的一次秘密会议，会后于连将秘密记录牢记在心，冒着生命危险带出国外，完成侯爵交给他的使命。

北京燕山出版社 2005 年版封面

侯爵让于连在客厅和家人一起进餐。他惊人的记忆力和把别人观点信手拈来的本领在餐桌上发挥了作用，他的多情善感和他身上残存的外省人天真淳朴的习性给客厅带来了清新的气息。他自尊而充满傲气，容不得半点蔑视，这尤其引起了侯爵之女玛特尔小姐的注意。

玛特尔 19 岁，财产、身世、智慧、美丽，她样样具备，但她却异常烦闷。许多青年都有意向她求婚，其中包括未来的公爵，年金 10 万金镑的贵族子弟。这些贵族青年照圣日尔曼区的标准来看都十全十美，但他们思想和感情上的平庸无聊根本不能满足玛特尔感情和心灵的需要。沉闷乏味的周围环境使她非常苦恼，她向往 16 世纪的祖先们的英雄风尚，早在 12 岁时就为几世纪前的一段家史所激动。她的祖先法里法斯·拉·莫尔是玛嘉锐特皇后崇拜的情人，为了营救王子的朋友们他被判处死刑，勇敢的皇后向刽子手请求把被砍下的情人的头颅给她，她深夜抱着头颅坐上马车，把头埋葬在蒙马特尔高地下。每逢这位祖先的祭日，玛特尔都要穿黑戴素以示纪念。她生性高傲，个性像于连一样刚强，她把于连同那些表面上完美的贵族子弟反复比较后断定，只有从他身上才能寻找到一个值得她崇拜的性格刚强的人。她和他恋爱就有如当年皇后对法里法斯的宠幸。

于连从未想要从和玛特尔的关系中得到什么现实的好处，他在和玛特尔频繁而亲密的接触中产生了一种奇怪的友谊，但他在内心时刻提防着玛特尔的贵族派头，不能确定这位美丽而傲慢的小姐是否真的爱他。他对待她愈冷漠，反而更攫住了她的心，她的烦闷被刺激得难以承受。为了表示自己性格上的伟大和勇敢，玛特尔在花园主动挽起于连的胳臂，还给他写信宣布爱情。为了试验于连是否真的具有非凡的勇气和胆量，她写信要于连在明亮的月光下用梯子从窗口爬进她的卧室。于连做了充分的准备，完成了这项浪漫的冒险行动。玛特尔在困窘中委身给他。

然而一位骄傲的贵族小姐是不肯一下子屈就于一个外省木匠的儿子的。玛特尔马上表现出她反复无常的性格。她悔恨自己的失足，诅咒于连，要同于连绝交。当于连拔出墙上的古剑要杀死她时，她感到一种强烈的欢乐，觉得他的行为真是不同凡响。在感情冲动的时候，她把于连唤作“主人”，表示要永久服从他，然而只要于连稍许表露出对她的爱意，她又转为愤怒和轻蔑，毫不掩饰地侮辱他，并公开宣布不再爱他。于连简直要疯了，他确实爱上了玛特尔小姐，但他无法捉住她易变的心。

于连被爱情折磨得丢魂失魄，一个俄国朋友教他寄编好的情书，假装追求玛特尔的某个女友，同时于连以坚强的性格力量做出一副冷淡的样子，故意不理睬玛特尔。玛特尔忍受不住了，她找到于连大声倾诉，泪如泉涌，以至昏倒，原先的骄傲与矜持被极度的痛苦所淹没。于连没有泄露任何感情上的不谨慎，直到他得到玛特尔的爱情保证。

玛特尔发现自己怀孕了，她写信告诉父亲，要他原谅于连，并成全他们的婚事。在爱女坚决的态度下，狂怒的侯爵只得一再让步，他先给他们一份田产，准备让他们结婚后搬到田庄去住，又给于连一张骠骑兵中尉的委任状，授予他贵族称号。侯爵还准备进一步改变于连的出身状况。但他也伤心地想到，女儿公爵夫人的前程就这样被毁掉了。

正当于连在骠骑兵驻地穿上军官制服、盘算着 30 岁上能做到司令、陶醉于他最无羁束的勃勃野心时，玛特尔寄来的急件使他飞马赶回。玛特尔交给他一封德·瑞那夫人亲笔写给侯爵的告发信，指责于连是个善于利用女人达到目的的阴险小人，是一个假装虔诚的伪教士。侯爵不容反驳地要求于连永远离开玛特尔，离开法国。

事情发生得如此突然，于连原已拥有的一切一下子全完了。他采取的行动也迅速得惊人，他立即跳上去维立叶尔的马车，在当地武器店买了一对手枪，随即赶到教堂，向正在祷告的德·瑞那夫人连开两枪。夫人当场中弹倒地。

上海译文出版社 2006 年版封面

于连因开枪杀人被捕，玛特尔被他大胆的举动惊呆了，觉得于连的伟大实在超过她的想象，她从巴黎赶来探监，为营救于连四处奔走。德·瑞那夫人受的枪伤在肩上，并不严重，稍愈后她买通狱吏，使于连受到好的对待。她不顾一切去监狱看望于连，他这才知道她给侯爵的那封信是由听她忏悔的教士起草并强迫她抄写的。在临近死亡的日子里，于连未料到还能与德·瑞那夫人相见，野心在他心里已经死去，热情和真诚占据了他全部内心。玛特尔浪漫过激的性格已使他感到厌倦，从前他在维立叶尔的温情时光此时追忆起来，有一种不可抗拒的新鲜和迷人的力量，他的心完全倒向德·瑞那夫人。他从未这般疯狂地爱过，尝到了一种崭新的幸福。他只求在临死之前能够最后一次陶醉在宁静和温馨的心境里。

最后的审判终于来临，于连在法庭上表现得坚定、顽强不屈。为了对自己问心无愧，他不愿同他所蔑视的现实妥协。他当众宣称他不祈求任何人的恩赐，并对法庭审判提出抗议。他在法庭上的一席揭露性演讲无异于一种独特的自杀。结果以此时已升任省长的哇列诺男爵为首的陪审团宣布于连因犯蓄意杀人罪被判处死刑。

于连拒绝上诉，也拒绝做临终祷告，以示对整个社会的叛逆和抗议。他回顾自己 23 年短暂的生命，终于明白他想要建立功名的愿望完全是徒劳的，他终于把什么野心、责任都抛到九霄云外，第一次回归他的本性，找到了一个纯粹的真实的自己，他感到对自己的灵魂从未这样清晰地洞悉过。行刑的那一天，一切都进行得又简单又得体。

玛特尔独自坐在一辆披着黑纱的车上，把她如此深爱过的人的头颅，放在她的膝盖上，按照她景仰的玛嘉锐特皇后的方式，在于连死前指定的那个荒凉的山洞里，亲手埋葬了她情人的头颅。德·瑞那夫人忠于她对于连的诺言，没有用任何方法试图自杀，但在于连死后三天，她抱吻着她的儿子，心碎而死。

争议内幕

《红与黑》出版时，在当时的法国文坛并没有引起应有的反响，第一版仅销售出 750 册。司汤达在世时，声望并不高，他同时代的人看惯了浪漫派作家绘声绘色的描写，很难理解小说中的那种真实的现实反映、精确的细节描写和心理上的写实手法。司汤达刻画了一个为达目的不择手段、从不悔改的人物，让当时的读者觉得作者对道德漠不关心。就连浪漫主义文学大师雨果也对《红与黑》不以为然。司汤达在小说中完全没有考虑宗教世界观，把上帝描写成“心胸狭隘的暴君”，对教士进行了辛辣的讽刺，小说因此遭到了天主教会的查禁。《红与黑》和司汤达所有的“爱情故事”都被列入梵帝冈的《禁书索引》，直到 1948 年最后一版《禁书索引》，这些书籍还一直被保留着。《红与黑》于 1850 年被沙皇尼古拉斯一世查禁。1939 年西班牙也发生了一次禁书运动，《红与黑》被独裁者弗朗哥从西班牙的图书馆中清除出去。

司汤达预言：“大概要到 1880 年左右，就会有人欣赏我了。”果然，到了 20 世纪，司汤达成了法国文学史家们公认的经典作家。如今，司汤达的名字早已超越国界，成为世界文学史上的伟大作家。

纳撒尼尔·霍桑［美国］

《红　字》

作者简介

纳撒尼尔·霍桑(1804—1864)是美国19世纪最杰出的浪漫主义小说家。1837年霍桑出版了第一部作品集《重讲一遍的故事》。1842年这本选集又再版了一次，得到了很多好评，为霍桑初步奠定了小说家的地位。1846年，霍桑又出版了一本故事集《古屋青苔》。1850年出版了长篇小说《红字》，引起了美国广大读者和文艺批评家的注意，成为轰动一时的文学作品。它的成功使霍桑成为当时第一流的小说家。《红字》出版后的几年内，霍桑相继写出了《带有七个尖角阁的房子》、《福谷传奇》、《大理石雕像》三部长篇小说以及短篇小说集《雪的雕像及其他重讲一遍的故事》(其中包括《雪的雕像》、《人面巨石》等)。1852年，霍桑被委任为美驻利物浦领事，1860年回国。归国之后在康考德定居，并完成和出版了旅英期间的散文随笔集《我们的老家》。1864年，霍桑健康状况恶化，在赴海外疗养时，逝世于旅途的航船中。

作品提要

小说的故事发生在17世纪中期加尔文教派统治下的波士顿。

位于马萨诸塞州的作者故居

一个夏天的早晨，在监狱前的草地上，拥挤着一大群波士顿市民，他们都目不转睛地紧盯着铁夹板的橡木门。监狱门从里面打开了，首先像一个黑影般浮现到阳光中来的，是狱吏狰狞而尴尬的模样。他左手举着警棍，右手抓住一个年轻女人的肩膀，一直把她拉到牢门的门槛边。年轻女人怀里抱着一个大约3个月大的女婴。当她露出全身伫立在人群面前的时候，下意识地抱紧贴在怀里的婴儿。不过她马上明白了，这孩子也是她耻辱的一个标记，拿她来遮掩另一个标记是徒劳的，因此她把婴儿撑在胳膊上，露出高傲的微笑。在她衣服的前部，现出了A的字型——这是用精美的红布制成的，四周有用金线织成的细工刺绣和奇巧花样。这个红字产生了一种魔力，使她脱离了正常的人类关系，而被包围在她自己的天地里。狱吏让大家让开一条路，并答应男女老幼可以从现在到午后一点钟，好好地参观一下她的奇装异服。旁观的人群立刻让开一条小路，海丝特•普琳几乎保持着一种平静的态度，走到市场西端的绞刑台边。她所受的惩罚是要在台上站一段时间。海丝特•普琳登上木梯，站立在比街道高出近一人的台子上，展现在周围的人群面前。

她蓦地在人群的外圈，辨认出一个人来。当那个男人发觉海丝特•普琳的眼睛已经盯住他自己的眼睛而且像是已经认出了他的时候，他缓慢而平静地举起手指，在空中作了一个手势，又把手指压在他的唇上。然后他向身旁的市民打听海丝特是谁，为什么会在这里受公众的侮辱。那个市民告诉他，海丝特原是一位英国学者的妻子，好久以前学者先把妻子送到马萨诸塞州来，准备随后就到，但是快两年了，学者却从无消息。现在海丝特与别人生下了孩子，地方长官因此判她永远在胸前戴一个象征着她的耻辱的A形红字，并在刑台上展览三个钟头。而孩子的父亲是一个谜，海丝特不肯讲。

刑台上方的露台上站着威尔逊先生、贝灵汉州长、丁梅斯代尔牧师。威尔逊先生对丁梅斯代尔说："正如我们敬仰的州长所说的，你对于她的灵魂是要负责的，劝劝她把实情忏悔出来吧。"丁梅斯代尔牧师俯身凝视着她的眼睛，说道："我命令你供认出你共同的罪人和共同的承受者。不要因为对那个人怀有不正当的怜悯和柔情，虽然因此他将从崇高的地位上跌下来，将同你一起站在耻辱的刑台上，然而这样总比一生隐藏着一颗罪恶的心要好一些。"这位牧师的声音叫人心醉，甜蜜、丰满、深沉，以至人们相信她一定会说出那个罪人的名字，但海丝特还是摇了摇头。今天早晨，凡是人性所能承受的一切她都承受过来了。她绝不说出孩子的父亲，于是被带回监狱。沿着牢门内黑暗的通道，红字投射出一道凄冷的闪光。

Simon & Schuster Publications 1994 年版封面

海丝特•普琳回到监狱后，陷入了一种神经激动的状态之中。罗杰•奇灵沃思（海丝特看到的那个男人）以医生的身份给她和她的孩子珠儿看病，给她们两剂药服，使她们安静下来，然后坐在她的旁边，说："我们彼此伤害了对方，我不想复仇，不对你怀有任何阴谋，但那伤害了我们两个人的男人是谁？""不要问我。""你也许

Bantam Books 2003 年版封面

可以对那些窥察的人们隐藏住你的秘密，但或早或晚，他必定要落在我的手里。”原来罗杰医生是海丝特的丈夫，他要求海丝特保守他身份的秘密。

海丝特出狱后，在市郊的半岛边缘的一间小茅屋里和她的女儿一起安身立命了。她靠做针线活儿养活她自己和逐渐长大的孩子。她的绣品成为如今所称谓的时髦了。她自己过着最简朴、最艰苦的生活却让孩子稍许宽裕一些，而且还经常施惠于那些并不比她更不幸的穷人，尽管他们时常侮辱她。她孤独得像是居住在另一个世界里。

那个小生命——珠儿，她的纯洁的生命，秉承着不可测知的神意。珠儿的姿态中蕴藏着一种无限变化的魅力。她非常聪明、倔强。这个孩子的一个独特经历是她一生中第一眼看见的是海丝特胸上的那个红字。以后珠儿总是用一种奇特而特殊的表情凝视那个红字。

有一天，海丝特领着珠儿来到贝灵汉州长的宅邸里。她听说当地几个宗教界或政界的要人正图谋从她那里把珠儿夺走，去接受正规的教育，因此她到这里来请求她拥有女儿的权利。在这里，她遇见了州长、威尔逊先生、罗杰·奇灵沃思和丁梅斯代尔牧师。最后，在丁梅斯代尔的帮助下，海丝特达到了目的。珠儿高兴地吻了青年牧师，这个牧师踌躇片刻，在无人看见的情况下也吻了珠儿。

老罗杰·奇灵沃思医生一来到这里就选中了丁梅斯代尔先生做他精神的导师。而青年牧师的健康正开始衰颓，因为他过于热心研究学问，一丝不苟履行教区的职责。他的声音已有一种忧郁预示衰弱在其中，时常有人看见他稍受惊吓或突然遇到什么意外时先用手捂住心口，脸上先是涌现一阵红晕，然后变得苍白，表明他在受痛苦的折磨。医生对青年牧师表现出强烈的兴趣，对于牧师的健康状况表现出深深的忧虑，而且在热心地试着治疗。可牧师却说：“我不需要医治。”但是他的手常常捂住胸口，而且已成为习惯性动作了。

罗杰·奇灵沃思成为丁梅斯代尔牧师的医药顾问。不久，使医生感兴趣的不仅仅是牧师的病，他更热心地想去探究病人的性格特点。他极力想探入病人的内心，挖掘他的道义原则。有一次，他对牧师说，只有牧师把存在灵魂中的伤痛或烦恼对他表白出来，他的疾病才能得以彻底治疗。然而牧师紧紧地抓住胸口，像是受到一阵突如其来的痛苦折磨一般，对他喊到：“不，不会对你讲的，不会对一个尘世的医生讲的。你是什么人?胆敢置身于受难者与他的上帝之间来干涉这件事情！”罗杰面带微笑地望着牧师的背影，认定牧师在这之前一定是为热烈的情欲驱使做过放荡的事情。一天中午，丁梅斯代尔在椅子上沉睡时，奇灵沃思径直走到病人面前，把手放在他的胸上，解开他在过去看病时从未解开过的法衣。牧师动了一下，好像有点惊觉。医生转身走开时流露出一种惊奇、狂喜的神情，其中有诧异、欢欣和恐慌。

人民文学出版社 2003 年版封面

在这之后，牧师与医生间的交往实际上是另一种性质了。出现在奇灵沃思思路中的是一条清晰平坦的路径。他把自己装扮成一个值得信赖的朋友，使对方把一切恐惧、自责、痛苦、徒劳无益的忏悔和罪恶的念头向他全盘托出。牧师在备受身体疾病折磨的同时，还要受内心极度烦恼的煎熬和听凭死对头的任意摆布。然而他在神圣的职业方面却赢得了显赫的声誉。公众的尊敬使他备感痛苦。他渴望告诉人们他究竟是怎样的一个人——完全是一团污秽，是一个骗子！不止一次，他下定决心在讲坛上说出来。

在五月初一个朦胧的夜晚，他梦游似地走到好久以前海丝特·普琳示众的那个刑台上。他站在那里，心中突然感到一阵极度的恐怖，仿佛全宇宙都盯住他心房上的那个红色的标记。威尔逊提着灯笼走过刑台，这使他感到一阵头晕。突然，他听到有人发出尖锐响亮的笑声，那是珠儿的声音，海丝特·普琳也正从人行道上向刑台走来。他领着珠儿和海丝特站在刑台上，就在那一刹那，一股新生命的汹涌潮水如急流般注入他的心胸。但罗杰医生在离刑台不远的地方恶狠狠地盯着他的牺牲者。牧师感到一阵恐惧。

时光荏苒，转眼间珠儿已经 7 岁了，海丝特·普琳的处境与她先前受辱的情形有所不同。这些年来，她一直过着与世隔绝的耻辱生活，但是，她的生活又是无可责难的纯洁清白，因而她赢得了人们的好感。人们已不愿按照原意（Adultery，英文“通奸”之意）来解释鲜红的 A 字。他们说：A 字代表“能干”（Able）。

自从那一晚奇异的相会后，海丝特发现牧师的神经似乎完全崩溃了。她决定去见她以前的丈夫，尽一切力量来解救那显然已被他控制的牺牲者。一天下午，她和医生在岛上一块僻静的地方相遇。在和医生说话的过程中，她感到在过去的七年中医生的神情已变得锐利、凶恶而又小心翼翼地充满戒备。“七年前，当我答应为你保守秘密的时候我已经把他出卖了。自那天以后，你追踪着他，你探索他的思想，蹂躏他的心胸，使他每天受罪，而他却不晓得你。""我对这个人做了什么坏事呢？"罗杰·奇灵沃思问，"若不是我的帮助，他和你共同犯罪之后，不出两年，他的生命便会在痛苦中烧毁了。他现在所以还能够爬在地面上呼吸完全是靠我的力量！""他还是马上死掉的好！"海丝特·普琳说道。"他能够马上死掉倒是好的！"罗杰叫道，他内心里的一团鬼火从他的眼睛里发射出来。"上天没有赐给我饶恕的力量，我要他为着我的复仇的怨气而活着，要他忍受恐怖的噩梦与绝望的痛苦……"

海丝特不顾眼前要受多大痛苦，不顾会产生什么样的后果，终于下决心要向丁梅斯代尔先生讲明那个与他亲密往来的人的真实姓名。她打听到牧师前天到印第安人的村落去了，大概在明天午后回来。因此，她带着珠儿去他回来必经的树林。她们走进树林深处，珠儿去一旁玩了，海丝特站在树荫浓重的阴影下。她看见牧师一个人向这边走来，手里拄着一根他在路边削好的拐杖，看上去憔悴孱弱、无精打采、面带懊丧的神情。

牧师缓慢地走着，快要走过去了。最终，海丝特喊出了声："亚瑟·丁梅斯代尔！"她声音沙哑。"谁？"他突然受了一惊，走近一步发现了那个红字。他们相互探询着对方真实的存在。

"那个老人！——那个医生！——那个人们称为罗杰·奇灵沃思的人！——他曾是我的丈夫！"海丝特对牧师叫着。牧师坐在地上，双手捂住了脸。他的个性在痛苦的折磨下变得孱弱。"我早就该知道的，"他深深叹了一口气，低声说道，"我本来就知道的。愿上帝饶恕我们两个人！海丝特，我们不是世界上罪孽最深重的罪人，世上还有一个人，他的罪恶比不清白的牧师还深重。他冷酷地侵犯了一颗神圣的心。"

他们并肩坐下来，手拉着手，继续交谈。海丝特充满激情地劝说牧师漂洋过海，到一个看不见白种人足迹的地方去。她解开了红字的扣针，从胸前取下红字，扔到远远的枯叶中。耻辱卸去了，她感到怡然轻松，她的青春以及她那雍容华贵的美回来了。她招呼珠儿过去。珠儿站在小溪对岸，默默看着海丝特和牧师。她突然发起脾气来，发出刺耳的叫声。海丝特走到小溪边，拾起红字，将它佩带在胸前，她立刻感到一种无法摆脱的重荷压过来。珠儿跳过小溪抱住了海丝特。牧师屈身向前，在她的额头上亲吻了一下。珠儿独自站在一边，默默地望着海丝特和牧师，而他们在交谈着，为他们不久即将实现的新处境和新目标进行各种安排。

外文出版社 2008 年版封面

这次决定命运的见面结束了。牧师回想起并完全确认了海丝特同他制订的动身计划。此时恰好有一艘船停泊在港湾里，这更坚定了他的选择。这只船三天后就要启程去英国的布里斯托尔港。丁梅斯代尔与海丝特见面后踏上回家的路，他兴奋得周身好像注入了从未有过的气力。他刚刚回到家，罗杰医生就来到他的书房。医生从牧师的眼神里看明白了，他不再是他的可信任的朋友，而是他的死敌。牧师拒绝服药，并且以奔放的思绪和情感写他将在第三天用的布道文稿。

在新州长要从众人的手上受职的那个早晨，海丝特和珠儿一早就来到市场上。她在市场上遇到准备开往布里斯托尔港船只的船长，船长告诉她他们必须多预备一个铺位，本地的医生奇灵沃思说是她的同伴。就在这一瞬间，海丝特瞥见老罗杰正站在市场上最僻远的一角里，对她微笑。

会议厅里传出了丁梅斯代尔演讲的声音。海丝特在刑台旁边找了一个位置。镇上的居民由于他人兴致的鼓动，用冷漠的眼光盯着海丝特的耻辱标记。牧师的声音最终停了下来。到处有人在赞美牧师，而丁梅斯代尔先生进入了他一生中空前绝后的辉煌成功时期。在行进的队伍中，牧师看上去那么孱弱和苍白。他走到记忆中饱经风吹日晒的刑台对面，停住脚步，张开双臂。“海丝特，”他说，“到这里来！我的小珠儿，快过来！”他们站在刑台上，面对永恒正义的法庭，陈述自己的罪恶。“新英格兰的人民们，”他喊道，“我终于站在七年前我应该和这个女人站在一起的地方。看哪，海丝特戴的红字，你们曾面对它发抖，但是，在你们中间还站着一个人，你们还未曾面对他的罪孽与耻辱而发抖。”他痉挛地用力扯开胸前的牧师饰带，那件东西露出来了。

“海丝特，”牧师说，“永别了！”说完这最后一句话，牧师便气息全无了。此时，一直沉默的群众突然发出异常深沉的声音，掺杂着敬畏和惊愕。

丁梅斯代尔去世之后不到一年，老罗杰·奇灵沃思也去世了，海丝特和珠儿继承了他的一份可观的财产。不久，佩带红字的人消失了，珠儿也不见了。

许多年后，海丝特回到茅屋。珠儿已经结婚，而且很幸福。可对海丝特来说新英格兰的生活比她与珠儿定居的地方生活更真实。她曾在这里犯罪，曾在这里悲伤，她还要在这里忏悔。

又过了许多年，在后来营造王室礼拜堂旁边的那块坟地里，在一座深陷的老坟旁边又掘了一个新坟。在这两座坟墓中间有一块合用的墓碑，在这块简单的石板上刻着这样一句话：一片黑地上，刻着血红的“A”字。

争议内幕

《红字》第一次出版时获得了成功，在几天内就销售一空。尽管评论家和文学家对小说大加赞赏，但是宗教杂志和牧师们还是谴责它是只属于“妓院文学”的“肮脏故事”。因为这部小说是以“不伦之恋”为主题的，而且两个主人公并没有充分地对自己的行为忏悔。

1852年，在沙皇尼古拉一世的“文字狱”时代，《红字》在俄罗斯遭查禁，但是四年后，沙皇亚历山大二世上台后取消了禁令。1961年，密歇根州的学生家长反对该书作为中学英语课上的指定阅读小说，他们指责该书“色情而且淫秽”。他们要求把该书从教学课程中删除，但是该请求被否决了。还有一位中学校长宣称该书过于“露骨”和“暴露”，所以将它从学校推荐书目中删除。1977年，密歇根州的一位家长和一位校长反对将该书收入中学英语课程，理由是它讲述了一个牧师“涉嫌通奸”。后来该书被从推荐阅读书目中删除。

戴维·赫伯特·劳伦斯［英国］

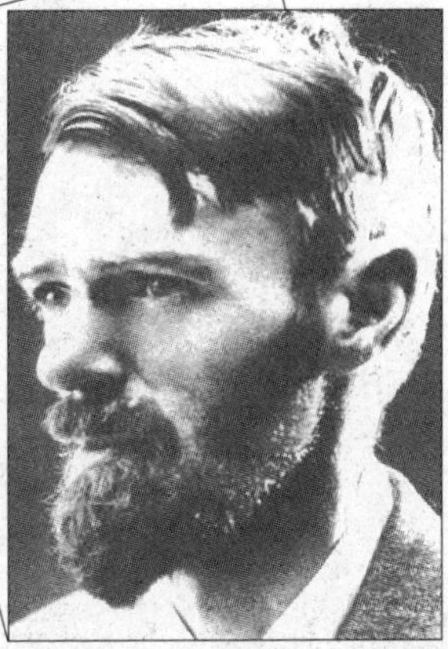

《虹》

作者简介

见《查特莱夫人的情人》。

作品提要

布朗文家族祖祖辈辈居住在离诺丁汉不远的伊尔吉斯顿的考西塞村，以经营沼泽农场为生。在英国工业化还没有“入侵”到这里之前，这里充溢着优美、恬静的田园风光。他们自己拥有肥沃的土地，辛勤耕耘，既不为衣食发愁，也没有发大财的欲望，过的是乐融融的、殷实农民的小康生活。

大约在1840年的时候，一条新开的运河穿过马什农场的草地，把埃里沃希山谷的一些新煤矿连成一片。运河穿过他们的土地，布朗文一家因此得到一笔数目可观的钱。

阿尔弗雷德·布朗文娶了一位海纳女子，他们共生有四个儿子和两个女儿。长子很早就离开家去海上漂泊；次子当了诺丁汉一家花边厂的绘图员，娶了个药铺老板的女儿，夫妇俩都喜欢摆出城里有身份人的样子；老三开起了肉铺，经营起肉食生意；大女儿嫁给一个矿工。一切都表明资本主义工业生产正在迅猛地冲击着农村，农村的自然经济在迅速解体。不过这只是刚刚开始，布朗文家还有一个牢牢地根扎在水草地里：汤姆·布朗文是家里最年幼的儿子，他喜欢农场生活，在那里他如鱼得水。他17岁那年，父亲死了，照管农庄的任务落到了汤姆肩上。他还很年轻，但是却能熟练地应付好父亲生前做过的一切活计。

Cambridge University Press 1989 年版封面

一次，他在一个酒吧里喝醉了，与一个妓女上了楼，那女人诱奸了他，当时他19岁。这件事使他感到有些震惊。他第一次与女人的肉体接触令他有种幻灭感。那感觉原来是那样无聊，那样容

Penguin Books 2000 年版封面

易消逝，完全是感官刺激。他热烈的幽默感让位于情绪低落的沉默，而日子就在一种惴惴不安之中流逝了。

汤姆·布朗文 28 岁时，成为一个四肢粗壮、性格倔强、初见成熟的男子。那时他母亲也去世了，家里只剩下他和一个跟随他们家十几年的女仆蒂莉。一天，他拉着一车种子，在山坡的最陡处转弯时，看到一个女人迎面走来。她显得瘦小、单薄，旁若无人地、急匆匆地走着。她这种古怪、专注、行色匆匆的神态立刻攫取了他的心，似乎空气中有一盏灯照亮了他。“那就是我心中的她！”他情不自禁地说到。后来他打听到这个特别的女人名叫莉迪亚，是教区牧师新来的管家。她是个有着德国血统的波兰地主的女儿，曾经去过巴黎、维也纳。她那当医生的丈夫是个狂热的爱国者。华沙叛乱失败后，两人逃到伦敦。失败使他灰心丧气，不久便在贫困潦倒中死去。他和莉迪亚有过几个孩子，可都死了。只留下一个 4 岁的小女孩安娜。汤姆被莉迪亚那高贵优雅的异国风味深深地迷住了，他知道他的命运之神降临了。

三月的一个傍晚，外面狂风呼啸，汤姆穿过果园采了一些黄水仙，去向莉迪亚求婚。他的眼神坚定、专注、永恒。她颤抖着，感到自己得以再生，与他产生相同的愿望。不久两人结婚了。汤姆爱她，也爱她和前夫的女儿安娜，但他对她了解得很少。她一开口就是波兰，就是以前的事，一切对他来说是那样陌生。是生命和血肉的力量终于使他们渐渐融合起来。结婚两年以后，他们终于达到了完美的融合，享有平静而满足的家庭生活。莉迪亚给他生了两个儿子：小汤姆和弗雷德。但他喜爱自己的继女安娜胜于喜爱自己的儿子；而安娜最喜欢的也是继父汤姆，父女俩的感情水乳交融。

汤姆和莉迪亚在马什农庄过着与世隔绝的生活，对外部世界发生的事一概不闻不问。父母的理智和宽容给安娜创造了一个自由轻松的气氛，她长成了一个亭亭玉立的大姑娘。17 岁的安娜性情火爆，充满朝气，并且喜怒无常。她孤芳自赏，为自己的出身骄傲，不愿和平民百姓交往，特别不愿和同龄的姑娘们交往。不论在学校里还是在社会上，她总是与人不合拍。她一心憧憬着要做一个自由的，摆脱了卑微、超凡脱俗的淑女。

安娜 18 岁那年，继父的侄子威尔从诺丁汉来了。威尔堂兄 20 岁，在附近一家工厂当花边设计师。他是个瘦瘦的、身材高大的青年，神采飞扬，腼腆中带有一种特有的镇静，喜欢我行我素，对其他人无动于衷。安娜意识到在他身上有些陌生的东西。在他那儿，她突破了自己经历的世界，看到一个阳光灿烂的外部世界。两个年轻人很快就相爱了。汤姆·布朗文给了安娜一大笔嫁妆，帮助他们在附近的可塞西安了个小家。

如痴如醉的蜜月过去了，两人开始了争吵，谁都想控制对方。他们仍然相亲相爱，但是在争吵对峙中，激情被消耗殆尽。威尔笃信宗教，安娜却讨厌教堂，不理解丈夫对教堂的虔诚之心。安娜感到威尔的心灵不属于她而属于教堂，便开始恶毒地嘲弄威尔的信仰。威尔常常对她深恶痛绝。他们也有握手言欢的时候，但纯生理的短暂快乐无法消除他们之间深深的敌意。但不久孩子出生了，孩子给安娜带来了无比的幸福。她全身心地抚育着孩子，沉醉于盲目的满足之中，所有的不满都烟消云散，她成了胜利者安娜。威尔再也不跟她斗了，而把心思全寄托在教堂上。他演奏管风琴，教唱诗班的孩子唱歌，还在教会学校里任课，内心获得了一种平静。孩子一个接一个地出生了，威尔30岁时，就已成了四个女儿和一个儿子的父亲。他非常爱自己的孩子，但最钟爱的还是长女厄秀拉。第二个女儿顾德伦出生后，安娜顾不上厄秀拉，把她交给了丈夫，从此厄秀拉就成了威尔的心肝宝贝。

厄秀拉8岁那年的春天，外祖父突然去世了。那时正是阴郁多雨的季节，夜里下起倾盆大雨，河堤决口了，堤岸塌了。酒后驾马车的汤姆·布朗文被卷入了滚滚洪水。汤姆死后，马什农庄变得非常安静，厄秀拉便常去陪伴外祖母，她和60多岁的好遐想的外祖母之间似乎有着一种共同语言。作为长女，她从小就得照料弟妹们，家里整天闹个不休，因此她觉得外祖母安静的卧室显得高雅优美。在这儿，外祖母翻来覆去地讲述她那充满神秘意义的故事。作为孩子的厄秀拉无法理解，但是好像已经感到了那些遥远的东西，在波兰召唤。

厄秀拉12岁那年，安娜把她和顾德伦一起送到诺丁汉的普通中学去读书。厄秀拉感到如释重负。她渴望某种精神上的高贵的生活。渐渐地厄秀拉成了一个窈窕淑女。她在学习上天性聪明敏捷，但对所有的课程都感到厌烦，对所有的老师和校长都不屑一顾。她是一头无拘无束、桀骜不驯的野兽，她不承认任何法规和纪律，她只为她自己一个人而存在。然后，她遇见了汤姆舅舅的朋友安东·斯克列本斯基，一个21岁的工程兵少尉。他带给她一种强烈的外部世界的感觉，就像是被放在一座山上，她可以模模糊糊地感到整个世界在她的面前铺展开来。他立即就成为她幻想的对象。这是一场浪漫而又疯狂的初恋，厄秀拉完全迷失在初恋的激情中了。他们成了一对年轻的、浪漫的，甚至是一种近乎荒诞的恋人。可是，南非同布尔人宣战了，斯克列本斯基不得不去参战。厄秀拉觉得有一种抑郁的恐惧感。她到火车站为他送行。她心中有一半变冷了，变漠然了。自

长江文艺出版社 2002 年版封面

从他离开的时刻起，他已成为她脑海中的幻影。她的所有的痛苦、激情、渴望都转向了他。

再有两个学期厄秀拉就要中学毕业了，她面临着继续读书和可能的婚姻的选择。在斯克列本斯基走后，厄秀拉和班主任英格老师产生了奇异的情感。厄秀拉眼里的这位女教师不仅美丽优雅，而且具有坚强的意志和孤傲的性格，尤其是激进的思想很能引起她的共鸣。她由崇拜而生迷恋，最后受到英格的引诱。厄秀拉和老师交往几个月以后，迅速成长起来。她依旧迷恋英格，但是心中渐渐产生了一种厌恶的情绪。后来英格和舅舅小汤姆·布朗文订了婚。

厄秀拉中学毕业后回到了家。毕业前她已通过了大学入学考试。学校生活已过去，婚姻生活还未来临，她面对的是两者之间一段无所事事的时期。很快她就和母亲对立起来了。她无言地鄙视母亲长期满足于生育的糊涂状态，容纳得下的只有眼前的物质和琐碎的事。她不甘于这种肮脏、杂乱、无定式、什么都不是的生活，渴望着独立于社会，因此不顾父母的反对，在圣·菲力普学校找到了一个教职。她对教师的职业怀着理想的激情，她决心无私地将自己的一切奉献给孩子们，把光明和欢乐带给孩子们，做一个受人爱戴的老师。可是，严酷的现实很快使她明白，她把她的情感和慷慨带给了一个既不需要情感又不需要慷慨的地方。她的教育方法遭到校长的疯狂反对，同事们讥笑她，学生也故意跟她捣乱。她处在上受校长憎、下被学生恨的不光彩的高级奴仆的位置上。后来，她再也受不了来自校长和学生的两头耻辱，开始像别的教师一样劈头盖脸地体罚学生，终于使学生们俯首贴耳。但她这样做却使自己的心灵付出了昂贵的代价。在学校里她必须放弃自我，她变得苍白、封闭以至最后漠然而无个性。课堂教学几乎成了一种机械运动，学校的纪律她也很不适应，她被折磨得精疲力竭。两年后，厄秀拉离开了那所小学，上了大学。

上海译文出版社2006年版封面

她又满怀希望地进入大学学院学习。开始时她非常激动，以为在那里学生都有高尚、纯洁的思想，教师和学生都是真诚的。然而很快地便发现那里的一切都很虚伪。教授们只不过是搞知识转手买卖的经纪人，学院不过是旧货商店，人们只是为了考试在那儿买点东西装点自己；学院也是一个学徒商店，人们为了赚钱在那里武装自己。幻灭的痛苦再一次向她袭来。她头脑变得迟钝起来，产生了一种惰性，只是出于习惯，机械地继续她的学习。真正的厄秀拉·布朗文隐藏在黑暗中，没有被发现，也无从显露出来，像是一粒深埋在干灰下的种子。

大学最后一个学期，厄秀拉又收到了斯克列本斯基的来信，这时她22岁。离别了6年，可往事依然那样闪亮、完美。她曾爱过他。旧日梦想的兴奋又升起，把她唤醒。恋情再次燃烧了起来，两人以夫妻的名义同居，度过了充满激情的几个星期。虽然亲密的关系仍在，但他已属于与她截然不同的另一个世界了。斯克列本斯基变成了一个没有灵魂、精神空虚、只知道盲目地为“国家”、“民族”效忠的人。他忠实地为英国在南非的殖民主义战争卖命，顽固地坚持殖民主义思想。厄秀拉在思想上跟他有根本分歧，不久就看到两人热恋之下潜伏着的冰冷的裂缝。她了解他，喜欢他，他也很迷人，但他心灵的海洋却包容不了她，他那灼热如火的胸膛不能得到她。厄秀拉坚决不跟他结婚去印度，最后两人解除了婚约，分道扬镳了。于是他另寻新偶，并携同新娘乘船去了印度。

就在厄秀拉和斯克列本斯基分手后，她发现自己好像怀孕了。她突然感到母亲是正确而真实的，因为安娜并不强求创造自己的生活，而是顺应生活。在个人的自由和母亲的责任之间，她也打算选择后者。是在大自然里的一次恐怖经历拯救了她。她在旷野里遭遇了一场暴风雨，在风雨中她又受到一群马的逼迫。那群马巨大的身体里潜藏着坚韧无比的威力。她在情急之中爬上了一棵橡树。随后她跌了下来。在激烈的抗争中，她就像一粒橡树子，坠落了。

她回家以后重病了两个礼拜，发热、昏迷、抽搐，可是她滚烫的脑子里浮现的却是二月间掉落树下的橡树子。渐渐地她开始入睡了，沉睡于她新的现实的自信中。她昔日的经历已变得非常遥远了。

当她病愈醒来的时候，仿佛新的一天降临世上。一天雨后，她坐在窗边向外眺望，在吹浮着的云彩里，她看见一条彩虹正在形成，放射出绚丽的光芒。她的心因为希望而感到疼痛起来。她在这道彩虹中看到了大地上的新建筑，看见陈旧的、腐朽不堪的房子和工厂被一扫而光，看见世界将建筑在生气勃勃的真理结构之上，与笼罩大地的苍穹协调一致，不可分离。

争议内幕

1912年，劳伦斯爱上了诺丁汉大学一法语教授的德籍妻子弗里达，不久两人私奔。1914年第一次世界大战爆发，劳伦斯和弗里达回到英国正式结为夫妻。由于弗里达的德国血统和劳伦斯的反战言论，他受到了英国警方的监视。《虹》前后八易其稿，初版因含有反战文字而遭焚毁。在其后的11年内，《虹》一直被视为禁书。其实《虹》并没有任何大胆的性描写，但当时女权运动已经崛起，而《虹》所宣扬的妇女解放思想无疑令当局大感震怒，最后被指控为“阴茎崇拜”而遭禁。禁书几乎断绝了劳伦斯的经济来源，使他只能以发表诗歌和短篇小说来维持生计。

纳归布·马哈福兹［埃及］

《后街的子孙们》

作者简介

纳归布·马哈福兹(1911—2006)是现代阿拉伯文学杰出的作家。他出生于埃及开罗，是家庭里七个孩子中最小的一位。马哈福兹在 17 岁时开始了他的写作生涯，于 1935 年从开罗大学哲学系毕业。他放弃了大学教书的职业，从 1934 年到 1971 年他退休时，一直是政府几个部门的公务员。他阅读了许多欧洲和俄罗斯代表作家的作品，包括左拉、福楼拜等。马哈福兹的代表作品有《命运的嘲弄》、《阿杜比斯》、《埃伊拜之战》、《新开罗》、《赫利市场》、《梅达格胡同》、《始未记》、《宫间街》、《思宫街》、《甘露街》、《小偷与狗》、《道路》、《乞丐》、《尼罗河上的絮语》、《平民史诗》等。1959 年，《后街的子孙们》开始在报纸上连载。这本小说激起的震动可以与萨曼·拉什迪的《撒旦诗篇》相媲美，也就是说，在完成后许多年，小说才被允许出版。1988 年，马哈福兹被授予诺贝尔文学奖。颁奖词中说，马哈福兹的作品建立和发展了阿拉伯叙述艺术。马哈福兹还因为自己的作品获得了许多其他奖项，包括埃及国家奖(两次)和开罗的美国大学的总统奖。1992 年，他被选为美国文学院和艺术学院的荣誉成员；1995 年，他被开罗的美国大学授予荣誉博士学位。

作品提要

《后街的子孙们》讲述了一个虚构的开罗街道的历史，用寓言的形式再现了亚当和夏娃、该隐和亚伯、摩西、耶稣和穆罕默德的生活。它唤起了马哈福兹对已逝去的在开罗市吉马里亚街区中的童年生活追忆，故事引人入胜。它还是个反映了犹太教、基督教、伊斯兰教历史，同时也是对宗教褊狭和政治经济压迫的批判。

小说由居住在巷子中的一位匿名的大作家的视角来叙述。盖巴拉维在小巷中的势力无人能比，他在穆盖塔姆山脚下拥有大片土地，他的存在影响着几代人的生活。他在巷子里就代表上帝，或者像马哈福兹所说的那样代表着人们所创造的一种特定上帝的观念。

盖巴拉维的儿子爱德汉和妻子乌麦玛，因为受到爱德汉的放荡哥哥伊得里斯的引诱和欺骗，四处寻找父亲的禁书，而被盖巴拉维永远逐出豪华的大宅，再也看不到家里美丽芬芳的花园。爱德汉有两个儿子，卡德里和胡曼，有一次两人发生斗殴，结果卡德里杀死了胡曼。卡德里娶了伊得里斯的女儿欣德，并生育了许多孩子，巷子里所有的人都是他们的后代。

盖巴拉维整日在大宅里，很少露面，过着与世隔绝的生活，人们再也没有人看到过他。如何处理他的财产成了日后一系列冲突的根源。尽管财产监管人一开始以盖巴拉维为榜样，与所有子孙一起分享利益，但他越来越贪婪，开始剥削穷人。后来他还雇用一些年轻的匪徒赶走了附近的一些居民，这些匪徒还向这些含辛茹苦的居民进行敲诈勒索，收取保护费。

在这个巷子里，最先起来反抗不公正状况的人是耍蛇人哥宝尔，他打败了强盗并取得了控制权。哥宝尔是个诚实正直的人，主张以牙还牙式的公正和平等，平等分配财产收益，但他也受到了一些人的威胁。他是公正和秩序的象征，但是在他死后，狡诈的强盗统治的时代又回来了。

又过了一代，该地区迎来了新的领导人瑞法。瑞法是一位木匠的儿子，他奋起反对这里的暴力和功利主义。瑞法呼吁哥宝尔的追随者相信他，这样他可以帮助他们从罪恶的灵魂中解脱出来。后来，瑞法被财产监管人和他的手下杀害，因为他们视瑞法为其统治秩序的威胁。

第三任领导人卡斯姆是一个最贫穷、最卑微的居民区中脱颖而出的。他说，此街道上所有的人们都是盖巴拉维的平等的子孙，强盗的统治必须结束。卡斯姆以瑞法为榜样，在哥宝尔、瑞法的追随者以及自己的信徒中开创了一个兄弟般团结和睦共处的时代。他宣称，大家与盖巴拉维的关系密切，这个地方才财产属于每一个人。

但是，卡斯姆的继任者和原先的财产监管人同流合污，巷子又回到了暴力和剥削的旧体制中。巷子内部又一次陷入互相争斗之中，哥宝尔、瑞法和卡斯姆的信徒分别独占一方。一个老者夏克然在盖巴拉维的大宅前哭泣着说："盖巴拉维，你要保持沉默多久，为什么一直不露面？你的训诫已被忽视，你的金钱已被挥霍。你难道不知道我们现在发生的一切吗？"

巫师阿拉法决心将街道从监督者的专制中解放出来。他想找到盖巴拉维的那本曾使爱德汉遭驱除的书，他相信书中隐藏着盖巴拉维魔力的秘密。为找到这本书，阿拉法潜入了盖巴拉维的大宅，还杀死了一名仆人。他原本是在寻求对抗邪恶的力量，自己却成了邪恶的执行者。

Anchor Books 1996 年版封面

阿拉法杀死了一个仆人，就等于间接杀死了盖巴拉维，因为盖巴拉维对发生在他屋里的谋杀感到震惊，随后就去世了。哥宝尔、瑞法和卡斯姆的追随者为埋葬盖巴拉维地点而争吵，每一群人都认为他们与祖先盖巴拉维有着更为密切的关系。财产监管人授意说书人歌唱赞美盖巴拉维的事迹，强调他是如何死在阿拉法的手中的。但人们拥护阿拉法和他的魔法，高呼着阿拉法的名字，声浪盖过了哥宝尔、瑞法和卡斯姆的名字。盖巴拉维死后，街道的人们说："我们并不关心过去。我们唯一的希望在于阿拉法和他的魔法，如果我们必须在盖巴拉维和魔法之间作出选择，我们宁可选魔法。"此书的最后内容展望了充满希望的未来："不公正必须有个了结，就像黑夜后一定会有白天。我们将看到专制的灭亡，以及光明和奇迹。"

争议内幕

1959 年，《后街的子孙们》开始连载。虔诚的穆斯林走到大街上抗议，要求查禁此书，因为马哈福兹以寓言的方式说亚当、摩西、耶稣和穆罕默德已死。在埃及总统纳赛尔的干预下，连载才得以全部发表。但是，学者谴责它"亵渎神灵"，称作者为异教徒，因为作者冒犯了伊斯兰教的先知，歪曲了穆罕默德的形象。从那时起，伊斯兰军事组织就对《后街的子孙们》和马哈福兹进行了无情的斗争，并查禁此书 30 多年。《后街的子孙们》一直是以报纸连载的形式代代流传。直到 1967 年，在黎巴嫩的贝鲁特出现了稍加改动的盗版，此版本被偷运入埃及，在开罗的一些书店中秘密出售。1979 年，马哈福兹又一次惹起了埃及和阿拉伯其他地区的伊斯兰原教旨主义者的愤怒，因为他是第一个支持埃及和以色列和平条约的人。他的小说在许多阿拉伯国家遭查禁多年。1994 年，一份杂志出版了包括《撒旦诗篇》、《后街的子孙们》在内的查禁书籍的节选，并附有为言论自由辩护的宣言，除了埃及和科威特，大多数阿拉伯国家禁止发行和销售这份杂志。1994 年，马哈福兹在开罗的家外遇刺，脖子上被刺几刀。他的右手未能恢复，行动不便，只能通过口述写作了。之后不久，政府表态不支持查禁他的任何一本书。此表态被认为是官方查禁《后街的子孙们》的结束。在马哈福兹受刺几周后，《后街的子孙们》35 年来第一次在埃及出版。

雷·布拉德伯里［美国］

《华氏 451 度》

作者简介

雷·布拉德伯里（1920—　），美国科幻小说作家兼社会评论家，出生于美国伊利诺伊州。他自幼酷爱科幻小说和喜剧，并喜欢读诗和写诗。布拉德伯里自己宣称，通过少年时代的各种漫画和科幻杂志，他看到了未来的无形世界和空想世界。布拉德伯里从十几岁就开始了业余创作，终于在 20 岁以后成为职业作家，在各地的科幻杂志上发表作品，并多次获奖。布拉德伯里的作品行文优美，仿佛一篇篇散文诗歌。他善于用韵律和谐、优美抒情的怀旧伤感文笔写出多愁善感的作品，被称颂为“科幻诗人”。因此，布拉德伯里的作品不仅在科幻界，而且在文学界也引起了很大反响，同时受到广大读者的钟爱。

布拉德伯里以擅长写短篇科幻而著称，成名后也从事许多其他方面的创作。布拉德伯里的科幻短篇作品集有《太阳的黄金苹果》（1953）、《忧郁症的妙药》（1959）等，科幻长篇代表作则有《火星人编年史》（1950 年）和《华氏 451 度》（1953）等。

作品提要

1966 年拍摄的电影《华氏 451 度》剧照

《华氏 451 度》由 20 世纪 50 年代一篇名为《消防队员》的故事扩展而成，讲述的是一个未来社会中的故事。“华氏 451 度”就是纸张燃烧的温度，在那个时代里，书籍——人类进步的阶梯——是一种违禁品，一旦有人私自藏书被发现，将立刻遭到逮捕，书籍也将被烧毁。消防员的角色不是负责救火，而是将书籍一一销毁。因为，知识是可怕的，知识是动乱的根源。因此，阅读成了犯罪的行为，人类被电视操控着，人与人之间也失去了联系，电视是人们唯一得知外

Random House 1996 年版封面

界信息的通道,也是未来政府控制人类的通道。

那时的人们从不思考,不关心自己内心的想法和需要,只是说一些无意义的事实。正如一个消防队长所说的那样,"知识"这个词已经变成了骂人的话。人们家里被电视墙环绕着,有些人家装了三面电视墙,有些则四面墙壁都是。人们逐渐把电视里的人物当成"家人",除此之外他们的生活与外界全无联系。人们在家庭和工作场所之间疲惫地来回奔波,许多人不顾混乱的交通,在路上肆意飙车,交通状况十分令人担心。

有一个名叫盖伊·蒙塔格的消防队员,十分热爱自己的工作,但令人不解的是,他对书籍有一种特殊的感觉,每次当他和同事焚烧他们发现的书籍时,他都会偷偷地藏起几本书,然后带回家。蒙塔格知道,没有了书籍,就不会有理论或思想上的争执、冲突,而且也就不会出现有些人会比另外一些人懂得更多这一情况了。这样,面对一群毫无思想的民众,政府可以为所欲为,也更容易造成一种人人都快乐的假象。在一次偶然的机会里,蒙塔格认识了一个名叫克莱茜的 17 岁姑娘。克莱茜和其他所有的人都不一样,她热爱大自然,热爱生命,对事情有独到的看法,愿意和别人畅谈自己的情感和思想,这让蒙塔格发现原来还有更加美好的生活方式。克莱茜问蒙塔格,为什么他要选择做消防队员,而且她还认为消防工作似乎不适合他,这使得蒙塔格的心里惴惴不安。有一次,有人私藏书籍被发现,领导命令蒙塔格去焚烧书籍。但是当蒙塔格到达那时,发现房子的女主人并不愿意离开。她的情绪非常激动,自己把书点燃了,还烧伤了自己。这件事更加让蒙塔格觉得良心不安。

蒙塔格于是试图和自己的妻子米尔德瑞谈一谈这件事情,但米尔德瑞并没有搭理蒙塔格,而是戴上了可以塞在耳朵里的袖珍式收音机,自顾自听起来,一边听还一边欣赏她的"家人"照片墙。让人意想不到的是,米尔德瑞居然举报蒙塔格在家私藏了书,于是他们的房子被消防队员烧毁了。蒙塔格无助之中前去寻求担任过英语教授的费伯的帮助。费伯正致力于一项保护以前的文化遗产的运动。在费伯的引导下,蒙塔格来到了铁路公园。在那里他碰见了一群老人,他们以前都是大学教授,现在是一个由数千人组成的文学保护组织的成员。他们个个都把文学作品铭记在心,直到有朝一日对文学的压制结束为止，到那时他们还会再次振兴文学。蒙塔格头脑中还记诵着《旧约》中的几部书，于是便加入了他们。

争议内幕

《华氏 451 度》是一本批判书籍审查制度的小说，具有讽刺意味的是，这本书公开发行的版本是未经作者同意而大规模删改过的；而且当作者意识到这一点的时候，这本书已经卖了 13 年了。1967 年，伯伦丁图书公司出版了一本专供中学的特别版本，在版权页中并没有给予说明，但是书中有超过 75 页的内容被修改了，删除了诸如“见鬼”、“该死的”和“堕胎”等单词，修改了两个情节。第一个情节是一个醉汉的故事，在修订本中被换成了一个病人的故事。在第二个情节中提到了清理肚脐里的污垢，却被换成了弄干净耳朵。没有人对删节版提出异议，是因为没有多少人知道这些改变，而且没有几个人看过原稿。该版本印刷过十次，读者成千上万。

1979 年，布拉德伯里的一个朋友提醒，书是经过删节的。这时候他才要求伯伦丁图书公司收回所有的删节本，换成原稿。出版商同意了，原版直到 1980 年才面世。

石川达三［日本］

《活着的士兵》

作者简介

石川达三(1905—1985)，日本当代作家。曾担任杂志社编辑，后移居巴西，于半年后回国，创作了反映移民真实情况的小说《苍氓》(1935)，获第一届“芥川文学奖”。1937年，石川达三以《中央公论》的特派记者身份被派往中国战场视察。回国后将所见所闻写成长篇小说《活着的士兵》(1938)，揭露侵华日军攻占南京后屠杀百姓的暴行。作品遭当局查禁，石川达三还被判刑。石川达三的代表作品还有《背阴的村子》、《风中芦苇》、《人墙》、《破碎的山河》、《金环蚀》、《青春的蹉跎》等。这些作品大多数采用现实主义的创作方法，反映二战期间日本人民的苦难生活和战后社会的弊端。除了文学创作，石川达三还致力于社会性文化活动，并于1956年访问中、苏、东欧诸国，他的一些关于自由的言论在曾经文坛引起激烈争论。

中公文库1999年日文版封面

作品提要

日军侵占南京后进行了骇人听闻的“南京大屠杀”，残杀30万中国人，包括妇女儿童，受到凌辱的妇女不计其数。但是由于当时日本右翼势力的影响，日本人大都不知实情。石川达三在南京看到了屠杀后的景象，深为震惊。回国后用10天时间写出《活着的士兵》。石川达三在初版自序中说，希望通过战争实况的报道，让在后方为胜利骄傲的人们深刻反省。

北京陷落后，一支日军部队在上海登陆。日本兵抓来有密探嫌疑的中国青年农民，令其坐在河堤上，猛地朝他肩膀砍去，小伙子一声惨叫。脑袋没有掉下来，但鲜红的血咕嘟咕嘟往外冒，双脚朝天滚下河去。这支部队从华北转战华中，参加了攻陷南京的战斗。战斗中，日本兵丧失人性，他们闯民舍，掠夺财物，凌辱青年妇女。一年轻女人未及逃离，拿起一只小巧的手枪还击，可惜子弹卡壳，日本兵“呼啦”涌进屋里，看到年轻女人的胸、腹像波浪一样急促起伏，顿时兽欲大发。他们撕开女人内衣，一个日本兵摘下腰间短剑，骑到裸女身上，用尽全力将刺刀捅进女人乳下。白色的肉体突然跳起颤动，双手握住刺刀痛苦地呻吟。顷刻间，便一动不动地死去。那情景宛若将螳螂钉作标本。一群日本兵听到有少女的哭声，原来是一个小女孩趴在她已死的母亲身边哭泣。一个士兵反拧少女手臂把她推出门外，端起刺刀猛地一连捅了姑娘3下。其他士兵也用刺刀朝她头部、腹部乱戳一气。就这样，无辜的姑娘惨遭杀害了。一个为日本兵做饭的中国苦力偷吃了一块白糖，就被日本兵当场刺死……

中国广播电视出版社2008年版封面

日军占领南京后，把南京成洗劫一空。大街小巷几乎看不到中国人的影子。日本兵到处闲逛，有的上酒馆，有的去“征用”中国老百姓的一切物资，有的四面八方找“花姑娘”，每离开一处，便放火烧毁所有的房屋。他们以中国老百姓的反抗情绪很强为理由，对无辜百姓进行大屠杀，连女人和孩子也不放过。日本军方在南京开了两家“慰安所”，强迫中国妇女做“慰安妇”。街道上尸横遍野，尸体经过爆晒已经发黑了，夜晚，野猫和野狗争先恐后地来啃，尸体被啃得精光。

争议内幕

《活着的士兵》因为真实描述了日军“南京大屠杀”的暴行而遭禁，作者和出版社也受到起诉，石川达三被判4个月监禁，缓期3年执行。在法庭上，作者坦言，日本国内的报刊仅拣有利的消息报道，失去真实性，国民因此沉浸于麻木状态；日本的战争并非正义战争。《活着的士兵》因遭禁并未在日本引起什么反响，但在中国、美国等国家却引起了人们巨大的关注。

尼科斯·卡赞扎基斯［希腊］

《基督最后的诱惑》

作者简介

尼科斯·卡赞扎基斯(1883—1957),希腊作家。卡赞扎基斯年轻时接触到柏格森的唯生论哲学,深受尼采等人的虚无主义思想的影响,他的早期作品中有对尼采哲学的研究。长篇史诗《奥德修续纪》是同名的荷马史诗的续篇。这首长诗实际上包容了卡赞扎基斯的全部思想,他的虚无主义和思想上的种种矛盾,也反映了他的生活经历。他自以为这部长篇史诗是他的主要作品,但由于篇幅过长,内容太庞杂,在国际上并没有多大影响。卡赞扎基斯后期写了不少长篇小说,最著名的一部叫作《阿勒克西·卓尔巴斯的一生》,写于 1946 年。他的小说在国际上引起注意,被译成各种文字。除了上述小说外,他还有《基督最后的诱惑》(1954)、《最后的试探》(1950—1951)、《上帝的臣民》(1952—1953)、《兄弟残杀》(1954)等,这些小说在一定程度上真实地反映了希腊人民生活和斗争的情况。此外,他还翻译了不少西方文学名著,包括荷马史诗、但丁的《神曲》、歌德的《浮士德》等。他还著有旅行西班牙、意大利、埃及、日本、中国和英国等地的游记。

根据小说改编的电影剧照

作品提要

《基督最后的诱惑》重新讲述了拿撒勒(巴勒斯坦北部古城)人耶稣的生平故事,以夸张的想象力形象地展示了福音书里描述的人类生活画卷。虽然故事是沿着福音书的叙述发展的,但它的背景和环境却来源于卡赞扎基斯故乡克里特岛土生土长的农民的生活。小说以现代希腊的日常用语写成,语言丰富多彩,暗含隐喻。

《基督最后的诱惑》共有 33 章,与耶稣的生命年数相同。在这 33 章里,卡赞扎基斯描述了“精神与肉体之间不停息的、无情的斗争”，这是他小说和哲学作品的中心思想。耶稣被恶魔诱惑，感觉到了它的邪恶，甚至屈从于它。作者认为，只有这样才显得耶稣最后拒绝诱惑更有意义。卡赞扎基斯笔下的耶稣不是上帝的自信自负的儿子，而是具有人性弱点的基督，他的斗争反映了那些面对恐惧、痛苦、诱惑和死亡的人类的真实情况。虽然耶稣对于他应该选择哪条道路感到迷惑，但是随着小说情节的发展，他的使命感越来越清晰。当他死去时，他成为了一个把握自己命运的英雄。

小说开头描述了一个年轻人遭受恶梦的折磨，他梦到一群人正在寻找他，将他当做救世主。拿撒勒的耶稣是个乡村木匠，从童年时就被奇怪的预兆所困扰，感到上帝的手正抓挠他的头皮。后来，耶稣从这些预兆和幻境中摆脱出来，希望如果他有什么罪恶的话，上帝能宽恕他。

Simon & Schuster Publications
1960 年版封面

从童年开始，耶稣就喜欢村里老师的女儿玛丽·玛格达林。耶稣曾希望能娶她，但是上帝无情地进行了阻挠，耶稣只能放弃她。她为了忘记耶稣，后来做了妓女。耶稣悔恨交加，就躲到一个沙漠中的修道院里想逃避这一切。耶稣不想当救世主，他向上帝哭诉："我喜爱精美的食物、美酒和欢笑。我想结婚、生子。饶了我吧，不要烦我了。我希望得到玛格达林，即使她是个妓女。我想让你抛弃我，你去找其他人吧；我想离开你，永远不再见到你。我会一生受磨难，因为你选择的救世主将注定被钉在十字架上。"

逗留在修道院的日子里，耶稣找到了他的勇气和决心，开始从事公开布道传教活动。小说的核心章节与《福音书》中耶稣被钉在十字架上的故事十分类似：当时，被钉在十字架上的耶稣在昏迷中受到了最后一次诱惑，在梦中他看到了情欲的狂欢和幸福的世俗生活。保卫耶稣的天使将他从十字架上救走。他选择了平静轻松的世俗生活，并与玛格达林结婚。在玛格达林死后，他娶了拉扎勒斯的两个妹妹玛沙和玛丽，生育了几个孩子。现在，他已经是个老人，他坐在自家的门坎上，回想起他年轻时的梦想，想到摆脱了困苦和十字架的折磨，感到很高兴。

耶稣去见以前的门徒，他们现在被犹大领导着。犹大指责耶稣是个叛徒、逃兵和胆小鬼。犹大说："你的位置应该在十字架上，那是以色列神要你们战斗的地方。但是当你脱身

Touchstone Books 2004 年版封面

而逃时，死神会抬起它的头，这时你就无法再逃脱。”耶稣从梦境中醒来，突然记起他在哪里，知道为什么而感到痛苦。一阵狂喜之情占据了他。尽管瞬间被最后的诱惑俘虏，但是他坚持住了自己的立场。幸福的婚姻和孩子都是假的，是恶魔制造的幻觉。他没有背叛自己的信徒，他们活着而且在奋斗着，颂读着他的福音。一切又回到了它的本来面目。

争议内幕

卡赞扎基斯的《基督最后的诱惑》在最深层的意义上歌颂了人类的斗争精神，评论家认为这是一部强有力的重要之作。但是，从正统的观点来看，卡赞扎基斯对耶稣的描述是异端和亵渎神灵的。1954 年，因为出版了《基督最后的诱惑》，卡赞扎基斯被从东正教开除，教会谴责该小说为极端下流的、亵渎神灵的和叛国的，虽然他们承认未曾读过此书。但是，卡赞扎基斯写《基督最后的诱惑》的原始动机并不是要挑战教会，他是想将耶稣从宗教中“解救”出来，将他作为一个新时代的人来描写，写作手法也是为了让 20 世纪的读者能够理解、看得懂。同年，此书被列入天主教的《禁书索引》中。卡赞扎基斯评论：“我一直对人类的短浅目光和狭隘的心胸感到迷惑不解。我写的这本书是出于极度的宗教兴奋和对基督的狂热之情，而教皇却看不懂了。”尽管遭到教会的否定，但它的销量却十分惊人。此书一出版就被销售一空，有的书商还在黑市上高价出售。最后，希腊东正教被迫停止反对卡赞扎基斯的活动。

1988 年，小说被拍成电影，招致了世界范围的争议，在许多国家遭查禁。主要原因是因为一个片段：神智不清的耶稣在十字架上幻想，他恋爱了，结婚了，还做了孩子的父亲。电影的导演马丁·斯科塞斯在罗马被指控为亵渎神灵，后被宣布无罪释放。在美国，电影被罗马天主教机构批评为亵渎神灵。美国的许多地方都采取措施，要么查禁、要么以罚金的形式阻止该电影的放映。同年，原教旨主义天主教徒对《基督最后的诱惑》展开争论，新加坡政府迫于压力查禁了小说。

约翰·霍华德·格里芬［美国］

《假如我是“黑人”》

作者简介

约翰·霍华德·格里芬(1920—1980),美国作家,出生于得克萨斯州的达拉斯。他的母亲是位钢琴家,父亲年轻时是一个优秀的男高音歌唱家。受家庭的影响,格里芬从小就热爱音乐和文学。

他曾在法国的波瓦第尔大学学习法语和文学,还在枫丹白露艺术学院获得了音乐专业的毕业证书。他参加了第二次世界大战,因为作战勇敢而得到了勋章。格里芬的作品包括《魔鬼在外面游荡》(1952)、《努尼》(1956)、《高空的陆地》(1959)、《假如我是“黑人”》(1961)、《教堂和黑人》(1969)等。

作品提要

本文以日志的形式写成，作者是一位白人社会学家。他为了亲身感受种族歧视的现象,对种族主义问题进行思考,不惜把皮肤染成了黑色,剃光头发,装扮成一个黑人,于1959年在美国中南部过了一年的黑人生活。作者解释到,尽管他被认为是一位种族问题的专家,但他并不真正了解黑人在南方的生活究竟是什么样子的。他的这次试验激怒了全美国的人，他和他的家人收到了死亡威胁,被迫搬了家。经历了一年的黑人生活之后,他说他永远不能再像一个白人那样生活了，因为他对于他自己的种族的看法已经发生了变化。

Penguin Books 2003 年版封面

作者来到新奥尔良,漫步在新奥尔良的街头,观察变化肤色后产生的问题。白人和黑人之间，虽然没有明文规定,但实际上仍有一条看不见的界线。新奥尔良的白人在对待黑人的态度上存在着露骨并且微妙的差别。有一个女人认识当白人时的格里芬，并且和他关系不错，而当他成为黑人时，她却拒绝为他兑现一张旅行支票，尽管其中不存在金融风险。他观察到这种事例对于黑种男人来说是很普通的，大多数咖啡店和洗澡间由于他的黑色肤色对他加以限制。白人使用的生活必需品黑人想要得到却困难重重。这道种族隔离线无处不在，令作者心情沉重。

他认识到黑人的生活是困难的，肤色决定了你是否安全、是否受人尊敬。身为一个黑人，他更容易成为暴力袭击的目标，而且社会认为他是毫无用处的垃圾。白天他去找一份作为黑人可得到的工作，维持起码的尊严；晚上，他在新奥尔良的人行道上闲逛，在黑色中越陷越深。作者发现其他的黑人对他的尊敬和善意比他是白人时更多，但是他也发现白人不再像过去那样尊重他和对他友好了。格里芬在南方其他的城市的遭遇和在新奥尔良的大体相同。他被白人称为“家伙”或“黑鬼”，白人想知道他做了些什么，并且威胁他说如果他惹麻烦就要他死。当他经历了种族隔离和种族主义的迫害后，他日益难以容忍白人的所作所为。

格里芬得出这样一个结论：白人必须摈弃种族主义和种族偏见，黑人必须解决自尊心不足的问题，只有当这两种病态心理在社会上被根除时，两个人种才能和平共处。

争议内幕

《假如我是“黑人”》是美国历史上最常遭到查禁的 30 部作品之一。多数人反对它的理由是这本书语言淫秽。然而研究人员认为，人们主要是因为它反对种族歧视、从侧面反映了黑人遭受的不公平待遇而遭到众多攻击。一位教师说：“在乡村，人们并不喜欢他们的孩子看有关黑人的作品。”1966 年，这本小说的平装本受到广泛攻击，人们认为它不适合儿童阅读。1967 年，亚利桑那州一名中学生的家长对该书在课堂教学中的作用加以指责，指责其语言淫秽粗俗。学校委员会随即将该书从课堂上取消。1982 年在密苏里州，当一位家长指责该书淫秽、粗俗，并且“因为书中有黑人”时，这本书就被从图书馆里下架了。

肖洛霍夫［苏联］

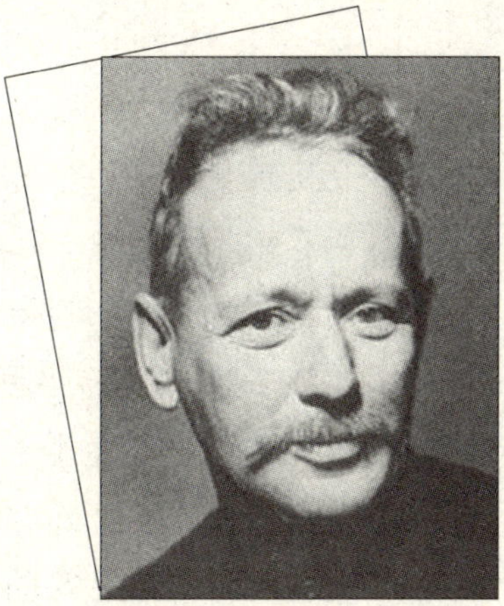

《静静的顿河》

作者简介

米哈伊尔·亚历山大罗维奇·肖洛霍夫(1905—1984),生于顿河军屯州维辛斯卡亚镇克鲁日林村。父亲是移居顿河地区的梁赞省人,母亲是有一半哥萨克血统的农村妇女。肖洛霍夫 15 岁即投身顿河地区的革命斗争,参加过国内战争和卫国战争,当过征粮员、搬运工人、办事员。1923 年参加文学团体“青年近卫军”。20 世纪 20 年代初写了一系列反映顿河地区阶级斗争的短篇小说。后收入短篇小说集《顿河的故事》和《浅蓝色的原野》(1926)。1924 年在故乡维辛斯卡亚镇定居,翌年开始写作长篇小说《静静的顿河》,从 1928 年至 1940 年分 4 卷出版。1932 年肖洛霍夫发表《被开垦的处女地》第 1 部,第 2 部于 1959 年发表。全书获 1960 年列宁奖金。卫国战争期间他在前线担任记者,写有特写《在顿河》(1941)、《在哥萨克集体农庄里》(1941)、《战俘》(1941)等,还写有短篇小说《憎恨的科学》(1942)和长篇小说《他们为祖国而战》(1942—1943,1969)。50 年代发表的短篇小说《一个人的遭遇》(1956—1957)描写战争给主人公索科洛夫带来的不幸,反映了战争和人的幸福是不相容的。

1965 年,肖洛霍夫接受诺贝尔文学奖

肖洛霍夫一生曾两次获得苏联社会主义劳动英雄称号,得过 5 枚列宁勋章。1965 年他荣获诺贝尔文学奖。肖洛霍夫的创作,在艺术上具有自己鲜明的与众不同的特征。首先,通过“地方性”的题材和形象来反映历史性的主题,是肖洛霍夫一生坚持不渝的创作原则。他的全部文学活动都是和顿河密不可分的。顿河的土地和人民为他的创作提供了取之不尽、用之不竭的主题形象和题材;他的作品则向全世界展现了顿河地区哥萨克人的历史和现实的充满乡土味的生动画卷。他力图通过顿河流域的一个村庄、一个家庭、一个主人公来深刻揭示苏联人民生活中的各个重要的历史转变关头及各个发展阶段，并尽量深入地挖掘出题材和人物所包含的巨大历史意义。还有，顽强地忠于真实是肖洛霍夫创作一个十分鲜明的特征。他总是力求把现实生活的全部复杂性如实地揭示出来。肖洛霍夫是一位善于创造典型的艺术大师。他笔下的人物，绝大多数是哥萨克农民以及他们的根本利益的代表者——布尔什维克。正是肖洛霍夫，把俄国农民形象的塑造提高到一个新的艺术高度。肖洛霍夫还善于表现喜剧场面和喜剧因素。在他 60 年创作生涯中，幽默是一条一贯到底的红线，是他创造个性的重要组成部分，是贯穿其大多数作品的一个稳定色调。

作品提要

《静静的顿河》是一部描写一个具有重大历史意义的时代的人民生活的长篇小说。在俄罗斯南部静静的顿河上，离月申斯克镇不远，有一个鞑靼村。村上三百来户人家，绝大多数都是哥萨克。鞑靼村尽头靠顿河北岸住着麦列霍夫家，当家的潘苔莱，娶邻村伊莉妮奇娜为妻。他们有两儿一女。大儿子彼得，小儿子葛利高里，小女儿是杜妮业。麦列霍夫家恪守哥萨克传统，老少勤劳，家底殷实。不远住着另一个哥萨克叫司契潘·阿司塔霍夫，此人不务正业，常常酗酒，打骂妻子。鞑靼村首富是米伦·柯尔叔诺夫，他有一个儿子叫米琪喀，是花花公子，女儿叫娜塔丽雅，性格恬静。村上有一户外地迁来的富豪莫霍夫，是个商人兼资本家。1910 年有个叫施拖克曼的外乡人来此地开铁匠铺安家。他是名布尔什维克党员，很快以铁匠铺为据点，组织秘密小组。这一年彼得和司契潘离家去麻训，葛利高里和司契潘的妻子娜克西妮亚乘机互通私情。消息传来，潘苔莱就为小儿子去米伦家求亲。米伦认为门不当户不对，表示不允，后因女儿娜塔丽雅执着要嫁，潘苔莱和米伦终成亲家。葛利高里无奈同娜塔丽雅成婚。不久家中吵架，葛利高里暂到朋友家居住，几天后带娜克西妮亚私奔，后来两人有了一个女儿。

人民文学出版社 1988 年版封面

第一次世界大战爆发，葛利高里应征入伍，因他年轻英勇，得了十字勋章。回家后发现娜克西妮亚受到地主少爷勾引，女儿也病死，葛利高里回到故乡与发妻重归于好。1916 年，娜塔丽雅生下一对双胞胎。葛利高里重返前线。不久，沙皇被推翻，彼得堡成为克伦斯基临时政府。三年的战争使国家经济处于崩溃，顿河地区很多哥萨克农户破落了。革命势力很快增长，政府调军队到顿河地区反对革命。1917 年，十月革命胜利。同年12月，国内战争开始。彭楚克组织工人、士兵、妇女同反革命白军作战，工作中与做革命妇女工作的犹太姑娘安娜产生了深挚的爱情。彭楚克后来奉调从事军事法庭工作，后被捕牺牲。安娜在一次战斗中阵亡。葛利高里因战功被沙皇军队提升为少尉排长。后来他受波特捷尔柯夫影响参加红军，任连长，英勇地同白军作战。1918年春，反革命叛军来到鞑靼村，米伦出任村长，彼得任村哥萨克军头目，指挥同红军作战。结果波特捷尔柯夫及其部下被捕，判处死刑。1918年4月，克拉斯诺夫在南方搞"拯救顿河大会"，5月又和邓尼金联合，勾结德国，搞"顿河-高加索自治共和国"，12月，又迎来协约国军队对付布尔什维克军队。这一年年底，革命和反革命势均力敌，双方都在争取哥萨克。在鞑靼村革命者暂时占优势，成立了苏维埃。1919年3月，哥萨克暴动从四面八方开始了。葛利高里任叛军团长，但匪军头目对他并不完全放心，后又任师长。暴乱牵制了红军，白匪暂时得势。10月，斯大林到南方，他的计划得到列宁批准，很快打垮白军。葛利高里带娜克西妮亚返回鞑靼村。这时，麦列霍夫家完全变了样。杜妮亚同全家越来越疏远，娜塔丽雅同公婆也疏远了，不久死于难产。彼得的妻子妲丽亚在河中游泳时淹死。不久潘苔莱及妻子也先后病亡。杜妮亚与珂晒沃依结婚，珂晒沃依成了村苏维埃主席。葛利高里因为参加过白军，于是到镇上去登记。他听信残余叛匪头目佛明的谣言，怕遭逮捕，就又带娜克西妮亚跟佛明跑了。1922年春天，佛明的叛乱完全垮台。潜逃时，不料娜克西妮亚半途中弹身亡。葛利高里心碎肝裂，伤心到了极点。同伙们听说五一节要大赦，但葛利高里不愿等了，独自回到了鞑靼村。他终于在自己家门口的石阶上看见了儿子米沙特。葛利高里双手抱起儿子，站立门口。"这就是在他的生活中所残留的全部东西。"

中国致公出版社2003年版封面

《静静的顿河》是一部优秀的长篇小说，获得世界各国读者的普遍喜爱。这部小说在苏联文学史上独树一帜，荣膺1941年度斯大林文学奖一等奖，也为肖洛霍夫赢得了世界盛誉。肖洛霍夫在这部作品中取得了重大的艺术成就。他开创了苏联现实主义文学中的悲剧史诗创作的先河。他在继承古典文学优秀传统与进行艺术创新相结合方面，为苏联文学提供了良好的范例。肖洛霍夫有胆有识，不回避任何矛盾，直书生活的真实。他要求自己高度体现人道主义精神，写出"人的魅力"。这些特点都体现在他高超的艺术创作中。此外，他还做出了一系列独特的贡献，创造了许多宝贵的艺术经验。这些艺术贡献，既是苏联文学的历史财富，也为世界文学提供了有价值的借鉴。

争议内幕

1928年，小说在《十月》杂志上连载发表，给作者带来了极大声誉，然而也带来了各种争议。由小说内容引起的争议主要围绕小说的思想倾向性而展开。小说以客观的笔调，描写了主人公葛利高里虽则失败然而却十分执着地追求真理的经历，对顿河哥萨克大暴动的某些政治历史原因也作了客观的揭示。作者认为，正是某些过火行为和极左政策给暴动策划者提供了用来鼓动的材料。作者的这种观点，引起了当时各种责难和批评。批评者指责作者的"思想立场暧昧"，是在为哥萨克暴动辩护，"算不得无产阶级作家"，并对主人公最终仍未投入革命阵营而成为白匪军官这种处理表示愤慨。这些批评责难导致本书的出版工作一再受阻。但以高尔基为代表的一些著名作家则对本书作出了极高的评价。由此，围绕小说的思想倾向及艺术性展开了长时间的争论。持续至今，争论大致出现3次较集中的高潮。

第一次高潮是在小说发表后的30年代初。尽管高尔基等人都肯定了这部小说的成就，但仍有不少作家不能接受小说中某些观点。1930年，法捷耶夫主持的《十月》编辑部认为，作者为哥萨克暴动辩护，小说的倾向性是错误的。法捷耶夫批评小说只表现了旧世界的灭亡，没有展示新世界的诞生。阿·托尔斯泰认为，作者未能跳出主人公的狭窄思想感情圈子，因而给自己的主人公安排的是一个没有出路的灭亡，这种结局是错误的。就连高尔基也认为作者有时不能将自己的立场同书中主人公的立场区分开来。总之，争论的焦点集中在《静静的顿河》是什么性质的小说以及肖洛霍夫是哪个阶级的作家等两个问题上。反对派认为作品表现出自然主义、超党性、抽象的人道主义等，认为作者是动摇的农民作家、同路人作家、富农意识的传播者、阶级异己分子等。赞同的人认为小说具有高度的现实主义艺术力量，作者是杰出的无产阶级文学家。

第二次争论发生在40年代。当时绝大多数评论者都已确认作者与作品的阶级属性，但对于小说主人公葛利高里形象的典型性和阶级实质又展开了争论。这场争论由1940年5月发表在《文学报》上的一篇评论文章《文学中的重大事件》引起，历时5个月。争论的焦点之一，就是小说的结局是否破坏了葛利高里这个典型的完美。

第三次争论发生在1957年之后。争论的中心议题是：葛利高里形象的悲剧实质是什么？一些人认为葛利高里的悲剧实质在于历史的迷误，此人及其所代表的群众错误理解了真理，他们的动摇说明他们不明白自己的阶级利益所在，认不清历史的必然。而另一些人则认为，悲剧实质在于葛利高里个人的反叛行为。他们认为葛利高里来自人民，却又站到人民的对立面上去了，最后陷入匪帮是他无政府主义思想发展的必然结果。

尽管围绕这部作品出现过多次争论，但《静静的顿河》仍以其高度的客观性和艺术性受到人们的推崇，成为杰出的现实主义艺术精品。

拉伯雷［法国］

《巨人传》

作者简介

拉伯雷(1493—1553)，16 世纪法国文艺复兴运动的代表作家。拉伯雷自幼热爱自由、热爱自然。然而少年时代起便接受教会学校的教育，并成为一所修道院的修士。教会、修道院的教育与生活死气沉沉，其清规戒律和拉拍雷的天性与他所追求的人文主义理想发生了尖锐的冲突。他离开修道院，游历法国的名山大川与人文、自然景观。途中耳闻目睹了各地教会、大学、司法机构的黑幕。1532 年 8 月，拉伯雷以笔名发表了法兰西文学史上第一部奇特无比的长篇小说《庞大固埃传奇》。小说出版后大受欢迎，并被抢购一空。一年后，拉伯雷发表了小说第 2 卷《高康大》，也极受欢迎，两个月内的销售量超过《圣经》9 年的销售数额。1553 年 4 月 9 日，法国文艺复兴运动的巨擘拉伯雷与世长辞。

作品提要

“巨人”庞大固埃

《巨人传》叙述的是巨人庞大固埃及其父亲高康大的传奇与历险。他们都是体魄健壮、伟岸且食量惊人的“巨人”。他们智力过人，力大无穷，渴求知识；他们摆脱了世俗、宗教和社会的偏见；他们没有接受教会那违背人类本性、扼杀创造力与想象力的经院式教育。小说的主要篇幅用来叙述渴人国国王庞大固埃与约翰修士以及好友巴奴日如何在寻访神瓶的历险中丰富自我、实现自我的过程。

一天，巴奴日对庞大固埃说他想结婚了。但他又担心未来的老婆会让他当乌龟。他只好请来一位女巫算算他到底该不该结婚。女巫在枫树叶上涂了几句短诗，意思是他未来的老婆会让他名誉扫地。巴奴日对这样的说法不能接受，非常苦恼。于是庞大固埃请来了神学家、医学家、法学家和哲学家，他们从各自的角度分析了这个问题，有的说应该结婚，有的说不应该结婚，争论一直没有结果，巴奴日很痛苦，茶饭不思，眼看已经奄奄一息。就在这时，有人告诉他说，在东方某个古国有一只神瓶，它可以预知未来。六月的一天，庞大固埃带领约翰修士、巴奴日和其他几个人踏上了慢慢求神路。船在海上航行到第五天，一条商船迎面开来。原来他们是从灯笼国回来的。据说七月底灯笼国将召开全体大会，假如能如期赶到，就可以看到许多华丽、愉快的灯笼国人。一行人乘着西风，来到亲属岛。岛上的人长得和苏格兰人差不多，不过鼻子的样子都像个梅花"爱斯"。岛上的居民彼此之间都有亲属关系，并且以此为豪。第二天来到诉讼国，有些人喜欢钻法律空子，人民被骚扰折腾得不像样子。庞大固埃等人经历了海上台风的洗礼后在长寿岛上登陆。岛上的人对他们很好，还给他们吃了一顿丰盛的晚餐。出海后一条比船的桅杆还高的巨鲸向他们直扑过来，庞大固埃向它射了几十箭，终于制服了怪物。随后，他们在一座荒岛上遇见很多小香肠人，香肠人还以为是敌人来了，便杀气腾腾地向他们冲过来。在约翰修士的指挥下，师傅们把战车"大母猪"——类似特洛伊木马——准备好了，双方展开一场厮杀。战场上躺满了或死或伤的香肠人。这时，天空中飞来一只粗壮肥大的大灰猪，长着紫色的翅膀。香肠人一看见它，全都撇下武器，跪倒在地虔诚地膜拜起来。妖怪去后，双方停止了战斗，香肠国的皇后向庞大固埃表示了歉意。又过了两天，庞大固埃一行人来到吃风岛。那里的人只靠风生活，除了风以外，什么也不吃，什么也不喝。"反教皇岛"被"教皇派"的人压制，每年不是冰雹就是暴风，不是病疫就是饥荒，所有的灾害都受到了，人民非常穷苦和不幸。离开"反教皇岛"之后，一群人来到教皇岛。在教堂门口，他们看见一厚本撒金的大书，上面满是珍贵的宝石，这本书用很粗的金链子系在门两边的饰物上。原来，这是一本神圣的《敕令》，主教说只要专心一志钻研它，就能在世上永享荣华富贵。回到海上，庞大固埃听见空中有男女的呼叫声、兵器的冲击声和马匹的嘶叫声。原来，去年冬天这里进行过战争，天气一暖和声音便从冻结中融化出来，又被人听见了。庞大固埃一行人经过了贫穷岛、伪善岛和盗窃岛，接连在海上航行好几天之后，来到钟鸣岛。钟鸣岛上群钟齐鸣，颂歌不断，岛上全都是小鸟，有"教士哥"、"教长哥"、"主教哥"、"红衣主

Penguin books 2006 年版封面

上海译文出版社 2006 年版封面

教哥”、“教皇哥”等，他们来自两个地方，一个叫“饥荒挨饿”，一个叫“人口过剩”。这些鸟儿既不耕田，也不种地，自有人为他们奉献丰富的粮食和美味的食品。这里的原则是“越吃越多，越省越少”，整天都是吃饭的时间，庞大固埃他们弄不清吃的是午饭还是晚饭，是点心还是宵夜。告别钟鸣岛，他们经过骗人岛和诉讼国，来到判案岛。他们一到便被“穿皮靴的猫”关押起来。那些穿戴像法官的猫们非常残忍，巧取豪夺，无恶不作。庞大固埃等人只好向他们赠送“厚礼”，他们一见到金币就手舞足蹈。猫儿们放走庞大固埃等人，这时正好开来 68 艘船，船上装的全是“贿赂”，约翰修士道：“他们以贿赂为生，子孙后代将死于贿赂。”大家来到愚人岛，这里房屋的样式很像巨型的葡萄榨汁器，榨出的葡萄汁全都供给老爷们享用。庞大固埃等人几经周折来到灯笼国，这是一个依靠灯笼的光亮而生的民族，他们找到了一个灯笼人用来照明道路，让大家找到神瓶的谕示。他们终于找到了神瓶，得到了神瓶的谕示：“喝。”因为这个字能使人的灵魂充满真理、知识和学问。这一谕示象征着人文主义者“畅饮知识、畅饮真理、畅饮爱情”的理想，也是全书贯穿始终的主旨。大家向天主表示感谢，踏上了回家的旅程。

争议内幕

《巨人传》发表后大受欢迎，两个月内的销售量超过《圣经》9 年的销售数额。这引起教会的惶恐不安与警惕、仇视，巴黎法院不久便宣布此两卷小说为禁书。拉伯雷先后完成并陆续发表了小说的第 3、4、5 卷。然而教会与法院再次把小说列为禁书。该书的出版商被处火刑，并被暴尸示众。拉伯雷被迫逃往日耳曼帝国。《巨人传》遭到教会与司法机构的禁止，主要有两个原因。首先，作者在小说中毫无顾忌地抨击了在法国以及欧洲各国拥有强大权力和政治、经济实力的封建王权和天主教会；歌颂了具有反叛性质的人文主义理想。这象征着对封建王权和天主教会的否定和的挑战。其次，作为对禁欲主义的一种矫枉过正，书中存在对性欲、性器官、性交活动张扬的甚至夸张的描写。这大大刺痛了教会道貌岸然的上层僧侣。拉伯雷死后，其作品才得以全部发表。今天，《巨人传》已被公认为世界文学中的经典作品。

凯特·肖班 [美国]

《觉　醒》

作者简介

凯特·肖班(1851—1904),美国19世纪著名的女作家。肖班从小受到良好教育,爱好弹钢琴、写诗,阅读狄更斯、莫泊桑、简·奥斯丁、勃朗特三姊妹等的作品。她生性自由,曾因扯破一面美联邦国旗而被取绰号为“小叛逆者”。

肖班作品中的人物大都是路易斯安那州的克里奥耳人(早期法国和西班牙殖民者的后裔)、堪郡人(其祖先在18世纪从加拿大阿卡蒂亚迁到路易斯安那州)、黑人与混血印第安人。1889年,肖班完成了小说《咎由自取》的创作,这是一部以路易斯安那州的种植园为背景的传统感伤式小说,可惜并未获得成功。到1898年,她已写了3部长篇小说、近100部短篇小说。她的两部充满地方色彩的短篇小说集《贝约的乡亲》和《阿卡狄亚之夜》先后于1894年和1897年发表,第三部长篇小说即她的代表作《觉醒》于1899年发表。

作品提要

《觉醒》是一部爱情悲剧,描写一个女人自我意识的觉醒和对自己命运的把握。女主人公艾德娜是新奥尔良富商雷昂斯·庞蒂里耶的妻子,她年轻貌美、举止优雅、目光深邃,有着迷人的魅力。她有两个活泼可爱的小男孩,丈夫对她体贴入微,在别人眼里,这是一个非常美满的家庭。可是,艾德娜是一个感情炽烈的女性,她并不满足于优裕的物质生活,不愿做丈夫的附属品,她要追求真正的爱情和独立的生活。

在少女时代,艾德娜就对爱情就充满了幻想。她曾对一个前来探访她父亲的骑兵军官产生过强烈的感情,也曾被一位订了婚的年轻绅士所吸引,还偷偷爱上了一个悲剧演员。正当艾德娜陷入秘密而热烈的单相思时,她遇见了庞蒂里耶先生。庞蒂里耶对艾德娜一见钟情,并迫不及待地向她求婚。他的忠心终于赢得了艾德娜的欢心,她误以为他们有共同的思想和趣味,都爱好文学,喜欢音乐和绘画。但庞蒂里耶却爱财如命,虚伪庸俗,性格古板,精神空虚。他把妻子当成自己的私有财产,忽视艾德娜的兴趣爱好,两人从来没有什么思想交流，这种充满隔阂的活使艾德娜感到一种难以忍受的压抑。

夏季的时候，庞蒂里耶一家来到哥兰德岛上度假，艾德娜遇见了罗伯特·莱布朗。他大学刚刚毕业，年轻英俊，为人热情，具有典型的克里奥尔人传统。他教艾德娜游泳，给她读小说，陪她散步，罗伯特的热情渐渐打破了艾德娜克制自我的屏障，共同的兴趣与思想使他们之间产生了爱慕之情。可是，罗伯特面对爱情选择了逃避，他突然离开哥兰德岛去墨西哥。

罗伯特的离去使艾德娜非常痛苦，她被埋葬了多年的自我开始苏醒，她再也不能忍受压抑和一成不变的家庭生活了。回到新奥尔良豪华舒适的家中后，艾德娜一反常态，专心致志地绘画，只做她喜欢做的事。没有拘束的生活使艾德娜的精神变得自由，她的言谈热烈有力，目光和举止中已没有了畏缩和压抑，成为一个充满活力的人。对罗伯特的爱情也始终萦绕在艾德娜的心头，使她经常陷入了对爱情那令人神往却又痛苦压抑的幻想之中。

庞蒂里耶先生去了纽约，孩子们也被奶奶接走了，家中只剩下艾德娜一人。艾德娜开始有计划地读书、绘画，随心所欲地安排自己想做的事。在一次赛马场上，艾德娜结识了上流社会中的风流青年阿尔奇·阿罗宾。阿罗宾被艾德娜的美貌和气质所吸引，他那大胆妄为的行为唤起了艾德娜正在觉醒的自我。但是，艾德娜渴望的是纯真热烈的爱情，而不是同男人调情，很快，一种负疚和遗憾的感觉压倒了她，她似乎透过丈夫为她生活提供的各种物品看到了丈夫愤怒的目光，听到了罗伯特责备的声音。

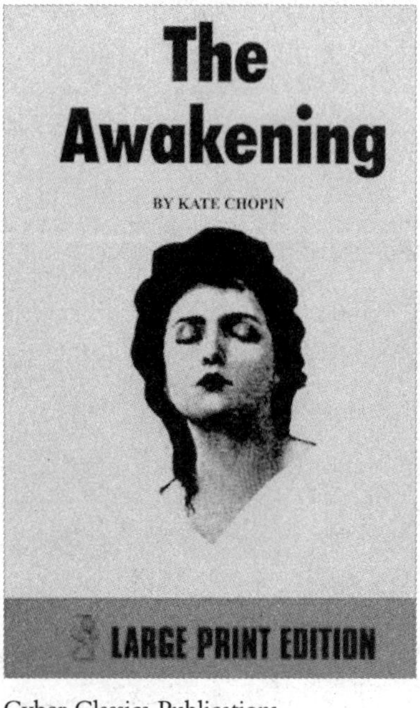

Cyber Classics Publications
2000 年版封面

为了获得心灵上更多的自由，艾德娜决定搬离自己牢笼般的家，营造了一个完全属于自己的家，家中所有的东西都是用她自己挣的钱买的，她用自己的收入支撑起简单、拮据的生活。独居的生活令艾德娜心满意足，阿罗宾的陪伴也使她陷入一种迷醉的情欲中。但在艾德娜的内心深处对罗伯特的爱情却始终挥之不去。一天，艾德娜意外地和已经回到新奥尔良两天的罗伯特重逢了。虽然，这重逢是两个人盼望已久的事，但他们都压抑起自己的感情，只是简单地相互问候。

在罗伯特走后的几天里，艾德娜陷入了对爱情的憧憬中。在郊外的一个公园里，艾德娜大胆地向罗伯特表达了自己炽烈的感情，而罗伯特也无法抑制住一直埋藏在自己内心深处的爱情。可是，罗伯特性情软弱，缺乏艾德娜所具有的那种无畏精神。当他发现庞蒂里耶不会给艾德娜自由的时候，就又一次退缩了，他的行为使艾德娜的希望破灭了。

上海外语教育出版社 2007 年版封面

艾德娜回到哥兰德岛，回到了她自我觉醒的地方，她不愿自己的灵魂重新回到受奴役的状态中去。艾德娜意识到所有的东西在自我面前都不重要了，罗伯特、阿罗宾、庞蒂里耶甚至是孩子们，他们再也别想继续占有她了，不管是她的身躯还是她的灵魂。只有大海的涛声是永远具有诱惑力的，它不停地向艾德娜孤独的灵魂发出召唤，指引它走出孤寂的深渊。正是为了坚持这种强烈的自我，达到一种永久的和谐，艾德娜来到那片她学会了游泳的海边，脱去所有的衣服，像个新生的婴儿，游向大海的深处，没有任何羁绊，以最大限度的身心自由同桎梏般的人生永别，她用生命换取了一直追求的自我独立。

争议内幕

《觉醒》的发表并未给肖班带来好运，相反，由于书中描写了女主人公追求婚外恋情，表现了女主人公“性意识”的觉醒，因而在美国文坛上引起了轩然大波；评论界纷纷责难，斥责该书为“一个性感的女人甘于堕落的故事”，一本“应列为毒品”的下流书。这部小说被禁止收入图书馆，肖班本人也遭到了封杀。

尽管当时肖班自己的文学沙龙非常出名，吸引了许多来自全国各地的杰出艺术家和作家，但是她本人却被拒绝进入圣路易斯美术俱乐部。一向对批评非常敏感的肖班就这样被舆论吞噬，她被迫停止了写作。1904 年，肖班在郁闷中死去，她的作品也随之湮没无闻，直到 20 世纪 50 年代，评论界才重新认识和评价她的作品，对肖班在突破女性小说传统、大胆揭示种族问题、描写美满爱情幻灭后的心灵痛楚方面所表现出的非凡能力大加赞赏。

莫泊桑［法国］

《漂亮朋友》

作者简介

吉·德·莫泊桑(1850—1893)生于法国诺曼底一个破落的贵族家庭。法国作家法朗士认为莫泊桑是当之无愧的"短篇小说之王"。自1880年至1891年因病搁笔，10年间，莫泊桑创作了300余篇中短篇小说和6部长篇小说。

莫泊桑的短篇小说生动地向人们展示了19世纪后期法国社会的风俗画卷。他的短篇从题材上看大致有三个方面：普法战争、巴黎小公务员的生活和诺曼底的乡村生活。莫泊桑亲自参加过普法战争，所以他比同时代的作家更有资格描述这次战争。莫泊桑的成名之作《羊脂球》就是这类题材的代表作。同一背景的作品还有《菲菲小姐》(1882)、《两个朋友》(1883)、《米隆老爹》(1883)、《索瓦热老婆婆》(1884)、《俘虏》(1884)等。在这类小说中，莫泊桑歌颂了法国人民的民族气节和爱国主义精神，揭露了法国军队的腐朽无能和普鲁士入侵者的残暴。

莫泊桑曾是小公务员这一小资产者中的一员，他对这一阶层人民的生活和精神面貌了如指掌，所以，莫泊桑在描绘小公务员生活方面的短篇小说也非常多。如《一家人》(1881)、《骑马》(1883)、《项链》(1884)、《我的叔叔于勒》(1883)、《勋章到手了》(1883)和《遗产》(1884)等。《项链》是莫泊桑小说中的名篇，它讽刺了小资产阶级的自私、虚荣和势利，也谴责了那个嫌贫爱富的社会。

莫泊桑自幼生活在法国北部的诺曼底，童年的美好回忆使作者把这一地区的自然风光和风土人情也带进了法国文学。他在这一方面的作品有《泰利埃公馆》(1881)、《一个女雇工的故事》(1881)、《皮埃罗》(1882)、《一个诺曼底人》(1882)、《绳子》(1883)和《小酒桶》(1884)等。

此外，莫泊桑还有一些描绘其他方面社会现实的小说。如反映妓女的悲惨生活的《衣橱》(1884)和《港口》(1889)，揭露上流社会荒淫生活的《一个儿子》(1882)和《橄榄园》(1890)，歌颂劳动人民优秀品质的《西蒙的爸爸》(1881)及讽刺病态的社会现象的《怪胎之母》(1883)等。

除了短篇小说外，莫泊桑还创作了6部长篇小说:《一生》(1883)、《漂亮朋友》(1885)、《温泉》(1886)、《皮埃尔与若望》(1888)、《如死一般坚强》(1889)和《我们的心》(1890)。其中，《漂亮朋友》是莫泊桑长篇小说中的代表作。

作品提要

乔治·杜洛瓦是一个乡村小酒店店主的儿子。为了出人头地,他曾在非洲服役两年,在殖民地的为所欲为刺激了他向上爬的欲望。所以,杜洛瓦一结束在骑兵团的服役期就跑到巴黎来寻个理想的前程。

杜洛瓦相貌英俊,身材颀长,那种带有军人气质的帅气,使他无论到哪儿都漂亮得引人注目。但初到巴黎的杜洛瓦既没有背景又没有钱财,常常陷入窘境。夏日的一个傍晚,杜洛瓦无意中在街头遇到了过去同在骑兵团服役的弗雷斯蒂埃。弗雷斯蒂埃尽管还不到27岁,却已身体发福,两鬓苍白而且得了很严重的肺病,但在事业上却一帆风顺,现任《法兰西生活报》的记者,负责政治栏目。杜洛瓦向弗雷斯蒂埃诉说了自己目前的窘况,弗雷斯蒂埃建议他去试试记者这一行,并借给他两个路易,让他置办一套体面的衣服,第二天来参加自己举办的晚宴。借此机会,弗雷斯蒂埃可以把杜洛瓦引见给自己的老板瓦尔特先生。

第二天晚上，穿着临时购置的劣质礼服的杜洛瓦怀着忐忑不安的心情来到弗雷斯蒂埃家。在宽敞的大厅里,他见到了弗雷斯蒂埃的妻子玛德莱娜,并通过她结识了德·马莱尔夫人。在晚宴上,为了博得众人的欢心,杜洛瓦乘着酒兴,把自己兵营里的轶闻趣事、阿拉伯人的生活以及战斗中的奇遇天花乱坠地说了一番,不仅吸引了在场所有女人的目光,更引起了瓦尔特的注意。弗雷斯蒂埃乘机将杜洛瓦介绍给瓦尔特先生。在瓦尔特先生的指示下,杜洛瓦决定写一组关于阿尔及利亚的随笔。

Wildside Press 2003 年版封面

晚宴后,对未来充满希望的杜洛瓦激动万分,一回到自己的陋室,就准备写文章,但只写了几行就写不下去了。他虽然有跃跃欲试的劲头,却无法把自己想说的话表达出来。无奈之下,杜洛瓦只好求助与弗雷斯蒂埃,请他指点一下自己的写作。结果在弗雷斯蒂埃的妻子玛德莱娜几乎是口授的帮助下,杜洛瓦总算凑出了自己的第一篇文章。

北京燕山出版社 2006 年版封面

从此，杜洛瓦进入了记者这一新闻行当。通过采访，他结识了三教九流的人物，也看清了政界背后的内幕。杜洛瓦成了一个十分出色的外勤记者，待人处事也变得八面玲珑，但收入仍然不高，依然被排斥在上流社会之外。为此，杜洛瓦苦思冥想高升的良策，却毫无结果。两个月后，似乎永无出头之日、永远与荣华富贵无缘的杜洛瓦在玛德莱娜的授意下开始接近德·马莱尔夫人。在杜洛瓦的猛烈攻势下，德·马莱尔夫人终于成了杜洛瓦的情妇。杜洛瓦得意非凡，开始真正意识到自己英俊外表的价值，决定凭借自己的漂亮面孔，利用上层社会的女子作成功的阶梯，来达到自己飞黄腾达的目的。德·马莱尔夫人的女儿天真纯洁，不知内情的她很喜欢杜洛瓦，给他起了一个外号叫“漂亮朋友”。很快，杜洛瓦的这个绰号就在巴黎社交界传扬开来。但是，由于杜洛瓦当外勤记者的收入有限，根本无法满足自己与情妇的玩乐开销。在接受了德·马莱尔夫人的“金钱施舍”后，杜洛瓦又开始寻求谋取金钱的新途径。

随着弗雷斯蒂埃身体状况的一天天恶化，作为上司的他对杜洛瓦的要求越来越苛刻，态度也越来越恶劣，恼羞成怒的杜洛瓦决定去勾引他的夫人玛德莱娜。可当杜洛瓦一个劲儿地向玛德莱娜表达爱情时，却遭到了拒绝。玛德莱娜很清楚这种爱情的危险性，理智的她只愿意与杜洛瓦做个好朋友，但她建议杜洛瓦去找瓦尔特夫人，有了瓦尔特夫人的帮助，杜洛瓦在报馆中的地位就能提高。

于是，杜洛瓦先送礼后拜访，开始对瓦尔特夫人大献殷勤。杜洛瓦的努力没有白费，他很快就被任命为社会新闻栏目的主编，同时又被邀请参加瓦尔特夫人举行的宴会。宴会上，杜洛瓦春风得意，他不仅受到了瓦尔特夫人的热烈欢迎，也第一次见到了瓦尔特先生的两个女儿——丑姑娘罗莎和漂亮的苏珊。他与德·马莱尔夫人的关系也有了进一步的发展。

弗雷斯蒂埃的肺病日益严重，不得不去南方疗养。他一走，杜洛瓦在《法兰西生活报》的地位就更重要了。他渐渐成为一个敏锐干练的政治编辑。为了一件日常小事的报道的真实性的问题，杜洛瓦不得不用决斗的方式来解决他与另一家报纸的一个记者的矛盾。尽管十分恐惧，但杜洛瓦还是硬着头皮稀里糊涂地完成了决斗。因此，杜洛瓦一夜之间成为《法兰西生活报》的骨干之一，他的事业也蒸蒸日上。

杜洛瓦认为玛德莱娜的才干和她出色的社交能力一定会对自己的事业大有益处，所以，在弗雷斯蒂埃死后，他与玛德莱娜结了婚。杜洛瓦也在玛德莱娜的要求下把自己的名字改成贵族模样：杜·洛瓦·德·康泰尔。很快，杜洛瓦接替了弗雷斯蒂埃生前的职务，负责《法兰西生活报》的政治栏目。在玛德莱娜的帮助下，杜洛瓦凭借自己出色的报道在政界一举成名。由于玛德莱娜非凡的交际能力，杜洛瓦家的客厅几乎成了政界头面人物云集的沙龙。议员拉罗舍也成了他家的的座上客，与杜洛瓦夫妇尤其是玛德莱娜的关系极为密切。

由于杜洛瓦接替了弗雷斯蒂埃的职务并娶了他的孀妻，更重要的是杜洛瓦的文章几乎都是在玛德莱娜的指导下完成的，写法和措辞与弗雷斯蒂埃几乎同出一辙，所以，报社的人时常将杜洛瓦与弗雷斯蒂埃相提并论，这使杜洛瓦大为恼火，但他暂时又离不开玛德莱娜。渐渐地，杜洛瓦开始对玛德莱娜产生厌倦情绪。

当杜洛瓦越来越厌恶玛德莱娜时，他又与德·马莱尔夫人旧情复燃。同时，杜洛瓦也对瓦尔特夫人的小女儿——娇俏可人的苏珊——产生了好感。但通过与玛德莱娜的一番笑谈，杜洛瓦意识到瓦尔特夫人十分有意于自己，于是，他决定利用瓦尔特夫人对自己的好感来达到自己不可告人的目的。很快，瓦尔特夫人就成了杜洛瓦的另一个情妇。

由于摩洛哥的问题日益复杂，法国很快就要向摩洛哥派军，拉罗舍一伙人乘机推翻旧内阁而重新组阁，拉罗舍也顺理成章地当上了外交部长。为此，杜洛瓦在《法兰西生活报》上写了十几篇关于阿尔及利亚殖民地的文章吹捧新内阁，《法兰西生活报》也就成了政府的喉舌，杜洛瓦则成了拉罗舍的代言人。就这样，玛德莱娜的客厅成了内阁议员们聚会的场所，当上外交部长的拉罗舍俨然成了这家的主人，而杜洛瓦夫妇则仿佛变成了他的秘书。杜洛瓦十分嫉妒拉罗舍的发迹，但又无计可施，只好在妻子面前发泄自己的愤懑。这时，玛德莱娜的旧情人病逝，将价值一百万法郎的遗产全部留给了玛德莱娜。杜洛瓦乘机用社会舆论的压力迫使妻子将遗产与自己平分。

重庆出版集团 2008 年版封面

法国对摩洛哥的出征结束了，瓦尔特与拉罗舍借此机会赚了几千万法郎。目睹瓦尔特与拉罗舍的一夜暴富，杜洛瓦嫉妒得发狂，尤其是对拉罗舍，更是恨之入骨。杜洛瓦思量再三，决定抛弃瓦尔特夫人而打起了瓦尔特的小女儿苏珊的主意。为了顺着瓦尔特这棵大树往上爬，杜洛瓦决心无论如何也要把苏珊弄到手。

此时的玛德莱娜对于杜洛瓦来说已经毫无利用价值，反而成为他进一步往上爬的最大障碍。因此，杜洛瓦略施手段，首先骗取了苏珊的真情并且要求她不再答应任何人的求婚。接着，他在不动声色的暗中监视玛德莱娜多日后，终于了解到玛德莱娜与拉罗舍的私情。于是，他串通警方，安排了一场捉奸的好戏，不仅顺利地与妻子离了婚，而且十分轻松地就把拉罗舍拉下了部长的宝座，从而扫清了一切障碍。杜洛瓦发挥他这个“漂亮朋友”的优势，终于把苏珊骗到手。但杜洛瓦深知，瓦尔特夫人是决不会同意把女儿嫁给他的，于是他决定与苏珊私奔，因为只要苏珊在自己的手中，他就可以无视瓦尔特夫人的阻拦而与自己的老板平起平坐地谈判了。

年幼无知的苏珊经不起杜洛瓦的花言巧语，半夜里轻率地从家里跑出来与杜洛瓦私奔了。当瓦尔特夫妇发现女儿不见时，一切已经太迟了。瓦尔特权衡再三，他觉得杜洛瓦是个精明强干的人，将来一定会有出息，说不定能当上部长。为了保住女儿的名声，不让这件丑事传扬出去，他不顾夫人的竭力反对，同意了苏珊与杜洛瓦的婚事。

不久，杜洛瓦被任命为《法兰西生活报》的主编。在杜洛瓦与苏珊盛大的婚礼上，主教的谄媚献词使杜洛瓦更加踌躇满志。

争议内幕

《漂亮朋友》不仅是莫泊桑长篇小说中的代表作，更是他全部创作中反映社会面最广阔、揭露程度最深刻的作品。它深刻暴露了当时新闻界和政府的黑幕。在《漂亮朋友》中，报纸是操纵在财阀和政客手中的工具，《法兰西生活报》的后台老板是一批众议员，被称为“瓦尔特帮”。瓦尔特是金融家，善于利用政治进行投机。他深谙报纸的作用，创办了《法兰西生活报》。用他的话来说，他的报纸是半官方性质的。他创办这份报纸的真正目的是为了支持他的投机事业和他的各种企业。由于他手段高明、消息灵通，使《法兰西生活报》身价大增，巴黎和外省的所有报纸都对它刮目相看，从它那里寻找消息，引用它的文章，它最后成了内阁的喉舌。由财阀操纵报纸，在政界和投机事业上大显身手，这就是《漂亮朋友》所揭示的第三共和国的报界黑幕。

《漂亮朋友》的尖锐揭露立即引起了强烈反应，有人攻击莫泊桑在影射某份报纸及其主编。莫泊桑作了针锋相对的回答，指出报纸的势力伸展到四面八方，“在那里可以找到一切，也可以利用它无所不为”。他并不讳言《法兰西生活报》由一帮政治投机者和掠夺金钱的人所把持，“不幸的是现实生活中就有几份这样的报纸”。也许是暴露了新闻界太多的黑幕，《吉尔·布拉斯》报突然停止对《漂亮朋友》的连载。虽然争议不断，但 1885 年《漂亮朋友》出版后颇受读者欢迎，几个月内便再版几十次。

杰弗里·乔叟 [英国]

《坎特伯雷故事集》

作者简介

杰弗里·乔叟(1340—1400),英国诗人,被认为是中世纪英国最伟大的文学家。他的作品包括《公爵夫人之书》(1369年)、《特洛伊拉斯和克莱希斯》(1385年)以及他的杰作《坎特伯雷故事集》(1387—1400)。

乔叟是一位伦敦酒商的儿子。十几岁起进入宫廷当差。1359年随爱德华三世的部队远征法国,被法军俘虏,不久赎回。乔叟与宫廷往来密切,当过廷臣、关税督察、肯特郡的治安法官、肯特郡下议院议员。他曾因外交事务出使许多国家和地区,到过比利时、法国、意大利,有机会遇见薄伽丘与彼特拉克,这对他的文学创作产生了很大的影响。乔叟在庇护者失宠期间,被剥夺了官位和年金,经济拮据。他曾写过打油诗《致空囊》给刚登基的亨利四世,申诉自己的贫穷。1400年乔叟逝世,安葬在伦敦威斯敏斯特教堂的“诗人之角”。

乔叟的诗歌创作分为三个时期:一、法国影响时期(1359—1372),主要翻译并仿效法国诗人的作品,创作了《悼公爵夫人书》,用伦敦方言翻译了法国中世纪长篇叙事诗《玫瑰传奇》等。二、意大利影响时期(1372—1386),诗人接触了资产阶级人文主义的进步思想。这一时期的创作如《百鸟会议》、《特罗伊拉斯和克莱希斯》、《好女人的故事》,反映了作者面向生活现实的创作态度和人文主义观点。三、成熟时期(1386—1400),乔叟在这最后15年里从事《坎特伯雷故事集》的创作,无论在内容和技巧上都达到他创作的顶峰。他首创的英雄双韵体为以后的英国诗人所广泛采用,使他被誉为“英国诗歌之父”。

作品提要

《坎特伯雷故事集》是一部用韵文形式编写的故事集,包括总序和若干互相衔接而又各自独立的故事。伦敦附近萨德克的泰巴客店,叙述者与29名朝圣客结成了旅伴。他们和叙述者一样,准备去坎特伯雷城朝拜圣祠。讲故事者包括作者本人、骑士、教会修道院长和僧侣、商人、大学生、律师和城市中间阶层人物等。题材范围涉及爱情、骑士、侦探，虔诚和道德教育故事，喜剧或滑稽故事，动物寓言等。客店老板提议大家在一同骑马朝圣途中把讲故事作为消遣，他建议朝圣客在去坎特伯雷的路上和返程中每个人各讲两个故事。他认为讲得最好的人由大家合请，可以在他的客店获得一份免费的晚餐。

磨坊主说的故事是一个名叫尼古拉的穷书生诱哄房东年轻迷人的妻子阿丽生和他共度良宵。他使房东——一个名叫约翰的木匠相信第二场洪水即将来临，骗他晚上躲在悬挂在谷仓屋梁的木桶里。年轻的教区管事阿伯沙龙也爱上了阿丽生，来到尼古拉和阿丽生卧室的窗前。阿伯沙龙请求阿丽生赐他一吻，阿丽生却趁着夜色将臀部挪出窗外，让他吻了一下。阿伯沙龙跑去找来一根烧得通红的拔火棒，又回到窗前请求再吻一次。这时尼古拉把屁股露出窗外还放了一个屁，却被阿伯沙龙在屁股上烙了一块印记。尼古拉大呼“水”，木匠以为洪水来了，于是把绳子砍断，木桶从屋梁掉了下来，结果他摔断了一只手臂。

管家原本是一个木匠。磨坊主讲的愚蠢的木匠的故事激怒了他。作为回应，他讲了一个不诚实的磨坊主的故事。有两个学生约翰和亚伦，去磨坊监视磨粉，这样磨坊主就没有机会偷刮麦粉了。但是磨坊主解开了马缰，趁他们去追马的时候，偷了一些刚刚为他们磨好的面粉。两个学生赶上马的时候天也黑了，所以只能在磨坊住下。就在那天晚上，亚伦引诱了磨坊主的女儿，而约翰引诱了磨坊主的妻子。当磨坊主醒来意识到发生的一切，便和学生打了起来。磨坊主的妻子，将丈夫误以为是个学生，拿棍子打中了他的头。两个学生拿回了他们被偷的面粉离开了磨坊。

厨师很喜欢管家的故事，自告奋勇来讲了一个笑话。这个故事讲的是一个名叫波金的学徒，终日唱歌跳舞、嬉戏游耍，因此被称做“纵乐波金”。最后波金的师傅决定开除他的学徒，让他去玩乐，以免留下来带坏其他的仆徒。波金住到了朋友家里，这人喜欢喝酒、赌博，他的老婆还是个妓女。

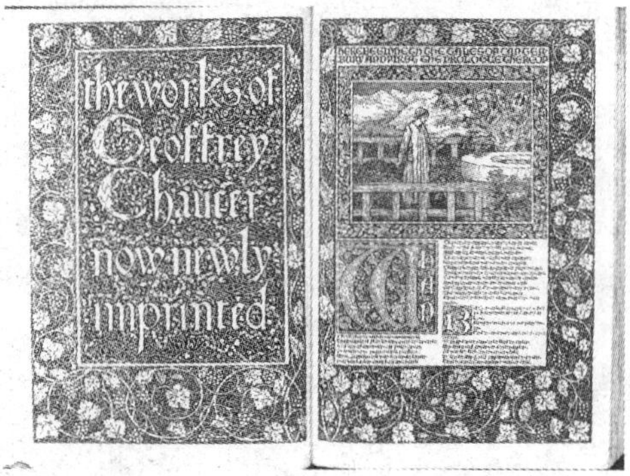

《坎特伯雷故事集》15世纪的一个版本

巴斯妇是两个讲故事的女性之一，她可谓是阅历丰富，因为她自从12岁妙龄就有了第一次婚姻以来，已有过五位丈夫，深谙这个世界的基础，也就是爱和性。她通过与多任丈夫相处得来的经验，懂得如何在一个妇女没有多少独立性和权利可言的世界中求生存。她控制丈夫的主要手段是控制丈夫对她的性要求。巴斯妇把自己的身体作为讨价还价的砝码，丈夫不答应她的要求就不能享受性爱欢愉。她承认她的五位丈夫中，三个“好”，另外两个“坏”。前三个好，主要是因为他们有钱、年老，而且顺从。她笑着回想起她如何折磨这些男人并讲述了她和老丈夫的一段经典对话。她指控丈夫与别的女人关系暧昧，这种指责毫无根据，让人摸不着头脑，而且还没完没了。如果她丈夫喝醉了，她就会说他说过妻子都会蚕食丈夫之类的话。然后他会感到内疚，从而给她她想要的。更坏的是，她在床上取笑丈夫，他们不答应给她钱，她就决不让他们尽兴。就第五任丈夫荆金而言，她有更多话说。她嫁给他是为了爱，而不是为了钱。他在床上最新鲜活泼，很能花言巧语，总是可以哄好她，赢回她的爱。巴斯妇闲扯了一阵子，游乞僧插嘴了，抱怨她讲得太多。客店老板叫大家安静下来，让巴斯妇开始讲她的故事。

Washington Square Press 1990 年版封面

她的故事讲的是亚瑟王手下的一位武士强奸了一位少女，为了赎罪，王后命他找出女人最想得到的东西。一个又老又丑的妇人允诺武士告诉他答案，条件是武士要答应她提出的要求以报答救命之恩。武士同意了，妇人告诉他，女人最想要的就是她们对丈夫和自己的人生的控制权。他们一同去拜见王后，老妇人的答案果然正确。于是老妇人要求武士娶她为妻。当武士坦言他讨厌妻子长相的时候，她给武士两个选择：希望她又老又丑但对他忠心耿耿，还是年轻漂亮但对他感情不专一。武士让她自己做选择。为了奖励武士将婚姻的控制权交给她，她变得既美丽又专一。

游乞僧赞赏了巴斯妇的故事，并提议讲一段关于好色差役的笑话逗大家开心。法庭差役没有反对，但他发誓要讲一个故事来以牙还牙。游乞僧讲的是一个教区长执法严明，尤其是对淫荡之徒严厉惩处。教区长手下有个差役，他有一伙线人为他提供嫖客的消息。差役敲诈传唤逮捕来的嫖客，收取比赎罪贵得多的钱财。他请求与魔鬼假扮的乡士同行，他们交换了各自欺诈勒索的经验后，魔鬼就消失了。但是当差役试图对一位有钱的老寡妇提起不公的诉讼时，寡妇大咒差役应该下地狱。魔鬼听从她的旨意，将差役抓进了地狱。

法庭差役听了游乞僧的故事十分恼怒，请求大家让他讲下一个故事。首先，他对众人说游乞僧与魔鬼没什么两样。天使带游乞僧到地狱观看各种酷刑时，他问为什么在那里看不到游乞僧，于是天使拿开撒旦的尾巴，涌出 20000 个游乞僧。法庭差役讲的是一个游乞僧向垂死的托马斯和他的妻子乞讨的故事。这对夫妇刚刚死去了孩子，游乞僧厚颜无耻地趁人之危诈取他们的钱财。于是托马斯告诉游乞僧在他屁股底下有要遗赠的东西。游乞僧伸手去拿遗赠物，结果托马斯放了一个响屁。游乞僧向庄园主人抱怨此事，主人的侍从保证将屁均分给所有的游乞僧。

客店老板叫牛津的学者显得高兴一点，讲一个好玩的故事。学者答应讲一个从意大利诗人彼特拉克那里得来的故事。勤劳的农家女格丽西达嫁给了国王。国王用了很多办法试探她的坚韧，甚至假装杀死她的孩子，与她离婚。最后还逼她来为他筹备迎娶新娘。她尽职地做着这一切。国王告诉她，她一直是也将永远是他的妻子(离婚只是一个骗局)，从此以后他们幸福地生活在一起。

商人感叹温顺的格丽西达与他那结婚才两个月的凶悍的妻了截然不同。客店老板请他讲讲婚姻的愁苦，他也同意了。一位名为冬月的老武士不顾朋友们的劝告娶了年轻漂亮的春月。她对丈夫的性爱无动于衷，而与他的侍从达米恩暗中通奸。双目失明的冬月牵着春月走进花园去温存。她说想吃梨，他就帮她爬上梨树，而她正好在那与达米恩私通。众仙之王帕路托恢复了冬月的视力，被当场抓获的春月却骗他，让他以为自己看错了。客店老板祈求上帝不要让他娶一个商人所说的这样的妻子。

船手的故事描述的是一个年轻的修道僧诱骗商人妻子与他发生关系。他从商人那借了钱，又把这笔钱转借给了商人的妻子去还她欠丈夫的债，条件是她必须满足他的性要求。而当修道僧见到商人时，他又告诉商人已将借款还给了他的妻子。妻子意识到上当了，她坦率地让丈夫不要计较她的债务，她愿意在床上还上这笔债。客店老板称赞了船手的故事，然后请女修道院院长讲下一个故事。

天津人民出版社 2008 年版封面

女修道院院长祈求圣母玛利亚指引她的故事。一个亚细亚的城市里，在犹太人居住区旁建有一所基督教小学，一个寡妇的 7 岁的儿子在这所学校上学。他是一个虔诚的基督教徒，喜欢歌唱圣母赞美曲。他唱着这首赞美曲经过犹太区时，一些犹太人雇了一个凶手，割破了他的喉咙，把他抛进了厕所。犹太人不愿告诉寡妇她儿子的下落，但那孩子却神奇地唱起了赞美曲，这些基督徒们才找到了他的遗体。市长下令用野马拖曳参与凶杀案的所有犹太人，并处以绞刑。

客店老板拿叙述者乔叟的外貌打趣了一番之后，请他讲个故事。乔叟说他只会讲一个诗体故事，然后开始笨拙地模仿起那首诗——托巴斯先生的故事。托巴斯先生骑着马去寻找仙后与她结婚，却遇到了一个巨人。客店老板无法继续忍受叙述者那打油诗的语调，打断了他的故事。乔叟问老板为什么不让他讲完，因为这是他所知道的最好的诗歌了。客店老板说他的诗韵连狗屎都不如，建议他用散文再讲一个。

乔叟的第二个故事比较长，是用散文讲的关于梅利比的故事，富有教育意义。梅利比的仇人袭击了他的家，殴打他的妻子慎子和女儿索非亚，使他女儿的脚上、手上、耳朵、鼻子和嘴巴受到了重伤。慎子劝他不要报仇雪恨。他听从了妻子的劝告，交由妻子来决定如何惩罚仇人。她参照基督教的宽恕美德饶恕了仇人对她犯下的罪行。

乔叟祈求读者将书中他们喜爱的部分归功于耶稣基督，耶稣基督是一切才智和善良之源；而将他们所不喜欢的归罪于他自己的无知与无能。

这部作品文笔优美流畅，表现了作者卓越的驾驭语言的能力。小说结构虽有许多故事组成，合起来又是一个艺术整体。这部小说揭露了教会的黑暗和社会的不合理，具有极强的现实主义精神，开创了英国小说创作的现实主义传统。

争议内幕

当《坎特伯雷故事集》于 1908 年首次在美国发行时，就已经被删改过了，其中 17 个故事经过大幅度的修改，被翻译成了现代英语，另 7 个故事虽然内容完整，但是未经编译，仍为原版的中世纪英语。被删除的大多是一些露骨的性描写和粗俗下流的俚语，原文中那些难听的诅咒也被删除了。然而，仍然有学生家长和教科书审查者对《坎特伯雷故事集》提出异议。受到指责最多的是原文中的语言，也有人认为其中《磨坊主的故事》和《巴斯夫人的故事》的内容都有问题，因为这些人物形象不健康，而且语言淫秽。

1986 年，佛罗里达州的哥伦比亚县中学在人文选修课上选用了《磨坊主的故事》作为必读书目，从而引发了一场旷日持久的官司。这个故事是收录在《古典文学：文化根源及延续》的第一卷中的，这是一本经过州政府审批的教科书，在启用后的十年中没有引起任何异议。事情的起因是一个牧师发现女儿读到这两篇文章，于是对《坎特伯雷故事集》进行了投诉。该牧师以“性描写过于直白”、“语言鄙俗”及“煽动妇女解放”为理由，要求禁用该文章。他指出《磨坊主的故事》的一些粗俗用词，如“屁股”、“放屁”以及对通奸的调侃。学校委员会投票决定没收所有课本并将其锁入书库。由于担心被指控为查禁书籍，校委会成员还投票通过允许在图书馆中留下一本，不过把它放在了“成人书架”上。

伏尔泰［法国］

《老实人》

作者简介

伏尔泰(1694—1778),18世纪法国乃至欧洲启蒙运动的重要代表人物,以60多部著作和卓越的社会活动推动了人类理性的进步。雨果在谈到伏尔泰时曾说过:“伏尔泰不只是一个人,而是整整一个时代。”

伏尔泰本名叫弗鲁索瓦·玛利·阿钱埃,1694年生于巴黎一个富有的公证人家庭。少年时期,他在耶稣会主办的贵族学校读书。中学毕业之后,父亲一心想让他学法律,将来当法官或律师,但伏尔泰却立志成为诗人。他的确有诗人的天赋,他经常出口成章,即兴写诗。由于他写了一首嘲笑贵族的讽刺诗,结果被关进巴士底狱。在狱中,他仍然坚持创作,完成了他的第一部悲剧《俄狄浦斯》。1718年,《俄狄浦斯》在巴黎上演,获得成功,他一举成名。1743年,伏尔泰发表了《哲学书简》,在这部书里,他赞扬英国革命后取得的成就,批评法国封建制度,宣传唯物主义哲学思想。他认为人一生下来就应当是自由的,在法律面前应当人人平等。他主张在法国建立一个在“哲学家”引导下,依靠资产阶级力量的开明君主制,国内有言论出版自由,等等。他反对天主教会,强烈谴责教士的贪婪和愚民的说教,他称天主教教主为“恶棍”,称教皇为“两足禽兽”,号召人民粉碎教会这个邪恶势力。此书一出版,即被法国政府判为禁书,并当众烧毁。

伏尔泰在文学上最重要的贡献是开创了哲理小说,具有代表性的是《查第格》、《老实人》和《天真汉》等。哲理小说首先包含着伏尔泰对社会人生的深刻理解,都旨在宣扬启蒙理想,让人正视人生,走向理性、平等、自由、诚实和智慧;在表达中,小说常采用离奇的情节、夸张的手法,使用暗示性的语言、讽刺的调侃、机智的辞令、俏皮的警句,可谓嬉笑怒骂融为一体;它继承了拉伯雷的讽刺幽默传统,借鉴了英国斯威夫特的手法,并吸取了大量民间戏剧的打趣方法。俄罗斯作家别林斯基称伏尔泰为“世界上第一个机智俏皮和诙谐的人”。到了19世纪,巴尔扎克和司汤达也从伏尔泰那里继承了尖锐的讽刺力量。

作品提要

年轻的老实人成长在德国的威斯特伐利亚，他住在森德·谭·特宏克男爵的城堡里。据城堡里年长的女仆猜测，老实人是男爵姐姐与邻村一位善良诚实的绅士所生。

男爵家的家庭教师庞格罗斯是这一家的"圣人"，他教授心理玄学、神学和宇宙学。他的观点是：世上一切的事物都以最完美的方式存在，这个世界就是尽善尽美的，因此，我们不应当说"一切都好"，而应当说"一切都完美"。老实人对这位老师推崇备至，十分信赖他的哲学观点。在男爵家，老实人虽然身份低了些，但也过着优裕的生活，然而因为爱情，他开始步入苦难的历程。原来老实人一直与男爵的女儿居内贡达小姐心心相印，一天午饭后，两人做出亲密的举动，却被男爵发现，男爵当即将老实人赶出了城堡。居内贡达当场晕了过去，醒来后又挨了母亲几耳光。

被逐出的老实人漫无目的地流浪着。一天，他来到一个小酒馆，有两个身穿蓝色制服的男子立刻注意到他，他们先是彬彬有礼，请老实人吃饭，又送他几个钱，可正当老实人异常感激并赞叹"一切完美至极"时，那两人却给他戴上了脚镣将他带到保加利亚军营。原来老实人被抓去当了兵。期间，因为想"逃走"，老实人被鞭打了 4000 下，幸亏保加利亚国王打此经过，赦免了他未受完的刑罚。保加利亚人和阿巴尔人开战了，只见尸横遍野，双方的村庄被烧毁，被剖腹的人在呻吟，老实人因为躲藏得好得以幸存，于是他来到荷兰。

一位好心的雅克先生收留了他，给他吃穿，老实人不禁又想起了庞格罗斯的教诲：这世上一切都完美。第二天，老实人在街上散步时遇到一名乞丐，这乞丐眼睛毫无生气，鼻子烂了，嘴也歪了，牙齿发黑，每咳嗽一下都会吐出一颗牙。老实人送给乞丐两个荷兰盾，却发现此人正是庞格罗斯先生。

Dover Publications 1991 年版封面

庞格罗斯向老实人讲述了他和男爵城堡的悲惨遭遇。保加利亚人杀入了男爵的城堡，将居内贡达小姐蹂躏后切腹杀死，男爵本人为了保护小姐被砍去了脑袋，男爵夫人则被大卸八块，整个城堡已成为残垣断壁。庞格罗斯本人因与男爵夫人的女仆交好而染上了梅毒，于是弄成这副模样。对于梅毒的根源，老实人惊问它是不是魔鬼种下的，庞格罗斯却回答说"它是这个最美好的世界中一件必不可少的东西，一个必要的成分"，因为如果不是哥伦布在美洲带回了这种病源，那我们也就不能吃上巧克力。雅克出钱替庞格罗斯治好了病,但后者却失去了一只眼睛和一只耳朵。雅克带老实人、庞格罗斯去葡萄牙的里斯本。在船上,雅克发表看法说世事并非如此美好,比如上帝没有赋予人类枪炮和刺刀,而人类却自己发明然后用于自我毁灭,再如司法部门常办事不公使人们的利益得不到保护。庞格罗斯回答说,不幸是个别的,个别的不幸能创造出整体的幸福。快到里斯本时,海上突起风暴,船体倾斜欲翻。紧急中,雅克救一水手自己却不慎掉入大海,被救的水手则任由雅克被淹死,袖手旁观。对此,庞格罗斯的说法是:里斯本港的形成就是为了让雅克在此淹死。

老实人和庞格罗斯靠一块木板漂到岸上,却正赶上里斯本发生大地震。当地的圣贤认为,防止城市彻底毁灭的方法是公开举行火刑,庞格罗斯因为发表了不能令人满意的演说而被送上了绞刑架,老实人先被判火刑后改为打板子。在他们分别受刑时,地震又一次发生了。

浑身是伤的老实人为一老妇人相救,老妇人带他来到一所房子,给了他药品和食物。住到第三天,老妇人又悄悄领老实人来到一处环境幽雅的住宅,在那里,他难以置信地见到了情人居内贡达。居内贡达告诉老实人自己的经历:她的确遭到了保加利亚人的侮辱,并且腰部中了一刀,可是活了下来;一名保加利亚上尉让她做了三个月的女佣,随后将她卖给了犹太商人唐·依萨卡,就是依萨卡将她安置在此处;同时,一名当地的大法官也看中了居内贡达,于是依萨卡和大法官讲妥,两人分时间接近居内贡达。她说正是大法官邀请她去观看火刑,她才发现了老实人和庞格罗斯,在惊恐中,她吩咐老妇人前去搭救。

正在老实人与居内贡达谈话时,依萨卡突然来到,并要杀死老实人,但被老实人拔剑刺死。紧接着,大法官也来到了,为了自己和居内贡达的安全,老实人又迅速刺死了大法官。老妇人沉着冷静忠于主人,她立即建议大家一起出逃,前往加第克斯,就这样,三人带上了金银珠宝骑马连夜飞奔。

路上,一位方济会神父乘机偷走了居内贡达携带的财宝,无奈他们只好当掉一匹马以换得盘缠。在加第克斯,老实人在军队将领面前表演了一套保加利亚军的操练动作,轻而易举地获得了上尉军衔,于是他们又乘船去阿根廷,并带上了一名仆人卡冈勃。途中,老实人感叹他们生活的这个世界(欧洲)苦难实在太多,但他们即将到达的另一世界(美洲)却一定会是最好的地方,居内贡达哀叹自己的不幸,这时老妇人说出了自己更为不幸的经历。

老妇人说自己是教皇于尔班十世与帕莱斯特里纳公主的女儿,从小生活在宫殿中。15岁时,她心满意足地与一位王子定了婚,但王子昔日的情妇出于嫉妒在大喜前将王子毒死。悲痛之余，她母亲决定带她去一处领地换换心情，不料在半路遇上了海盗。随船的士兵无一抵抗全部投降，海盗们把母女二人和金银财宝带往摩洛哥，并玷污了当时还年轻的老妇人。刚到摩洛哥，海盗们便遭到仇家的攻击，所有人都战死了，老妇人在死尸堆中也奄奄一息。一个意大利男子救起了她，答应把她带回意大利，结果却将她卖到了阿尔及利亚，经过辗转，她又被卖给了土尔其的一个军官。这军官好带老婆到前线，于是老妇人也到了前线，不幸的是，因为被敌人围困，粮食缺乏，士兵们割下了包括老妇人在内的女人们的半个屁股，这也就是为什么现在老妇人只能用半个屁股骑马的原因。又经过诸多苦难，老妇人这才来到依萨卡家做仆人。听罢这一番述说，居内贡达向老妇人表达了自己对她的敬意，而老实人也觉得他该向庞格罗斯的“世界完美”论提出反对意见。

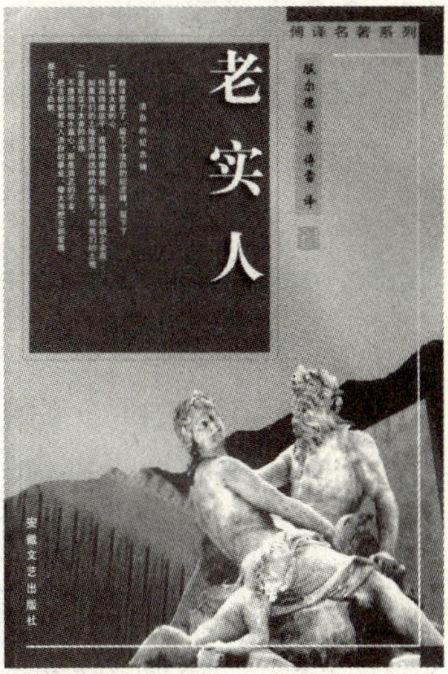

安徽文艺出版社 1998 年版封面

船到了布宜诺斯艾利斯，他们一行便去拜见总督唐·弗南多，想谋个职位，可是这又是一个好色之徒，弗南多一见面便说要在次日迎娶居内贡达为妻。就在居内贡达向老妇人讨教对策之时，消息传来，追捕杀害大法官的警察已经追踪而至，情急之下，老实人带上卡冈勃匆忙逃走。

卡冈勃带老实人去巴拉圭投奔耶稣会的军队。在第一道关卡，老实人和巴拉圭的一名神父军官会面，而那军官正巧是居内贡达的弟弟，双方都激动万分。原来，这位年轻的男爵在城堡被攻陷后也幸存了下来，后来当上了教士并被招募到巴拉圭。老实人当即和男爵商定，协力拿下布宜诺斯艾利斯，救出居内贡达。可是，当老实人说自己还要娶居内贡达为妻时，男爵却因为老实人出身卑微而坚决反对，并用剑击打老实人，老实人被迫还击，一剑刺穿了男爵的肚子。后悔不迭的老实人不知所措，机智的卡冈勃则迅速给老实人穿上了男爵身上的神父衣服，两人乔装逃出军营。

在去圭亚那的途中，老实人和卡冈勃十分艰苦，有时就靠野果为生。一天，他们看到河流，便顺流而行。经过曲折艰险爬上悬崖峭壁，他们竟意外地来到了黄金国。这里遍地都是黄金和珠宝，但人们却视它们为泥巴和石子，毫不在意。两人受到热情丰盛的招待，并见到了国王。他们了解到，这里没有监狱、没有官司，更没有残酷卑劣的刑罚；这里不设宗教的繁文缛节，但人人都真心信仰上帝，因此也没有那些表面装腔作势、暗地邪恶堕落的神父；这里科学发达，人们真诚相待、宽容共处。老实人和卡冈勃都相信这是世界上最好的地方。

深情的老实人没有忘记居内贡达，他和卡冈勃商量好决定离开，并准备用绵羊载运大量黄金国的石子（黄金），这样他就可以赎出居内贡达。但要出黄金国是不容易的，因为四周都是悬崖峭壁。好心的国王调集大量科学家为他两人设计了机器，将他们和绵羊运出了黄金国。

路途中，他们的财宝丢失了大半，此时他们来到了荷兰人管辖的苏里南。他们看见一个可怜的黑人躺在地上，没有左腿和右手，衣着鄙陋，老实人便上前问话，黑人则讲述了他在制糖厂遭到的野蛮残酷的剥削。面对惨状，老实人高呼自己再也没法相信庞格罗斯的乐观主义。

他们准备去布宜诺斯艾利斯，老实人便和一西班牙船长讲价格，并向他讲述了自己的经历，船长认为如果带老实人前去自己也会牵连到杀人案里，于是拒绝了。老实人委托卡冈勃带上一半财宝独自去赎救居内贡达，并约定大家在威尼斯会合。

卡冈勃出发了，老实人继续寻找前往意大利的船只。制糖厂主人梵德登杜尔先生来见老实人，因为他有一条船可以搭载老实人。他试探出老实人十分富有，便设计骗走了老实人身边驮着财宝的绵羊。老实人投诉无门，叫苦不迭，脑海中充满了人们丑恶卑鄙的面目。终于等到一艘去法国波尔多的船，老实人买了一张最便宜的船票。买票后，老实人到城中宣布自己要找一旅伴，包吃包住付薪水，但条件是此人必须是当地最不幸的人。一名老者被老实人选中了，他叫马丁，是位学者，但他被妻子偷窃、被儿子殴打、被女儿遗弃，刚刚又丢了工作，还正遭到当地牧师的迫害。

去波尔多的船上，马丁向老实人历数人类的苦难、人性的丑陋和凶残，但老实人坚持说世界仍然有好的一面，二人就此争论了 15 天，船也到了波尔多。过了几天，老实人和马丁前往巴黎，老实人的财富很快引起人们的注意，他偶感风寒，身边就立即出现了两名陌生的医生和一些不知名的朋友，他们都声称愿意照顾老实人。人们陪他赌钱，贵妇人勾引他玩乐，神父更是冒居内贡达之名给他写信，他们都从老实人身上骗得不少钱财。最后，老实人醒悟过来，用钱收买了其中一个人，此人将他们送上了去英国的船。

在船上，老实人哀叹这究竟是怎样一个世界！马丁则回答说，这世界是个疯狂而可憎的东西。到达英国普茨茅斯港，正赶上一位英国将军被莫名其妙地处死，老实人顿生厌恶，于是出高价让船主送他们去威尼斯。

到达后，老实人立即四处找寻卡冈勃，但没有找到，老实人一时十分绝望。老实人和马丁去拜访威尼斯的贵族议员波谷居昂特，这位议员家居豪华，他收藏着很多世界名著并拥有多幅名家的真画，可他对这一切都持不屑的态度，认为一切都是缺点多于优点，任何东西都无法令他满意。

一天晚上，老实人正要和一群人吃饭，一个肤色黝黑如炭的男子抓住了他，原来正是卡冈勃，但他现在已经沦为一个失势的苏丹国王的奴隶。卡冈勃告诉老实人居内贡达在君士坦丁堡。接着，老实人与六名外国人吃饭，他们每个人都自称是某国的君王，但出于种种原因，现在都很失意，或失去王位，或身无分文。老实人和马丁又不免感叹一番。

饭后，老实人得知，卡冈勃已经赎出了居内贡达，但两人被海盗抓去同成了奴隶。老实人重金赎出了卡冈勃，三人坐上一条苦役船，前去君士坦丁堡。船上有两名苦役犯正是庞格罗斯和居内贡达的弟弟，因种种巧合他们都未死，但后来都变为奴隶。老实人又将他二人赎出，他们共同来到了目的地。

在卡冈勃的指引下，老实人终于见到了他一直牵挂的居内贡达，但此时的居内贡达因生活的磨难已变得又老又丑。居内贡达暗示老实人不可忘记自己的诺言，老实人无奈地接受了现实。那位年轻的男爵又开始激烈反对老实人和居内贡达的结合，这令所有人讨厌，经过商量，大家又将他送回到那艘苦役船上。

之后的日子，大家过得稀松平常，甚至有些苦闷和焦躁，直到有一天，他们从一个老人那里获得了启示。这位老人不大关心周围发生的事情，他满足于自己诚实的劳动，因为劳动使他远离人生三大痛苦：烦恼、纵欲和饥寒。老实人、庞格罗斯和马丁由此获得共识：人生不是为了享乐而来，种好自己的园地要紧。从此，他们过上了平凡、真实而又安心的生活。

争议内幕

1821 年，法国天主教会重申了法国神职人员和巴黎大主教个人发布的书报审查命令，《老实人》也在被禁之列。在命令中，教会指出：这些作品遭到谴责，因为它们亵渎上帝，败坏道德，危害国家。所以要禁止在所管辖的教区里出版、印刷或销售这些书籍，对违反法规的人要给予处罚。为了树立威信，教皇庇护七世将《老实人》列入 1906 年的罗马《禁书索引》，随后又重申了禁令。

美国海关于 1928 年截获了一批引进的《老实人》，并宣布这是淫秽书籍，而这本书在所有大学的图书馆里都可以借到，而且也列在大学阅读书目中。根据规定，波士顿海关官员扣留了这批书籍，因为这批书是未经删节的版本。后来经过几个有影响力的政客说情这批书才得以放行。

詹姆斯·鲍德温 [美国]

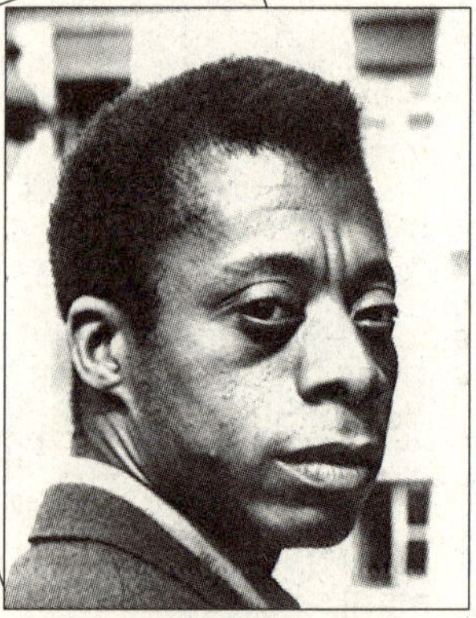

《另一国度》

作者简介

詹姆斯·鲍德温(1924—1987),黑人作家。鲍德温生长在纽约市黑人聚居区哈莱姆,这里同性恋文化盛行,夜总会里的易装舞会成为哈莱姆文化的一部分。他 14 岁开始在教堂布道,3 年后自称“看透了宗教的虚伪”,从此离开教堂,不信宗教。后来当过饭馆侍者和仆役,业余时间写作书评和小品文,其中一部分收在散文集《土生子的札记》(1955)中。1944 年他结识黑人作家理查·赖特,并在赖特的帮助和鼓励下从事创作。1948 年鲍德温离开纽约前往巴黎,在那里找到了生命中的至爱卢辛·汉朴博格,但这份爱恋也几番令他心神黯然。1957 年美国爆发警察镇压黑人示威的小石城事件,鲍德温认为他身为作家,应当回到美国从事写作和斗争。他参加黑人民权运动,同时写了许多文章,就反对种族歧视、黑人解放的道路等问题发表意见。他出版有一部短篇小说集和五部长篇小说,较优秀的是第一部长篇小说《向苍天呼吁》(1953),以同性恋为主题的《乔瓦尼的房间》(1956)、《另一国度》(1962)和《告诉我最后一班车开走多久了》(1968)等。除了小说,鲍德温也写作剧本和散文。他的剧本《黑人怨》(1964)在百老汇上演后获得好评。著名的散文集《没有人知道我的名字》(1961)、《下一次将是烈火》(1963)、《他的名字,在街上也不存留》(1972)等文笔犀利泼辣,洋溢着火一般的热情,西方有不少评论家认为他是 20 世纪杰出的散文作家。

作品提要

这部小说以纽约市为背景,故事中的几个主要人物都自由地游走于格林尼治村和哈莱姆区(位于曼哈顿北部,自 1910 年以来,迅速增大的黑人居民使该地成为美国最大的黑人聚居地,20 世纪 20 年代黑人艺术及文学的兴起被称为哈莱姆文艺复兴)之间,讲述了七个主要人物一年内的生活。《另一国度》聚焦在七个人的艺术生涯和他们之间的关系上,他们是非裔爵士乐鼓手鲁弗斯和他的歌手姐姐爱达,以及五个白人角色:魏瓦多(爱达的情人,未来的作家),年轻的法国人伊维斯及其情人埃里克,下三滥的小说作家理查德及其妻子卡斯。作者把时间设在20世纪50年代,透过经常出现在白人与黑人两个种族之间复杂的相互影响,对种族主义给黑人和白人所造成的重大伤害问题进行了深入探讨。作者在小说中将白人和黑人放在一个大体同等的地位上,来表达种族平等的观念。然后通过一系列事件揭示出人们要保持这种种族平等是多么地艰难,而且最终会失败。鲍德温试图抹去现有的肤色和性别的界限来打破占主导地位的理念,通过描写他笔下的不同种族之间的性关系和同性恋的自由,展示这个时代的社会希望。

Bell books 1969年版封面

小说的写作风格是社会现实主义的。小说细致描写了特定时代典型人物的生活,成功地刻画了城市里的人物、街道、商店、公寓和声音,揭示这些事物的光明面和阴暗面。书中的人物承受着现实社会的压力,为了强调真实性,对话都采用市井小民的日常口语,还夹杂着粗话,表达出他们的恐惧、失败、欲望和情感。白人对黑人有性吸引力,男人和男人之间也会互相吸引,身边的城市用肮脏阴暗包围着他们所有人的生活。

尽管小说中的人物一直都在努力,但是他们还是注定要向命运屈服,这是无法控制的。鲁弗斯·斯科特是一位极具天赋而又成功的音乐家,但是由于当时社会的影响,人们从心底里是看不起黑人的。当鲁弗斯的白人情人利昂娜向他示爱,希望得到他认同的时候,他却因为缺乏自信,无法克服从前被人拒绝的痛苦,所以没有回应她的爱。相反,他还把利昂娜称为"白人败类",理由是她竟然会爱上一个黑人。不仅如此,他还对她进行肉体上的摧残,污蔑她与自己的另外一名男性朋友有染。鲁弗斯是小说中着力描写的人物,由于无力掌控自己命运而绝望,他在小说的五分之一处就从乔治·华盛顿桥上跳下来而自杀。在剩下的五分之四中,余下的人物面对自己的失落,每个人以各自独特的观点回忆和鲁弗斯的关系以及他们自己在生活中的挫折。

争议内幕

《另一国度》出版后获得了令人意想不到的成功,它名列1963年畅销书排行榜的第二位。这本书在公众领域中产生的巨大反响引起了联邦调查局的注意,联邦调查局认为它和亨利·米勒的《北回归线》和《南回归线》有许多相似的地方,于是把它送到联邦调查局检查部门里接受"检查",还特别提到该书中的有关不同种族之间的性关系以及同性恋的性描写。1963年,新奥尔良市的一个书商因为库存该小说而被捕,但后来又被释放。同年,新奥尔良市的公共图书馆宣称这本小说内容淫秽,于是查禁了它。一年多之后,该书被解禁。

威廉·苏厄德·伯勒斯 [美国]

《裸体午餐》

作者简介

威廉·苏厄德·伯勒斯(1914—1997)出身于圣路易斯市一个园艺之家。1936年,他在哈佛大学获英语博士学位。二战爆发后,他无心从事研究工作,投笔从戎。不久,他因为心理素质不佳被迫离开军队。1943年,他移居纽约,同凯鲁亚克和金斯堡结识,倡导"实验性"文学,成为他们思想和创作上的启蒙人,"垮掉的一代"的教父。1953年,伯勒斯根据自己的吸毒经历写出"垮掉"风格的小说《瘾君子》,开始引起美国文学界的注意。1955年,他完成了一部原题为《赤裸的情欲》的作品,但因字迹太潦草,误读为《裸体午餐》(Naked Lunch)。伯勒斯认为这个名字"更惬意",就定下来了。

《裸体午餐》出版后引起巨大反响,伯勒斯从此名声大振。美国和西欧的一些通俗期刊和廉价小报纷纷向他约稿。他顺势推舟,毫无计划地进行创作,有时还采用所谓"剪接法",即一边写,一边将手头的报纸、期刊、书籍上的大段文字剪下来,打乱顺序,重新拼接,胡乱塞到自己的作品中。他认为,只有这样搅乱个人、社会、政治之间的界限,才能表现事物的真。1964年出版的小说《新星快车》描写银河内各个派别为控制地球和宇宙而争斗,没有完整的故事,只是"一大堆怪诞联想的堆积"。后来出版的小说《柔软机器》(1966)、《爆炸的火车票》(1967)等,采用现实与梦幻相混合的手法,表现作者对社会的厌恶情绪,脉络也相当混乱。伯勒斯这时说,他已写尽胸中的一切,江郎才尽。1981年,伯勒斯返回美国,又写了小说《死路之地》(1984)、《西域》(1987)、《机会渺茫》(1991),但采用的是传统的写作手法,因为这时他觉得"垮掉"手法已不时兴了。

作品提要

《裸体午餐》以蒙太奇和超现实主义的手法,运用梦幻和幻想相结合的方式,描述了一个瘾君子可怕、堕落的生活。主要人物威廉·李即是作者伯勒斯的化身,小说以不同人物的视角展开情节,采取意识流的叙述方式,结构并不连贯,以一连串意象的组合表现了瘾君子骇人的生活状态。

小说以毒品贩子威廉·李的经历开始，他四处游荡，一方面试图逃避警察的追踪，另一方面在寻找毒品，急迫地想要吸食它。威廉·李从纽约来到墨西哥，一路上遇见几个行为怪异的人。在墨西哥，威廉·李见到了本威博士，本威博士向他讲述了自己以前的事情，称自己是“彻底堕落的人”。场景突然转到一个叫“自由岛”的地方，其实就是地狱的边缘，人们过着地狱般腐烂的生活。随后场景又转到了一处市场，那里正在叫卖各种毒品。本威博士在医院里变成了一个邪恶的怪物。威廉·李来到一个叫“墓地”的地方，汉森正在那里纵欲狂欢。不速之客艾杰闯进了这个派对，对那里的人们进行了大肆的杀戮。后来叙述似乎转入了现实，威廉·李被名叫豪瑟和奥布莱恩的两名警察追捕，威廉·李试图干掉他俩，于是来到街边的电话亭打电话给毒品控制小组，想找豪瑟或者奥布莱恩，但却被告知毒品控制小组里没有这两个人。威廉·李挂上了电话，又开始了一次新的逃亡。

《裸体午餐》电影海报

作者在小说中详尽露骨地用俚语描述人的生殖器官，而且还力图最大限度地详尽描述性行为的细节，突出了这些性行为的痛苦和堕落，令人恐怖。同时，还详细描写了毒品交易的过程，以及吸食毒品的过程和用具。

争议内幕

这本小说主要讲述的是作者漫游、吸毒、性爱、同性恋等经历，内中充满肉体虐待的描写、猥亵不堪的细节、卑俗下流的语言。1958 年，由欧文·罗森塔尔主编的学生刊物《芝加哥评论》刊登了《裸体午餐》的第二章，《芝加哥每日新闻》的专栏评论家杰克·梅伯莱立即进行抨击，称它是“我所见到的公开发行的最肮脏的淫秽出版物”，并把它比做是厕所墙上的那种胡写乱画。虽然梅伯莱后来对他的抨击表示道歉，但仍然引起了学校当局的重视。结果，下期杂

Grov Press 2002 年版封面

志被迫取消继续刊登该作品的预定。罗森塔尔因查禁而辞去主编职务。1959《大桌》杂志第一期刊登了余下的内容。

查禁《芝加哥评论》增加了人们对《大桌》杂志的兴趣，许多人索要这期杂志，其中包括通俗作家兼杂志编辑阿古斯特·德莱斯。德莱斯读后声称刊登的作品令人厌恶，主动向准备控告《大桌》的芝加哥邮政局长表示愿意作证，支持前者认为《大桌》违反了反淫秽法。1959年6月，法庭对《大桌》杂志一案进行审理。控词指出：杂志的内容没有文学价值；伯勒斯的作品完全是令人厌恶的诲淫之作，而且整个杂志的语言都不合规范。尽管许多名人表示抗议，但法官仍然判定《大桌》是“淫秽的”、“污浊的”，作品是“没有价值的”。随后一连串的上诉均告失败，直到1960年6月，联邦地区法院才最后推翻了原判。

巴黎奥林匹亚出版社购买《裸体午餐》的法国版权之后，格罗夫出版社决定在美国出版全书。在从法国寄来的几部打字稿当中，出版社只收到一部。10个月后发现，原来其他几部被海关根据规定作为非法淫秽物查收。尽管1960年6月《大桌》刊载的章节已被宣判无罪，但海关仍宣布《裸体午餐》非法，直到1963年1月司法部长下达命令才停止。司法部通知海关：继续把这部作品列为违禁品“既不合适也不必要”。

1962年11月，格罗夫出版社出版了《裸体午餐》，并广泛进行宣传。警察根据马萨诸塞州的审查法几乎马上没收了正在波士顿一家书店销售的这部小说。店主被指控销售违法书籍，于是必须首先确定这部小说是否属淫秽之作。1965年1月，就《裸体午餐》一案在波士顿举行了听证会。虽然包括著名作家、学者和精神病史专家在内的许多证人为此书辩护，但法官仍然于1月13日判定：这部作品是“淫秽的、下流的、不道德的，总的来看……明显是诲淫的、赤裸裸的色情作品，毫无改善社会的意义”；他驳回关于这部作品有社会和科学价值的辩护，谴责它是“一个患精神病”作者的胡说八道。1966年7月7日，马萨诸塞最高法院就反对判决的上诉举行听证，最后根据多数票决定推翻原判，宣称这部小说“并非毫无改善社会的意义”，因此也不是淫秽之作。从此，《裸体午餐》再没有受到限制，随后被译成16种文字出版发行。

弗拉基米尔·纳伯科夫［美国］

《洛丽塔》

作者简介

弗拉基米尔·纳伯科夫(1899—1977),俄裔美国小说家、诗人、文学批评家、翻译家、文体家。出身于圣彼得堡一个贵族家庭,后流亡西欧。

纳伯科夫学识渊博,才华横溢,一生的创作极其丰富多样,包括了诗歌、剧作、小说、传记、翻译、象棋与昆虫学方面的论文等大量作品,但他主要是以小说闻名于世,如《洛丽塔》、《普宁》、《微暗的火》、《阿达》、《透明物体》等都是脍炙人口的名篇。纳伯科夫否认自己的创作有政治或道德的目的,对他来说,文学创作是运用语言进行的一种对现实的超越,他认为艺术最了不起的境界应具有异常的复杂性和迷惑性,所以他的作品致力于用语言制造扑朔迷离的时空迷宫,制造个人的有别于“早已界定”的生活与现实,显示出一种华美新奇的风格;此外,纳伯科夫在昆虫学方面具有的兴趣和研究方式也使他的作品对事物的观察与描述显示出一种细致入微和精巧的特色。

作品提要

我一直有一个念头:男人和女人之间应该有一条年龄鸿沟,无论如何不能少于10年,一般是30年或40年,这样才能使女人属于小仙女之列。我曾经结过婚,妻子的厨房功夫和床上功夫都很棒,但她真正吸引我的却是她模仿小女孩的才能。可她可能至少快30岁了。尽管如此,我们还是共同度过了些时光:从1935年到1939年。

后来,我去美国继承一笔遗产。在美国,我在纽约一所战时大学编写法国文学比较史,由于工作劳累,我病倒了,住进了医院。出院后,我找到一处房子,房东家有个12岁的小女孩,我幻想与小仙女乐作一处。可能因为我的欲火太旺,那家人的房子竟在我到达之前烧毁了。房主人称他妻子的朋友黑兹太太愿意留我借住,我便来到了黑兹太太家。黑兹太太家很脏很小,我悄悄地掏出火车时刻表,准备尽早离开此地。就在这时,我见到一个女孩——我的洛丽塔。

洛丽塔这年12岁，我被她迷得神魂颠倒。而她也对我有好感。听说她觉得我很像一位她崇拜的明星。我一有机会就会抚摸她。在跟她接触的时候，我轻微的动作和丰富的想象使我感觉似乎已经占有了她，但这一切她一无所知，我并没对她造成任何伤害。可是这样的机会并不多。正当我想寻找另一次机会的时候，洛丽塔却要去夏令营了。在分别的那一天，洛丽塔突然从汽车里跑出来，跑上楼与我亲吻。与此同时我收到了洛丽塔的母亲夏洛特给我的表白信。为了能有更多的机会接触洛丽塔，我留了下来，并与夏洛特结了婚。不料，夏洛特在过马路的时候被汽车轧死了。我设法证明洛丽塔是我和夏洛特私通的女儿，于是名正言顺地担负起抚养洛丽塔的责任来。

我开车赶往夏令营的营地，中途为洛丽塔买了许多漂亮的衣服，又发电报在一个小镇旅馆里订了一个双人间。在营地，我见到了洛丽塔。一瞬间，我几乎客观地感觉到她并不像想象中那样美丽，我应将她当女儿对待，给她提供健康纯洁的家庭环境和良好的教育。可这只是一瞬间，很快，她又成了我的洛丽塔了。洛丽塔对我说出她在夏令营里的性经历，并要求我也做那样的游戏。此后的一年里，我与洛丽塔在美国旅行，住在汽车旅馆或其他旅馆里。我没有像计划的那样长期隐瞒洛丽塔的母亲去世的消息，而是在发生关系的那天早晨就说出了真相。我越来越觉得洛丽塔是个任性的女孩子，便想方设法使她就范，免得她将我们的秘密说出去。我们参观了许多地方，在露天，在影院，我们曾有过多次几乎败露不正常关系的历险。

我们来到了准备让洛丽塔上学的比尔兹利女校，住在我的朋友加斯东·戈丁提供的房子里。邻居中不乏想探究别人隐私的人，我不得不对他们有所防范。洛丽塔也不断地向我要钱，拥抱一次的价格渐次提高到3—4元。我担心她会攒足钱跑掉。我为她的堕落深感忧虑，我禁止她与男孩接触，可她对我的兴趣早已开始消减。我对洛丽塔的禁令使得她的老师以为我是欧洲老派保守型的人物，反倒做我的工作让洛丽塔参加一些诸如演出之类的活动。我做出了让步。洛丽塔却因此无可挽回地产生了当演员的热望。为了转移她对舞蹈和戏剧的兴趣，我打算带她去墨西哥。

1962年的电影《洛丽塔》海报

在旅行的过程中，我发现洛丽塔似乎时常与其他的男人来往，而且我也发现有一辆红色敞篷车经常尾随我们的车。有一次在加油站加油的时候，我看见洛丽塔在车里跟开敞篷车的男人说着什么。那个男人阔背、秃顶，长着小胡子。我设法摆脱了“尾巴”。此后却总是感觉那男人仍在跟踪，只是改变了策略：他似乎经常更换乘坐的汽车，有时开着出租车。驶入山区以后，我的车胎爆了。我发现后面有辆车在距我们约 50 码的地方也停了下来。我想以借千斤顶为借口去看看那车里究竟是什么人，可洛丽塔为阻止我的行动竟启动了汽车。汽车就在悬崖边缘，而洛丽塔不会开车，我只好赶回自己的汽车里。这时后面的车溜走了。

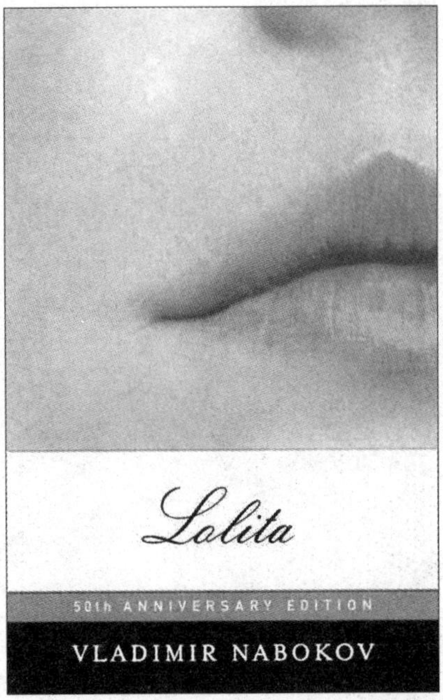

Vintage Publications 1986 年版封面

到了埃尔芬斯通，洛丽塔病倒了，发烧四十多度，住进附近的医院。因为医院规定严格，我只好仍回汽车旅馆住宿。我时常去看洛丽塔，给她摘山上的野花，并跑好远的路给她买关于戏剧舞蹈的书。然而洛丽塔对我所做的一切反应淡漠。没过几天，我自己也被传染了，躺在汽车旅馆里爬不起来，只好让旅馆里的人传递口信。我不断地喝杜松子酒。烧终于退下来了。这时医生打来电话说，洛丽塔的病已经好了，她的一位叫古斯塔夫的叔叔为她结了账，将她接走了。我气恼得很，加上喝多了酒，赶到医院大闹一通。后来见医院喊来了警察，只好收拾了洛丽塔丢下的几本书，在签收单上签了名。走出医院的时候，我对自己小声说，我毕竟还有手枪，毕竟是个自由人——可以自由地去追踪逃亡者。

从 7 月 5 日到 11 月 18 日，我开车奔跑在埃尔劳斯通和凯斯比姆之间，因为我觉得凯斯比姆是红色敞篷车第一次出现的地方。我有时花钱租一个根本用不着的房间，然后查询 6 月中旬的旅客登记，至少有 20 本登记册提供了一些蛛丝马迹：那个一直跟踪我、自称是洛丽塔的叔叔的魔鬼只有一次曾与我住在同一家旅馆里，离洛丽塔的枕头只有几步远。还有几次他就与我住在同一条街上或相邻的街上。这个魔鬼早就料到我会来调查，他故意多做了登记，有时还用些富有讽刺意义的假名。他的一些假名反映出洛丽塔曾向他提供过我当时说过的话，这使我心痛难忍。

经过一番痛苦的寻找，我逐渐理出了头绪：比尔兹利女校除了两位老先生没有男性。只有比尔利兹大学里的一位艺术指导老师到过女校做过讲座，而且后来听加斯东说那是一个才华横溢的“小伙子”。我把目标对准了这位叫里格斯的人。等我攥着雨衣口袋里的枪见到刚刚下课的里格斯的时候，却发现他是一个秃顶、长着一双褐色眼睛的陌生人。

三年里，我一无所获。可我见物思人，时常涕泪涟涟。我在疗养院里写出狂人诗篇，抒

上海译文出版社 2006 年版封面

发我对洛丽塔的感情。当然，失去洛丽塔给我的打击并没有改变我炽热的性欲。我需要陪伴和照顾。就在这时我认识了丽塔。丽塔的年龄是洛丽塔的两倍，是我的四分之三。我与她邂逅是在一家酒吧里，她把手放在我的手里，我便要求她做忠贞的伴侣。她是我曾有过的伴侣中最会安慰人、最善解人意的，若没有她，我肯定会落入疯人院。我跟她相处了两年，她也帮忙寻找过洛丽塔和她的情夫。后来因为我在坎特普的一本杂志上发表了一篇文章，便被聘请到坎特普大学任教一年。到1952 年 6 月，我又突发奇想，想重回我与洛丽塔发生第一次关系的“着魔的猎人”旅馆去寻找洛丽塔，我去了，但一无所获。

1952 年 9 月 23 日，我收到了洛丽塔的来信，称她已结婚，而且怀孕，丈夫在外地找到一份工作，但他们没有钱还债，去不了那地方。我按照信上的地址，独自来到科尔蒙特，一路寻访，找到了洛丽塔。她长高了，挺着大肚子。我见到了她现在的丈夫，是一个陌生的黑头发年轻人，显然不是那个我要找的人。我要求洛丽塔说出接她走的人的名字。在我的一再坚持下，她告诉我是她们家邻居的侄子或堂弟、洛丽塔排演过的戏剧的作者奎尔蒂。奎尔蒂将洛丽塔接走后，曾将她带到一座牧场，在那里拍性变态的电影。后来，经过一番准备，我找到了奎尔蒂，开枪打死了他。

Penguin Books 2006 年版封面

争议内幕

当《洛丽塔》刚刚问世时，就被世人指责为“黄色书刊”和“纯粹的色情作品”。作者为了保住康奈尔大学教授的职位，竭力要求匿名出版这本小说。小说完稿后，纳伯科夫将稿件投给纽约 4 家出版社，出版商们都极为震惊，因为那时描写性爱的书在美国是禁止出版的。大多数人觉得这是一本不折不扣的淫秽作品，虽然有些人觉得这部小说确实具有文学价值，但知道它不会被社会所接受。也就是说，如果出版了《洛丽塔》，那么他和小说作者都将坐牢。作者知道小说已经在美国失去了出版的可能，于是将书稿送到了巴黎的奥林匹亚出版社。

1955年，小说在巴黎出版后大受欢迎，但仅一年后法国又宣布该书为禁书。同年，英国也把此书列为禁书。反对这部小说的人指责小说“淫秽、不道德”，甚至怀疑作者本人就有偷窥小女孩的倾向。就连纳伯科夫的评论家好友也说在他所读过的纳伯科夫的作品中“最不喜欢”《洛丽塔》，并批评小说写得“面目可憎”。

面对种种责难，纳博科夫本人于1956年11月发表一篇题为《论一部叫做〈洛丽塔〉的书》的文章，为自己的作品作了全面的辩护。纳博科夫在文章中着重指出，应当把严肃地、正当地描写性爱的文学作品同“色情文学”、“淫秽文学”区分开来。他说：“在古代欧洲，乃至18世纪……喜剧、讽刺作品、甚至一个诗人在俏皮嬉玩情绪中写出的作品，都故意含有淫荡的成分。……今天，‘色情文学’这个词意味着平庸，商业化。”他认为，“猥亵总是与平庸相连的”，因为单纯的性刺激替代了各种审美享受。他指出：“色情小说中，情节只限于陈词滥调的性交；似乎是说，作品不应用风格、结构、意象来分散读者的淫欲。”那么，评价这两种不同文学的标准是什么呢?纳博科夫认为：“在我看来，小说得以存在，仅仅因为它能给人提供我直截了当地称作审美快感的东西。……这里，唯有艺术(奇特性、敏感性、亲切性、狂喜性)才是衡量的标准。”此后争论一直不断，直到1959年，《洛丽塔》才被允许正式出现在法国的书店里。同年，英国也解除了禁令。

尽管美国海关判定《洛丽塔》可以进入美国市场，但出版商们还是拒绝出版该书，直到1958年才由普特南书局出版。出版后立即成为畅销书，并于1959年1月成为《纽约时报》畅销书第一名。然而，辛辛那提公共图书馆的馆长认为这本书主题看起来十分淫秽，于是把它清理出了图书馆。

除了美国、法国和英国，阿根廷、新西兰、南非等国在20世纪50—70年代宣布《洛丽塔》为禁书，随后逐渐解禁。

塞林格［美国］

《麦田里的守望者》

作者简介

塞林格(1919—2010),美国作家,最著名的作品是《麦田里的守望者》,他的作品常常是关于烦恼而敏感的青年。《麦田里的守望者》出版后,塞林格一举成名。此后他隐居新罕布什尔州一乡间小屋中,外筑高墙,离群索居,成为著名的遁世作家。在这以后,几十年来,据说他每天在一间只有一扇天窗的斗室中辛勤写作,但迄今拿出来发表的只有编成两本中篇集的4部中篇小说和1个短篇,即中篇集《弗兰妮》与《卓埃》、《木匠们,把屋梁升高》和《西摩其人》及短篇小说《哈普华兹十六,1924》。此外,还出版过一本从20多篇旧作中选出的短篇集《九故事》。

作品提要

《麦田里的守望者》故事情节平淡无奇。它以主人公霍尔顿·考尔菲德在加州一家精神病院里向心理分析医生自述的形式,回忆了他在圣诞节前离开母校潘西中学后在纽约的三天流浪式生活的经历。

16岁的霍尔顿因为5门功课中有4门不及格被潘西中学开除,这是一所颇有名望的预科学校,而霍尔顿已是第四次被迫辍学了。那一天,他远远地、孤独地站在学校操场边的小山坡上,眼看着其他同学正在为年内的最后一场橄榄球赛加油鼓劲而暗自悲伤。被学校除名令他沮丧,但更痛苦的是他觉得到处都是伪君子,周围的一切使他感到作呕。他到历史老师斯宾塞家作别,可斯宾塞先生家中的那股陈腐之气以及他那瘦骨嶙峋、老迈病态的样子叫他很不舒服。这位老先生尴尬地为自己给霍尔顿的历史考试不及格作了一番解释,而心不在焉的霍尔顿却极不耐烦,不知怎的他突然想到了纽约中央公园里湖边的那些鸭子在这严寒之中不知如何安身的问题,那里是他童年常去的地方。

告别了斯宾塞先生以后,霍尔顿回到了宿舍,与他同室的斯特拉德莱塔因为晚上要出去和女友约会,请他代劳写一篇作文,霍尔顿虽然此时心绪不佳,但还是答应了下来。可是当他听说斯特拉德莱塔要会的女友正是去年夏天和自己热了一阵的琴·迦拉格之后，心里不免酸溜溜的，想到她要去和一个粗暴的色鬼约会，他很是忧虑，情绪更为低落。晚上，斯特拉德莱塔回来之后，霍尔顿借故挑起事端与他打了一架，但根本不是他的对手，霍尔顿被打得鼻血如注。这个时候，霍尔顿再也无法忍受在潘西中学发生的一切，他决定马上而不是三天后离开这个“混帐的地方”。黑夜之中，他将一顶红色的猎人帽反戴在头上，提了箱子，高声怒骂着离开了学校。

在寒风刺骨的黑夜里没等多久，他就上了去纽约的火车。在车上，他遇到一位同班同学的母亲，于是，他编造了一大套有关她儿子的事迹，骗得她心花怒放，他自己也感到一阵得意。到了纽约，他不敢贸然回家，想到与其马上遭一顿臭骂还不如先逍遥几天再说，好在身边还有不少钱。他乘出租车住进了一家叫爱德蒙的旅馆，在客房的窗口望出去，第一眼看到的便是一幅令人恶心的画面，旅馆另一侧的一个窗户里，一个看上去很有身份的只穿着裤衩老头正在穿一套女人的衣服，还一个劲地抽烟照镜子。接着，他又在另一个窗户里看到一对男女在用嘴彼此喷水，像是歇斯底里大发作。霍尔顿觉得这类下流玩艺儿瞧着还相当迷人，但还是想到了自己此时的处境。他感到无聊，就到酒吧去消磨时光，侍者见他年轻拒绝卖酒给他，这使他感到忿忿不平。他又想与几个远道而来的姑娘胡闹调情也未遂心愿。酒吧里有一个叫欧尼的老黑人弹钢琴，他演奏水平实在不高明，常常在弹奏中卖弄些小聪明或其他油腔滑调的鬼把戏，但那些自以为内行的听众“全都疯了”，他们总是在不该鼓掌的时候拼命鼓掌，而老欧尼就从他坐着的凳子上转过身来，鞠了一个十分假、十分谦虚的躬，像煞他不仅是个杰出的钢琴家，而且还是个谦虚得要命的正人君子。百无聊赖之中他回到旅馆，开电梯的毛里斯问他要不要找一个妓女来玩玩，只要 5 元钱。霍尔顿顺口答应了下来，但他马上就懊悔起来，虽然他贪玩任性，但这方面他还没有真正的经验，也违反他的生活原则，不免紧张起来。待到那个妓女进来时，霍尔顿已经完全失去了兴趣，他万般沮丧，不断向她解释并承诺钞票照付。可是他的行为让妓女很不理解继而十分恼火。她走后霍尔顿仍无法入睡，他一面拼命抽烟一面想起了已经死去的弟弟艾里。天快亮了，毛里斯带了妓女又来到他的房间，声称还少他们 5 元钱，面对这种无耻敲诈，霍尔顿非常愤怒，但最终在毛里斯的拳头和辱骂下还是被抢去 5 块钱。遭了痛打

Little Brown and Company
1951 年版封面

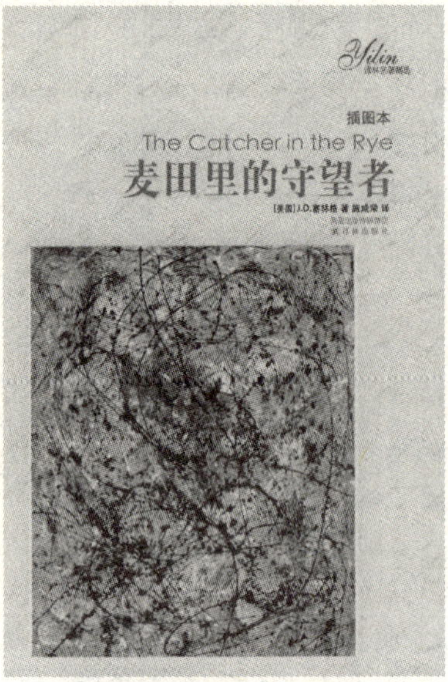

译林出版社 2008 年版封面

的霍尔顿躺在那里，幻想自己拿了手枪在电梯里找到了毛里斯，朝他连开 6 枪以解心头之恨。

第二天上午，霍尔顿离开了爱德蒙旅馆，他一路晃到中央车站附近吃早饭。在餐馆里他遇到两个来纽约贫民区教书的修女，跟她们聊了一番以后他感到心里很舒畅，主动为慈善事业捐了 10 块钱。接着他又荡到百老汇街给妹妹菲芘买了一张流行歌曲的唱片，然后他去了中央公园，希望在那儿能碰到妹妹。徘徊失望之余，他又打电话约女友萨莉出来看戏，尽管他知道萨莉与自己是两股道上跑的车，但看到她打扮得特别漂亮也就兴奋不已了。然而短短几个钟头接触下来，萨莉那种“假模假样”的样子令他十分反感。最后他天真地向她建议一起出走，住到偏僻而朴实的乡下去生活，遭到她无情地嘲弄和严词拒绝。于是，霍尔顿实在无法忍受，愤然离开她，拂袖而去。在痛恨和寂寞中，他又不慎把唱片跌得粉碎。

夜晚降临了，他独自一人坐在空旷的中央公园，脑子里突然想到了死，想到自己死后妹妹一定会很难过。所以他想回家看看菲芘，向她作“最后的诀别”。他“冒险”回到家中，菲芘见了他十分高兴，告诉他父母外出参加舞会去了，要很晚才能回家。和妹妹在一起，霍尔顿觉得既轻松又愉快，心中的郁闷一扫而尽。菲芘问他喜欢什么，他想不起来这个世界上还有什么可喜欢的。最后他说他喜欢已经死去的弟弟艾里。艾里虽然死了，却比那些活人好上一千倍。菲芘又问他将来打算做什么，他想起了一首歌，歌词第一句是“你要是在麦田里遇见了我”，他对妹妹说：“不管怎样，我老是在想象，有那么一群小孩子在一大块麦田里做游戏，几千几万个小孩子，附近没有一个人——没有一个大人，就是说——除了我。我呢，就站在那混帐的悬崖边，我的职务是在那守望，要是有哪个孩子往悬崖边奔来，我就一把把他捉住——我是说孩子们都在狂奔，也不知道在往哪儿跑，我得从什么地方出来，把他们捉住，我整天就干这样的事，我只想当个麦田里的守望者。”不幸的是，正当他一吐心中块垒之时，他的父母回来了，这使他不得不狼狈地躲进壁橱里，尔后又作贼似的逃出了家门。黑夜之中，他来到从前的一位英语老师、也是他最尊敬的人安多里尼先生家里。安多里尼和比他看起来几乎“年长 60 岁”的妻子接待了他。这位博学的老师跟他讲了一番做人的诀窍，用“一个不成熟男子的标志是他愿意为某种事业英勇地死去，一个成熟男子的标志是他愿意为某种事业卑贱地活着”那一套来教导他，还提醒他不应该沦为思想混乱的迷途青年。霍尔顿睡在他们家的长榻上，半夜惊醒，他发现安多里尼正在抚摸自己的头发。霍尔顿被吓得跳了起来，他怀疑安多里尼是一个同性恋者，于是急急地寻了个借口出门去，他在中央车站候车室的长凳上度过了后半夜。

翌日，霍尔顿感到倦怠无力，心中有一种自己马上就会失踪的感觉，一边过马路，一边心里喊着"艾里，别让我失踪"。于是他决定离开可恶的纽约，到西部僻静的地方生活下去。那儿阳光明媚，景色美丽，没有人认识他，可以随便找一份工作做，并决定若到了那儿，就装做一个又聋又哑的人，用自己挣来的钱在树林边造一座小屋。以后如果想结婚什么的，可以找一个同他一样又聋又哑的美丽姑娘。这个打算让他兴奋得要命。现在他唯一要做的就是和妹妹菲芘告别。他去了她的学校，留下一张字条，约妹妹午间到博物馆门口见面。菲芘准时来到那里，但她不是来向哥哥告别的，而是要跟他一起到西部去，态度非常坚决，还带来了自己的箱子。霍尔顿对此十分吃惊，而且任凭他威胁恐吓都不起作用。无奈之下，他只得打消了去西部的念头，打算和妹妹一起到动物园玩一会以后即一起回家。尽管他心里还是混乱不安，但看到坐在旋转木马上的妹妹玩得开心的样子，霍尔顿也感到了一丝的快意。

小说最后一节，霍尔顿暗示了自己怎样回家以及怎样被送去医疗，他的哥哥 D·B 已经来看过他几回。D·B 原是个很有希望的小说家，但现在照霍尔顿的话来说"已他妈的去好莱坞当婊子了"——专门写一些媚俗的电影脚本以迎合一些审美情趣低下的观众，而这种电影正是霍尔顿最为深恶痛绝的"假货"之一。

这部小说篇幅虽小但内涵丰富，通过霍尔顿这个"新流浪者"三天里的游荡经历，真实地反映出当时美国青年所共有的孤独、苦闷、彷徨与对现实的愤懑之情。霍尔顿给人们最大的快意是他表达了一代青年的心声，表达了对传统习俗和旧有价值标准的蔑视，对西方社会中处处弥漫着的伪善丑恶、愚蠢麻木等的无情揭露。难怪本书出版后在社会上特别是青年学生中引起了巨大的反响，大家争相阅读，先睹为快，因为塞林格塑造的人物使许多青年有似曾相识的感觉。至今，漫步美国街头，仍然可以看到反戴了鸭舌帽的"霍尔顿式"的青年，这正可以说是这部小说影响力深远的一个佐证。

争议内幕

《麦田里的守望者》长期以来一直争议很大，虽然没有在全美查禁，但它却不断遭到指责，并在局部地区和一些单位遭到禁止。当塞林格第一次把书稿送给出版社编辑审阅时，编辑认为主人公有精神病，因而拒绝出版。后来小说被另一家出版社出版，一炮而红。1960年，俄亥俄州一名高中英语教师因向学生推荐此书，引起家长抗议，要求将教师革职。在家长的压力下，学校同意禁止该小说，但未开除教师。1961 年，俄克拉荷马州发起了禁书运动，在一辆被称之为“淫秽书籍曝光车”上，组织者向人们展示《麦田里的守望者》的“淫秽”之处。1966 年至 1975 年之间，该书是最常受到查禁的书籍之一。一些家长和评论家认为，《麦田里的守望者》是一本坏书，主人公游手好闲，不爱读书，身上还沾染了许多坏习气，如抽烟、酗酒、打架、玩女人、语言粗俗，这对青少年只能起到消极作用。1975 年在宾夕法尼亚州，小说被从一个选修课的推荐书目中删除。1977 年，新泽西州的一些家长们反对在美国文学课上使用该小说，他们指控此书中含有大量淫秽肮脏的语言，这些会导致婚前性行为、同性恋和性变态，他们还声称此书是“露骨的黄书”。1978 年华盛顿州的一名家长代表表示，她从该书中找出了 785 处淫秽片段；她还声称，书中所宣扬的思想是一种共产主义策略，是共产主义在学校中寻找根基的做法。1979 年在家长的反对下，密歇根州某地区的所有学校把该书从必读书单中删除。1980 年，俄亥俄州和阿拉巴马州的几所中学图书馆清除了该书，理由是书中含有过多的粗话、性爱场面和涉及道德问题的情节。1985 年，因为被认定为“淫秽”，佛罗里达州一所中学禁止在英语课上使用《麦田里的守望者》作为阅读教材。1986 年怀俄明州某中学把此书从必读书单中删除。1987 年，北达科他州的家长们对书中的脏话和性描写提出异议，于是此书从大学英语必读书目中删除。

对这本小说的争议一直延续到 90 年代。1991 年，此小说在伊利诺斯州某地区因黄色的语言受到非议。1992 年，伊利诺斯州一所牙买加中学的家长们引用书中色情的语言和对婚前性行为、酗酒和卖淫的描写对它进行了指控。1992 年艾奥瓦州和佛罗里达州的几所公立学校图书馆因淫秽片段而查禁了该书。《麦田里的守望者》还被选入 90 年代公共图书馆和学校中争议最多的小说中的第十名，理由是亵渎神灵、涉及性爱、“主要描述不健康的行为”。

西奥多·德莱塞［美国］

《美国悲剧》

作者简介

德莱塞(1871—1945)是 20 世纪美国最重要的小说家之一。处女作《嘉莉妹妹》是用巴尔扎克式的现实主义写成的,为美国文学开创了一个天地。1911 年,《嘉莉妹妹》的姐妹篇《珍妮姑娘》出版。后来,德莱塞又创作了著名的《欲望三部曲》——《金融家》(1912)、《巨人》(1914)、《斯多葛》(1947)。1925 年出版的《美国悲剧》使德莱塞获得了世界声誉,成为他的代表作。此外,德莱塞的作品还有《自然和超自然戏剧集》(1916),短篇小说集《自由及其他》(1918)、《十二个人》(1919)、《锁链》(1927)、《妇女群像》(1928),剧本《陶工之手》(1918),散文集《敲吧,鼓儿!》(1920)和《关于我自己的书》(1922),政论集《美国是值得拯救的》(1941)等。

作品提要

《美国悲剧》生动地刻画了 20 世纪一个美国青年克莱德·格里菲思悲剧的一生。小说就从一个夏夜的黄昏,12 岁的克莱德·格里菲思跟随全家人上街布道开始。这个贫穷的牧师家庭一共有 6 口人。父亲阿萨·格里菲思是个毫无主见却又敏感的人,很富于情感,但一点不讲求实际,是某种宗教理论的产物;母亲爱尔薇拉·格里菲思性格比较坚强,然而对任何事,她也不见得有比他丈夫更正确、更实际的见解。他们有 4 个孩子:15 岁的赫丝特、12 岁的克莱德、9 岁的朱莉娅和 7 岁的弗兰克。克莱德的父母对子女们的前途一向没有切合实际的打算,他们只顾着传教,不停地搬家,根本没有让孩子们在任何一个地方长期入学。克莱德 15 岁时就懂得自己的教育和姐妹兄弟的教育都被耽误了。克莱德受了父母的影响,尤其是父亲的影响,有点爱动感情,喜欢富于浪漫情调的东西;同时,由于年轻,他总是抱有幻想,希望能有机会改善自己的生活。他固然穷,却很骄傲虚荣,让他一直很苦恼的是父母的职业在别人心目中显得寒伧,而且家里又这么穷,自己也没有什么能力来摆脱困境。虽然他知道伯父在东部一个叫做莱科格斯的小城开着加工领子和衬衫的大工厂,很富

《美国悲剧》的电影剧照

有，但是他明白，他必须自谋出路。

等克莱德到16岁的时候，他才有了一些试探性的打算。正当他想要找到一个切实的办法的时候，发生了一件事：他的姐姐赫丝特跟一个偶然到堪萨斯市来演戏的华而不实的演员私奔了。这件事使克莱德认识到宗教热情和传道这一套都没有多大的价值，他和赫丝特一样对这一套并不相信。他更急于给自己找条出路了。那年下半年，他离开了学校，因为他觉得自己念书赶不上别人。他就在一家次等药房兼杂货店里找到一个给卖汽水的店员做助手的工作。这家杂货店紧靠着戏院，经常有时髦漂亮的男男女女前来光顾，他们潇洒自如、扬扬得意地谈论着茶会、舞会、宴会、时装、迷人的演员等有趣的事情，克莱德对这些前所未闻的事情听得入了迷，对讲究的装束和漂亮的姑娘更是心驰神往。可是这个打杂的差事不能满足他那如饥似渴的野心，而且父母又想搬到丹佛去，他并不愿意去。于是，他又想办法，抓住一个偶然的机会，在格林·戴维森大饭店谋到了一个当服务员的差事。

对克莱德来说，当时对他最有影响的事，不论是对他的前途有利的还是有害的，其中危害性最大的就是这家大饭店。在全美国再也找不到一个比格林·戴维森大饭店更排场、更豪华、更粗俗的天地了，一些有点钱、有点地位的人在这里过着奢侈的生活。那些服务员们，大多和克莱德差不多，过去的生活一般都与舒适高雅无缘，更不用说豪奢了。因此，他们刚进饭店工作时，只是觉得这是一份神气的差事；然而，在灯红酒绿的奢侈环境中耳濡目染了一段时间之后，他们便认为自己也应有机会分享这种生活。每天和克莱德在一起工作的这些年轻人，早已沾染了放荡和邪恶的习气。起初，克莱德听他们谈论那些吃喝玩乐的事情还有些反感，但是他以前的生活是那么枯燥，他迫切渴望变变花样。于是，在同伴的带领下，克莱德参加了他们的一次聚会，大吃大喝之后，还和他们去了妓院。此后，他又参加了几次在同伴家举行的聚会，并开始追求一个名叫霍旦丝·布里格斯的漂亮却粗俗的姑娘。霍旦丝并不喜欢他，只是想让他在她身上花钱。克莱德在情欲的驱使下，对她着了迷。可是没过多久，他们这帮人就出了事：一个牧场管理员的儿子偷出了牧场主的豪华汽车，和包括克莱德在内的几个服务员，还有他们各自的女伴开车出去游玩；在回来的路上，车开得太快，撞死了一个孩子。他们害怕惩罚，纷纷逃离现场。

与西部的阿萨·格里菲思一家的贫穷和困窘截然不同的是：在东部纽约州的莱科格斯

小城，塞缪尔·格里菲思一家正在过着舒适高雅的上流社会的生活。塞缪尔·格里菲思和他的太太伊丽莎白·格里菲思共有3个孩子：大女儿麦拉、儿子吉尔伯特和小女儿蓓拉。塞缪尔25年前来到莱科格斯，用身边的资本在一家硬领企业中投资，逐渐发达起来。25年后，他们一家被看做本区少数几个最上等的家庭之一。这一天，塞缪尔刚从芝加哥回来，他告诉家人一件有趣的事：他在芝加哥联合俱乐部碰到了自己的侄子克莱德·格里菲思，他长得很像吉尔伯特，模样漂亮，举止也相当正派，还有些绅士风度；他打算在自己的工厂里帮他谋一个位置。吉尔伯特听后很反感，麦拉和蓓拉却很是高兴，格里菲思太太为了维护儿子，也为了尊重丈夫的权威，则默不作声。

塞缪尔所说的克莱德·格里菲思正是穷牧师阿萨·格里菲思的儿子。三年前，他在出事后，逃出了堪萨斯市，一路漂泊。三年后，他在芝加哥联合俱乐部做服务员，在经历了一些人世的艰辛之后，他养成了一切靠自己的品质和说话的才干；但是，他的灵魂还是不够成熟，他仍然缺乏澄澈的心灵和刚毅的精神，不能够在人生的种种色相和渠道中，找出青云直上的门径来。在俱乐部，他遇到了伯父塞缪尔·格里菲思，克莱德借机说出自己想到伯父厂里工作的愿望。塞缪尔答应回去后，如果有机会，就立刻通知他。

后来，塞缪尔回到莱科格斯，和儿子商量之后，决定给克莱德安插一个厂里最低微的工作，就是在工厂的落水间先干起来。于是，塞缪尔亲自给克莱德寄了一封信，通知他来报到。克莱德按照伯父的吩咐来到了莱科格斯。他来到伯父的衣领厂，看见如此宏大的工厂，为自己和这样有钱有势的人有直接的亲戚关系而激动不已。但是，堂兄吉尔伯特沉着而冰冷的接待和他对自己的安排让他感到有些失望。当天下午，克莱德在街上散步的时候，看到了伯父的英国式住宅，他那还未成熟的心灵又被这豪宅激起了翩翩联想；但是一想到自己的家庭，他又变得有些沮丧。

第二天，克莱德在衣领厂的落水间里开始工作了。工厂里的职员对他的态度是既尊敬又怀疑，他也尽量地对别人客气。经过一些日子后，克莱德发现工厂里的这些人远远不如他，他认为他们都是些在智力、生理上很蠢的人，他们不注重仪表，只知道辛苦地干活，就像机械一样。工人们也开始知道他的身份，对他更和气了，同时也妒忌他跟他们终究是不一样的人。在克莱德住的集体公寓里，有一个一心想和有名望的家族攀上关系的活跃的年轻人沃尔特·迪拉特，他得知克莱德是格里

Bentley Publisher 1991 年版封面

Signet Book 2000 年版封面

菲思家的亲戚，便一味地奉承他，还给他介绍了一位热情而主动的漂亮姑娘丽塔·狄克曼。不过，有了在堪萨斯的教训，还有格里菲思家族在此地的名望的束缚，克莱德在和迪拉特和丽塔的交往上很有些犹豫。正在这时候，他收到了伯母的请帖，是伯母邀请他在本周星期天下午6点钟到家里来共进晚餐。他对丽塔的迷恋即刻烟消云散。他设法买了一些新衣服，希望给伯父一家一个好印象。赴约那天，在伯父那华丽的住宅里，克莱德还是很紧张，因为这一家人——除了大女儿麦拉——似乎总是在提醒他：他的地位低下，不能进入上流社会的社交圈。在伯父家，他还看见了年轻貌美的富家小姐桑德拉·芬琪雷，并被她的高贵和美丽迷住了。

这次赴约之后的一段时间里，格里菲思家又没有什么消息了。克莱德甚至想要放弃这里的工作，不过，塞缪尔对他的一次提升又使他恢复了勇气。原来，到了春天，塞缪尔在巡视工厂的时候，看见克莱德在地下室里只穿着内衣在干活，这使他感到有失格里菲思家族的面子。他要求儿子吉尔伯特给克莱德换一个可以穿着体面的、稍微管几个人的工作。吉尔伯特看出父亲有点生气，于是安排了一个监管打印间的工作给克莱德，并一再告诫克莱德不能与车间的女工有超过工作关系的来往，这是厂里的规矩。克莱德连忙作了保证。

当了打印间的监管之后，克莱德手下全是女工，因为那条厂规，他努力对那些女工保持无动于衷的态度。其实，他的心还是被三个女工逗得痒痒的。在订货特别多的夏天，克莱德招用了几个额外的试用女工，其中，有一个叫罗伯塔·奥尔登的乡下姑娘引起了克莱德的注意。他一见她就觉得她比原来那些姑娘要聪明得多，心灵更高尚些，生得也匀称优美些。当时，克莱德不能进入上流社会的社交圈，又不愿和一般的女工厮混；他很寂寞，渴望和罗伯塔接近。7月的一天，克莱德和罗伯塔在克伦湖边邂逅了，他们都是情意绵绵。此后的几个月中，他们私下隐秘的交往越来越密切，在克莱德软硬兼施之下，他们终于发生了最亲密的关系。罗伯塔深感内疚，一再抗拒；克莱德则十分坚决，还许下了决不抛弃她的诺言。这时已是12月初，从6月中旬以来就到莱科格斯近郊度夏的上流社会的贵族们现在回到了市内，就是说格里菲思一家和他们的一帮朋友们又回来了，莱科格斯在企业方面、社交方面又开始显出活跃的气氛，于是，克莱德又被这气氛迷住了。正当克莱德苦于自己无法进入这氛围时，桑德拉为了报复吉尔伯特曾经对她的冷淡，便利用和他长相相似甚至更漂亮些的克莱德，将后者引入上流社会的社交圈，让人们都知道吉尔伯特有个堂弟，比他更漂亮，更受人欢迎。桑德拉对克莱德的青睐，使他开始抱有可能和她恋爱并结婚的幻想；他频繁出入上流社会的社交场合，疏远了罗伯塔。

2月中旬，罗伯塔也认识到克莱德不再爱自己了，就打算忘掉他，到别的地方去工作。但是，就在此时，罗伯塔发现自己怀孕了，她非常惊慌，只好把事情告诉克莱德。克莱德表面上装作很有把握可以解决问题的样子，心里却很恐慌，生怕此事会影响他和桑德拉的顺利交往。克莱德想办法找了药和医生，但是药不灵验，医生也不肯帮忙，那时，堕胎是既违法又违背宗教伦理的事。万般无奈之下，罗伯塔要求克莱德和她结婚。克莱德一心想着桑德拉，根本不愿和这样一个乡下姑娘结婚；可他又不愿把自己和桑德拉的事告诉罗伯塔，怕她一气之下告发他。于是，他先答应和罗伯塔结婚，到了6月，她不能再在厂里待下去时，又把她劝到乡下老家去住。在乡下的时候，罗伯塔写了十多封情真意切的信给克莱德，可他从未回信，只是给她打了几个意思模糊的电话。同时，他还和已搬到十二号湖的桑德拉互通情书。有一天，他看到报纸上有关男女游客在湖上划独木舟游玩，舟倾人亡的报道，心里不禁想到要是他和罗伯塔在湖上划船，恰好船也翻了，不会游泳的罗伯塔就会淹死，他就什么负担也没有了，而且这只是“意外”；从此以后，他的前途就无限辉煌了。不过，他想到这就是杀人，心里又感到可怕，想要克服这个念头。然而，这个念头却始终留在他的脑子里。在6月中旬的一个周末，他赶到桑德拉那儿去看她，她又明确地表示了对他的感情，并和他约定：在秋天的时候，如果她家里反对，她就和他出走。如此一来，克莱德更加希望摆脱罗伯塔，他总是找借口拖延去乡下接她结婚的时间。到了6月底，罗伯塔写信给他，说她不能再等了，否则，她将去莱科格斯向人们揭发他。

克莱德终于开始策划一次“意外”了。他让罗伯塔在7月6日坐火车到芳达，然后，和他一起去乌的加，但是在车上，她不许和他说话，或显出认识他的样子来，就这样，他们到了乌的加。第二天早上，他们又分别坐两节车厢到了草湖，让克莱德失望的是草湖上人很多，他们在那儿划了船。中午他们到了肯洛奇后，坐公共汽车去了大卑顿，又到湖上划船。这个湖很僻静，他们划了一会后，克莱德发现湖上除了他们就没有别的游客了，他开

上海译文出版社 1996 年版封面

始想到自己的计划,想到要弄死罗伯塔,他极端地惶惑不安。罗伯塔注意到他那恐慌得变了样的脸,就从船尾向他走拢过去,问他是怎么了。克莱德把她使劲一推,只是不愿意她碰到他,可是,他手里的相机打到了她的脸,而且他推得她往后倒向左船舷,船身歪向了一边,他慌忙站起来,想帮她。然而这么一来船就翻了,他们都掉到了水里。克莱德很会游泳,可是他想到要是她活下去,他的一生就不值得活了,他没有救她,任她沉了下去,而他自己则游上了岸,匆匆逃到夏隆,住到了克伦斯顿家的湖滨别墅。

7月9日,罗伯塔的尸体被打捞上来,她脸上的伤痕,她写给母亲的信,还有几个猎人报告的情况,使正想引起公众注意、以赢得选票的验尸官弗雷德·海特打定主意:这很可能是谋杀,一定要追查下落不明的罪犯。他很快将此事报告给他的朋友——区检察官奥维尔·但·梅森,后者正像验尸官一样,认识到办好这个案子可以挽回自己正在动摇的政治声望,会对他的前途有利。于是,他们全力调查此案,终于掌握了一定的证据,将怀疑的重点落在了克莱德·格里菲思身上,在他和桑德拉等人一起游玩时,他们逮捕了克莱德。他的被捕在莱科格斯引起了一场风波,芬琪雷家暂避到了外地,格里菲思家为此也很烦恼,不过,塞缪尔还是为克莱德请了律师。但是无论克莱德和律师如何编造谎言,他能救却没有救罗伯塔的事实是无法辩驳的,而且他喜新厌旧的动机又有他和桑德拉的信件作证;他被定了罪。他被定罪后,他母亲赶到了他的身边,帮他上诉,但是上诉的结果是维持原判。最后,他母亲和他的辅导牧师向纽约州长求情,当州长要牧师根据他和罪犯的接触判断克莱德是否有罪时,牧师已从他的忏悔中知道了事情的真相,认定他是有罪的,并向州长暗示了这个意思。于是,两周后,克莱德还是被送上了电椅。

克莱德死了。但是,他的父母还带着赫丝特的儿子罗素——长得很像克莱德——在沿街布道,开头那夏夜黄昏的情景还在继续。

争议内幕

1929年,纽约出版商弗雷德因为出版小说《美国悲剧》,被陪审团裁定违反马萨诸塞州反淫秽法,小说因此遭查禁。在1930年的案件审理过程中,控方律师在法庭上朗读了几个段落,而法官和陪审团成员都没读过整篇文章,在读完那段关于妓女在妓院开始宽衣的情节后,控方律师对所有男性陪审团成员说:"好吧,也许在那位出版商先生的家乡,一个妇女当着男人的面脱衣服是不被认为是下流、淫秽和粗鄙的,但我的家乡是无法忍受这种事的。"后来出版商弗雷德提出上诉,但法院还是维持了原判。

阿尔德斯·伦纳德·赫胥黎［英国］

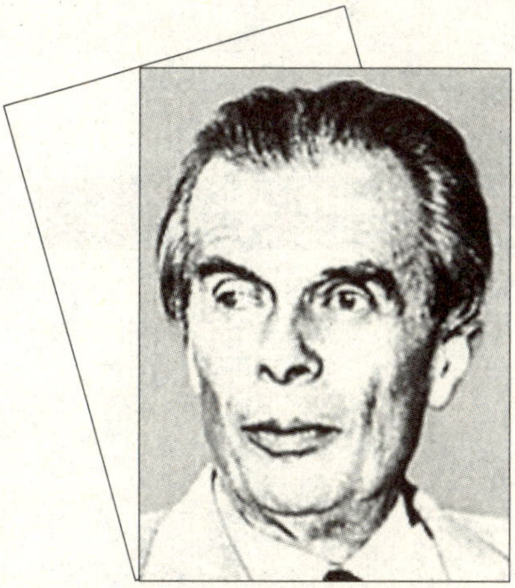

《美丽新世界》

作者简介

阿尔德斯·伦纳德·赫胥黎(1894—1963)，英国作家，著名的赫胥黎家族最杰出的成员之一。赫胥黎12岁就开始写小说，1915年毕业于牛津大学。他是英国著名的生物学家、散文家、科学家T.赫胥黎之孙。赫胥黎家族三代人中出现了很多杰出人物，在生物学、人类学、工程学、物理学、文学、商业、艺术、外交、教育、国际事物等方面作出了贡献，这在人类历史上是罕见的。赫胥黎以小说和大量散文作品闻名于世，也出版短篇小说、游记、电影故事和剧本。通过他的小说和散文，赫胥黎充当了社会道德、标准和理想的拷问人。在他的著作中，有着一种基本的价值感和尊严感。

作品提要

《美丽新世界》以科学幻想和社会讽刺相结合的方式预测未来世界的恐怖景象，是对现实社会中的丑恶所作揭露的继续和延伸，其中既表现出作者的憎恶，也流露出他的悲观失望。《美丽新世界》是一部讽刺性作品，针对的是一种科学、性和药品取代了人的理性和情感的所谓的“完美”社会。作者赫胥黎把这个社会取名为“乌托邦”。

Chatto and Windus Publications
1932年版封面

“美丽新世界”是一个幻想中的未来世界。600年后的世界里，美国汽车大王亨利·福特成了上帝。因为福特发明了使生产效率大大提高的流水线，这种方法终于用来统治了世界，以往人们“上帝”不离口，现在却“福特”不离口，公元也变成了“福元”。那里的人类都是从孵化室里由试管统一孵化而出。经过基因工程的精心设计，产生了完美可控、千人一面、万众一心的人类，这些人的存在就是为

重庆出版社 2005 年版封面

了维护社会的稳定。在“孵化和调控中心”，工作人员把不同剂量的酒精倒入装有胚胎的试管之中，这样就可以制造出不同等级的基因，分别从事脑力劳动、体力劳动和仆役杂务。这里的人类有三种性别，分别为男性、女性和中性，中性人是没有生育能力的。在“乌托邦”社会中，爱情被禁止，没有家庭概念，“父亲”和“母亲”等字眼则被认为是令人厌恶的词语。处于“幸福”状态的人们安于自己的“等级”，热爱自己的工作，每天食用定量配给的化学药品，以让人忘掉七情六欲，丧失独立思考的能力。到了 60 岁以后，人们死亡以后尸体会被转化成磷，用做肥料。

在美国新墨西哥州有一处保护地，那里关着不宜在文明社会中按整齐划一的方式生活的“野蛮人”。一个叫约翰的青年由于十分不适应乌托邦社会中的没有感情和智力真空式的生活，他获准回到文明社会，他像莎士比亚的喜剧《暴风雨》中的人物一样，高呼“美丽新世界”！可是因他无法适应像流水线一样的生活，加上他无法忍受认为自己的心上人的放荡行为，在极度痛苦中只能选择自杀。

争议内幕

尽管《美丽新世界》中没有露骨的性描写内容，但它还是被一部分人指责为污秽、下流的作品，谴责它亵渎家庭生活，过于关注性事，提倡滥用毒品。1932 年爱尔兰书刊检查局以此为理由查禁了该书。其实人们反对它的更深层次的原因是赫胥黎对社会的讽刺让人们感到很不舒服。1965 年，马里兰州的一位英语教师因使用这本书作为课堂阅读教材而被解雇。1979 年，弗吉尼亚州一中学的历史教师布置了有关《美丽新世界》的作业而被学校解雇。1980 年在密苏里州，一所学校因为在教学中使用《美丽新世界》一书而受到了指控，后来这部小说被从该校的阅读书目中删除。

丹尼尔·笛福［英国］

《摩尔·弗兰德斯》

作者简介

丹尼尔·笛福(1660—1731)，英国小说家，英国启蒙时期现实主义小说的奠基人，被誉为“小说之父”。1719年笛福发表了他的第一部小说《鲁滨孙飘流记》，大受读者欢迎。接着出版了《鲁滨孙飘流续记》。1720年他又写了《鲁滨孙的沉思集》。此后还相继发表了《辛格尔顿船长》(1720)、《摩尔·费兰德斯》(1722)、《杰克上校》(1722)和《罗克萨娜》(1724)等长篇小说以及《彼得大帝》(1723)等传记。

笛福曾因参加反对复辟旧王朝而被捕入狱，在伦敦一个广场带枷示众3天，人民群众争相给他戴花环，以表示敬意。他一生写有许多小说和政论，主张发展资本主义工商业，扩展殖民地，反对封建专制政体和等级制度，反映了新兴资产阶级的利益和要求。

作品提要

本故事发生于17世纪中期的英国。一位女囚在新门监狱产下了一名女婴。她就是故事的女主人公摩尔·弗兰德斯。

我尚在6个月大、嗷嗷待哺之时，母亲就被发配去了美国做奴仆。从此，我开始了漂泊的生活。后来，有位女士渐渐地特别喜欢我，甚至邀请我去她家与女儿同住一段时间，我和她的女儿成了亲密的好朋友。就这样，我幸福地与那家人生活在一起，直到十七八岁。夫人为女儿请了家庭教师，教她们法语、舞蹈以及音乐，我也因此接受了真正的贵妇人应受到的教育。

一天，哥哥跑进我的房间，一把把我搂在怀里，不停地吻我，并向我表达了爱意。可是他说现在不能娶我，因为他没有自己的财产。聊了一会儿之后，他把我按倒在床，开始脱去我的衣服。我满心欢喜地接受了他的爱，可是后来才发现，他并未真心爱过我。此后，哥哥经常趁没人的时候和我做爱。家中无人知晓我们之间的事。半年后的一天，弟弟罗宾坦言自己真心爱我，并且想要娶我。我既困惑又焦虑不安，多次拒绝了他的求婚。我决定把这件事告诉他哥哥。亲爱的他听到这个消息非常惊讶，沉默片刻之后说我应该考虑嫁给罗宾，因为他很爱我，会把我照顾得无微不至。他会像过去那样把我当做妹妹看待，我的心被深深刺痛了，感到茫然无措，因为我一直深深爱着他。不久我得了重病，因失去恋人而烦恼着，连续五周卧病在床。夫人了解到罗宾想娶我的想法，于是去问哥哥的意见，他极力主张应让弟弟娶我。最终，夫人同意了这门婚事。我对这个消息感到恐惧，因为在那个小镇上我再没有什么可以依靠的人了。如果真的拒绝罗宾，我就不能在这个镇上生活了。我下定决心必须嫁给他的弟弟，这样才能解救自己于贫穷和痛苦之中。我们很快平静地结婚了。我发自内心地懊悔自己欺骗了一个如此诚实又钟爱我的男人。婚后，我们幸福地生活了五年，还生了两个孩子。第五年末，罗宾去世，家人很愉快地接养了两个孩子。我离开了这个家，那时我一共积攒了 1200 英镑。

丈夫去世后，我仍然十分年轻漂亮，一边享受着自己新的财富与自由，同时也决定必须结婚。很快，我和一个年轻人结婚了，我随心所欲地挥霍我那点财产，两年之后，几乎挥霍一空。而丈夫因犯了某个愚蠢的罪行而被判入狱。我变卖掉家产，发现财产比两年前少多了，为自己取了另一个名字——弗兰德斯夫人。不久，我在离与丈夫原来的住处很远的地方租了个房间，告诉那里的人们我的丈夫最近去世了。我下决心一定要谨慎，保护好自己。我已经学会了不再相信男人的诺言。我的朋友建议说如果我信任她，她就会很快帮我找个丈夫。她到处和人说我有至少 1500 英镑的财产，不久就有几个男人向我示爱了。我选择了一个帅气的年轻人，他向我表白自己爱上了我，只想娶我。我对他坦言自己很穷，可他对此根本不在意，也许是不相信我的话。我成功地欺骗了一个男人娶了我，而没有受到谴责。丈夫是个好男人，他爱我，尊重我，可也不是傻瓜。他建议我们一起去弗吉尼亚生活，于是我们登上了驶向弗吉尼亚的船。我们与他敬爱而和蔼的母亲生活在一起。丈夫仍然深爱着我，可一件不幸的事瞬息结束了我所有的幸福。

外语教学与研究出版社
1995 年版封面

婆婆告诉我，她是从新门监狱被遣送到美国来的，还说了她因为入狱七个月后生了一个孩子而免了死罪时，我异常震惊。我沉默了好久，然后询问婆婆在狱中的姓名。当她回答我之后，我立即意识到，丈夫的母亲就是我的生母！我顿时极为痛苦，无言以对。我不能再像过去的 3 年那样与温柔的丈夫和他快乐的母亲生活了，这段婚姻令我难以忍受。我已经和自己的亲弟弟生了两个孩子，而第三个孩子不久就要出世。我拒绝再与丈夫同床，他对我很恼怒，变得刻薄无情。为此，我坚持要回英国生活。婆婆对我的决定感到不解，最后，我对她讲述了自己的故事。她沉默了好一阵，然后惊叫到："不幸的孩子！多么可怕啊！你嫁给了自己的亲弟弟！"我打算让丈夫知道真相，对他说："我们不是合法夫妻，因为我是你的亲姐姐，而你是我的亲弟弟。"我见他面色苍白，似乎惊呆了，立即陷入极度痛苦之中。他同意让我返回英国，还给了我一些钱和必需品。于是，我带着一大笔财产回国。然而，不幸的是，船在海上遭遇了风暴，我的物品和一大笔财产都掉入了海中。现在我孑然一身，只剩下二三百英镑了。

译林出版社2003年版封面

我在伦敦市外的一座小镇上租了一间房。与我同住的还有一个英俊的绅士。我对他说我的丈夫最近去世了，在回国途中丢失了好多财产。那位绅士的妻子因精神失常进了疯人院，他们的婚姻早已有名无实。他常常在夜晚来我的房间，而我也常去他的房间，但他只是吻我的脸颊，我很高兴他真的是个正派的绅士。他不答应我做他的情妇，因此我们如同兄妹一样，同住了两年多。一天晚上，我们两人都喝了很多酒，于是一切都改变了，我们不再是亲密的朋友，而变成了情人。不久我怀孕了，后来生了一个男孩。他表示会照顾我们，但他的妻子尚在人世，所以我们不能结婚。我们的孩子出生后，情人在伦敦为我们准备了一套豪华的公寓。我们以这种方式生活了六年。一次，他在出差的途中得了重病，他妻子的亲戚照料着他。几个月之后，他写了封信给我，说他在病重期间，意识到了婚外恋是个可怕的错误。于是完全康复之后，下定决心要了断我们的恋情，不再见我。他的信把我伤得千疮百孔。我已经42岁了，孤身一人，我决定要找一个正直的好丈夫，我也要做一个忠诚而名副其实的好妻子。

我等待着，谨慎地生活，小心花费我那极少的财产。一段时间之后，机会来了。我遇到一位来自北部乡下的贵妇人，她常常说起在北部乡下的生活如何便宜，我也想去那里居住以减少开支。一天清晨，我去银行办事，在那里遇到了一个正直的职员。他对待我相当真诚而亲切，几次接触之后，他坦言说希望自己是独身一人，那样的话我们就可以结婚了。他说他的妻子欺骗了他，结婚之后又和其他男人有染，还卷走了他的钱财，根本不配为人妻。我很高兴听到他这样说，但我知道自己必须等他离婚之后才能答应嫁给他。我和朋友不久去了利物浦，我们在一起住了将近六个星期，她的哥哥时常来访。很快，他就成为我的情人。不久，我就和她的哥哥结婚了，尽管我还继续给那位远在伦敦的职员写信，他在匆忙办理离婚手续。

一天，丈夫问我有关银行存款的问题。我去找他妹妹，对她说："我第一次遇到你的时候，我就告诉你我想到乡下过低消费的生活。在我对你坦白之后你怎么还能认为我很有钱呢？"这时丈夫听到了我们的谈话，我说："亲爱的，有人欺骗了你，我不是什么有钱的贵妇人。我们两个都被骗了。"此时此刻，他看上去十分怪异而恐惧。过了一会儿，他脸涨得通红，朝妹妹尖声叫喊起来，我很快意识到这所谓的妹妹即是与他相处了两年的情人。她促成了我们的婚姻，所以情夫要付给她 500 英镑。他大喊自己被毁了，惊叫着她曾告诉过他我有 1500 英镑。她大哭起来，情夫已经花掉了所有的钱，以使自己看起来像个富有的绅士，而现在分文不剩了。但丈夫确实是爱我的，他是个真正的绅士，尽管是个没钱的绅士。那天晚上我们都无法入睡，所以聊了很久。他很抱歉欺骗了我，还主动要给我他唯一剩下的一点钱。早上我醒来时发现他留下的一封信，信上说，他已经带着他的仆人、马匹和行李离开了。他打算到爱尔兰去赚钱，并向我发誓如果他成功了，一定回来找我。

不久之后，我来到伦敦，回想着与丈夫度过的快乐时光。而当我发现自己怀孕之后，幸福就这样结束了。在这期间，我继续与在银行的朋友通信，他提到离婚时遇到了许多意想不到的麻烦，所以离婚手续还需拖延。虽然现在我因怀孕不能嫁给他，但已决定了如果他还打算娶我的话，我就会嫁给他。过了一段时间，我找了个保姆，保姆说我可以住到她家里去直到我生下孩子。而且她能找到最适合抚养孩子的家庭。保姆无微不至地照顾家中的每一名孕妇，仿佛每个女人都是她的女儿一样。在我即将生产之前，我收到了银行朋友的来信，他说自己成功地离婚了，如果我答应嫁给他的话，他希望能够娶我。在他妻子得知离婚消息的那天傍晚，她自杀了。我有种相当强烈的负疚感，如果他知道我怀孕了，一定会伤透了心。我经常和保姆聊天，把我的处境告诉了她，把她叫做妈妈。她把我的孩子交给一个女人抚养。然后，我温柔地写信给银行朋友，他立即回了一封信，要求在伦敦附近的一座小镇上见面。那天傍晚，我们在旅馆周围散步，他真诚地向我表白爱意。他告诉我，自从第一次见面以后，他就盼望着能与我结婚，现在终于可以实现了。听了这些话，我感动得哭了。我下定决心不能再欺骗他，我要做这个亲爱的男人真诚而忠实的妻子。后来，我们幸福地举行了婚礼。

第二天清晨，我打开窗子，想欣赏一下这里的风光。突然，有三个绅士驾车驶过，我十分震惊地发现其中一人就是我的前夫，我刚刚出世的孩子的父亲。这三个人离开小镇之后，镇上就发出警报说发现一辆正驶进小镇的马车被抢劫了 560 英镑。我们第二天就回了伦敦。我和丈夫愉快地生活了五年。他很安静、明智，是个真诚的男人，对待事业十分努力。然而，五年之后，丈夫被他的生意伙伴欺骗，损失了大笔的财产，尽管我尽量安慰他，他却听不进我的话，不久就病逝了。我非常绝望，因为我们的财产都没了，却还要照顾两个孩子。现在的我已经 48 岁了，不可能再像一个年轻漂亮的女人轻而易举地靠做情妇生活。

一天下午，我正在镇上闲逛，担忧着自己的处境。走着走着，我经过了一家服装店，突然注意到商店门口处挂着很多值钱的布料，而店主没有在旁。我走进店中，小心地拿起店门附近桌字上的布料，然后溜了出来。我对自己变成罪犯烦恼不堪，但我毫无选择。如果继续过诚实的生活，很快就会无家可归，饥饿而死。从此我一发不可收，偷窃孩子戴着的金项链、贵妇人的金表、贵重的绸缎……我从别人那里偷了很多东西，可不知如何把它们卖出去换钱。保姆说她认识一个经常买这种东西的人，可以帮我把东西卖给那个人。发现我不是个诚实的人之后，保姆更加频繁地怂恿我出去偷东西。她还给我介绍了一个偷窃的同伙，我们通过偷窃获得大量赃物，我们变得非常富有。除了衣服、戒指、两块金表以及一些银器之外，我还有近七百英镑的不义之财，对于偷窃我不再抵触，铤而走险让我觉得兴奋。一次，我走进了一个开着门的人家，拿了两块绸缎，然后走向门口准备离开，这时，两个女佣逮住了我。警官很快就到了。我被抓进了新门监狱，那个我出生的地方。保姆立即开始奔走，阻止我在狱中被处死。我对自己被抓进新门监狱感到遗憾，但对入狱前的罪恶生活仍不悔恨。一天夜晚，我听说有三个人因在乡下抢劫几辆马车而被抓了进来，其中有一个就是我以前的丈夫。我这位原本是绅士的丈夫在发现他的妻子实际身无分文之后走上了抢劫的道路。法官开始宣判我死刑，后来又判定我罪不至死，把我发配到美国做奴仆。我去探望丈夫，他一眼就认出了我。我们谈了好久彼此在分手之后的生活，他请求法官把他发配到美国弗吉尼亚。不久，我们被带上了去美国的船。我和丈夫加起来共有 354 英镑可以带到弗吉尼亚，那时我已经 61 岁了。我们靠着这一大笔财产开始了在美国的新生活。不久之后，我得知生母几年前就去世了，而弟弟（我曾经的丈夫）还健在，可是已经双目失明。我见到了我的儿子，后来弟弟病故了，我把所有的故事都告诉了丈夫。

我们一起过着最最亲密而安逸的生活。现在，我们都老了。我们身心俱佳。在经过了多年的罪恶的撒谎与欺诈之后，我们决定返回故乡英国，正直地度过余生。

争议内幕

1892 年，维京袖珍读物出版社决定出一本名叫《笛福小说选集》的书，包含了笛福所有小说。但除了《鲁滨孙飘流记》外，编辑对其他小说都进行了删节。删改《摩尔·弗兰德斯》的编辑删除了一些枯燥乏味的情节和言语粗俗的段落。甚至小说的副标题“摩尔·弗兰德斯的幸运与不幸”都让维多利亚人时代的人觉得有失体统。因为“女人公是个声名狼藉的女性,后来才开始变得虔诚起来"。

20 世纪的前 30 年,美国地方海关检查员经常以"淫秽"为名将《摩尔·弗兰德斯》没收,最后一次是 1929 年在纽约市。1930 年的关税修正案取消了经典作品的进口上的限制,于是查禁就被解除了。

扬波利斯基［苏联］

《莫斯科一条街》

作者简介

扬波利斯基(1912-1972),1927年开始文学创作,1941年毕业于高尔基文学院。写有中篇小说《集市》(1941)。卫国战争期间担任《红星报》特派记者和《消息报》特约通讯员,撰写有大量有关被围的列宁格勒和白俄罗斯游击队的报道和特写。1955年发表描写苏联士兵在反法西斯战争中成长道路的中篇小说《考验的道路》,受到评论界好评。还著有中篇小说《鸽子巷一少年》(1959)、《三个春天》(1962)、《年轻人》(1963)、《旋转木马》(1966)和短篇小说《看到的东西》(1965)、《魔灯》(1967)等。1972年去世后,他的手稿《莫斯科一条街》一直由他的好友、作家康斯坦丁诺夫斯基和诗人梅日罗夫保存,16年后交《旗》杂志编辑部与读者见面。

作品提要

《莫斯科一条街》共分三部二十一章。第一部为《阿尔巴特街》,描写老阿尔巴特街上有一座老式公寓,楼里住着个斯维兹利亚克,俨然是一楼的楼长。他从来不是党员,但申请书写得比党员还多。大清洗以后,他不再写申请,作为一名党外的布尔什维克帮助政府揭露人民的敌人。

戈卢别夫·莫纳特金老头,虽然早已不进办公室,不再作指示,但那种优越感和一切都知道的表情一直挂在他的脸上,总是装出一副仿佛他在保守某种重要的国家机密的样子。他在公寓里跟谁也不说话。1920年,他在肃反委员会的地下室里枪杀了一名18岁的姑娘。尽管这些年来,每到晚上他总是觉得姑娘在盯着他,但他不能也不想同自己的过去生活分手。

老太太罗扎利娅·马尔科夫娜静静地生活在自己的单元里。到了夜深人静,她老是上厨房慌忙做点什么,又立刻回到自己的屋里。谁能想到她曾与丈夫一起是1905—1907年俄国工人武装起义的战斗队员,曾是一名令敌人胆寒的女战士。大清洗时,她丈夫被捕,她也被作为不可靠分子清除出党。从此她忘了一切，深居简出过着死人般的生活。

第二部是《漫长的二天》。这一天，下了头场雪，我下楼在邮箱里取出报纸，不由得心中一怔，新闻栏里登着逮捕反革命集团的消息。我来到街上。慢慢发现有人尾随着我，我跳上无轨电车，过了几站突然在车门快关上时下车，结果那人就在站台旁等着我。

我被带进一间小屋子，桌旁坐着一个营级政委，他问我是怎么被俘的。我告诉他，我没有被俘过。那时我和部队一起落入了敌人的包围圈，一周后我与一名航空机械师、一个姑娘和一名战士来到一个村子，村子里有德国人，我们被发现了。他问我，我们为什么没有被枪毙?我不知道，但他们确实搜查后就将我们放了。他问我，接受了什么任务?我说，我没有被俘过。于是，他让我把情况详细写下来。他拿着我写的纸走了，再也没有回来。

我记起了一排人站在飞机旁，机械师把降落伞系在我们每个人的背上后，我们上了飞机。一名军官逐一询问我们的名字，所有人都是波兰姓氏。我明白，这是些到波兰执行破坏任务的人员。我是最后一名。飞机起飞，越过明斯克飞往前线。

我有一支手枪。可是没有上交。也许是觉得交了可惜。后来便迟了，只有把它扔掉。可是往哪儿扔?最好的地方是水井，可四周没有一口井。突然响起敲门声："民警局!"我赶紧用报纸遮住手枪，跑去开门。民警局大尉站在门边，说是检查证件。我急忙递上身份证。他们走后，我一直心神不宁，总觉得他们的突然出现不是偶然的。

我丧失了时间感。冬日无比漫长。我睡熟了，做着梦，也许在梦中呻吟。我觉得有许多人在盯着我。我说着，也许不是用话语。而是想：你们可以用恐惧、犯罪感来折磨我，但你们无力把我变成一个卑鄙无耻的人。

我累了。现在我准备毫不惊奇、毫无怨言地接受一切。我爬上桌子，打开通风小窗。冰冷的风夹着雪花刮进屋子，我贪婪地吸着，难以满足。

我再次来到大街上。并不回头，但我感到他跟在我的身后。我们之间横着一道鸿沟——国家机密，我无法和他像人与人那样交谈。600万人口的城市开始了自己的夜生活。生活在继续，因为它永远不可能停下。不管发生什么——战争、地震、鼠疫、清洗、浩劫、日食。

第三部为《夜间灯火》。

我在夜间突然醒来，发现一个人站在我的床前。她是邻居、轻歌剧女演员。她听到我在梦中呻吟，以为我病了。她告诉我，有人在打听我，问有谁上我这里来。我轻声穿过院子来到大门口，朝街对面瞥了一眼，谁也没有。我来到阿尔巴特街，看到那里站着一个人盯着我看了一眼。便转过身去。

暴风雪开始了，我在静止的胡同里踯躅，我觉得全城只有我一个人。我害怕孤独，感到每个街角、每个阴影里都可能突然蹿出一个人来跟着我。我来到诺根广场。昔日重工业人民委员部的大楼高耸着，如今这里是煤炭部、石油部、黑色金属部和有色金属部。斯大林不睡觉，部长们也不睡觉；他精力充沛，抽着自己的烟斗，站在地球仪边上；所有人都忐忑不安，等待着，有的就坐在办公室桌旁，眼睛盯着电话机。

我突然记起，一天来我还没有吃东西。我来到一家咖啡馆，要了条大马哈鱼。当服务员端来大马哈鱼时，所有的桌布都已经收走，椅子翻转放在桌子上，挂衣架上只挂着我的一件大衣。

从巴统到楚科奇的广大国土上似乎没有我的藏身之地。我可以上姐姐家去，我有 4 个姐姐，居住在不同的城市里，但在干部处的档案中填上了她们的地址，我顿时会被他们找到的。再说恐惧感使得亲兄弟、亲姐妹都互相疏远，使一切——爱、眷恋、谢意、互相帮助、搭救、良心都消失殆尽。

前面是我熟悉的阿尔巴特街。我走进公寓，经过一扇扇沉寂的门，进了屋，万籁俱寂，突然我听到轻轻的脚步声，我数着：一下，两下，三下……我数到第 15 下，有谁进来了。我仔细听，万籁俱寂。也许，他们正站在门旁。现在就会推开门……

争议内幕

长篇小说《莫斯科一条街》在 20 世纪 60 年代就已创作完成，但一直被禁止发表。当时批评的意见主要认为作品思想倾向灰暗，对苏联的历史社会生活作了不完整的描述，甚至有人怀疑作者有影射攻击的动机。直到苏联推行民主化和公开性以后，这种观点才有了变化。1988 年小说在《旗》杂志上首次得以发表。一些评论家肯定了这部作品的积极意义和艺术成就。但是，不同的评价依然存在。

玛丽·麦卡锡 [美国]

《那一群人》

作者简介

玛丽·麦卡锡(1912—1989),美国女作家,以其尖锐的文学批评和讽刺小说出名,其作品包括《学院的小树林》(1952 年)和《那一群人》(1963 年)。此外还有作品《一个天主教少女的回忆》、《国家的假面具》等。

一个评论家说麦卡锡"很可能是美国历史上最聪明的女子"。麦卡锡毕业于瓦萨学院,1963 年她发表了小说《那一群人》,描述了瓦萨学院 1933 年毕业的 8 名女子的生活。该书给她的母校瓦萨学院带来了很坏的名誉。

作品提要

《那一群人》讲的是 1933 年从瓦萨学院毕业的 8 名女子的生活,她们在上学时组成一个小团体。她们中的 6 个是来自东部的富裕家庭,剩下的两个中的一个是富裕的自耕农的女儿,另一个则是在西部长大、来自中产阶级家庭的女孩。这个小团体中的所有成员都决定要在这个世界上轰轰烈烈地干一番事业,闯出自己的天地,要和她们的母亲过着完全不同的生活。在这种进步思想的激励下,她们在瓦萨学院过得非常愉快,她们对生活充满热情,希望将来能过上接受过贵族教育的女性才能享受的生活。

Penguin Books 1992 年版封面

小说充满喜剧效果和讽刺意味。在她们毕业典礼后的一周,她们一起来参加成员中的凯·斯特朗的婚礼。斯特朗早就大胆地和未婚夫哈雷德同居了。当她们中的另外 7 个人在讨论这段婚姻成功的可能性时,表现出了浅薄的个性和同样浅薄的价值观。在随后的 10 年中,她们在"托洛茨基式"的政治中浪费时日,过着放荡不羁的生活,谈了无数次恋爱,还有满口脏话的男朋友和丈夫。外号“湖鱼”的女孩在欧洲生活了很多年，后来和她的同性恋爱人——一位女男爵——成立了家庭，她的行为致使其他的几个人怀疑“‘湖鱼’可能会因为我们不是同性恋而看不起我们了”。

小说以凯·斯特朗的葬礼作为结束，据说她是在美国参加第二次世界大战的前几周，由于身体失去平衡而从位于纽约市的瓦萨俱乐部的20楼摔下来的。一位当时在休息室的瓦萨学院的老校友戴维逊夫人驳斥了自杀的假设。她指出，凯·斯特朗的精神状态很好，而且“她床边的烟灰缸中还有一支正在燃烧的香烟”。她认为“一个想自杀的女人，不会在烟抽到一半的时候这样做”。

Mariner Books 1991 年版封面

争议内幕

1964 年 1 月 21 日，《那一群人》在爱尔兰遭查禁。书中大段露骨的性描写招来了批评家的指责。有人认为这些段落淫秽色情、令人作呕。爱尔兰书刊检查机关认为该作品“淫秽”、“下流”，特别反对作者对性行为的描写，以及倡导同性恋和滥交。该书在爱尔兰一直被官方禁止出售，直到 1967 年的出版物检查条例将禁令减少到 12 年后才得以出版。

左拉［法国］

《娜　娜》

作者简介

爱弥尔·左拉(1840—1902),是法国19世纪后期最伟大的文学家,也是这一时期世界上影响最大的作家之一。他一生笔耕不辍,给后人留下了无数有价值的作品,与稍早于他的巴尔扎克在这方面并称于世;同时,他在文学理论上也作出了特殊贡献,是法国自然主义文学的主要倡导人,因此他在法国乃至世界文学中占有突出的地位。

左拉是自然主义流派的领袖人物。他认为,作家的任务是研究和阐述人是怎样受生物学和生理学规律的影响而产生某种行动和后果的,并且作家在创作中只应进行观察、研究和记录事实,而不应做任何评价。由此可知,自然主义忽视了人的社会性,并且排斥了作家进行社会概括、干预生活、改造社会的责任。但左拉自己的优秀作品往往突破了自然主义理论的框框,对巴尔扎克所代表的现实主义传统既有继承又有开拓。

法国画家爱德华·马内 1877 年作

左拉的主要作品是《卢贡——马卡尔家族》,这是一部长篇连续性小说。从1869年7月开始的《卢贡家族的家运》起到1893年完成的《巴斯卡尔医生》止,前后经过25年辛勤的劳动,左拉终于完成了这部包括20部长篇小说的社会史诗。其中最著名的小说有《小酒店》、《萌芽》、《娜娜》、《人面兽心》、《金钱》、《崩溃》等。

作品提要

娜娜是《小酒店》中工人古波与洗衣妇绮尔维丝的女儿,15岁时沦为街头下等妓女。一天,娜娜被游艺戏院的老板博德纳夫发现,把她推上舞台主演

《金发爱神》。有人觉得娜娜生着一副破锣嗓子，在舞台上连手脚都不知道往哪儿放。可是博德纳夫却说：“难道一个女人非得懂得唱歌和演戏不可吗？娜娜有别的玩意儿，那玩意儿可以抵其他的任何东西。等着瞧好了，她一出场，全场不垂涎三尺才怪呢！”来看《金发爱神》首演的有贵族，有资本家，几乎巴黎的上流社会全在这里了。娜娜终于出场了，全场都骚动起来，原来娜娜竟然只披着一条薄薄的白纱，身体的每一个部位都透过那层薄纱隐约而清晰地显露无遗。所有人的望远镜都对准了她，她像一头发情的野兽，感染了每一个人。

人民文学出版社 2004 年版封面

娜娜的演出轰动整个巴黎，第二天，银行家斯泰内、德·舒阿侯爵和廖法伯爵都来拜访娜娜，贵族小少爷乔治也来给娜娜献花。她与这些上流色鬼厮混的同时，仍然不停地出去卖淫。她开始与公子哥儿达盖内相好，这个人曾经在女人身上花掉 30 万法郎，可是最近在股票交易中破了产，连买花送给娜娜的钱都没有，于是娜娜便离开了他。银行家斯泰内为娜娜在郊外买了一座“藏娇楼”，长期供养娜娜。娜娜一进“藏娇楼”，就兴奋得从走廊的这一头跑到那一头，从楼上跑到楼下，最后跑到了屋顶上。在那里，娜娜一面和小少爷乔治打得火热，一面还要应付廖法伯爵。廖法伯爵是古老贵族的后代，从小受到严格的宗教教育，恪守教规，清心寡欲，却突然迷上了娜娜，整天被欲望折磨着。

没过多久，斯泰内也破产了，娜娜陷入了困境。形势所逼和热恋使娜娜和丰唐住到了一起。可惜好景不长，丰唐经常为了琐事虐待、殴打娜娜，不但拿不出钱养家，还和歌剧院的一个女演员好上了。娜娜被赶出家门，不得不再次沦为娼妓。游艺戏院正排演《小公爵夫人》，娜娜闹着要演高雅的贵妇人，可是她演的贵妇人让观众不停地发笑。

娜娜成了巴黎的时髦女郎，跻身于著名风流女人之列，男人的荒唐和堕落成就了她，使她傲然卓立于要价最高的妓女之中。娜娜的公馆坐落在一个豪华住宅区，房间内的装饰美不胜收。娜娜恢复了与廖法伯爵关系，伯爵每个月拿出 1.2 万法郎供娜娜花销，娜娜享有完全的独立自主，伯爵只能在规定的时间来。娜娜继续和乔治来往，并且勾搭上了乔治的哥哥菲利普中尉。娜娜还和妓女萨丹搞起了同性恋。为了满足娜娜，菲利普中尉因贪污公款被关进大牢。乔治要娜娜嫁给他，娜娜认为他疯了，乔治竟然拿起一把剪刀自杀了。娜娜挥金如土，一掷千金，她接待的男人一旦钱财耗尽，便被她拒之门外。几个月之内，一个又一个的男人被娜娜吞噬了。一天，廖法伯爵推开娜娜的房门，居然看见老迈的岳父德·舒阿侯爵躺在娜娜白嫩的胸前……

一天，娜娜感染天花病死了，那只不过是一堆正在腐烂的肉而已。

争议内幕

《娜娜》出版后舆论哗然，嘘声四起。“正人君子”们觉得这部小说揭露了上流社会的糜烂生活，因而大肆攻击左拉，咒骂左拉不道德。有人指责左拉完全忘了“羞耻”二字，描写了一个荒诞、色情的妓女。当时法国一些中学图书馆禁止收藏《娜娜》。在 20 世纪，《娜娜》仍是一部争议颇多的作品。有的研究者认为，《娜娜》在一定程度上反映了现实，但其中具有浓厚的自然主义色彩，对男女关系的描写的确有伤大雅。但也有学者认为，娜娜的堕落应该归结于那个道德沦丧的社会，作品的文学价值很高。

莫扎耶夫［苏联］

《农夫与农妇》

作者简介

鲍里斯·安德烈耶维奇·莫扎耶夫(1923—1996),苏联作家,前苏联作家协会理事。生于梁赞州皮捷利诺市。1948 年毕业于列宁格勒海军学校,参加过卫国战争。一直长期在远东工作,后迁居莫斯科。最初从事乌德盖人民间创作的收集和整理工作,出版有《乌德盖童话集》(1955)、《铁喙:乌德盖童话集》(1959)、《林中善良的阿迪加:乌德盖童话集》(1960)。创作有反映远东地区人们生活的中短篇小说集《泰加森林的威力》(1959)、中篇小说《冰泉》(1956)、《莎尼娅》(1959)、《精密仪表》(1959)和描写农村生活的中篇小说《大地》(1965)、《费奥多尔·库济金生活片断》(1966)、《1.5 平方米》(1982),中短篇小说集《林中路》(1973)、《活着的人》(1977)、《老故事》(1978),长篇小说《农夫与农妇》等。莫扎耶夫的作品中矛盾冲突夹杂幽默和讽刺,文笔生动。长篇小说《农夫与农妇》的第 1 卷发表于 1976 年,第 2 卷创作于 1978—1980 年,直至 1987 年才得以公开发表,发表后引起巨大反响,使作家成为 1989 年苏联国家奖金的得主。

内容提要

《农夫与农妇》以 20 世纪 20 年代末的苏维埃联邦的梁赞州为背景。党的第 15 次代表大会以后,梁赞州季哈诺沃区州委为完不成余粮征购任务忧心忡忡。听说代表大会作出决议,要将富农当做一个阶级消灭。传说有的村里已经把隐藏余粮的家庭当做富农没收了财产。还传说要成立集体农庄,要将农民们的所有财产交公。但有的农夫不信这些传说,因为党代会的决议指出,是要在严格自愿的基础上参加集体农庄的。

州执委会主席沃兹维舍夫认为是富农在捣乱,他们隐瞒余粮,却拿到市场上高价出售。他找来季哈诺沃村的党支部书记卡狄科夫,指责他阶级路线不清,要求他把会计乌斯宾斯基和搞承包工程的阿尔多宁从劳动组合中清除出去,理由是一个是神父的儿子,一个生活富裕,还有一台脱粒机。卡狄科夫认为这两人精明能干、工作出色,十月革命后曾为苏维埃政权战斗过，清除他们是不公正的，于是愤而辞职。同时，团的工作者玛丽娅和泽宁被派往戈尔捷耶沃村调查余粮情况。玛丽娅通过交谈、开会了解到农夫们不再交售余粮，是因为他们按规定指标交够余粮后，再无余粮可交。

尽管村苏维埃不同意区委没完没了的追加征购余粮数字和对依靠自己的劳动致富的中农搞不合理的税收摊派，但沃兹维舍夫还是决定将一个村的交售余粮任务由 1 000 普特一下子增加到 5000 普特，新提拔的村党支部书记泽宁又把指标主要分摊给了富农。被划成富农的富裕劳动者个个叫苦不迭，他们都已经无余粮可交。有的只得卖掉马匹、奶牛及财物交纳罚金，有的 24 小时内交不出罚金便被没收了全部财产，有的只得举家逃跑。

沃兹维舍夫和泽宁想乘热打铁，又召开村苏维埃大会，号召全体加入集体农庄，但是会前只有 26 人报名，会上没有一个人响应号召，而且有人询问，这是上边的决议，还是他们的主意。终于，上边的决议在中央全会后出现了。梁赞州委决定，每个区都要成立实现“全面集体化”的作战部，而这个作战部的首要任务是先征集余粮。

而由 15 户农夫自愿组织起来的蚂蚁合作社，因为收成好，除了按规定交售了余粮，确实到市场卖过一些余粮，那是为村妇们置点衣料。泽宁则通过“积极分子”搞了一份“有余粮”家庭为名单，要求按名单去搜缴余粮。泽宁的做法得到沃兹维舍夫的赞赏，被任命为季哈诺沃村党支部书记。泽宁受宠若惊，一下子把区里 5000 普特的征购余粮任务包了下来。他召开村积极分子大会，决定把交售余粮的任务分摊给富农和中农，并拟定了 18 户富农的名单。许多人都对把自食其力的富裕劳动者划为富农的做法表示不满，征购余粮为工作进展缓慢，于是沃兹维舍夫亲率一个专门委员会下乡，决定对拒交余粮者加以罚款，如在 24 小时内不交 700 卢布罚金，全部财产没收。结果拒交罚金的克留耶夫财产被没收，老婆被搜身，儿子因为同行动小组发生冲突而被捕。与此同时，沃兹维舍夫下令，对各家各户的猪加以登记，谁家有两头猪，大的交给国家。抗拒不交者，严厉制裁。蚂蚁合作社只有 6 头猪，却要求交出 5 头，社长米隆诺夫表示，如果这么干，他就把猪全宰掉。沃兹维舍夫当

莫扎耶夫生活照

即命令把米隆诺夫逮捕。当天夜里各村出现了一个宰杀牲畜的浪潮，到处是猪的凄厉的惨叫声。只戈尔捷耶沃村一夜之间就杀了 70 头猪，而维列季耶村更甚，除杀了 74 头猪外，还杀了 12 头公牛，17 头牛犊和 74 头羊，沃兹维舍夫大发雷霆，命令对所有宰杀牲畜的人处以重罚，不交者，便没收财产。沃兹维舍夫强行征集了 4000 普特粮食，没收了 8 户人家的财产，扣留了 10 头奶牛和 20 头猪，关押了 5 个人。

他的行为得到了表扬。圣诞节前夜，开始了一场没收富农的财产运动，富农名单由沃兹维舍夫亲自拟定，谁向他报的富农名单越多，功劳就越大。行动小组出其不意，同时行动。仅在季哈诺沃村就有 26 户富农和长子被逮捕，家人被扫地出门。玛丽娅拒绝参加这一行动，被指责为富农的走狗，被开除了公职。这一运动刚结束，随着 30 年代第一个春天的来临，全面实现农业集体化运动就开始了。梁赞州成立了作战部，作战部负责人沃兹维舍夫亲率一工作队来到戈尔捷耶沃村，向事先集合在学校大院中的将近 500 多个庄稼汉宣布：反对集体农庄，就是反对苏维埃政权。然后，让反对集体农庄的人举手，但谁也不敢举手，于是他宣布所有在场的人都已经是集体农庄庄员，并要求他们在 18 小时内将种子、牲畜、农业财产交公。沃兹维舍夫洋洋得意，准备明天带人去维列季耶村如法炮制。夜里，他躺在沙发上做了一个梦，梦见自己到莫斯科去向斯大林汇报他“第一个将全区引向社会主义”。正在这时，有人把他推醒，告诉他维列季耶村发生了暴动！

听说沃兹维舍夫把人们强迫赶进集体农庄后，邻村的农夫和农妇们砸毁了公共牲畜棚，砸坏仓库大门，抢走了收缴的种子，扒掉了出来劝阻的工作队员的裤子。但沃兹维舍夫并不改变他的计划，第二天早晨在警察保护下来到邻村，警察开枪打死一青年，愤怒的群众打死了警察局长，事态扩大，引起全区的骚乱和流血事件……

10 天之后，斯大林的《胜利冲昏头脑》一文发表。季哈诺沃区按沃兹维舍夫方式建立起来的集体农庄纷纷解散，季哈诺沃村的集体农庄依然是志愿报名的 26 户。冒进分子受到了审判，以沃兹维舍夫为首的 12 人被送上了被告席。沃兹维舍夫被判处 5 年徒刑。他们在法庭上承认自己有过失，但都说自己是命令的执行者。沃兹维舍夫申辩道：“是的，我们脱离了群众，建立集体农庄时破坏了自愿的原则，在实际工作中我们犯了一系列粗暴的错误和过分冒进。但是从社会的观点看，我不是一个危险人物，而是对社会主义建设忠心耿耿的人。因此，孤立地向我提出严厉的起诉是不公平的，我只不过是执行指示而已。”

被风潮牵连的庄稼汉也受到了惩办。只有兹翁佐夫一人逃脱了惩罚，他曾被列入富农名单，暴动后维列季耶村的庄稼汉推选他出来与沃兹维舍夫谈判。当骑兵分队来包围暴动的维列季耶村时，他跳上自己的马跑进难以通行的森林中去了。从那时起，当地再没有人见过他。一些人说他改名换姓生活在巴库，另一些人说他到了国外。

争议内幕

《农夫与农妇》是一部对苏联30年代农业集体化运动作深沉反思的作品。半个多世纪以来，苏联20世纪30年代的农业集体化运动一直是苏联文学的重要题材。而在《农夫与农妇》中，20年代末、30年代初苏联农村的生活现实，与过去许多作品是大相径庭的。它描述的是广大的农大和农妇对农业集体化的厌恶抵触情绪和借搞农业集体化之名、行营私谋利之实的所谓积极分子的胡作非为，而对遭镇压、被流放的富农则寄予无限的同情，认为他们并非真正的富农，而是农村中善于经营、积极劳动的中农和靠自己的劳动富裕起来的贫农，从而指出农业集体化运动是一场根本错误的、违背民意的运动。作品的发表引起苏联文学界的轰动，被认为是描写农业集体化运动的“第三个浪潮”的代表作，充满着所描写的那个时代的现实的激情，充分反映了农业集体化的真相，重现了20年代末苏联农村的社会生活。但也有人认为，小说对苏联现实的反映是片面的，因此，也是不正确的，这也许就是作品遭禁的原因。

塞缪尔·理查逊［英国］

《帕梅拉》

作者简介

塞缪尔·理查逊（1689—1761）是18世纪中叶英国著名的小说家，对英国文学和欧洲文学都产生过重要影响。

理查逊只受过中等教育，但平时喜爱读书。16岁时他在伦敦印刷商约翰·魏尔德处当学徒，当过几年排字工和校对，后接管了一家印刷厂。他由于勤奋努力，在印刷事业上取得了很大的成功。1739年两位书商建议他编写一本包含各种主题的书信示范，以便指导文化水平不高的读者如何写信。结果理查逊于1741年出版了一本书，名为《写给好朋友的信和替好朋友写的信》。在准备写作过程中，他回忆起他以前听到过的一个故事，那是关于一个女仆拒绝男主人求爱而最后又嫁给男主人的事情。他想到可以采用书信体的方式把这个故事写成一本小说，于是就着迷似地全力投入了工作。那时他已50岁了，从1739年11月开始写，到1740年1月完成。书名是《帕梅拉》（又名《贞洁得报》），并于同年出版。

由于《帕梅拉》作为文学上的新成就大受读者欢迎，理查逊受到这次成功的鼓舞，就创作了他的第二部小说《克拉丽莎》（又名《一个少女的历史》），于1747—1748年出版。理查逊的小说不仅在英国文学中产生了重要的影响，而且对西欧文学也产生了深远的影响。他把伤感主义带进西欧文学，导致了18世纪末浪漫主义运动的兴起。但是，在称赞理查逊的同时，也要看到他思想上的局限性。他在作品中虽然谴责了贵族阶级道德的腐化，但是他所颂扬的道德理想，还是建筑在资产阶级宗教道德的要求上，而不是建筑在人的本性的尊严上。他的伦理结构的基础也不是人与社会的关系，而仅是人与家庭的关系。这样就难免束缚了他的视野，也影响了他认识社会现象的深度。

作品提要

帕梅拉是位年轻漂亮的姑娘，从小就在一个富裕家庭当女仆，服侍一位阔太太，并曾得到学习的机会，这是她那种地位的人难以企及的。帕梅拉15岁时女主人去世了，女主人的儿子B先生已同意留下她。B先生英俊潇洒，受过高等教育，继承了一份巨大的产业，为人慷慨大方。但他和当时许多贵族子弟一样，生活有些放荡。帕梅拉很高兴能继续留在这个职位上，对新主人的好心更是感激不尽。然而，过了一段时间，年轻的主人却表现出对她不轨的企图，并坚持要看她写给父母的一封私信。于是帕梅拉写了一封信给父亲安德鲁斯，父亲立即回信说，对于她这样漂亮贤淑的女孩而言，名誉和贞洁是高于一切的，他们宁愿过穷苦的日子，也不愿以她的堕落为代价。他非常为女儿的贞操担心，如果女儿失去贞操，任何财富、任何恩惠、一生中的任何东西都将无法补偿。他警告女儿，如果从蛛丝马迹中看出B先生要骗取她贞操的诡计，那就一定要不顾一切地离开那里。

可是B先生对帕梅拉很和气，女管家杰维斯太太也对她以礼相待。B先生的姐姐戴弗斯太太想让帕梅拉到她家去当女仆，B先生坦然地同意让她离开，还把一些用上好面料做成的衣服送给帕梅拉。帕梅拉觉得他是一位品行端正、宽厚仁慈的绅士，只是在接受B先生送给她的长袜时感到很不好意思。过了几个星期，B先生对让帕梅拉离开的决定后悔了，他说由于他母亲把她交托给自己照管，所以就应当继续跟她待在一起。帕梅拉心中很痛苦，希望慈悲为怀的上帝能让她继续保持贞洁。她发现有人偷走了她写给父亲的一封信，担心B先生已经看过这封信，因为现在自己总是受到监视。一天，帕梅拉在小花园的凉亭里做针线活，B先生走过来牵她的手，她的身子抖了起来。B先生说:“我可以告诉你，如果你知礼、尽责，不把自己局限于用个人的视角看问题，我将使你变成一位淑女。”他一边说着，一边还用胳膊搂住帕梅拉，吻她。帕梅拉挣扎着，颤抖着，全身变得麻木，以至于发现自己跌靠在他的怀里，浑身无力;他带着骇人的渴望吻了她两三次。终于，帕梅拉从他的怀抱中挣脱出来，打算离开那个凉亭，但是B先生把她拽住，并且把门关上，说:“你不用害怕。”帕梅拉伤心地哭起来，说:“即使你贵为王子，我也要保持我的贞洁。”B先生生气了，说:“小傻瓜，谁让你去干别的勾当了?别哭了。我这里有些东西要给你。”他把一些金币塞到帕梅拉手里，但帕梅拉没有接受，趁机打开门，跑出凉亭。

帕梅拉擦干眼泪，觉得应该离开这个地方。她把这个想法告诉女管家杰维斯太太。杰维斯太太很同情她的遭遇。又过了两个星期，B先生叫住帕梅拉，对她说:“那天在凉亭里我只不过向你略表好感，而你却显得那么傻气，好像我要加害于你似的。难道我没有对你说过应该守口如瓶吗?你却逢人便讲，丝毫不考虑我的名声。”帕梅拉和他激烈地争吵起来，他一边说一边把帕梅拉抱了起来，想让帕梅拉坐到他的腿上。随后他想吻她的脖子，但愤怒的情绪使帕梅拉力气倍增，她突然使劲一跳，从他那儿挣脱出来，然后跑出了房间。B先生对她紧追不舍，抓住了她的罩衣，追逐中还把它撕掉了一块。随后帕梅拉便昏倒了。杰维斯太太看见了这一切，她对着帕梅拉哭泣，说不出话来。

B 先生十分气恼，下决心同意让帕梅拉离开。杰维斯太太对帕梅拉说："主人有一份富有的家产，而且我相信他爱你，虽然你是他的女仆，但是他爱你胜过名门闺秀。由于你的地位比他低那么多，他曾尽量想克制对你的爱；以我的看法，他发现自己克制不住这种爱，于是他那高傲的心便由急生恼。这就是为什么他想让你离开，为什么当他偶尔撞见你时言辞那么暴躁的缘故。"帕梅拉觉得自己穿的衣服都太华贵了，没有一件适合自己将来的情况。于是她买了一些暗色的布料，做了几件衣服。一天她穿着自己新缝制的衣服，想让杰维斯太太瞧瞧。杰维斯太太竟然一下子没有认出她来。这时，B 先生正好走过来，问杰维斯太太："刚才跟你在一起的那位漂亮姑娘是谁啊？"杰维斯太太把帕梅拉带到 B 先生身前，帕梅拉弯身向他行了屈膝礼。B 先生肯定认出了她，但他狡黠得像恶魔一样，牵着她的手说："想必你是帕梅拉的妹妹吧，你那么整齐、那么干净、那么漂亮！我得吻你一下！"帕梅拉既吃惊又焦急，赶紧说："我是帕梅拉，我的确是帕梅拉啊！"不管她怎么躲避，B 先生还是吻了她，还说："你比帕梅拉可爱多了。"帕梅拉傻瓜似的站在那里，过了一会儿，B 先生说："你这个小坏蛋！我已经决心不再去注意你了，可是你却乔装打扮来招引我。"

几天之后，B 先生十分和蔼地对帕梅拉说："答应我，你会在这里再呆两个星期。我为你找到了一个合适于你而且很体面的人：年轻的牧师威廉斯。他的生活受我的资助，而你长得很漂亮，他会使你幸福的。"帕梅拉回答说："在这儿再呆两周不会对这件事产生什么影响。我要尽快回到父母身边去，我的父母会对我提出忠告的。"

Penguin Books 1981 年版封面

帕梅拉坐罗宾驾的马车出发去她父母家。然而罗宾把她带到了 B 先生在林肯郡的另一处住宅。帕梅拉被骗了。B 先生写信给帕梅拉的父亲，告诉他为了帕梅拉的切身利益，他已经把她送走了，因为她和年轻的牧师威廉斯先生有染。安德鲁斯先生心神错乱了，前来寻找自己的女儿。杰维斯太太接待了他，并且猜出发生了什么事，不过她什么也没有说，B 先生告诉帕梅拉的父亲她在伦敦，这都是为了保证她的安全。他向这位父亲保证帕梅拉安然无恙，并且答应她尽快写信来证实这一切。接着，他指示帕梅拉给杰维斯太太写了这样一封信，让她把信转交给帕梅拉的父母。帕梅拉再也不能和她的父母直接联系了，但继续写信，希望有一天父母能够读到她的信。

在林肯郡气派古老的大宅里，B 先生让管家朱克斯太太监视

Oxford University press
2008 年版封面

帕梅拉。她是个邪恶的粗俗女人，长着一双可怕恶毒的灰色眼珠，看起来非常强壮。帕梅拉必须和她睡在一张床上。牧师威廉斯先生是一位明理、严肃的年轻绅士，有时会到这所宅子里来。一天，帕梅拉接到 B 先生的信，B 先生让她按照示范好的内容给父母写信，不得改动其中的任何一句话，帕梅拉只好照做。B 先生的仆人约翰来看望帕梅拉，并坦承以前在把她的信捎给她父母之前，让 B 先生看过了每一封信。他现在觉得很后悔，希望有机会可以帮助她。威廉斯先生来看朱克斯太太和帕梅拉，他和帕梅拉约好把欧芹菜谱上的一些瓦片作为藏匿便条的地方。两天以后，帕梅拉从瓦片下找到一封威廉斯先生的信。信上说他愿意放弃寄托在 B 先生身上的一切希望，也不愿放弃帮助她从 B 先生手中逃出去的机会。他写信给年迈的西蒙•丹福德爵士，希望他能保护帕梅拉。但是丹福德爵士认为“如果我的邻居看上了他母亲的使女，并愿意关照她，我看不出对她会有什么伤害”，所以拒绝帮助帕梅拉。

帕梅拉又接到了 B 先生的来信，说他已经后悔答应不来到她身边这件事，并问她想不想邀请他过来。帕梅拉十分苦恼。然而，威廉斯先生来看望她时，找机会把一封信塞进她手里。信上说：只有一种有效而具体的方法，可以使你脱离眼下的处境。这就是结婚。因此，如果你能接受我的求婚，我本人将会感到及其幸福。当然，不论你决定答应和我结婚与否，我都会引领你前往安泰之境的。帕梅拉回信说：就目前而言，主要考虑到你的处境，我不能考虑接受你向我求婚的那份荣幸。而且，除非我的父母同意，否则我绝不会考虑婚嫁之事。

星期日，威廉斯先生和朱克斯太太来给帕梅拉看一封主人写来的信，主人在信中告诉威廉斯先生，所答应给他的那份工作现在已经兑现了，同时主人还希望把帕梅拉许配给他做妻子。威廉斯先生欣喜若狂，不慎提起了他先前对帕梅拉的求婚。帕梅拉怀疑这是一个圈套，提醒他不要在朱克斯太太面前谈论这件事。无论如何，她坚持要先跟她的父母商量。她想办法给了威廉斯先生另一包写给父母的信，而威廉斯先生则设法给了帕梅拉一把花园后门的钥匙。

威廉斯先生在回家的途中遭到了抢劫被丢在水沟里(事后证明这是朱克斯太太指使的)。幸好他设法保住了帕梅拉的信。朱克斯太太前去探望他。帕梅拉深信朱克斯太太的目的是打探他们订婚的事。她担心威廉斯先生没提防之心。事实上，朱克斯太太回来后对帕梅拉看管得更严了，态度也更冷漠。

一周之后，信差捎来两封信，一封是给帕梅拉的，一封是给朱克斯太太的。帕梅拉错拿了朱克斯太太的信，感到有些惊慌失措。信上说：作为一个被我另眼相看的女孩子，竟然为躲避我而准备同一个相识如此短暂的家伙出逃，令我无法容忍。这个不知好歹的家伙！不过，我要加以报复；我请你倍加小心，严防她逃脱。至于那个威廉斯，我已责成我的律师立即送他进监狱，就为他欠我钱财——本来我绝没有打算把这笔债务挂在他头上的。三周之后我将前往你处，以决定她的命运。帕梅拉刚读完这封信，朱克斯太太就极为恐慌地来找她了。帕梅拉泪流满面，朱克斯太太似乎对她生出了一丝怜悯之情。

过了几天，帕梅拉准备逃走。她趁夜深跳出窗外，不慎扭伤了脚踝；她来到池塘边，把手绢和一顶帽子扔进水里，为的是让别人以为她已溺水而亡。她翻墙而逃，没想到墙砖垮塌了，摔了下来；有一块砖头还砸在她的头上，腿上的皮也擦破了。帕梅拉没有办法，只能躲到一堆木柴后面。破晓时分朱克斯太太醒了过来，发现帕梅拉不在床上，急忙四处寻找。当他们找到帕梅拉时，她十分虚弱。帕梅拉被锁在屋里，被看管得更严了。

又过了几天，B 先生乘着他的精致马车来了。他说："好啊，帕梅拉，忘恩负义的家伙，你惹出来的所有这些麻烦到底是什么意思？"帕梅拉无言以对，不知所措。B 先生用双臂搂着她的脖子并想要吻她。帕梅拉一边挣扎一边喊道："先生，我宁愿死也不会屈从你这种对待我的方式！"B 先生表示，他可以给帕梅拉 500 基尼作为礼物，还让她父亲拥有一份财产。他甚至说，如果一年后他对她的热情不减，那么他可能会同她结婚。帕梅拉立即拒绝了他的所有提议。

一个叫南的女仆喜欢喝酒，一天晚上，她喝得酩酊大醉，朱克斯太太严厉斥责了她，让她上楼去睡一会儿醒酒。两个小时之后，朱克斯太太和帕梅拉上楼就寝，发现南在房间角落里的一把扶手椅里熟睡，头上盖着她的围裙。然而，这个人其实就是卑鄙的 B 先生。这时，朱克斯太太已经上床，帕梅拉紧靠着她躺下，好给南留出地方，等她醒来后能睡下。朱克斯太太用右手捉住帕梅拉的左手，帕梅拉的右胳膊则在她的左胳膊下面。过了一刻钟，这个假装的南上了床，像片树叶一样浑身发抖。B 先生拉住帕梅拉的左臂，塞到他的脖子下面，恶毒的朱克斯太太则捉住帕梅拉的右臂，然后 B 先生紧紧搂住了她的腰！接着他就令人惧怕而使劲吻她，他说："帕梅拉，同你算账的时候到了！如果你改变主意，我就立即放开你。""噢，先生，请先放开我，那样我将同意我该做的任何事情。""那么，你就发誓接受我的建议吧，"说着，他就借做发誓动作的机会把手放在帕梅拉的胸脯上。帕梅拉惊恐地昏迷过去，醒来之后看到朱克斯太太坐在床的一侧，B 先生坐在床的另一侧。帕梅拉认为最糟糕的事情已经发生了，精神上到了要崩溃的地步，说话失去了理智。直到后来，B先生庄严地起了誓，才让帕梅拉确信他没有对她做出任何下流的事。他说：“我向你发誓，亲爱的帕梅拉，我看到你好一些之后就会马上离开。把你的手伸给我吧，请你宽恕我。”帕梅拉把颤抖的手向他伸出去，说：“愿上帝宽恕你，先生。”他带着自责的神情离开了。

第二天下午，B先生叫帕梅拉去见他。他不停地在房内踱步，显得若有所思。他说：“我看到你在各种场合下都那么谨慎小心地保持你的贞操，因此，尽管我想探查到相反的情况，我却必须承认，我对你的激情却因此变得更强烈了。你不能认为我是个很纵情的人，如果我完全放纵我的情欲，那么我应该可以得到满足了。试想一下我的地位所带来的优越感吧。我甚至不能容忍有结婚的念头，即使是同地位与我相等或比我高的女人结婚；因此，按照世人的评判标准，我怎么会考虑让你成为我的妻子呢?然而我不能忍受失去你的想法。”帕梅拉听了这些话心情非常激动，脸红得像火烧一样，把头倚在B先生的肩上，好掩饰她的慌乱。B先生把帕梅拉搂紧，说道：“把你的脸藏在我的胸前吧，我亲爱的宝贝。你那天真无邪的优雅让我着迷。”他和善的态度摧垮了帕梅拉的全部矜持，她扑到在他的脚边，抱住了他的双膝。但是B先生却说：“我们必须做些什么事来对付这世俗的世界以及它的谴责呢?的确，我不能结婚！”帕梅拉再次大吃一惊，说：“我不敢奢望得到这种荣誉，只要我被允许回到我父母身边就心满意足了。”

一天，门外来了个吉普赛女人，要给帕梅拉算命。吉普赛女人蹲下身子，拔起一把草，将草上带的泥土蹭到帕梅拉手掌上。她说：“真奇怪，漂亮的小姐，你最好多留点神，你将不会结婚，而且生下第一个孩子之后就会死去。”帕梅拉不相信她说的，不过她向那个女人拔草的那片草丛看去，看到有一小片纸露了出来，她立即拾起纸片。这是陌生人的笔迹，上面写着：B先生无疑已决意要把你毁掉，由于采取的其他任何办法都未能生效，绝望之下，他将假装对你显出热爱与和善，并假装愿意同你结婚。晚饭后，帕梅拉拿出自己以前写的信，却不小心被朱克斯太太看见了，她抢走了这些信并交给B先生。第二天，B先生把帕梅拉叫来，对她说：“哦，亲爱的姑娘，你这个悲伤的故事，让我深深受感动了。要是真的发生了什么不测，那就真的很悲惨了。我体会到你所受的对待太粗暴了。”然后他极为亲切地用手臂把帕梅拉搂着，说：“我将作出努力，蔑视世俗之见，让我的帕梅拉为所受的全部苦难得到补偿。”帕梅拉满心欢喜，但也没有忘记那骗婚的警告，说：“请让我回家，这就是我的全部请求。”B先生一下子暴怒了：“在我满心欢喜、愿意作出让步的时候，难道那就是我该得到的回答吗？你这个不可理喻的帕梅拉！走吧，别让我再看见你了！”

盛怒之下，B先生决定送帕梅拉回到父母身边去。帕梅拉几乎是带着伤心离开的。仆人交给她一封 B 先生写的信，信中希望帕梅拉一切顺利，并且答应还她所有的信件和日记。帕梅拉开始意识到自己已爱上了主人。他们继续赶路，到达朱克斯太太亲戚经营的一家小旅馆后停下来休息。这时 B 先生的马夫突然匆匆赶到，交给帕梅拉第二封信。信中，B 先生说他对于送帕梅拉回家的决定很后悔，恳请她回去，并且保证使她快乐。她让帕梅拉自己决定是回父母身边还是回到他那里去。帕梅拉大为感动，于是回到 B 先生那里。B 先生欣喜若狂，很亲切地迎接帕梅拉，还当着所有仆人的面，牵着她的手走进了四轮马车。他搂住帕梅拉说："我现在十分希望能同你结婚。要知道，我的确曾经设计过，甚至打算在你不知情的情况下，一起共同生活几年，在这段时间里，我自己有权随心所欲地去确认或废除这段婚姻。""哦，先生，是哪个好心的天使才阻止了这个骇人听闻的谋划的实施呢？"帕梅拉问。"那是因为你呀，帕梅拉。因为当时我开始考虑到，如果我有一个你所生的孩子，就算我想让他继承我的财产，我也没有能力让他取得正统的地位。另外当我进一步想到你那守身如玉的贞洁时，我就下定了决心，即使同你分离，也要比那样欺骗你好一些。"他们就那样继续倾谈着，谈了好几个小时。后来，B 先生终于在教堂迎娶了帕梅拉。

译林出版社 2002 年版封面

争议内幕

人们对《帕梅拉》的褒贬不一，尽管理查逊声称写此书的目的是体现一个女孩子坚守贞操而得到的回报，但是世人还是表示怀疑。作家亨利·菲尔丁认为这个小女佣不是一个无辜的受害者，而是一个很有城府的尤物，她通过大胆的计划，经常把自己暴露在 B 先生的视野中。愤怒的卫道者指出帕梅拉在第二次向 B 先生献身的过程中缺乏最起码的廉耻，但是这恰恰又是理查逊所称赞的。

《帕梅拉》在 1744 年遭到罗马天主教会的谴责并禁止天主教徒阅读该书。它还被列入《禁书索引》，主要是因为该书存在性暗示，尽管理查逊解释那是为了维护贞洁。直到 1906 年，它也没能被解禁。

塞尔玛·拉格洛芙［瑞典］

《骑鹅旅行记》

作者简介

塞尔玛·拉格洛芙(1858—1940)，瑞典作家，世界著名的童话故事作家之一，曾于 1909 年获诺贝尔文学奖，是第一位获此殊荣的女作家。

塞尔玛 3 岁时，由于髋骨关节变形而左脚残废，从此走路不便。早期的优秀作品有《古斯泰·贝林的故事》、《看不见的伤口》、《假基督的奇迹》、《地主之家的故事》等。1897 年，塞尔玛对在宗教影响下迁居耶路撒冷的达拉省农民产生了兴趣，从而创作了小说《耶路撒冷》、《阿民牧师的宝物》和《基督的故事》。还在塞尔玛构思《耶路撒冷》的时候，她就开始为写《骑鹅旅行记》收集资料和实地考察，并最终在 1907 年完成了这部代表作。之后，塞尔玛回到了故乡韦姆兰，过着半是作家半是农妇的生活，并在这一阶段先后完成了《利纽克罗纳的家》、《死神的车夫》、《葡萄牙的皇帝》、《罪犯们》和《安娜·史威特》等作品。在她晚期的作品中，依然沿用以往的题材，写一些具有神秘色彩的农村故事。但作品对现实的批判更加强烈了，在小说《罪犯们》中，她通过一些令人毛骨悚然的悲剧直接表达了她的反战思想，把战争发动者视为全人类的罪人。

1932 年，塞尔玛完成了 10 年前动笔并陆续发表的《回忆录》，包括《莫尔巴卡》、《孩子的回忆》和《莫尔巴卡日记》三部分。1940 年 3 月 16 日，塞尔玛·拉格洛芙在故乡去世，享年 82 岁。

Dover Publications 1995 年版封面

作品提要

一个名叫豪尔耶松·尼尔斯的 14 岁男孩，居住在瑞典南部的一个乡村里。他的父母都是善良、勤劳而又十分贫困的农民，但尼尔斯性格孤僻，对读书毫无兴趣，四门功课不及格。他总喜欢搞恶作剧，给父母造成了很大苦恼，家中的鸡猫狗兔也经常遭到他的欺负。

一个初春，尼尔斯的父母上教堂去了，尼尔斯在家里捉弄一个小狐仙并冒犯了它，结果，小狐仙在尼尔斯身上施了妖术，让他也变成了小狐仙般的小人儿——能听懂禽兽的话语，但只有拇指那么大。那些曾经被他欺负的小动物们，觉得他总算受到了报应。这时，他再怎么哭喊、恳求和许愿也毫无用处。

中国妇女出版社 2005 年版封面

在公牛的指点下，尼尔斯知道必须找到小狐仙才能恢复原形。尼尔斯来到水渠边，看见群群大雁在天空高飞，他家里一只年轻的雄鹅深受感染，试飞了数次。尼尔斯见家里的雄鹅要飞走，怕父母回来伤心，就用双臂抱住雄鹅的脖子，哪知就在这一次，它试飞成功，于是尼尔斯骑着家中的雄鹅，跟随着大雁们，踏上了寻找小狐仙的漫长旅程。

这群大雁的雁群头领阿卡已有 100 多岁，但阿卡和她的雁群非常鄙视雄鹅，雄鹅也不甘示弱。傍晚，当雁群降落时，鹅也跟着降落，却已累得一动也不能动了。过去，尼尔斯对所有动物都很残酷，对这只雄鹅也不例外，可是现在，他觉得雄鹅成了他的唯一依靠，他们得共同抵御寒冷、饥饿和狐狸的袭击。

尼尔斯和雄鹅跟随大雁一路上经历了种种险境，也饱览了祖国瑞典的奇峰异川、旖旎风光，学习了祖国的地理历史。同时，尼尔斯也开始慢慢明白自己以前做错的事情，他从旅伴和其他动物身上学到不少优点，逐渐改正了自己淘气调皮的缺点。在动物世界，他多次出生入死，与动物结为好友。

尼尔斯随白雄鹅、大雁继续南飞，途中，乌鸦巴塔基给尼尔斯讲了海尔叶达伦民间故事，并且告诉尼尔斯：在各种困境中，出路是有的，只是靠自己去找。

一天半夜，头雁阿卡叫醒尼尔斯，带他到一个小岛上，送给他大雁们的礼物——石岛上的金币；在西耶特兰省，尼尔斯听到了一位女教师讲的神奇故事，以及她和她的学生们唱给生命垂危的老校长的歌……

大雁们越过哈兰德、斯戈耐省、威门荷格，从南方一直飞到最北部的拉普兰省，历时 8 个月，终于在 11 月 8 日，回到了豪尔耶松·尼尔斯的家。尼尔斯为救雄鹅，免其被宰而放弃变回人的行为，感动了小狐仙，它让尼尔斯重新变成了人，又回到了父母身边。

第二天，尼尔斯与大雁们依依惜别。他与大雁们一起生活了近 8 个月，周游了瑞典，也经历了许多艰险。漫长的旅途，其实也是尼尔斯成长的历程，他逐渐地长大懂事了，知道了什么

上海译文出版社 2007 年版封面

是善恶，学会了同情和爱，并最终用行动证明了自己改过的决心，成长为一个性格温柔、勇敢、忠诚而富有责任感的孩子。

大雁们又飞走了，它们排列对称，队形整齐，翅膀挥动得强健有力，飞翔得非常快。尼尔斯脉脉深情地目送着它们远去，心里无限惆怅，似乎在盼望能够再一次变成像大拇指大小的小人儿，再跟随着雁群飞过陆地和海洋，遨游各地。

争议内幕

《骑鹅旅行记》出版后，瑞典国内对它贬褒不一，有些人士认为这部小说不适合让儿童阅读。当时瑞典著名的激进出版商约翰·萨克桑认为它“根本不能算是一本儿童读物。杂乱无章和牵强附会的画面使孩子们无法理解其内容”。他又说：“尼尔斯以什么道德品性来教育我们的孩子们呢?那就是做好事是为了报答。”他对作品一开头的《基督晨歌》和《瑞典地图》两首诗极为反感，批评说：“这位女作家在戏刚开场的时候就要给牧师们一个亲吻，给士兵们一个亲吻。”一位名叫卡·维·卡斯特曼的中学校长在《我们的国家》报上批评说，让学生去啃有那么多故事传说和那样风格的大部头著作是不合适的，并且说：“难道学校现在不应该想方设法去阻止男女学生们习惯阅读这类费尽脑汁才能清楚理解书中内容的读物吗?”有的人对作品的语言提出了批评，如青年读物作家卡尔·加斯兰德认为作品“在语言运用上是失慎的。它会引导瑞典孩子们去用令人难以捉摸的语言说话和写作”。直到四五十年代，瑞典文学史家和评论家对《骑鹅旅行记》一书仍有一些批评，如瑞典文学史家郭纳尔·阿尔斯特罗姆在《这次奇妙的旅行》一书中评论说：“在她的社会世界画面中，国王是受人崇敬的，雇主是令人尊重的……这是一个幸福的国家，人民歌颂劳动，光明灿烂的来来希望之花在明媚的春光中含苞待放。”卡·奥·萨姆雷在《塞尔玛·拉格洛芙》一书中说拉格洛芙不熟悉工人和工人世界，她书中的“工人住宅庭院围绕、屋宇整洁，而且是在某位令人尊重的雇主帮助下建立起来的，书中没有任何贫穷环境，因为塞尔玛·拉格洛芙从来没有接触过这种贫民窟的环境。”

不过，《骑鹅旅行记》凭借着自身的价值成为瑞典儿童所喜爱阅读、在瑞典家喻户晓的作品。自它第一次出版到 1940 年拉格洛芙去世时，总共已经发行了 50 余万册。此后，每隔几年再版一次，是瑞典文学作品中发行量最大的作品之一。此书迄今已被译成 50 余种文字。

多尔顿·特朗博［美国］

《强尼上战场》

作者简介

多尔顿·特朗博(1905—1976),美国小说家、剧作家。1924 年至 1925 年在科罗拉多大学学习。1925 年他的父亲去世后,特朗博搬到了旧金山,在一家面包店里上夜班来维持家里的生计。在这期间,他还在加里福尼亚大学和南加州大学学习。1932 年,他开始给电影杂志《好莱坞观众》写文章,并当上了这本杂志的编辑。1935 年,特朗博发表了他的处女作《日蚀》。同年,他作为华纳兄弟公司的一个剧作家进入了电影界。他在 1937 年开始了在电影事业方面的发展,到 20 世纪 40 年代,他已成为好莱坞薪酬最高的作家之一,他的剧本小说有《凯蒂·弗雷》(1940)、《飞越东京上空的三十秒》(1944)和《我们的酒里有未成熟的葡萄》(1945)等。在接下来的 6 年里,特朗博写出了 21 部剧本。《凯蒂·佛雷》是特朗博根据克里斯托弗·毛利的同名小说改编的,它讲述了一个白领姑娘麻烦的爱情生活,此电影获得了奥斯卡提名。他以罗伯特·里奇的笔名写的《勇敢的人》(1956)获得了奥斯卡奖。1960 年,他写的电影剧本史诗《出埃及记》和《斯巴达克斯》倍受赞誉。特朗博生动描写反战内容的小说《强尼上战场》获得了 1939 年美国最畅销书籍奖。

作品提要

《强尼上战场》卷一题为“死亡”,卷二题为“生存”。“死亡”用倒叙手法描写了强尼·邦哈姆过去的事情,他试图与发生在自己身上的不幸作斗争。“生存”写的是现在的情况,尽管偶尔也会谈及过去。小说是由主人公思想、回忆和幻觉组成的长篇独白。

他好不容易从完全麻木的困惑和半清醒状态中醒来。他开始意识到,自己严重受伤,正躺在医院里。他是地球上离死神最近的人,只是个仍能思考的死人。慢慢地,他又意识到,他失去了一只手臂,然后又失去另一只手臂和一条腿。最后,他知道他没有了嘴和舌头,没有了鼻子,而且他还瞎了。这些发现带来的痛苦和恐惧就像一场恶梦;有时,强尼想他在做梦,或者不知道什么时候醒着,什么时候睡着。恶梦让他害怕,清醒也让他害怕。他的头脑中不时回荡着这样一些声音:"哦，这不是你应该待的地方，战争与你有什么关系呢？管他什么世界民主和安全呢？"

强尼回忆着过去，那时自己还是个普通人:他有一个充满爱的家庭，少年时活泼好动，精力充沛。他和父亲一起在野外露营和捕鱼;他和自己的甜心深情地拥吻。在卷一末尾，强尼终于恢复了知觉，情绪逐渐稳定了下来，精神也正常起来。

卷二中，强尼努力控制自己并适应新的生活环境。他开始训练自己的记忆力;他打算建立自己的时间概念。他开始培养自己的空间感和对周围事物的感受力，直到他可以分辨出谁在他身旁，正在做什么。在他住院的第四年，他被一群来访者弄糊涂了，当他意识到他曾被授予一个奖章时勃然大怒。这次发怒让他回忆起几年前他曾使用过无线设备;他开始努力拍打枕头，用摩斯密码发出"SOS"的救援信号，想进行交流。几个月后，一个年轻的护士认出了这个密码，强尼开始能与外界进行交流。他知道自己被当做一个活人时感到很高兴。当护士问他"你想要什么"时，他回答说:"你的问题违反了规章制度。"他想要什么？当然，他想要回他的生命，他的感情和四肢。他要求将他从医院这个"监狱"中放出来。他渴望空气，渴望皮肤和空气接触的那种感觉，渴望向他的父母、同学和看护人展示自己的思想:"这就是战争。"

小说以强烈的反战情绪结束。

争议内幕

《强尼上战场》主要反映了作者的反战思想，它于 1939 年 9 月 3 日(二战开始后的第三天)出版，随即遭到左派的猛烈攻击。二战期间，美国军队发起了一项给海外战士输送图书的计划，在短短的几年中共输送了 1 080 种共 1.2 亿多册图书，这些图书必须经过审查，其中《强尼上战场》就因为反战的内容而没有通过这个审查。

Citadel Press 2007 年版封面

特朗博曾于 1943 年加入共产党 (1948 年退党),1947 年他被列为好莱坞电影黑名单中的一员。当局认为他把共产主义的教条和宣传写入电影剧本中。特朗博还因与共产党的关系问题被判入狱一年。

《强尼上战场》在学校也受到了指责和查禁:有些是因为书中淫秽的语言遭到查禁，如 1977 年在威斯康星州和加利福尼亚州;有些是因为书中表现出的不爱国和反美情绪遭到查禁，如 1977 年在密歇根州和德克萨斯州;有些是因为太多的暴力描写，如 1977 年在科罗拉多州，1982 年在佛蒙特州和伊利诺斯州。

普拉东诺夫［苏联］

《切文古尔镇》

作者简介

普拉东诺夫(1899—1951)，苏联作家。生于铁路工人家庭，1919—1921 年参加国内战争。1924 年毕业于沃罗涅日工学院，后在当地土壤改良和农业电气化部门工作。普拉东诺夫最主要的作品是长篇小说《切文古尔》、中篇小说《基坑》和《初生海》，因真实再现当时只凭热情、不尊重客观规律的种种荒唐人和荒唐事，均未能和读者见面。1942 年应征入伍上前线，任《红星报》特级记者。1946 年发表短篇小说《伊凡诺夫一家》，主要写战争给普通家庭带来的灾难和心灵创伤，被指责为“诽谤”现实。后来主要从事儿童文学创作和民间文学整理工作。

普拉东诺夫在作品中不写重大的历史事件和社会事件，而是通过主人公——普通的工农兵和知识分子——的日常生活和劳动，描绘他们丰富而又复杂的内心世界、他们对未来的向往与追求，从而表达普拉东诺夫对他们以及对大自然的深深同情、关怀与挚爱，也反映了他对真善美的追求，对人的信心，对劳动的尊重和热爱，以及对未来的希望。普拉东诺夫对苏联社会变革中消极、荒唐的一面也给予了毫无保留的抨击。

作品提要

一位渔民为寻求死亡的奥秘，投入穆捷沃湖，留下一个孤儿德瓦诺夫。德瓦诺夫对革命充满热情，不惜抛弃爱情参加革命。革命后德瓦诺夫被省领导派往民间，去了解那里的生活是否存在社会主义萌芽，共产主义是否很快就会自发产生。途中，德瓦诺夫与无政府主义者遭遇，受伤被擒，幸被“野战布尔什维克指挥官”——一个堂吉诃德式流浪战士科片金救出。两人决定一起行动。他们的足迹踏遍许多村庄，要求按革命感情的程度分配牲畜，下令砍掉树林，改种黑麦……在省委大会上，德瓦诺夫结识了切

漓江出版社 1997 年版封面

文古尔城革命委员会主席切普尔内。切普尔内自称共产主义在他那里已经自发地冒出来了。切普尔内的智囊是存有一套马克思著作的普罗科菲。切普尔内只要向他输入指导性的革命预感，普罗科菲就能引经据典，把一切明确表达出来。切普尔内对切文古尔还有许多资产者和小资产者感到十分苦恼，普罗科菲便向他献计献策，无产者们便符合理论根据地枪毙了所有资产者，驱逐了所有剩余阶级分子，城里只剩下 11 个布尔什维克和一位女性——切普尔内的老婆克拉夫久莎。随后，普罗科菲又根据切普尔内的指示，为切文古尔招来一二百个衣不遮体的穷人。他们是无产者和其他分子。于是，这些人组成了新的切文古尔市民。在这里，人们对劳动深恶痛绝，因为劳动会导致财产的出现，而财产又会导致不平等和压迫。德瓦诺夫给科片金捎信，建议他去切文古尔看看。

科片金在切文古尔看到，白天，人们全在草原上转悠，采集植物，挖取块根，用大自然赋予的生冷食品填饱肚皮，晚上在街头的草丛里倒头睡觉。切文古尔人最大的共性是从来不劳动，因为他们相信所有的捐税和官差都由太阳给包了。普照天下的阳光的能量足够全镇百姓使用，精确数字是“太阳要比地球大十二倍”。在切文古尔，唯一的太阳被宣布为世界的无产者，为每个人干着活儿，人却可以大模大样地歇着。结果是，这个镇每天很晚才醒过来，革命为它赢得了做梦的权利，甚至让做梦成为它的人民的主要职业。这当然令两个外来者困惑不解。为什么会这样呢？切文古尔人自有一套义正辞严的理由。原来，他们之所以排斥劳动，是认定“各种各样的工作和操劳都是剥削者想出来的，他们想超出太阳提供的食物弄到更多非分的东西”，劳动必将破坏内部秩序，创造出贪婪的剥削快感和多余的有害物资而引发压迫。“要知道明天会好起来，如果太阳升起的话”，是他们早已习惯了的不变信念和口头禅。在切文古尔，没有老婆的概念，只有女战士的概念，这种不可思议的场景最后居然迷住了可怜的科片金，令他稀里胡涂跟着喊出了“不干革命的女人只是半个婆娘，我可不想要这种女人”的豪言壮语。

科片金不再等待什么更伟大的事业，他骑上心爱的战马“无产阶级力量”，未遇任何抵抗地占领了切文古尔革委会，没收了革委会全部文档。深夜里，一些人出去找老婆，以便再回到切文古尔安家。另一些人则由于切文古尔的草食使他们日渐消瘦，便跑到别处去吃肉。月光下。其他分子和无产者都想起了老婆。切普尔内答应明天就让普罗科菲套上大车去召集妇女。两个茨冈女人应召来到切文古尔，在贮蓄室里过了一个没有新婚温暖的夜，又悻悻离开了。

清晨，光着脚的科片金在开垦草原，依靠战马的力量把它变成一片生荒地。他翻耕土地并不是为自己将来能收获食物，而是为了德瓦诺夫未来的幸福，因为他看到德瓦诺夫在切文古尔越来越瘦。但是德瓦诺夫的瘦是幸福和操心造成的。他总觉得切文古尔人被什么折磨着，他们之间的关系并不牢固。

普罗科菲终于领着一群赤脚女人回来了，她们十来个人，衣衫褴褛、瘦骨嶙峋、满身污垢，分不清年龄。切文古尔人默默无言地迎接他们未来的妻子。可是德瓦诺夫觉得还是让她们当母亲好。于是切普尔内宣布，让孤儿们先给自己挑个妈吧!这里大家全是孤儿，女人可只有十多个，因此谁也不带头走到妇女们那儿去领妈。最后只好让她们从切文古尔人里给自己挑兄弟或者父亲，挑谁算谁。妇女们一下子都选中了一些岁数最大的其他分子，为自己找一个除了睡个暖和觉以外什么也不需要的丈夫。

有人从草原上跑来，发现了敌情：士官生的马队!德瓦诺夫握着手枪朝枪声奔去，科片金骑着"无产阶级力量"不一会儿也赶到了他前头。其他分子与布尔什维克组成的大部队已经跟在这些最先冲出去的战士后面从切文古尔城口出动了。敌骑沿着原先的大路进逼。切普尔内的枪膛里已经没有子弹，他骑着匹瘦马插进敌骑队列，企图用枪托打死敌人，由于没有击中，自己却跌下马来，在乱马蹄下失去了踪迹。战斗转入切文古尔城内，科片金浑身是血，马刀也没有了，但是仍然战斗着。四名骑兵追赶他，朝他开枪。德瓦诺夫瞄准敌人，两支手枪轮番向骑兵开火。他救出科片金，扶他下马，科片金满是破洞的军大衣上，旧的血迹已经凝固，新伤的鲜血还未渗出。

"无产阶级力量"衔着军大衣，提起科片金的遗体，送他去草原上被遗忘的故土。德瓦诺夫在马后随行。后来他骑上"无产阶级力量"向黑夜进发。白天他认出了儿时见过的道路，道路穿过一座村庄，那就是他的故园。他听到了熟悉的钟声，但他对故土并不留恋，漠然地离开了它。穆捷沃湖微波荡漾，德瓦诺夫乘马走下湖岸，驱使"无产阶级力量"迈入齐胸的湖水，然后离开马鞍，下到水里，继续去走自己生命的历程，去寻觅父亲走过的路。

争议内幕

1929年，普拉东诺夫把小说投给出版社，编辑认为该作品对革命的描写是不正确的，整部作品甚至可以被理解为反革命作品。遭退稿后，普拉东诺夫愤而把手稿交给高尔基审阅，高尔基虽高度评价作品的语言成就，称赞小说极为有趣，但是亦认为作品不宜发表，因为它有着无政府主义的倾向，并且认为作品中的人物"与其说是革命者，不如说是些'怪人'和'疯子'"。作品的被禁当然主要不是因为高尔基对它的评价，而是由于20年代末、30年代初拉普对普拉东诺夫的严厉批判和围攻，以致使作家丧失了发表任何作品的可能性。1951年作家病逝后，为他恢复名誉的工作又拖延了30多年，直到1988年《切文古尔镇》才得以发表。

韦德金德［德国］

《青春的觉醒》

作者简介

韦德金德(1864—1918),生于汉诺威,父亲是医生,母亲是在匈牙利出生的演员。韦德金德是在瑞士长大的,中学毕业后入洛桑大学攻读日耳曼语言文学,同时在美术学院学习,后到慕尼黑大学和苏黎世大学学习法律。1890 年起他在莱比锡的剧院担任编剧、导演和演员,并随“易卜生剧团”去欧洲演出。1896 年起为讽刺刊物《痴儿》写诗和小说,后因其作品嘲讽了威廉二世,被判“污辱国王”罪而监禁 6 个月。出狱后在一家瑞士大公司任广告部主任,并担任马戏团秘书,到过欧洲许多城市。1908 年定居慕尼黑,担任演员,并从事创作,还参与幽默刊物《慧星》的工作。1918 年第一次世界大战结束前,因盲肠切除手术失败而去世。

韦德金德的主要成就是剧本。他在创作了《青春的觉醒》以后,又写出了《地神》及《地神》的续集《潘多拉的盒子》。1913 年这两部剧本合在一起发表,书名《露露》,是他的代表作。此外,主要剧作还有《歌唱家》、《凯特侯爵》、《尼科洛国王》、《亡灵之舞》、《韦特施泰因宫》等。韦德金德一生共创作了 19 个剧本。在诗歌和小说方面,有诗集《四季》和小说《焰火》、《埃格利斯威尔的火灾》以及《埃斯拉赫经师》等。韦德金德的作品讽刺和揭露资产阶级道德的虚伪,赞扬肉体之美,内容大多写资产阶级的伦理道德、婚姻家庭,尤其是表现情欲和性爱,因而被认为“有伤风化”,《青春的觉醒》和《露露》等剧本都曾遭查禁。

作品提要

《青春的觉醒》是一部三幕儿童悲剧,叙述青春期的性骚动,由此引发的恐惧、苦闷、压抑以及偷尝禁果的欢乐。在当时社会的虚伪道德和腐朽的教育制度下,青少年性的萌动得不到正确的教育和引导,以致酿成了可怕的悲剧。

一个星期四的下午,一群中学生在草地上玩,并讨论性的问题。这些处于青春期的青少年,对性有种神秘感。他们中大部分人都梦见过异性,有过性冲动的体验,对此他们感到羞耻和恐惧。莫里茨认为，人类的羞耻心是教育出来的；梅尔肖则认为是先天的，他举例说，一个人如果在好朋友面前把衣服脱光，而对方若不脱掉的话，你就会感到不好意思。梅尔肖聪明好学，由于看书和对动物的观察，对性的问题懂得较多。他认为，人到一定年龄就会有性冲动，这是动物的本能，是自然现象。莫里茨由于缺乏性的知识，因此梦里第一次遗精后，还以为自己体内有伤，心里一直很难受。在讨论到生殖时，莫里茨请梅尔肖把有关这个问题的知识写下来，必要时画上插图，写好后私下给他看。

文德拉和两个女同学边走边说。她们在讨论将来做母亲的事以及对子女的教育问题。她们见梅尔肖和莫里茨迎面走来，都悄悄议论梅尔肖不但长得漂亮，而且学习成绩出色。

一天下午，梅尔肖和文德拉在树林里相遇。闲谈中文德拉提到一位女同学常被父母打得身上留下一条条伤痕。她说，自己从未挨过打，要梅尔肖用小树枝抽她，让她体验一下挨打的滋味。在文德拉的再三央求下，梅尔肖便轻轻地打她，但文德拉要他使劲打，于是他便举起拳头朝她腿上猛打，像疯了一样，边打边流泪，直打得文德拉不停地嚷嚷。突然，梅尔肖住了手，伤心地哭着逃往林中。

文德拉的姐姐又生了孩子。像往常一样，母亲告诉文德拉，姐姐的孩子是仙鹤送来的。但文德拉已不再相信这个童话了，母亲不得不告诉她，要生孩子就得先结婚。有一次，为了躲避一场暴雨，梅尔肖和文德拉跑进一间茅屋，两人一起躺在草上。梅尔肖看到文德拉的乳房，忍不住抱着吻了她。两人在本能冲动之下发生了性关系。

莫里茨虽很用功，但成绩并不好。他总担心自己会留级。另外，他还常常想看男女间的事，心情非常苦闷，决定自杀，以求得解脱。莫里茨死后，在他的遗物中找到一篇梅尔肖写的《论交媾》的文章。校方认为，这篇文章冒犯礼教，是导致莫里茨自杀的根源。梅尔肖为自己的文章进行辩护，说他写的全是事实，一点也不肮脏龌龊。后来梅尔肖写给文德拉的信也被发现了，信里他谈了那次在茅草屋里所发生的事。他父母亲只好把他送进了教养所。

文德拉怀孕了，后因吃药打胎而死。梅尔肖逃出教养所，找到了文德拉的坟墓。他对莫里茨和文德拉的死感到十分内疚，特别是对文德拉的死，觉得自己罪孽如山，再也不能自拔了，因此决定以死来赎罪。在神志昏迷中，梅尔肖面前出现了把自己脑袋挟在腋下的莫里茨，他劝梅尔肖不要犹疑，快随他而去，不要在世上自寻烦恼。正在这时出现了一个蒙面人，在他的开导下，梅尔肖战胜了死亡，跟随蒙面人去了。而莫里茨也为自己的死感到后悔，认识到他是被虚伪的道德所杀。

争议内幕

《青春的觉醒》是韦德金德的第一部剧作，由于抨击了当时腐败的教育制度和吃人的礼教，发表后引起了巨大的反响。1906 年在小剧场首演，获得极大成功，连续演了 117 场。但是由于剧本写了老一辈和年轻一辈之间的代沟，表现了青少年青春期的痛苦、压抑，赞美了胴体之美，抨击了当时的教育制度和传统的伦理道德，尤其是因为剧本中大胆地涉及了处于青春期的青少年的性冲动，甚至表现了一对青年男女居然偷吃禁果，因而作者韦德金德和这个剧本受到教会、那些自命为道德家的人以及审查机构的激烈反对和攻击。他们认为此剧有伤风化，“污秽下流到了极点”，因而禁止其演出。1912 年，韦德金德对演出本稍加修改，经柏林高等法院裁决，准予演出。此后，很长一段时间里，虽然还有人要求禁演《青春的觉醒》、《潘多拉的盒子》和《韦特施泰因宫》等剧本，终因大势已去，未成气候。一些原来攻击韦德金德的人，现在也转而欣赏他的剧作之伟大。

无名氏［美国］

《去问艾利斯》

作者简介

考虑到该书出版后可能招来的麻烦，作者没有署名，据分析作者是一名年轻的吸毒女性，家庭是中产阶级，而且还受过良好教育。

作品提要

《去问艾利斯》是一部取材于真实日记的小说，日记的主人公是一个15岁的中产阶级的吸毒女孩，她的父亲是一位大学教授。出版商在作者这一栏注明是“无名氏”。在开始的时候，作者自我评价不高，而且对自己的外表也不满意。她不喜欢她的头发，痛恨她的肤质，而且还觉得自己胖，此外她还刚刚和她的男朋友分手。她得知由于父亲被任命为另一所大学的政治系系主任而要搬家后，她对自己未来的生活感到很兴奋。在新家住了一段时间后，学校开始放暑假了，她和祖母一起度过了夏天，又回到了她的老朋友那里。

Simon & Schuster Children's Publishing 1971年版封面

她对于自己的暑假生活感到厌倦，一次她有机会参加了一个由“上流社会”女孩主办的晚会，这个女孩过去对作者不屑一顾，但是现在要去作者父亲担任系主任的大学去上学。晚会上的人玩着一种“按钮，按钮，谁拿到了按钮”的儿童游戏，但是作者并不知道14罐可乐中的10罐注入了LSD（一种迷幻药），“幸运的”获胜者在不知情的情况下去选择加了迷幻药的碳酸饮料。这是作者第一次尝试毒品，事后她觉得又害怕又高兴。在几天后的日记中，她说她真的是迫不及待地想去喝了。她还觉得LSD并不坏，自己过去所听说的所有有关LSD的显然都是那些不知内情的人写的，就像父母一样，根本就不知道在说什么。她的吸毒经历“高速”增长，并且还偷服她祖母的安眠药和镇静剂。在作者的第二次吸毒经历中，她还发生了性行为，然而事后她很担心自己会怀孕。她发誓不再吸毒，但还是服用她祖母的安眠药。

作者回到家后，厮混于吸食安非他命和大麻的堕落圈子里。她白天吸毒来使自己精力充沛，晚上用安眠药来使自己平静下来睡觉。她和她的女伴以及两个男大学生混在一起，这两个男大学生说服她们去卖大麻，她们也很乐意，因为这两个男孩子没有时间，而且女孩去卖更不容易“失手”。后来，作者认为自己自始至终都是理查的小女人，所以她不得不尽其所能帮助他。这包括卖大麻、LSD 和巴比妥酸盐，不但卖给大学生，还卖给初中生和小学生。理查只有在他再给她供货的时候才允许她去他和特德合住的公寓。一次作者和女伴克莉丝没有事先通知就去了他们的公寓，发现这两个男人正在亲热，作者这才认识到她被利用了。作者对自己为理查所做的一切感到非常后悔，她和女伴决定要“洁身自好”，于是她们跑到旧金山去了。由于迷上了海洛因，她和克莉丝遭到了性侵犯和性虐待。她们回到了学校和父母身边，但是没有停止吸毒。作者最后被送到精神病医生那里去戒毒，但是她却逃到丹佛去了。她和其他几个瘾君子呆在一间破房子里，终日与毒品为伴，但是肮脏而糟糕的环境迫使她又回到了家中。

回家之后，作者决心戒毒，但是她过去的朋友不让她这样。当她不吸毒一段时间后，有人开始威胁她。在她当保姆时，她不知内情地吃了一批自制的掺了 LSD 的糖果，结果被送去了州立精神病医院。在作者出院后，她似乎决定再也不吸毒了，在日记中看得出她是积极乐观的。在最后一篇日记中，她决定不再写新的日记了，因为她觉得现在自己足够坚强，不需要日记的帮助了。在编后记中写到，仅仅三周后，作者就被发现因过度吸毒致死，这是否是一次事故就不得而知了。

争议内幕

《去问艾利斯》的内容因涉及吸毒、性暴力和滥交而遭到无数的非议，成为多起查禁事件的目标。20 世纪 70 年代，密歇根州、德克萨斯州和新泽西州的一些地区先后因书中有争议的语言和露骨的性描写将它查禁。1982 年，该书被纽约学区列为被禁的 11 本书之一。1983 年在明尼苏达州，一位学校委员会的委员发现书中的语言“令人反感”，所以将该书从学校图书馆中清除出去。同样的事情还发生在 1993 年，新泽西州一所中学把《去问艾利斯》清理出校图书馆，理由是该书有“不恰当”的语言和“几乎色情的描写”。1994 年，马萨诸塞州一中学将该书从 9 年级阅读书目中删除，理由是该书含有下流粗俗的语言，而且还露骨地描写吸毒和性行为。

约翰·斯坦贝克［美国］

《人与鼠》

作者简介

见《愤怒的葡萄》作者简介。

作品提要

通往加利福尼亚州农场的路上，有两个人正沿着小路行进。他们在离要去工作的一个农场好几英里的地方，就被公共汽车司机骗下了车。前面的是乔治，他是一个短小精干、棱角分明的人。他的同伴列尼，个头很大却显得有些呆笨。当他俩到达一块空地后，列尼停下来在河边喝水，乔治警告列尼不要喝得太多，不然他就会像前天晚上一样生病。原来，大个子有些弱智，对乔治非常忠诚，并依赖着他，从他那儿寻求保护和指导。由于口渴难耐，两人在池塘边一处空地上停下来，并决定当晚就在这儿过一夜。乔治发现列尼一直带着一只死老鼠并抚摸着它。列尼的姑姑克娜拉过去也总给他老鼠玩。可他总是在爱抚它们的时候失手把这些小动物“捏碎”。当两人坐下来吃饭时，列尼嚷嚷着要吃番茄酱。这一要求惹恼了乔治，他喋喋不休地数落起列尼的可恶，说如果不是要照顾列尼，他的生活将会惬意得多。大发了一通脾气之后，乔治对自己的暴躁感到抱歉，于是又给列尼讲了他们未来幸福生活的计划。乔治希望有一天能攒够钱买个农场，他们将会种粮食，养牲畜，还会养些兔子让列尼照料。这个故事让他们俩都激动不已。夜幕降临的时候，乔治告诉列尼，如果列尼在农场工作时遇到什么麻烦，就回到这片空地来，在灌木丛中躲起来等他。

电影《人与鼠》中乔治和列尼

第二天，列尼与乔治来到工棚。甘德接待了他们。甘

Penguin Books 1937 年版封面

德是一个年老的“清洁工”，也可说是打杂工，他失去了右手。甘德有一只从小养到现在的牧羊狗，可现在这只狗是又老又瞎。工棚是一间简陋的屋子，人们都睡在麻布垫子上，私人用品就放在钉在墙上的苹果箱里。老板出现了，当老板问到两人有些什么技能和有关前个工作的情况时，为了防备老板发现列尼的弱智，乔治都代他做了回答。当列尼忘了乔治的警告，插话时，乔治显得十分紧张。他们的举止引起了老板的疑心，于是他盘问乔治为什么觉得需要如此周到地照顾他的同伴。他怀疑乔治是想从这个缺乏自我照顾能力的人身上揩点什么油水。乔治回答说，列尼是他的表弟，小时候被马在脑壳上踢了一脚，所以他不得不照料列尼。很快，顾利进来了，他是老板的儿子，一个矮小的年轻人。他总是左手带者涂满凡士林的劳动手套，穿着高跟靴子，以和其他农工们区别开来。顾利是一个邪恶又爱挑衅的人，曾经是个拳击手。他马上就感觉到可以捉弄列尼来取乐。甘德说顾利和许多生得矮小的角色一样，恨大个子，无时无刻要跟大个子闹别扭。他在新近娶了个爱和农工们卖弄风骚的妻子之后，更加横行霸道了。

一次，当乔治和列尼单独在工棚的时候，顾利的妻子出现了，她是一个打扮妖娆、说话带鼻音的漂亮女人。她声称来找她丈夫，却对着乔治、列尼和从外面经过的熟练马车工施林调起情来。列尼赞叹说她真“漂亮”，乔治恼火地吩咐他离这个女人远一些。列尼突然害怕了，抱怨着想要离开这个农场。但乔治提醒他，他们还需要攒些钱才能买下他们自己的土地，过上他们梦想的生活。施林是这个农场里最重要、也是最受人尊敬的人之一。在和乔治、列尼聊天时，他不知不觉被两人的友谊感动了，对他俩的彼此爱护十分欣赏。这时，另一个农工卡尔森进来了，他问起施林的狗，那只狗刚产了 9 只小狗崽。施林回答说，他很快就淹死了其中 4 只，因为母狗喂乳喂不了这么多。卡尔森建议，应给甘德一只小狗养，说服他杀了他那只老得一点用也没有的狗。当乔治与列尼正准备离开时，顾利再次出现来找他的妻子。当他俩告诉他他妻子去哪儿之后，顾利气急败坏地匆匆走了。乔治表示说，他厌恶顾利，他担心自己会跟那家伙“纠缠”起来。

第二天，乔治对施林承认了他和列尼实际上根本不是堂兄弟，而是从小就在一块儿的朋友。施林对他俩的友谊大加赞赏，认为他们的友谊给这个没人“会理会他人”的冷漠世界带来了一点令人欣慰的转变。乔治说，在上个工作地——韦地，列尼试图摸一个女孩的红衣服，当那个女孩害怕地叫起来时，列尼被吓得六神无主，紧紧拽住她的衣服不放，乔治狠击他的头才使他松了手。那个女孩控告列尼强奸，列尼和乔治因此不得不躲到水渠里以躲避一伙要对他们动私刑的人。施林同意给列尼一只狗崽，而卡尔森不停地纠缠甘德，让他去杀了他那只老狗。当施林赞同卡尔森的看法，并说死可能对这受罪的狗来说也是一种解脱时，甘德屈服了。卡尔森答应将使这只狗在毫无痛苦中死去，然后就把狗牵出去了。这时顾利出现了，又来找她的妻子，充满了嫉妒与猜疑地问施林到哪儿去了。当他听说施林在畜舍时，气急败坏地赶去。

乔治问列尼有没有看见施林和顾利的妻子呆在畜舍里，列尼回答说没有。乔治警告列尼离那个女人远远的，以免麻烦。列尼又要求乔治给他描述他们想买的那片农场。乔治讲的时候，甘德听到了，听说这么一片好地方，激动不已，追问是否真的存在。开始乔治有些戒备，但很快就吐露的确有，而且地的主人急于脱手呢。甘德满怀希望地提出如果他们能让他也在那儿生活的话，愿意拿出他毕生的积蓄。因为他又老又残，担心很快就会被赶出农场。三人商议在农场再工作一个月，就有足够的钱付定金了。乔治告诉两人不要再把他们的计划告诉别人。顾利为自己的多疑向施林道歉，于是其余农工都开始嘲笑他。顾利知道和施林那么强壮的人打架占不到半点便宜，便搜寻着出气筒好发泄怒火。这时他发现了列尼，认为他是个好靶子。列尼这时还沉醉于那片农场的梦想里，像个孩子一样得意地笑着。列尼哀求顾利放过他，但顾利对此置若罔闻，揍了列尼好几拳，打得列尼满脸是血，又猛擂他的肚子，此后乔治才催促列尼回击。听到乔治的命令，列尼抓住了顾利的右手，毫不费劲地折断了顾利的手。施林把顾利送去医治，警告顾利不要开除乔治和列尼，否则就会成为农场的笑柄。顾利答应不开除他们。

第二天晚上，大多数的工人都去了当地的妓院。只剩下列尼、孤独的黑人马夫克鲁克斯和甘德。列尼忘记了要保守秘密的诺言，兴奋地唠叨起他和乔治想要买下的那片农场。克鲁克斯不相信他，认为这种梦想不过是列尼这个白痴的一些傻念头罢了。克鲁克斯尖刻地指出，每个农工都拥有同样的美梦，他见过数不清的人同样梦想着能得到这种土地，可是从未有人得到过。他声称，想要得到这样的一小块地，就跟想要找到天堂一样的困难和渺茫。后来，甘德也加入了他们之中。甘德跟列尼谈起在农场上养兔子的事，他一直在忙着

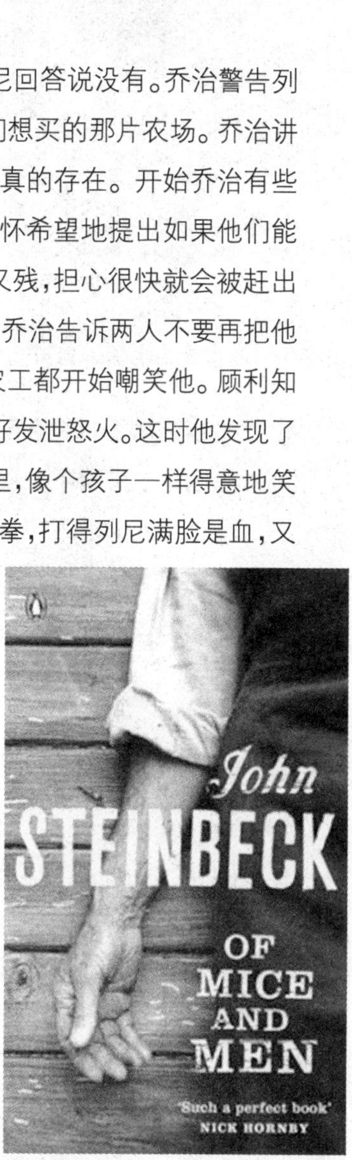

Penguin Books 2006 年版封面

上海译文出版社 2004 年版封面

计算兔子的数量，而且认为，自己知道农场可以怎样靠养兔子挣钱。克鲁克斯对他们的梦想仍然不屑一顾。直到最后，甘德坚持他们已经选好了地方，而且差不多已经够钱买下了。这一消息引起了这个黑人的兴趣，他羞羞答答地请求是否也能带他一块儿去。但是，这时顾利的妻子出现了，打断了这些人的白日梦。

顾利的妻子问起她的丈夫，接下来又说，她知道那些人都去了妓院，且残忍地指出"他们把没用的都留在这儿了"。克鲁克斯和甘德让她离开，她置若罔闻，反而开始抱怨起她的孤独和婚姻的不幸。甘德坚持让她离开，骄傲地声称即使她把他们开除了，他们也可以离开这里去买一块属于自己的土地生活。顾利的妻子对他嗤之以鼻，继续倾诉和顾利生活的种种苦水。她总结了她的处境，承认感到非常的凄凉，急切地渴望能有人陪伴，所以才会愿意跟克鲁克斯、甘德、列尼这样的人倾诉。临走前，她还对列尼扔下一句，她很高兴他把她丈夫揍了一顿。

一个星期天的下午，列尼独自呆在畜舍里，他坐在草堆上抚摸着一只死去的小狗，自言自语地问小狗为什么会死，"你又不像一只老鼠那么小，我又没有发狠地捏你"。当他自言自语的时候，顾利的妻子进来了，坐到他的旁边。列尼慌慌张张地藏起了小狗。她向列尼吐露，她曾经梦想着成为电影明星，但却嫁给了顾利，可她根本就不喜欢他。顾利的妻子问他为什么这么喜欢动物。列尼回答说，他喜欢用手指触摸柔软的东西。她赞同说她也是这样，并主动让列尼摸她的头发。她警告他不要把头发"弄乱了"。可是列尼很快就兴奋起来，紧紧地抓住了头发。顾利的妻子害怕了，大叫起来。列尼惊慌失措，用有力的手捂住她的嘴，让她不要再叫了。她越挣扎，他抓得越紧，而且不停地摇晃，直到她的身子软了下来。列尼已经折断了她的颈骨。

列尼逃回萨利纳斯河边那片池塘。因为乔治曾经说过，他们中的任何一个如果遇到了麻烦就在这儿碰面。当人们回到农场发现发生的事情后，组成了一个私刑队。乔治找到了列尼。出乎列尼的意料，乔治并没有因为他又做了坏事而大发雷霆。乔治开始给列尼讲他们将一起拥有的农场的故事。当他讲到列尼将要照顾的兔子的时候，执行私刑的人们的声音越来越近了。乔治对着他朋友的后脑勺开了枪。

当其他人赶来时，乔治使他们相信是列尼拿了枪，而他在争斗之中把枪抢了过来并射杀了列尼。只有施林明白到底发生了什么事，乔治是为了朋友不再受罪，才杀了他。施林劝慰着乔治并把他带走了，其他的人满头雾水地看着他们离开。

争议内幕

1953年，由于《人与鼠》语言"粗俗下流"，爱尔兰把该书列为禁书。该书在1974年的印第安那州、1977年的宾夕法尼亚州、1979年的密歇根州和1980年的俄亥俄州的部分地区也因相同的理由而被查禁。1977年，北卡罗来纳州的三K党指责《人与鼠》有亵渎宗教的内容，并且滥用了上帝的名义。出于同样的理由，《人与鼠》也遭到了纽约州、亚利桑那州和印第安那州部分地区家长们的反对。1983年由于"亵渎宗教"，阿拉巴马州一所中学禁止学生阅读该书。而田纳西州一学区的校委会主席则发誓要将一切"淫秽"的书籍清除出当地的学校体系，而《人与鼠》因其"下流粗俗的语言"而首当其冲。1988年《人与鼠》因"亵渎宗教"而遭到了西弗吉尼亚州、伊利诺斯州和密歇根州一些学校的抵制。

《人与鼠》名利20世纪90年代美国公立学校最常遭查禁书籍的第二名，审查官认为这本小说所刻画的人物语言粗俗下流，其经历展示的是美国社会十分丑陋的一面。学生家长指责这本书的理由主要有"语言粗俗下流"、"亵渎宗教"、"性描写露骨"、"贬低少数民族"等。1993年，在俄亥俄州的汉密尔顿市，该地区家长联合会的副主席指责《人与鼠》"语言粗俗"、"歧视少数民族"，并具体指出该书共有108处下流的语言和12处种族歧视的语言。1994年，田纳西州一所中学校长禁止在课堂上使用《人与鼠》，"因为它的语言存在问题，我们不能用这种书作为教材"。

该书还被列为20世纪90年代公共图书馆和学校中争议最多小说的第六名，理由是"语言亵渎上帝，带有攻击性，并有种族主义倾向"。

帕斯捷尔纳克［苏联］

《日瓦戈医生》

作者简介

帕斯捷尔纳克(1890—1960)是20世纪苏联著名作家和杰出的抒情诗人之一。帕斯捷尔纳克的文学创作之路是从诗歌开始的，1914年他的第一本诗集《云中的双子星座》出版。帕斯捷尔纳克参加了一个叫做“离心机”的未来主义温和派小组。他还与著名诗人马雅可夫斯基有着密切的关系。1916年出版诗集《超越障碍》。1917年夏天，帕斯捷尔纳克完成了第三本诗集《生活呵，我的姊妹》。帕斯捷尔纳克每本诗集的出版，都标志着他创作道路开始了新阶段。其后他的作品集还有《主题与变奏》(1923)、《第二次诞生》(1934)、《在早班列车上》(1943)等，另有1926年写成的长诗《施密特中尉》和《1905》。1956—1959年，编成诗集《雨霁》。在30年代与40年代初的艰难时期，他的诗歌创作被迫停止，帕斯捷尔纳克转而翻译了很多作品，他的译作如莎士比亚的戏剧和歌德的《浮士德》以及裴多菲、魏尔伦等的诗作都成为俄语的经典译本。

帕斯捷尔纳克在从事诗歌创作的同时，从未忽略散文的写作。他的中篇小说《柳威尔斯的童年》，早在1922年就已发表。1931年他发表了自传体中篇小说《安全保护证》。1956年写作第二本自传《人与事》。以后又写了一些小说、散文等。到1957年，他历时10年写就了长篇小说《日瓦戈医生》。小说于1957年在意大利出版，后被译成多国文字，反响极大。1958年10月23日瑞典文学院宣布将该年度的诺贝尔文学奖授予帕斯捷尔纳克，以表彰他“在现代抒情诗和俄罗斯伟大叙事诗传统方面所取得的巨大成就”。但在苏联，帕斯捷尔纳克受到严厉批判，并被开除出作家协会。1960年5月30日帕斯捷尔纳克病逝，数千人参加了他的葬礼。“日瓦戈风波”后，他的诗长期被禁，直到1982年帕斯捷尔纳克才被恢复名誉。1988年，《日瓦戈医生》在苏联正式出版。

作品提要

小说从一个寒冷冬天的葬礼写起。那是日瓦戈11岁时，他的母亲病故。父亲虽然是个拥有万贯家财的大企业家，但很早就遗弃了日瓦戈母子，后来由于挥霍和律师的诡计，在回国途中跳火车自杀了。日瓦戈由他的舅舅尼古拉·尼古拉耶维奇·韦杰尼亚平收养。舅舅对历史的定义、对宗教与人生的诸多观点都深刻地影响了日瓦戈的世界观和人生观，并且他也像舅舅一样，是个善思的人。

成了孤儿的日瓦戈后来被寄养在舅舅的朋友、化学教授格罗梅科的家中，并与他的性格娴静的女儿冬妮娅一起长大。日瓦戈中学毕业后，考入医科大学，而冬妮娅则进了法律学校。大学毕业那年，冬妮娅的母亲病重，在她临终前，日瓦戈与冬妮娅这对青梅竹马的恋人订了婚。日瓦戈在知识分子家庭中长大，受到良好的教育，并选择医生作为自己的职业。他在上大学时读过很多哲学、历史和文学著作，并始终保持对诗歌创作的热爱。一方面，外科医生的职业要求使他养成注意精确、严谨、冷静客观的处世态度；另一方面，对人文科学的热爱以及宗教的影响又使他对所目睹的世界及其动荡怀有宽博的人道主义精神，并对生活本身抱有深挚的情感。

日瓦戈毕业后在医院找到工作，和冬妮娅结了婚，并有了儿子萨申卡，生活美满安逸。然而不知什么时候起，一个“来自另一个圈子的姑娘”走进了日瓦戈的视野。

一个比利时工程师的遗孀、寡妇吉莎尔带着一儿一女从乌拉尔来到莫斯科。她开了一家成衣店，但是由于生活艰难，只得委身于自己丈夫的朋友、律师科马罗夫斯基，以得到他的帮助和保护。女儿拉拉是个有着灰色眼睛和亚麻色头发的姑娘，她容貌俊俏、动作轻快和谐，她的心灵无比之美。但是她在 17 岁那年也被科马罗夫斯基占有了。这未成年时的惨痛遭遇是她一生中最大的创痛，并一次次地改变了她本应幸福的人生方向。

拉拉在失身后痛苦万分，但她仍然理智而坚决地要摆脱科马罗夫斯基的纠缠。她先是毅然离家去做家庭教师，几年后，因为弟弟债务的事情重新激起她对科马罗夫斯基的愤怒。在一个圣诞夜的晚上，拉拉踉踉跄跄地来到一个晚会上，用袖里的枪向科马罗夫斯基射击，枪打偏了，枪声使圣诞晚会一片混乱。科马罗夫斯基虽然受伤，却对拉拉念念不忘。在风波平息后，他帮助拉拉与她选择的爱人帕沙·安季波夫举行婚礼。婚后，拉拉如愿地离开莫斯科到了乌拉尔的一所中学，与丈夫一起教书，祈盼开始一种新的生活。然而自从新婚之夜拉拉向帕沙倾吐了自己的不幸之后，他们之间却产生了隔阂和误解。帕沙觉得自己并没有真正得到拉拉的爱，为了求得解脱，他投考军校走了。拉拉为了寻找丈夫也到前线当护士。这时，日瓦戈也在第一次世界大战爆发后应征入伍。两人在一个名叫梅留泽耶三天的小镇相遇、共事，并彼此产生了好感。

其实在此之前，他们已经有过两次相遇。一次是在“黑山”旅馆，一次是在斯文季茨基家的圣诞晚会上，拉拉身上那与众不同的气质乃至苦难的痕迹都给日瓦戈留下了深刻的印象。这次在小镇上的相遇更使日瓦戈对拉拉有了很多的了解。但是他们终于克制住自己的情感，战争结束后他们分别了。

日瓦戈回到莫斯科，这时莫斯科由于物资匮乏，人们都生活在窘困之中。日瓦戈回到先前工作过的医院，勉强维持一家的温饱。这时十月革命爆发了，日瓦戈以一个知识分子的卓识感受到这一历史事件的巨大意义，他不由赞叹道："这多高超的外科手术啊！一下子就巧妙地割掉了发臭多年的溃疡！"他还称"这是历史的奇迹"。在别的医生纷纷辞职时，他仍欣然留在医院。后来日瓦戈患了伤寒症，病后为了摆脱生活的窘境，他们决定全家去冬妮娅外祖父的家乡——远在乌拉尔地区的瓦雷金诺。

长途跋涉中，列车穿过俄罗斯的长长的腹地。日瓦戈目睹这美好的土地在战争的炮火中变得一片疮痍，这更加深了他在一战随军时得出的结论：无论何种战争都是残酷和扼杀人性的。他依据宗教人本主义的伦理观、价值观对十月革命进行了重新思考。当日瓦戈以自己的伦理道德眼光看他所经历的这段历史时，革命变成了个人、家庭和社会生活的一场灾难。他崇尚的实际上是一种追求人类真诚相爱，超越社会、阶级的人类理想中的永恒道德。于是当他看到革命还伴随着战争、流血、恐怖、暴力和死亡，革命本身就是一架失控的机车时，日瓦戈失望并开始逃避。这时的瓦雷金诺对他而言正是一个理想的世外桃源，他自己从事农业劳动，自给自足，并且在闲下来的时候动笔写作。在瓦雷金诺的屏障里，他超然于一切事态之外，只是用他那双充满了悲悯的眼睛默默地注视周围所发生的一切。

Pantheon Books 1997 年版封面

这时，命运安排了日瓦戈与拉拉的重逢。他在尤里亚金的图书馆遇到了拉拉，并且无法抵挡又无比热烈地相爱了。与拉拉的相爱，使日瓦戈在自己隐士一样的生活以及那仿佛秩序紊乱的时代中头一次感到了巨大的幸福。

然而与拉拉的爱情也使日瓦戈处于永无休止的良心的自责之中，他想向冬妮娅忏悔，又割舍不下拉拉。一天，日瓦戈从拉拉那里骑马回家时，被游击队截住。游击队非常需要医生，日瓦戈就被强迫留在游击队。在那一年多的时间里，他看到的依然是战争的残酷和人性的极度扭曲。这使他感到万分失望，精神受到很大刺激。他无时无刻不在牵挂自己的亲人，思念拉拉。日瓦戈历尽千辛万苦才脱离了游击队，回到尤里亚金。然而这时冬妮娅已和她的父亲及孩子们回莫斯科去了。日瓦戈又染伤寒，在他病倒之际，拉拉精心地照料他，两人一起度过了一段难忘的日子。

他们还来到了日瓦戈曾生活过的瓦雷金诺。当拉拉和女儿卡坚卡熟睡之后，日瓦戈坐在宽大的书桌前，燃灯写作。他的心中异常平静而灵感如潮。然而这静谧的寒夜不久就被几声狼嗥打破了。瓦雷金诺也来了不速之客：科马罗夫斯基。他此时当上了“远东共和国”的司法部长，他以保护拉拉及其女儿的名义骗走了她。永别的时刻终于到来了，日瓦戈极力忍住内心的痛楚，他对自己说：“我永生永世忘不了的迷人的人儿。只要我的肘弯还记着你，只要你还在我怀中和我的唇上，我就同你在一起。我将在值得流传的诗篇中哭尽思念你的眼泪。我要在温柔的、令人隐隐发疼的悲伤的描绘中记下对你的回忆，我留在这儿直到写完它们为止。”

日瓦戈写作的时候，帕沙也来到了瓦雷金诺。这时他已由一个叱咤风云威震一方的革命领导者变为被追捕的对象。日瓦戈与帕沙，这两个拉拉生命中最重要的男子第一次坐在一起促膝而谈。然而第二天一早，帕沙还是开枪自杀了。

1922 年，日瓦戈又一次经过长途跋涉回到莫斯科。冬妮娅和孩子们已流亡国外，和他失去了联系。日瓦戈失去了谋生手段，他自己也拒绝当时盛行的道德观念和价值观念。他孑然一身，同房东的女儿马琳娜结了婚，生了一儿一女，日子过得很凄苦。似乎与拉拉分别后，日瓦戈从精神到肉体都同时枯竭了。这样过了 8 年，一次日瓦戈上街，在公共汽车上因心脏病猝发而死去，当时还不到 40 岁。拉拉回到莫斯科，在日瓦戈的葬礼上，她悲痛万分。但由于她特殊的身份，她在一次离家后就再也没有回来。

争议内幕

当时，无论西方的评论家还是苏联的评论家都把《日瓦戈医生》看成是一部否定十月革命，反对苏维埃制度的作品。帕斯捷尔纳克在将书稿送给苏联国家文学出版局前，曾于 1956 年 6 月与意大利一家出版商签订了合同，允许后者以各种文字出版《日瓦戈医生》一书，但应在苏联本国出版之后，而且不允许改编。苏联国家文学出版局建议作家修改这部小说。作家同意进行商榷，但因重病多月而拖延未决。帕斯捷尔纳克还被要求索回交给意大利的书稿，以便修改，但是意大利出版商拒绝了。意大利出版商于 1956 年 11 月在米兰出版了《日瓦戈医生》的意大利文译本。此后一年时间内，法国、联邦德国、英国、美国、波兰、斯堪的纳维亚诸国陆续用 15 种文字出版了这部小说。

《日瓦戈医生》在苏联国外出版后，1958 年 10 月 23 日瑞典文学院宣布，由于帕斯捷尔纳克"在现代抒情诗和俄罗斯伟大叙事诗传统方面所取得的重大成就"，将当年的诺贝尔文学奖授予《日瓦戈医生》的作者。苏联方面认为，向《日瓦戈医生》的作者授奖是西方怀有敌意的政治行动。帕斯捷尔纳克不得不拒绝接受该奖项，他说："鉴于我所处的社会对这份荣誉用意的解释，我必须拒绝这项决定授予我的、不应得的奖项。"苏联作协开除了帕斯捷尔纳克的会籍，莫斯科作家组织还要求剥夺他的公民权。

帕斯捷尔纳克去世后，赫鲁晓夫曾经承认，他没有读过《日瓦戈医生》，只看到别人选出的引文。当赫鲁晓夫在铁托寓所作客时，才第一次看了俄文版的《日瓦戈医生》。他读后坚信，作品中没有任何"反革命"的东西。1986 年戈尔巴乔夫实行开放政策后，1988 年《日瓦戈医生》在苏联首次公开发表。

哈珀·李［美国］

《杀死一只知更鸟》

作者简介

哈珀·李(1926—)，美国当代女作家。1931年，阿拉巴马州发生了9个黑人强暴两个白人女孩的事件。尽管医学证明那两个女孩子并未遭强暴，但由白人组成的陪审团却一致裁决被告有罪，除了一名12岁的孩子外，所有被告都被判处死刑。6年以后，他们又撤销了所有的判定，这件事给哈珀·李留下了深刻的印象。在后来的《杀死一只知更鸟》中，她将该事件塑造成黑人汤姆的案件。《杀死一只知更鸟》也是哈珀·李的处女作，1960年，该书首先在英国出版，立即成为畅销书，在英国、美国一再重印，销数达1100万册。1961年，《杀死一只知更鸟》还获得美国普利策文学奖，并被改编成电影，使此书广为流传。

1966年，约翰逊总统以哈珀·李的名字命名国家文学理事会之后，哈珀·李获得了一系列名誉博士的头衔。如今，她仍旧居住在纽约与蒙罗维尔，但她选择了一种相对隐居的生活，很少接受采访，也很少发表演说。

作品提要

电影《杀死一只知更鸟》中父亲阿迪克斯安慰斯各特的剧照

《杀死一只知更鸟》书名为“To Kill a Mock-ingbird”，这是美国南方的一句谚语，意即“滥杀无辜”。书中的小女孩说，知更鸟什么坏事都不做，总是唱歌给大家听。它们不啄园子里的菜，不在玉米仓里搭窝，只是呕心沥血地给大家唱歌，所以打死一只知更鸟是造孽的。

作者如此命名此书，寓意深刻，耐人寻味。此书以一个无辜的黑人遭到一个白人痞子诬陷的案情为主线，展现了

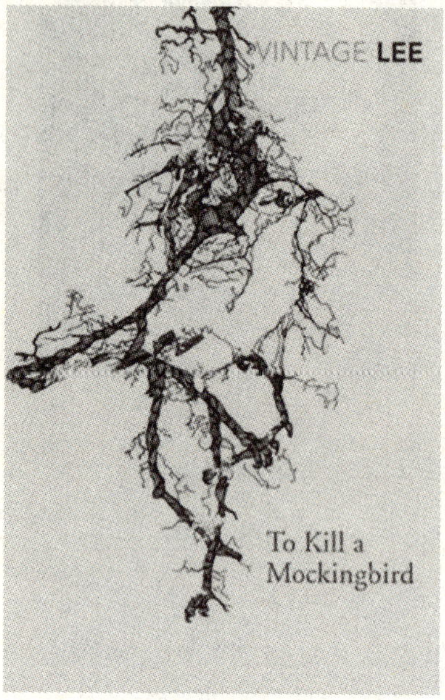

Vintage Publications 2004 年版封面

美国南部一个小城的生活画面。作者以《杀死一只知更鸟》为题，意在影射无辜者受害是值得惋惜的事情。在20世纪30年代的美国南部，愚昧、保守、自私和褊狭的习惯还很猖獗，在落后的势力面前，法律、信仰都成了形式，成了于事无补的装饰品。

《杀死一只知更鸟》是小主人公斯各特童年生活的回忆。故事发生在20世纪30年代美国南部的一个小镇，黑人女佣卡尔珀尼亚不允许斯各特和她的哥哥吉姆跑离家门口的那一条街道，除非他们是去接从法庭回来的律师父亲。父亲阿迪克斯出身于该地区一个古老的家族，但他很少按照当时社会的戒律禁锢他的孩子们。

在斯各特快6岁、吉姆快到10岁的那年夏天，7岁的迪尔来到了他们的小镇，3人很快成为好朋友。在他们寻求新游戏的同时，内心也逐渐走向成熟。迪尔建议斯各特和吉姆设法把小镇的隐居者——布·拉德利从他家引出来。他是小镇传说中的阴险恶毒的幽灵似的人物，在黑夜，连黑人都不愿从拉德利家的房前经过。

15年前，布·拉德利由于所谓的破坏秩序、扰乱治安罪被捕，被他父亲保释以来，他就整整15年没有再露面，他从此成为一个传奇式的恐怖人物。由于种种诽谤性的传说，斯各特和她的伙伴一直对他又恨又怕，把他视为恶魔。事实上，布·拉德利是一个温厚善良、热爱生活的好人。他一直关注着孩子们，曾偷偷地把两个肥皂盒做的娃娃、一块带链的破手表、两枚给人好运气的硬币放进树洞里，作为给斯各特及吉姆的礼物。就这么一个善良、热情的人，在南方传统势力的桎梏下，成了社会舆论的牺牲品。直到最后，他从凶残的尤厄尔的刀下救出了斯各特及她的哥哥吉姆，他才为这几个小主人公所理解，这一冤案才真相大白。布·拉德利是本小说的一个冤案的受害人，也是贯穿全文的线索之一。

本书另一个冤案的受害人是黑人汤姆·鲁宾逊。他出于好心，多次帮助白人姑娘梅耶拉·尤厄尔，却反被诬陷为强奸了她。斯各特的父亲——正直的白人律师阿迪克斯极力为汤姆辩护，并机智地将事实真相揭示于法庭：梅耶拉·尤厄尔，一个白人姑娘，引诱一个黑人。她做了一件在白人社会里可耻得说不出口的事情：吻一个黑人。但事过之后，却企图把自己过错的证据隐藏起来，而向她的受害者发起进攻。她必须把他从这个世界上消灭掉。所有的人都在附和着他们这个邪恶的假设：所有的黑人都在说谎，所有的黑人都道德败坏，所有的黑人在女人面前都不规矩。在这样的假设下，即使事情真相大白，汤姆仍是有理无处申诉，终究被判罪并惨遭枪杀。而对于竭力主持公道的白人阿迪克斯，他们持着不理解甚至敌对的态度——尤厄尔甚至想杀害他的两个孩子以泄愤。

Harper Collins Publishers 2006 年版封面

争议内幕

尽管《杀死一只知更鸟》在评论界获得了广泛的好评，也出现在全美各地中学的必读书目中，但是它也经常因为其语言和种族方面内容遭到学生家长以及一些团体的指责。《杀死一只知更鸟》是美国图书馆协会思想自由委员会所统计的最常受到指控的 10 本图书之一。1977 年，明尼苏达州一学区曾查禁过该书，因为书中有“见鬼”和“婊子”等词语。1980 年，纽约州一学区的家长指责《杀死一只知更鸟》是一本“毫无根据、毫无价值的小说”。 1981 年，印第安纳州的一位黑人家长指责《杀死一只知更鸟》中的某些章节中有描写黑人逆来顺受的行为，还有频繁使用的“黑鬼”一词，这会引起制度化的种族歧视，对种族融合进程也大大有害。1985 年，密苏里州一所初中的家长们对该书提出异议，因为它含有种族歧视和攻击性的语言。同年亚利桑那州一学区，黑人家长们和全国有色人种促进会提出抗议，认为此书不适合初中学生阅读，学校领导只好把它从必读书目改为补充阅读书目。

歌德［德国］

《少年维特之烦恼》

作者简介

歌德(1749—1832)是18世纪末19世纪初德国的伟大诗人、作家和思想家,他的创作把德国文学推向一个前所未有的高峰,并对欧洲文学作出了巨大的贡献。

歌德生于法兰克福,父亲是皇家顾问、法律博士,母亲是当时法兰克福市长的女儿。歌德的写作生涯是从10岁开始的。1774年秋,《少年维特之烦恼》的出版使他一举成名。1775年11月,歌德来到魏玛,次年进入魏玛公国宫廷参政,开始了他近10年的官宦生涯。1786年9月,他开始为期数年的意大利之游,专心研究自然科学,从事绘画和文学创作。1788年回到魏玛后只任剧院监督,政治上倾向保守,艺术上追求和谐、宁静的古典美。1794年,歌德与席勒相遇,开辟了"以歌德和席勒的友谊为特征"的德国古典文学全盛时期。随着欧洲民主、民族运动的高涨和空想社会主义思想的传播,他的思想和创作也随之出现了新的飞跃,在10年时间里,他们在创作上互相帮助,各自写出了他们的名作。在席勒的促进下,歌德创作了他的毕生巨著《浮士德》。两位文学巨人10年的相处与合作把德国古典文学推向了高峰,并使魏玛这座小小的公园都城一跃成为当时德国与欧洲的文化中心。

人民文学出版社1999年版封面

作品提要

《少年维特之烦恼》是一部用书信体写成的小说,整部作品像一篇感伤的抒情诗,激起了欧洲一代年轻人情感上的强烈共鸣和精神上的极度震动。

维特是个多愁善感、能诗善画、对大自然无比热爱的青年,他出生于一个中产阶级家庭,受过良好的教育。1771年大地回春之际,维特来到瓦尔海姆一处小农庄。在那儿他住在一座由花园环绕着的农舍里,过着田园诗般的生活。山村的自然美景和农民纯朴的生活让维特忘掉了一切烦恼，他感到非常愉快。在一次舞会上，维特认识了一位年轻貌美的姑娘，她叫绿蒂。绿蒂很有教养，是一位法官的女儿。尽管维特知道绿蒂已与阿尔伯特订婚，并且将要结婚，但他还是一下子迷上了绿蒂。他与绿蒂一起跳舞，世界上仿佛只有他们两个人。舞会结束后，他们都抑制不住激动的心情，绿蒂含着泪水望着维特，维特更是陷入感情的漩涡中，热泪纵横地吻着她的手。以后维特每天都去看望绿蒂，绿蒂对维特也十分倾心。7月末，阿尔伯特旅行回来了，维特和绿蒂这段快乐的浪漫时光不得不结束。他很爱绿蒂，与维特也很快成了好朋友。阿尔伯特的性格老成持重，与感情奔放的维特形成了鲜明的对照。维特与这对恋人相处了几个星期后，觉得追求绿蒂已毫无希望，宁静的乡村再也不能使他平静，他在充满挫折的爱情面前痛苦地挣扎。他在一封信中写道："我全部温暖的、充满快乐的生命，曾让我狂喜并把我周围的世界变成天堂，如今都变成了让人难以忍受的痛苦……"为了摆脱这种精神上痛苦的折磨，在朋友的劝说下，维特终于下决心告别他深爱着的绿蒂和可爱的小山村。

Random House 2005 年版封面

维特回到城市，在公使馆当了秘书。他的上司和同事官僚习气十足，处处刁难他，让他感到索然无味，可是由于工作职责，他不得不与这些人打交道。维特十分烦躁。一个偶然的机会，他结识了一位令人敬重的C伯爵。C伯爵对维特也很友善和信任，给维特带来一丝安慰。他正在C伯爵家中吃饭，碰巧赶上当地的贵族男女到伯爵家聚会，贵族对维特进行了奚落，维特忍无可忍，愤而辞职。他应一位侯爵将军之邀去庄园做客，侯爵待他很好，但他在那儿始终感到不自在，加上对绿蒂的思念与日俱增，几个月后维特返回了原先的小山村。他循着当初去接绿蒂参加舞会的路，追忆着当年的往事，可惜已物是人非。绿蒂早已成了阿尔伯特的妻子，维特变得更为消沉，甚至绝望。圣诞佳节前不久的一个晚上，阿尔伯特不在家，维特来到了绿蒂的房间。他对绿蒂朗诵奥西恩的悲歌，情不自禁热烈拥抱和亲吻了绿蒂。绿蒂惊恐地逃脱了，并把自己关在房间里。两天后，维特派了一个仆人到阿尔伯特家借了一把手枪便旅行去了。他留下令人不忍卒读的遗书，午夜时分，他一边默念着"绿蒂！绿蒂！别了啊，别了！"，一边拿起手枪结束了自己的生命，同时也结束了自己的烦恼。村里的工人把他的尸体埋在瓦尔海姆的树林中，因为自杀者是不能进入公墓安葬的。

维特式蓝色夹克和黄色马甲

争议内幕

《少年维特之烦恼》刚一出版，整个欧洲就迅速掀起了“维特热”，这股热潮在小说出版后红火了几十年。受这部小说的影响，妇女们使用维特式的古龙香水、珠宝和扇子，而男人们穿上了引人注目的维特式蓝色夹克和黄色马甲。德国和法国的一些年轻男女受到维特自杀的影响，效仿他了结自己的生命，他们自杀时口袋里还装着歌德的这部小说。尽管无法证实假如没有这本小说，那些年轻人会不会自杀，但是歌德还是遭到了批评者的指责，他们认为《少年维特之烦恼》中有一些不良影响，宣扬病态的敏感。

小说对社会环境的批判，男女主人公的爱情以及维特的不幸结局，激发了厌世情绪和对当时统治势力的抗议，因此封建统治者把《少年维特之烦恼》视为“淫书”，诅咒小说的作者“该遭天雷轰”。当时德国的一些邦国对《少年维特之烦恼》下了禁书令，如在莱比锡，书还没有印出来就被禁止，而且有这本书的人要被处以罚金。汉堡主教戈茨认为，《少年维特之烦恼》为自杀作了辩解，他要求“彻底根除这部广为流传的毒草”。在意大利的米兰，《少年维特之烦恼》一出版就立即被没收并加以销毁。丹麦政府认为该书是邪恶的，它不仅危害基督教，而且也危害市民优良的道德风尚，因而于 1776 年也把该书列为禁书。英国主教布里斯托会见歌德时，抓住少数青年模仿维特自杀之事，大骂《少年维特之烦恼》是“一部极不道德的该受天谴的书”，责备歌德不该写出这样的作品引诱人去自杀。丹麦以与路德教教义相抵触为由，禁止翻译《少年维特之烦恼》，当时路德教是丹麦国王确立的正统信仰。

有的作家在肯定小说的前提下，指出维特自杀是个“下策”，会对青年人产生有害的影响，并认为结尾“越是愤世嫉俗就越好”。后来歌德对《少年维特之烦恼》进行了修改。在 1787 年的最后定本中，他又加入了一些内容，希望强调维特的自杀是因为精神错乱，以劝解读者不要模仿维特的自杀行为。

《少年维特之烦恼》在出版 163 年后被查禁。1939 年，西班牙政府独裁者弗朗西斯科·佛朗哥命令从图书馆里清除 “像歌德这样不光彩的作家”的作品。

威廉·福克纳［美国］

《圣　殿》

作者简介

威廉·福克纳(1897—1962)，美国现代最重要的小说家之一，意识流文学的代表作家。1949 年冬，他因“对美国小说所作出的强有力的和艺术上无与伦比的贡献”，荣获此年度的诺贝尔文学奖。

福克纳在长达 40 年的文学生涯中，共写了 19 部长篇小说、75 篇短篇小说，还写过一些诗歌和散文，其中 15 部长篇小说与绝大多数短篇小说的故事都发生在他虚构的密西西比州北部的约克纳帕塔法县，因此，福克纳被人称为南方文学领袖、“南方文艺复兴”代表人物。长篇小说代表作有《喧哗与骚动》、《我弥留之际》、《押沙龙，押沙龙!》、《去吧，摩西》、《八月之光》等。

在 20 世纪 40 年代，福克纳写了许多短篇小说，后结集为《威廉·福克纳短篇小说选集》(1950)；他还为好莱坞写作剧本；他收选一批侦探故事，出版了小说集《让马》(1949)，并完成了《坟墓的闯入者》(1948)。这是他自《圣殿》(1931)以来，第一本确切意义上的通俗读物。获得诺贝尔文学奖以后，福克纳的作品似乎有些趋于保守。他写了斯诺普斯三部曲的另外两部：《小镇》(1957)和《大宅》(1959)，此外还有《修女安魂曲》(1951)、《寓言》(1954)等作品。

Vintage Publications
1958 年版封面

作品提要

《圣殿》出版于 1931 年。初读时它使读者感到有点招架不住，因为它不想取悦于读者，而是要引起他们对丑恶现实的不满与憎恶。福克纳在 1932 年版的前言里毫不讳言，直截了当地承认写作该书是“为了赚钱”。《圣殿》确实成为畅销书，而且后来还被好莱坞改编成电影，搬上银幕。

小说讲述的是性感迷人的女大学生坦普尔·德雷克的故事，运用自然主义和表现主义的手法如实地记录了充斥于现代美国社会的暴力与罪恶。波普艾尔出身低微，母亲被父亲抛弃后靠为人提供膳宿维持生计。波普艾尔长大后身材瘦小且性无能，代偿心理使他变得极为凶残，长大后成为匪徒首领，绰号“金鱼眼”。在一家非法出售威士忌的店铺里，他遇到了当地法官的女儿坦普尔·德雷克。波普艾尔对坦普尔用玉米棒进行了性虐待，他还杀死了一个叫汤米的弱智同伙，因为汤米目击了他的所作所为。之后，波普艾尔把坦普尔囚禁在孟菲斯的一家妓院中，坦普尔几次企图逃脱波普艾尔的魔掌都未成功。在那里，波普艾尔强迫坦普尔与一个名叫雷德的陌生人发生性关系，而波普艾尔自己却在旁边观看。突然波普艾尔开枪把雷德打死，然后自己也消失了。后来在一起涉及人命的案子里，坦普尔为了能够掩盖她与雷德之间的性关系以及在妓院中的经历，竟出庭作伪证，使波普艾尔得以解脱。案子宣判后，坦普尔被父亲领回。波普艾尔后来回家探望母亲，因一位警察被谋杀而被逮捕。实际上他并未参与此事，但因提不出他当时并不在场的证据，被处以绞刑。全书描写了 9 次谋杀、1 次私刑、1 次枪决，折射的是暴力充斥、罪恶横行的社会现实。

从小说创作上讲，《圣殿》远不及《喧哗与骚动》、《我弥留之际》。马克斯威尔·盖斯默在《危机中的作家》中称《圣殿》为福克纳“最糟的一部作品”。福克纳出于经济上的考虑，暂时中断了他在小说创作上的创新，回到了传统的客观的叙事法，开场、高潮、结束。他还充分运用了恐怖的奇异情节。然而，如果从判断一部侦探小说的角度讲，《圣殿》仍是很成功的。

福克纳是从憎恨《圣殿》里所反映伪现实出发来创作小说的，他始终与小说中罪恶保持着距离。虽然《圣殿》在人物的塑造上远不如《声音与疯狂》成功，可是其中的主要人物作为漫画式的人物还是有其独到之处。《圣殿》意在讽喻，而不是现实主义地再现历史。对于福克纳这样一位严肃作家，《圣殿》的创作也是一次极有意思的尝试。

上海译文出版社 2004 年版封面

争议内幕

威廉·福克纳的第六部小说《圣殿》之所以人所尽知，很大程度上是因为它的色情片断以及含有强奸、窥淫癖和卖淫等情节。1948 年，宾夕法尼亚州费城地方法庭判决《圣殿》等 9 部小说为淫秽作品。1949 年 3 月，法庭推翻了先前的判决，因为法官认为书中没有粗俗语言，不过一些场面粗暴而让人不快，一想到主人公的不幸遭遇，不禁会令人感到颤栗。

尽管作者获得了诺贝尔文学奖，但《圣殿》依然一次次被众多地方查禁组织判定为淫秽作品。1954 年，爱尔兰查禁了《圣殿》和福克纳的其他大部分作品，理由是它的语言粗俗、情节暴力，有诸如“狗娘养的”、“婊子”、“荡妇”和“杂种”等词语。随着社会的变迁，虽然在美国的个别地方还有零星的查禁，但是大部分地区对该书的的查禁都已经取消了。

乔万尼·薄伽丘 [意大利]

《十日谈》

作者简介

乔万尼·薄伽丘(1313—1375),意大利作家,意大利文艺复兴运动的先躯。他的作品有传奇、史诗、叙事诗、十四行诗、短篇故事集、论文等。第一部传奇《菲洛柯洛》约作于1336至1338年。它以中世纪传说为依据,描写一对宗教信仰不同的青年男女,冲破种种阻挠,终于获得相爱的权利。长诗《苔塞伊达》(1339)、《菲洛斯特拉托》(1340)分别从《特洛伊传奇》和维吉尔的《埃涅阿斯纪》中汲取素材,展示现实生活的美和爱情的欢乐。牧歌式传奇《亚梅托的女神们》(1341)、长诗《爱情的幻影》(1342),具有隐喻诗的特点,把歌颂德行同赞颂纯洁的爱情结合起来。长诗《菲埃索勒的女神》(1344—1345)、传奇《菲娅美达的哀歌》(1345)也都描写爱情。这些作品显示了中世纪传统观念和骑士文学的痕迹,但充满对人世生活的热爱和对幸福的追求,谴责禁欲主义,对人物充满激情的心理状态的刻画也比较成功。

薄伽丘最出色的作品是故事集《十日谈》(1348—1353)。作品开头有段"序曲"式的故事,叙述1348年黑死病流行时,10名青年男女在乡村一所别墅避难。他们终日游玩、欢宴,每人每天讲一个故事,10天讲了100个故事,故名《十日谈》。其中许多故事取材于历史事件、中世纪传说和东方故事(如《一千零一夜》、《七哲人书》)。

薄伽丘的最后一部文学作品是传奇《大鸦》,写于1355年左右。作者在书中诅咒爱情的罪恶,表示今后将收敛心神,埋头研究学问,表现了他后期思想上的动摇。

薄伽丘晚年潜心钻研古典文学,同时在佛罗伦萨讲解和诠释《神曲》。所著《但丁传》是意大利研究但丁的最早的学术著作之一。他在《但丁传》和用拉丁语写的《异教诸神谱系》等论著中,批驳教会对诗歌的诋毁,提出"诗学即神学"的观点;他阐述诗歌应当模仿自然,反映生活,强调文学的启迪和教育的巨大作用;要求诗人从古希腊、罗马文化中汲取营养,并讲求虚构、想象。薄伽丘虽然还没有完全摆脱中世纪神学的观念,但他的文艺理论为文艺复兴时期诗学的发展奠定了基础。

作品提要

1348年，欧洲中世纪，意大利美丽、繁华的城市佛罗伦萨，发生了一场恐怖的瘟疫。整个城市丧钟乱鸣，尸体纵横，十室九空，人心惶惶，到处呈现着触目惊心的恐怖景象。

在一个礼拜二的早晨，做过弥撒，庄严的圣玛利亚·诺凡拉教堂里冷冷清清，只留下7个年轻的妇女，她们中间不是带着亲戚关系，就是有着朋友或是邻居的情谊。最大的一位不过27岁，年纪最轻的也已有18岁了，都长得非常秀丽，仪态优雅，又具有良好的教养，显然全都是些出身高贵的女士。

她们不愿意把生命当做儿戏，坐以待毙，决定趁早离开这个城市，住到乡下去，过清静的生活，在那儿可以由着自己的心意寻求快乐，但也并不越出理性的规范。

这几位小姐正在这里你一言我一语谈论的时候，恰巧有三个年轻的男人从外边走进了教堂，他们都富于热烈的感情。他们的谈吐举止都非常可爱。在这灾难的岁月里，他们只希望有机会能和自己的情人见到一面，这在他们就是得到了无上的安慰。事有凑巧，他们三个的情人就在这七位小姐中间，而其余几位小姐中，也有几位跟他们有着亲戚关系。

其中的一个小姐笑容可掬地跟他们行了个礼，向他们说明她们做了怎么样一个打算，并且以她和全体姐妹的名义，请求他们本着兄弟般纯洁的友爱，加入到她们的队伍里来。

第二天，一切都准备就绪，那七位小姐就带着女仆们，三个青年各带着一个男仆，在晨光熹微中，离城出发了，走了不满六里路，就来到了预定逗留的场所。

这座别墅筑在一座小山上，和纵横的大路都保持着相当距离，周围尽是各种草木，一片青葱，景色十分可爱。宅邸筑在山头上；宅内有一个很大的庭院，有露天的走廊，客厅和卧室布置得非常雅致，墙上还装饰着鲜艳的图画，更觉动人。宅邸周围，有草坪、赏心悦目的花园，还有清凉的泉水。宅内还有地窖，藏满各种美酒。整座宅子已在事先被打扫得干干净净，卧房里的被褥都安放得整整齐齐；每个屋子里都供满着各种时令鲜花，地板上铺了一层灯芯草。

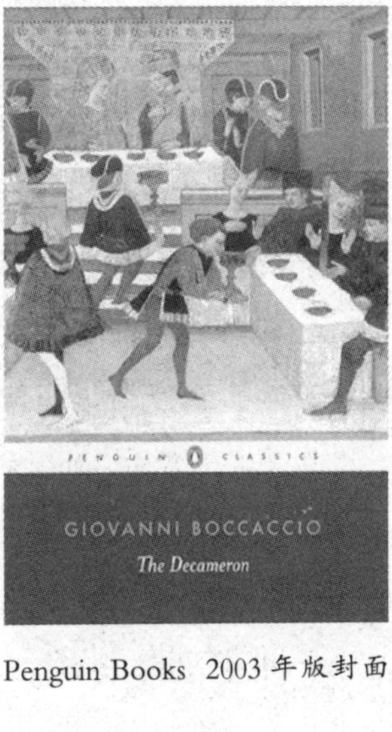

Penguin Books 2003年版封面

大家坐定下来，就讨论消遣的办法。最后决定讲些故事，每个人每天讲一个故事，等大家都讲完了一个故事，太阳就要下山，暑气也退了，那时爱到哪儿玩就可以到哪儿去玩。以下便是《十日谈》中几则著名的故事。

第二天 故事第九

译林出版社 2001 年版封面

在巴黎的一家客店内，有回来了几个意大利的极有钱的商人。一天晚上，他们一块儿吃晚饭，吃得十分欢乐，大家就你一句我一句，把话谈开了，终于谈起各人留在自己家里的老婆来。总而言之，大家差不多一致认为，家里的老婆只要有机会，是决不会独守空房的。

其中只有一个热那亚人，名叫贝纳卜·伦美里尼的，极力否认他们这种说法，说是感谢天主的恩宠，他娶了一个全意大利少有的贤慧媳妇，不但女性的美德集中在她一身，就连那属于骑士和绅士大爷的品德也多半可以在她身上找得到。她正当青春妙龄，漂亮丰满，女红烹饪样样精通。他发誓说走遍天下，再找不到比他的妻子更贤慧、更贞洁的女人了。他深信，即使他十年不归，或是终生在外，她也不会对别的男人有半点儿轻佻行为的。

这时有个叫做安勃洛乔·达·皮亚桑扎的年轻人听到贝纳卜夸说他的妻了是天下最贞洁的女人，失声笑了出来，一脸不屑。

贝纳卜有些儿恼，他同安勃洛乔打赌，如果他太太果然贞洁，安勃洛乔输一千块金币，如果他太太失节，他则输掉五千块金币，方法是贝纳卜留在原来的场所，安勃洛乔立刻动身前往热那亚。他在那儿住了几天，小心谨慎地把那位太太的住址、品行打听清楚，才知道贝纳卜说她是个规矩女人，其实单说“规矩”还不够赞美她呢！这时候他心虚了，觉得自己真不该冒冒失失地赶到这儿来。不过，他不久就认识了一个穷苦的女人，她经常在那位太太家里走动，很得她信任。他用金钱贿赂她，求她把他装在一只他定做的大箱子里，运到那位太太家里，并且要直抬进她的卧室。那妇人受了贿赂，就依着他的话，假意对贝纳卜的太太说，她要出门去一次，有一只箱子在她家寄存几天。

那箱子就这样放进了闺房。到了夜里，安勃洛乔料想这位太太该是睡着了，就走出箱子，房间里正点着一盏灯火。他借着灯火，观察房里的陈设，墙上的绘画，把每样东西都牢记在心里。他走近床前，轻揭罗被，只见贝纳卜的太太赤身露体，就跟她穿着打扮的时候一样美丽，细看她的身上，并没有特殊的印记可以回去报告，只有左边乳头底下有一颗黑痣，四周长着几根金黄色的茸毛。他还从她的衣橱里偷窃了一个钱袋，一件睡衣，几只戒指，以及几条腰带。

穷苦女人把箱子要回去后，安勃洛乔一文不少地酬谢了她一笔金钱，就带着赃物，赶回巴黎。他把当初急辩、订约时在场的商人都请了来，当着许多人的面向贝纳卜宣布，他们中间打的赌已经给他赢了，因为他先前怎样把话许下，现在就怎样做到了。为了证实这话，他先把闺房里的陈设和墙壁上的图画形容了一番，接着拿出带回来的东西，说这些都是贝纳卜的太太送给他做纪念的。最后，他还说出了她胸前的特征。贝纳卜听到这话，就像有一把刀子直刺进心窝，痛苦极了。

第二天，贝纳卜把五千块金币如数交给安勃洛乔，自己怀着一肚子怒火，回家惩罚太太去了。他让心腹仆人把太太杀掉，贝纳卜太太万分惊恐，她不知道自己做错了什么，她恳求仆人放她一条生路，仆人怜悯她，同意了，他拿了她的衣裳回去向主人复命，说已经把她杀死，而且把她的尸体抛给一群野狼吃掉了。

贝纳卜太太女扮男装，化名为西柯朗，在一条船上做了侍从，因为伶俐殷勤，后来有机会被苏丹留在宫里做事，并深得苏丹的宠爱。

有一天，西柯朗在一家威尼斯人开的铺子里看到了一个钱袋、一个腰袋，他立即认出是自己的东西。但他不动声色，只问这些东西是哪儿来的，适逢安勃洛乔在那儿，他把自己如何跟贝纳卜打赌，如何在热那亚进到闺房，如何赢了五千块的经过说了一遍。

西柯朗顿时明白了丈夫当初突然要杀死自己的原因。他私下决定，万不能便宜了这个坏人。他于是装作把这故事听得津津有味，此后又常去和他亲近。安勃洛乔觉得交上个好朋友。西柯朗一心要在丈夫面前表白自己的贞节，无时无刻不在留意这样的机会。终于等到了，这天，“他”请国王把安勃洛乔和贝纳卜两个召了来，命令安勃洛乔在贝纳卜面前交待出来，到底跟贝纳卜的妻子有没有关系，如果他不肯实说，就用刑罚强迫他说出来。

安勃洛乔经不起这样的一再威逼，只得在贝纳卜和众人跟前把当初的情况说出来。西柯朗要求苏丹严惩那个骗子，赦免那个受骗的人，然后暴露了自己的真实身份。苏丹知道这是真人真事，就着实把她称道了一番，赞美她的忠贞和德行，又吩咐侍从替她换上最华丽的女服，派了许多宫女侍候她，同时顺从了她的愿望，赦免了贝纳卜应得的死罪。

苏丹还下令把安勃洛乔所有的财富全给她，还大摆筵席，款待他们，此外还赏了她不少金银器皿、珍宝、现金，价值又在一万块金币以上。

安勃洛乔被押到城内高处，缚在木桩之上，全身涂上蜜糖，任烈日晒着，不准松绑，直到他倒下为止。

第四天 故事第一

萨莱诺的亲王唐克莱膝下只有一个独养的郡主，名叫绮思梦达，亲王对她真是百般疼爱，所以也不管耽误了女儿的青春，竟一直舍不得把她嫁出；直到后来，再也藏不住了，这才把她嫁给了卡普亚公爵的儿子。不幸婚后不久，丈夫去世，她成了一个寡妇，重又回到她父亲那儿。

她正当青春年华，天性活泼，身段容貌长得十分俏丽，无奈被父亲留在宫里，不想把她再嫁，她自己又不好意思开口，就私下打算找一个中意的男子做她的情人。

她留意观察了许多男人的举止行为，看见父亲跟前有一个年轻的侍从，名叫纪斯卡多，虽说出身微贱，但是人品高尚，气宇轩昂，确是比众人高出一等。她非常中意，竟暗中爱上了他，朝夕相见，越看越爱。那小伙子不久也觉察了她的心意，也不由得动了情，整天只想念她。终于纪斯卡多收到了郡主的幽会邀请。

在亲土的宫室附近有一座山，山上有一个许多年前开凿的石室，在那石室里，有一道秘密的石级，直通宫室，石级和宫室之间隔着一扇沉重的门，把门打开，就是郡主楼下的一间屋子。郡主不愿让任何人知道她的秘密，便找了几样工具，亲自动手来打开这道门，经过好几天的努力，终于把门打开了。

她告诉纪斯卡多地形，让他到她的宫里来。这时，郡主假说要午睡，把侍女都打发出去，独自关在房里。于是她打开那扇暗门，沿着石级走下山洞，果然找到了纪斯卡多，彼此都喜不自胜。郡主把他领进了自己的卧室，两人在房里逗留了大半天，真像神仙般快乐，分别时，两人约定，一切都要谨慎行事，不能让别人得知他们的私情。自从发现了这条捷径以后，这对情人就时常幽会。

谁知命运之神却不甘心让这对情人长久沉浸在幸福里，竟借着一件意外的事故，把这一对情人满怀的欢乐化作断肠的悲痛。

原来，有一天唐克莱亲王吃过早饭来到女儿绮思梦达的寝宫，看见女儿正带着她的许多宫女在花园里玩，他不愿打断她的兴致，就悄悄走进她的卧室，不曾让人发现。来到房中，他看见窗户紧闭、帐帷低垂，就在床脚边的一张软凳上坐下，头靠着床边，拉过帐子来遮掩了自己，好像有意要躲藏起来似的，不觉就这么睡熟。

这天正好是一对情人约会的日子，绮思梦达在花园玩了一会儿，便悄悄溜回卧室，打开暗门，把纪斯卡多放进来，像平常一样亲热起来。这时唐克莱醒了，他看到女儿干的丑事，气得直想当时就咆哮起来，可是再一转念，他自有办法对付他们，还是暂且隐忍一时，免得家丑外扬。

一对情人全不知他们的约会经过被唐克莱看得清清楚楚，纪斯卡多从洞里出去，她自己也走出了卧房，唐克莱趁人没看见，也赶回宫去，他气得要死。他令人抓获了纪斯卡多，并把他禁锢于一密室中。

唐克莱打算以惩罚绮思梦达的情人来打击她的热情。他命令看守纪斯卡多的那两个禁卫私下把他绞死，挖出心脏，拿来给他。亲王叫人拿出一只精致的大金杯，把纪斯卡多的心脏盛在里面，又吩咐自己的心腹仆人把金杯送给郡主。

绮思梦达叫人采了那恶草毒根，煎成毒汁。她举起金杯，无数遍地吻着那颗心脏，对它低语哭诉。接着，她把毒液倒入金杯，把毒液全倾注在那颗给泪水洗刷过的心脏上，然后，她毫无畏惧地举起金杯，送到嘴边，把毒汁一饮而尽。饮罢，她手里依然拿着金杯，登上绣榻，睡得十分端正安详，把情人的心脏按在自己的心上，一言不发，静待死神的降临。

唐克莱哭也无用，悔也太迟，于是把他们二人很隆重地合葬在一处，全萨莱诺的人民听到他们的故事，无不感到悲恸。

第九天 故事第二

从前伦巴第地方有一所女修道院，一向以虔诚圣洁出名。在院里的修女当中，有一个出身高贵、长得十分标致的姑娘，名叫伊莎贝达。有一天，她的亲人来访，她隔着格子窗和亲人谈话，竟爱上了一个跟来的俊秀的后生。那后生见她脉脉含情，又觉得她真美，也爱上了她。

只是尽管一个有情、一个有意，却始终不能成其好事，直把两人折磨得坐立不安。不过天下无难事，只怕有心人，到后来，那后生终于发现了溜进院里去的一条通路，她也觉得这样进出，并无一人知晓，很是妥善。从此他不仅是来了一夜，而是三日两头来和她幽会，这两人真是如鱼得水，那份欢乐也不必说了。

谁知有一夜，当他离开伊莎贝达，走出院去的时候，给另一个修女撞见了，两人却全不知情。那姑娘把她亲眼看见的事悄悄告诉了另外几个修女，起初她们想到女院长那儿告发去——这位女院长名叫乌辛巴达，全院的修女，以及凡是认得她的人，个个都把她看做一位圣洁善良的女人。不过她们再一想，觉得还是等候机会，请女院长把她和男子当场捉住，才可以使她无从抵赖。因此她们都不做声，只暗中轮流监视着她，预备捉奸。

伊莎贝达全不知情，有一夜照旧把情人接进自己房中，立即被那些监视的人知道了。等到夜深人静，她们认为时机成熟，就分做两批，一批把守住伊莎贝达的房门口，另一批赶去敲女院长的房门。

恰巧这一夜，女院长正陪着一个教士睡觉，原来那教士常常躲在大箱子里，让人家把他抬进女院长的房中。现在这些姑娘打门打得这样急，乱嚷乱叫，她唯恐她们会打开房门，冲了进来；所以她立即从床上跳了起来，在黑暗中心急慌忙穿好衣服，拿起教士的短裤，还以为是自己的头巾，就往头上一戴，匆匆忙忙冲出

长江文艺出版社 2007 年版封面

房外，反锁了房门，全不知道自己闹了个笑话。

这许多修女正乱哄哄地要抢着去捉奸，哪里还注意得到女院长头上戴着一顶什么样的帽子。她带头领路，直奔伊莎贝达的卧房，大家一齐用力，立刻把房门冲开，只见一对情人还互相搂着，原来他们不曾提防这一着，祸从天降，竟给吓得动弹不得。

伊莎贝达给那些修女们当场拖起，女院长喝令把她拖到大厅里听候发落。她当着全体修女的面，声色俱厉地把伊莎贝达痛骂了一顿，骂她是个最下贱的女人，竟敢做出这种淫乱无耻的事来，要是传了出去，难免败坏了女修道院里向来的声誉，痛骂之后，还说非把她严办不可。

那姑娘站在厅堂上，又羞惭又害怕，不知道该怎么回答，只是低头不语，叫旁边的修女不由得可怜她起来。谁知那女院长却反而在上面拍手顿足，越骂越起劲。伊莎贝达偶然抬眼一望，只见女院长的头上有两条吊袜带，不住地在左右摆动，心里立刻明白这是怎么一回事，顿时胆子大了起来，她马上开口让院长把头巾扎好再来质问她。众修女不由得把眼光注射到女院长的头上，她自己也伸手到头上去一摸，于是她和大家立刻都明白伊莎贝达的意思。女院长这才知道出了丑，而且众目睽睽下，再也没法掩饰，就索性转变态度，改换声调，用温和的口气告诉修女们：人的肉欲是无法抑制的，只要注意保守秘密，不妨各自去寻欢作乐。

伊莎贝达现在没事了，女院长回房去和教士继续睡觉，而其他修女也开始追求起各人的快乐。

争议内幕

由于《十日谈》中的僧尼不是色狼就是贪婪之徒，宗教界人士对薄伽丘极为不满。他们不时组织焚毁文艺作品，《十日谈》也被付之一炬。1559 年，教皇保罗四世将《十日谈》列入罗马《禁书索引》，而且这一禁令于 1564 年又得到再次确认。在社会压力下，《十日谈》不得不进行修订，原书中的神职人员和修女、教士等都被替换成了市民、贵族和中产阶级。但是由于读者、传教士以及其他各界人士强烈要求，《十日谈》又不得不进行再次修订，这次修订将书中有关性行为和露骨的影射性描写大量删除。新修订的版本于 1588 年发行，但是教皇对其还是不满意，于是新版本仍然列于《禁书索引》中。在法国，直到 19 世纪中叶，《十日谈》一直是禁书。美国在 1930 年的关税法颁布前，海关一见《十日谈》就予以没收。1927 年英国一家古旧书店将一本《十日谈》寄到美国，被美国海关截住，封面撕下寄回英国。1931 年后《十日谈》虽然可以进入美国，但引起很多纠纷，由此而生的诉讼屡屡发生。《十日谈》在英国的处境也不妙，1951 年至 1954 年期间，英国地方法院 8 次作出销毁该书的判决。

彼特罗夫［保加利亚］

《死 浪》

作者简介

彼特罗夫(1923—2005),保加利亚作家,生于托尔布兴区的农村。青年时期参加过反法西斯卫国战争。曾在索非亚大学攻读法律。1953年后先后任保加利亚作家出版社、《火焰》杂志和《文学阵线》报编辑,后任作协机关刊物《九月》杂志编委。1946年发表的第一部短篇小说集《洗礼》以卫国战争为题材,受到评论界的重视。中篇小说《侬卡》(1956)以表现农村妇女的生活而享有盛名。《死浪》是作者的第四部作品。1968年发表的小说集《小小的幻想》是一部别具抒情意味的小品。中篇集《在我出生前后》(1968)因出色地表现了过去农村的生活而使作者荣获季米特洛夫文学奖金。20世纪80年代初发表的长篇小说《围猎》,以更大艺术功力展现了近代保加利亚农村的变迁。

作品提要

长篇小说《死浪》反映的是保加利亚农村合作化的尖锐问题,作品的中心人物之一是富裕中农多干纳。他由于阅历丰富、足智多谋,在村里十分受人尊敬。犹如“洪水般涌来”的合作化运动开始后,他虽然感到有些紧张,但他却相信“流血汗的人永远是土地的主人”,并认定“时间会是最好的裁判者”。

村里主持建社工作的是村委会主席鲍依仓斯基。他革命前曾领导过反法西斯斗争。但是今天他却不顾实际情况,唯上级命令是从。一心想使本村合作化进度在区里占居首位。为此,他勒令把青年人例行的游艺晚会和佳节集会都变为入社动员大会,并派遣宣传员彻夜不眠地挨家串户去动员,致使劳动一天的人们夜里不得安宁。人们反感之至,不得不设法逃避。至于多干纳,则由鲍依仓斯基亲自出马来对付。但他无法用政治口号来战胜,于是便得出了“必然使用暴力”的结论。随之便开始了一连串粗暴过火的行动。他的所作所为引起了村支部书记赫里斯坦的反对,但赫里斯坦的斗争不仅显得孤立无援,而且被鲍依仓斯基告到了区委会，区党委书记布尔纳左夫是鲍依仓斯基强有力的支持者。他根本不察民情，一切听信鲍依仓斯基，他唯一关心的是完成合作化的指标。这样，赫里斯坦便成了他们眼中的头号敌人，被加上了反党、反合作化的罪名，且被解除了职务，由胆小怕事的马林接替了村支部书记。

从此以后，鲍依仓斯基更加肆无忌惮，一意孤行。他决定搞"高速"合作化，不给抗拒者以喘息的余地。他逼迫歉收的老农布勒登速交公粮，引起人命案；逮捕多干纳的儿子满努什，以胁迫多干纳入社。满努什从拘留所逃出后，决心杀死为鲍依仓斯基效劳的马林。满努什的计划无意中被父亲知道了。父亲便决意替儿子顶罪，自己动手杀死了马林，然后到自己的土地上自杀身亡，表示要永远看守自己的土地。鲍依仓斯基面对马林的被杀，立即组织人马对多干纳一家进行镇压，满努什怀孕的妻子吓得从此一病不起。鲍依仓斯基还无理没收了他家的土地。

秋收来临，鲍依仓斯基急于完成秋收任务，决定取消人们渴望已久的"秋季赶集日"，而命令农民抓紧时间进行收割。对此群众毅然抗拒，照例举行赶集会。鲍依仓斯基认定这是有组织的活动，任凭主观猜测逮捕了四名"带头人"。当他见到牲畜圈的看守人在一边打盹而没喂饱牲口时，便断定他昨夜作了一夜煽动群众的工作，甚至要逮捕他，并向他开枪威胁。不料子弹射中了一头牛的头，牛疯狂地在圈里乱窜，引起众牛顶斗，结果几十头牛全斗伤斗死。这一来，群众的不满情绪已达极点，形成暴动的局面。鲍依仓斯基见形势不妙，只好请布尔纳左夫来解围。布尔纳左夫深知事情闹大后对自己的地位不利，不得不根据群众的要求撤消鲍依仓斯基村委会主席的职务，并让赫里斯坦重新担任村党支部书记。

争议内幕

《死浪》发表后，在评论界引起的反应和争论持续一二十年之久，在出版之初也曾遭到阻力。有的评论家指出，任何好的作品都必定体现时代的正面东西，在描写反面现象的作品中至少也应以正面的东西作背景，否则反面的现象便成了生活中本质的东西。《死浪》却违背了这种精神。有些人甚至批评《死浪》有失于社会主义现实主义的原则立场。因为作品中正面人物已经退居到幕后去了。但也有声音认为小说的最大成就在于作者以辛辣的嘲讽揭露了那些伤害人的阴暗现象，鲍依仓斯基的性格体现了清除个人迷信影响的保加利亚文学的一个革新现象。对该小说的批评到 20 世纪 70 年代末期才逐渐平息，它也就成了评论界及读者公认的好作品了。

哈里特·比彻·斯托［美国］

《汤姆叔叔的小屋》

作者简介

哈里特·比彻·斯托(1811—1896)，美国著名小说家，同时也是一位慈善家。斯托夫人处在19世纪美国蓄奴制猖獗、废奴运动高涨的时代。斯托夫人出于对黑奴命运的同情和迫害黑奴行为的义愤，决定用笔来揭露蓄奴制的落后与反动，开始创作她的巨著《汤姆叔叔的小屋》(又译为《黑奴吁天录》)。一年后，小说《汤姆叔叔的小屋》终于出版，并立即引起了轰动。这部小说可以说是美国反对蓄奴制的宣言书，当时的美国总统亚伯拉罕·林肯在接见斯托夫人时，称她为："写了一本书而酿成一场大战的小妇人。"

斯托夫人创作的其他主要著作包括《德雷德，阴暗的大沼地的故事》(1856)、《奥尔岛上的明珠》(1862)、《老镇上的人们》(1869)以及一些宗教诗，后收入1867年出版的《宗教诗选》。她还写过一篇虚构的维护女权的论文《我妻子和我》(1871)，今天常常被女权主义者引用。

斯托夫人晚年主要居住在佛罗里达州，在《棕榈叶》(1873)一书中描写了她在那里的宁静生活，这也是她创作的最后一部小说。斯托夫人在她丈夫死后，停止了文学创作。

作品提要

Oversea Publishing House
1999年版封面

《汤姆叔叔的小屋》是斯托夫人的一部现实主义杰作，这部小说布局独具匠心，采用穿插轮叙的方式，沿着两条平行线索描述了两个黑奴不同的遭遇，塑造了忠诚友善但逆来顺受的汤姆和勇于抗争的伊拉莎夫妇等典型形象，并通过人物和场景描绘，表现了那个时期的美国社会生活面貌。

汤姆是庄园主谢尔比家的一个黑奴，因为他为人忠实、得力，且对人友爱，乐于帮助人，因此深受庄园主一家和其他奴隶的喜爱，尤其是谢尔比的儿子乔治少爷非常喜欢他，称他为汤姆叔叔。

庄园主谢尔比先生善良、温和，对奴隶非常仁慈，但因他做投机

译林出版社 2006 年版封面

生意亏了本，借据落到了奴隶贩子黑利手中，所以不得不接受黑利的条件，把两个黑奴卖给他。被黑利看中的两个黑奴中有一个就是诚实、能干、受人敬重的汤姆叔叔，另一个是谢尔比太太的侍女、混血女仆伊拉莎的独生子哈里。

一天半夜，伊拉莎偶然偷听到主人和夫人正争论关于买卖汤姆和哈里的事，她决定带着儿子逃走，并且来向汤姆报信。知道一切后，汤姆听得目瞪口呆，克洛伊婶婶更是悲愤万分，她劝汤姆同伊拉莎一道逃走。可是，汤姆叔叔想到，如果他一逃走，别的奴隶就会遭到被卖的命运，主人也要丧失所有的产业。他决定留下来，宁愿自己忍受一切痛苦。伊拉莎独自带着儿子走了，经历千辛万苦在好心人的帮助下，她们母子到了一个保护奴隶的村庄。

可汤姆却被奴隶贩子扣上沉重的脚镣，塞进了马车将要卖到下游的种植园去。由于汤姆的忍耐和沉静，黑利渐渐对他放了心，汤姆可以在船上走动走动了。他总是安静而乐于助人，常常给船上的工人做帮手，船上的人对他都有好感。

在船上的旅客中，有一位来自新奥尔良的年轻绅士圣克莱尔，与他同行的还有他的幼女伊娃和堂姐奥菲利亚。圣克莱尔心地善良，但他的婚姻很不幸福，妻子梅丽冷酷、自私、残忍，他这次出门就是为了散散心。

小伊娃大约五六岁，聪明、活泼、美丽且富有同情心。她常常带着忧愁的神色注视着船上那些戴着镣铐的黑奴，有时又捧来糖果和橘子给他们吃，很快她就和汤姆混熟了。一天，伊娃站在船栏边玩时不慎落入水中，汤姆立即跳进河里，把伊娃救了上来，这更加深了他们之间的友谊。在伊娃的要求下，圣克莱尔买下了汤姆，黑利趁势抬高价钱，大敲了一笔。

汤姆做了圣克莱尔家的马车夫，他生活得很平静，唯一使他感伤的是他和妻儿天各一方。汤姆的忠实、能干完全赢得了主人的信任，圣克莱尔渐渐地把许多重要事务都交给他办理。汤姆与小伊娃一直相处得非常融洽，他们两人的友谊与日俱增。

可好景不长，汤姆到圣克莱尔家两年后，小伊娃生病了，而且病得十分厉害。汤姆非常着急，但大家的祈祷终于没能留住这个可爱的小天使。伊娃临终前要求父亲给汤姆自由，圣克莱尔本来也讨厌罪恶的奴隶制，他在伊娃死后，着手办理给汤姆恢复自由的各种法律手续。可就在圣克莱尔告诉汤姆他即将获得自由与家人团聚的那天晚上，这位好心的主人在咖啡店为两个醉汉劝架，挨了致命的一刀，可怜的汤姆眼见着希望化为了泡影。冷酷无情的梅丽不顾丈夫和女儿的遗愿，也不听奥菲丽亚小姐的劝阻，卖掉了汤姆和其他所有的奴隶。

汤姆的新主人路格里先生，是红河岸边的一个棉花种植园主。这里的奴隶过着牛马不如的悲惨生活。一天，汤姆因为帮助一个生病的女奴而遭了一场痛打，他的伤还未愈合，就被主人逼着下地干活了。汤姆的身体在痛苦劳累中一天天垮了下来。后来汤姆又帮助两个女奴逃跑，这使路格里怒不可遏，他把汤姆摔倒在地，接着是一场惨无人道的鞭打，直打得老汤姆奄奄一息。

北京燕山出版社 2007 年版封面

两天后，谢尔比先生的儿子乔治少爷专程来赎买汤姆叔叔，打算把他接回家。可是一切都晚了，但他终于见到了乔治少爷一面，脸上露出了宽慰的笑容。乔治把汤姆葬在一个多沙的小丘上，他跪在汤姆叔叔的坟头说："我向你起誓，从现在起，我愿尽我的一切力量，把可诅咒的奴隶制度从我们的国土上消灭掉。"

乔治回到自己的庄园后，召集全体黑奴，发给每人一份自由证书，他实践了对汤姆叔叔的承诺。

争议内幕

《汤姆叔叔的小屋》自从一出版开始就非常有争议。很多居住在北方的美国人想知道这故事是不是真的；他们没有生活在奴隶制中，也没有亲眼目睹奴隶制度的真相，所以他们简直无法相信奴隶制度真的是如此残忍。尽管争论很多，也在南方遭查禁，但它很快成为畅销书，在美国内战之前已出版了 300 万册。《汤姆叔叔的小屋》还因为有损宗教信仰而遭到查禁。尽管小说是亲基督教的，但它包含着反对教会和神职人员的内容。作者在小说中提到了基督教的虚伪性问题，她认为教会应承担传授基督教的和善、平等美德的义务，而不是支持不和善、不平等的奴隶制，这种反教会思想让它在意大利等其他教皇制度国家遭到查禁。作者在小说中所批判的不人道的贵族，在俄罗斯也同样存在。沙皇和贵族不劳而获，而下等人工作辛苦，收入微薄。这种观点的传播对于沙皇来说是危险的，因此，该小说在俄罗斯尼古拉一世的书报审查制度下遭到了查禁。20 世纪 50 年代，《汤姆叔叔的小屋》因为种族主义思想，经常在美国遭到抗议和审查。学生和家长反对书中所使用的"黑鬼"、"白佬"、"外国佬"、"西班牙崽子"等词语，并要求将《汤姆叔叔的小屋》从教学中清除。由于相同题材的《哈克贝利·费恩历险记》已列为必读书籍，美国教育部门未将《汤姆大叔的小屋》列入学生必读书目之中。

克劳德·布朗 [美国]

《天堂的男孩们》

作者简介

克劳德·布朗(1937—2002),美国作家,出生在纽约。克劳德·布朗年少时由于盗窃和贩毒被送入少年感化院,后来就读于威尔特怀克男子学校。由于他曾经不检点的生活,导致了他被一个瘾君子击中了腹部。这次意外使他下定决心痛改前非,在自己的努力和朋友的帮助下他成了一个优秀的学生。

克劳德·布朗毕业于哈佛大学,后又到斯坦福大学进修法律。他进入了哈佛大学后不久就开始写作。他擅长写他最了解的事情——也就是他自己的生活经历。在大学一年级时,他为《异议》杂志投稿,描写一个男孩在纽约哈莱姆区的成长历程。他的文章引起了出版商的注意,于是出版商鼓励他写自传。1965 年他发表了自己最著名的作品《天堂的男孩们》,这是一部自传体小说,描写了他年轻时在哈莱姆区的生活,讲述了他从一个顽固的流浪街头的少年犯转变成为一个成功的、自力的人的过程。1976 年,克劳德·布朗出版了《火腿男孩》,讲的是在哈莱姆区奋斗的年轻黑人的故事。克劳德·布朗后来一直担任《纽约时代杂志》、《绅士》、《星期六晚邮报》和《生活杂志》的自由撰稿人。

作品提要

《天堂的男孩们》这篇小说讲述了克劳德·布朗从一个贩卖毒品的黑社会分子成长为美国最杰出的描写黑人经历的作家之一。作品中有这样的题词:“献给创立了威尔特怀克男子学校的埃莉诺·罗斯福老师。也献给威尔特怀克学校,他仍然在发现许多的克劳德·布朗。”在整篇作品中,克劳德·布朗使用了哈莱姆地区的俚语讲述了毒瘾、卖淫和谋杀事件,这些都威胁到了 20 世纪 40 年代到 20 世纪 50 年代的这一代黑人男女青少年,他们只能在恶劣环境中抗争并成长。

该书的叙述者名叫“宝贝”,也就是克劳德·布朗本人的化身,他讲述了自己在哈莱姆恶劣的环境中成长的故事,在那里他依靠自己的能力和意志战胜所有的人,克服一切困难。宝贝的家庭生活并不幸福，他看不起狂妄自大的母亲，痛恨满口脏话的父亲，于是他流浪在街头，不愿回家。故事开始时他只有 13 岁，当时他从晒衣绳上偷走床单时被别人打伤，并要被送进监狱。他和他的朋友一样，在吸食海洛因之后，在向着瘾君子的方向发展，等待他们的是贫穷和死亡。

伤好了之后，宝贝被送进了由埃莉诺·罗斯福创立的威尔特怀克男子学校，这所学校专门收容社会上的不良少年。埃莉诺·罗斯福是个富有的老太太，曾经和一个当过美国总统的人结过婚。在学校里，校长帕培内克给宝贝留下了很深的印象，帕培内克凭借他渊博的学识和个人魅力赢得了广泛的尊敬，他发现宝贝拥有克服恶劣的生存环境的潜力。宝贝第一次认识到一个人没有必要非要用枪、用刀、用拳头才能战胜别人，教育和智力是更有力量的武器。这种认识在他后来的生活中一直伴随着他。

宝贝回到家中以后，家庭暴力迫使他又回到了街头，继续贩毒和盗窃的生活。14 岁时，他又被逮捕了，并送到了少年感化院。周而复始的犯罪和坐牢生涯占据了他青少年时代的绝大部分时间，但是在威尔特怀克男子学校的短暂经历却使他认识到，如果他不改变自己的话，他迟早成为在哈莱姆地区因吸食海洛因或因枪击致死的记录上的又一个人。他知道自己唯一的出路就是上大学。他于是离开了哈莱姆出去打工挣学费，并且拿到了中学毕业证。

离开了哈莱姆之后，宝贝通过辛勤的工作为自己赚取学费。他开始接触“垮掉的一代”的艺术和文学，研究美国黑人的文化。他还结识了一些对非洲传统感到骄傲并且充满激情和自信的音乐家朋友，这为他提供了新的成长和学习的机会。他认识到，当生活有目标时，就不再需要毒品了。有一段时间，他迷上了科普特教，与其说这是出于对宗教的尊重还不如说是因为他的非洲背景；后来他皈依了伊斯兰教。他想接受正规教育的念头与日俱增，他想离开纽约去上大学。在离开之前，他回到了哈莱姆，走在街上，想看看他认识的人都怎么样了。他的一个最要好的朋友不久前死于吸毒过量，他的弟弟因为持械抢劫而被关进监狱，他的很多熟人都染上了毒瘾。只有一个老朋友丹尼过得好些，他戒了毒，而且现在有着稳定的婚姻和家庭生活。宝贝认识到，脱离哈莱姆这个人间地狱的唯一希望就是离开纽

Topeka Bindery Publications
2001 年版封面

约，远走高飞。

争议内幕

自从《天堂的男孩们》出版以来，它就一直成为人们批评的对象，许多人试图把它从学校图书馆和课堂教学中清除。据统计，它是 1965 年到 1975 年间在美国校园里最常遭到指控的 10 本书之一，在全国范围内都受到了查禁。评论家认为该书语言极其贫乏，充其量也就是苍白无力的俚语的堆积。在东北部地区，一个组织抗议这本书的写作手法“太过于写实”，因此不适合学生阅读。在西部地区，一位家长指出《天堂的男孩们》的“语言和内容”太不健康，应该再次封杀，禁止让孩子们接触。而在中西部，一名教师也认为该书过于“色情”，不适于中学课堂教学。在西南部，一群众组织要求校方应该把该书逐出中学图书馆，因为它简直是对宗教的亵渎，而且对于性的描写太过“直白”。《天堂的男孩们》在众多的抗议声中被清除出图书馆。1977 年，纽约两所中学的学生家长抗议《天堂的男孩们》过于“淫秽”，马萨诸塞州一所中学的老师注意到该书“不宜让此年龄段的学生阅读”，于是该书被清除出以上两所学校。1987 年，当《天堂的男孩们》在俄勒冈州一所中学的语文阅读书目中再次出现时，家长们和“热心市民”们又一次群起而攻之，他们反对说，该书“内容充满暴力、语言污秽下流、妇女堕落淫荡”。他们还进一步质问该书与中学生的生活究竟有什么联系，并力称他们的学生根本没有必要去了解黑人聚集区的生活。

君特·格拉斯［德国］

《铁皮鼓》

作者简介

君特·格拉斯(1927—　)，德国诗人、小说家、剧作家、雕刻家和版画家。他以1959年发表的长篇小说《铁皮鼓》一举成名，成为在纳粹地区成长的文学新生代的代言人。1999年10月，他被授予诺贝尔文学奖。这位“以黑色幽默描写历史被遗忘的面容”的作家，是第7位获得诺贝尔奖的德国人。

作品提要

《铁皮鼓》以主人公奥斯卡的三个生活阶段，分为三部分46章。书中第二部以下士兰克斯之口说出的三个词：神秘、野蛮、无聊，既是君特·格拉斯本人对时代精神的概括，也可以视为小说《铁皮鼓》三个部分的表现主题。

第一部在时间上截止到1938年，第二次世界大战前夕；内容上以奥斯卡·马策拉特童年的回忆为主要内容。这部分充满各种神秘、无法解释的事件。故事是这样开始的：奥斯卡·马策拉特居住在疗养与护理院里，他请护理员布鲁为他买来五百张清白的纸，借着自己的铁皮鼓声，他开始向读者介绍自己的家族史。

奥斯卡的外祖母安娜·布朗斯基最大的特点是爱一次穿四条裙子。一天，她正坐在土豆地的边上烤土豆时，遇上被人追捕的纵火犯科尔雅切克。这个粗壮短小的波兰伐木工钻进了安娜肥大的裙子里逃过了追捕。这天夜里他们成了婚。婚后，科尔雅切克改名换姓，成了约瑟夫·符兰卡，并当上了筏夫。但最终他仍被仇家发现，在被警察追捕过程中跳河，从此下落不明。

奥斯卡的母亲名叫阿格内丝，是个丰满漂亮的放荡女人。她在1923年和阿尔弗雷德·马策拉特结婚。同时，她一直保持着和表哥扬·布朗斯基的情人关系。婚后，三人形成某种稳定的三角关系。在奥斯卡童年的记忆中，他始终无法断定自己真正的父亲是谁。

奥斯卡出生时，他的智力已经发育完全。出生时，他对这个昏暗而孤独的世界毫无兴趣，唯一吸引他的是他母亲许诺在他过3岁生日时给他一面铁皮鼓。在奥斯卡3岁生日那天，经过深思熟虑的他采取了“自我伤残”的手段——自己从地窖阶梯上摔下去，以达到合理解释自己不再长个的目的。从地窖的阶梯上摔下去不久，奥斯卡便开始敲击铁皮鼓，同时获得了一副能唱碎玻璃的嗓子。时间流逝，奥斯卡该上学了。可他入学的第一天，便唱碎了教室里的窗玻璃和女教师的眼镜，于是他再也没有进入教室。奥斯卡只能跟着面包师太太格蕾欣·舍夫勒学习字母。他所用的教材是歌德的《亲合力》和《拉斯普庭和女人们》。由于奥斯卡长不大的体形，他看到了生活中许多别人看不到的事情，尤其是母亲与扬之间的私情。

纳粹势力在但泽抬头，纳粹人四处进行集会，煽动幼稚、轻信的市民们的民族仇恨情绪。德国小市民的典型马策拉特随大流加入了纳粹党。奥斯卡比大多数成年人更清醒地认识到纳粹的真面目。马策拉特穿着制服去参加纳粹集会时，奥斯卡蹲在演讲台底下，用自己的铁皮鼓声奏出强烈的节奏使全场的群众陷入极度狂热的情绪之中。

1936年，德军开进武装区莱因兰。奥斯卡在圣心教堂里把自己的铁皮鼓放在童子耶稣的塑像上，希望耶稣能击鼓聚众，但没有任何“奇迹”出现。奥斯卡对耶稣彻底失望了。奥斯卡的母亲因黄疸病和食鱼中毒而死。死时她已怀孕3个月。奥斯卡觉得自己对母亲的死负有责任，母亲的死是为他所作的牺牲。

1938年11月“水晶夜”，纳粹大规模迫害犹太人。当但泽的纳粹疯狂迫害犹太人的时候，教会的信徒们却仍在高唱：有信有望有爱。

第二部分在时间上到第二次世界大战结束时为止。这段时间内世界是动乱不安的，奥斯卡的生活也在颠沛流离中度过。

阿格内丝死后，马策拉特和扬之间渐渐脱离关系。可怜的奥斯卡不再有人关心照顾，以前母亲会不断给他买新的铁皮鼓，而现在，他的铁皮鼓旧了也没有人管。无可奈何之下，奥斯卡去找扬帮他到波兰邮局请人修理。这一天正是1939年9月1日，纳粹德国进攻波兰，但泽的波兰邮局也遭到纳粹的围攻，邮局的职员进行了顽强的抵抗，但最终邮局被占领。当德军冲进他们所藏身的有信件的报室时，奥斯卡出卖了扬，扬被俘并被枪决。奥斯卡在内心里对扬的死负有深深的罪责感。

曾获得戛纳电影节最佳外语片奖的电影《铁皮鼓》剧照

马策拉特请特鲁钦斯基大娘的小女儿玛丽亚来照顾奥斯卡。此时的奥斯卡虽然看起来仍像3岁的孩子，但他的生理却和正常人是一样的。他的本能驱使他有正常的性要求。奥斯卡爱上了玛丽亚，同她发生了关系，让她怀了孕。玛丽亚怀孕2个月时，奥斯卡撞见她和马策拉特做爱。奥斯卡愤怒地冲了进去，骑在两个人的身上，敲起铁皮鼓。但玛丽亚还是嫁给了马策拉特，并生下奥斯卡的儿子，取名库尔特。

奥斯卡情绪消沉，人也放荡起来，成了蔬菜商格雷夫妻子莉娜的情人。1943年6月，奥斯卡成为剧团的一员，开始了他四处流浪演出的生活。梦游女拉古娜成了他的情人。

Vintage Books 1990 年版封面

奥斯卡在儿子库尔特3岁生日前一天回到但泽。库尔特对奥斯卡的生日礼物铁皮鼓丝毫不感兴趣，并用木头把鼓敲碎了。奥斯卡和玛丽亚到圣心教堂去祈祷。奥斯卡像几年前一样，把铁皮鼓放在童子耶稣的身上，奇迹发生了：耶稣敲起了鼓。奥斯卡成了耶稣的“继承人”，撒灰者(一个青年团伙)成了他的头一批门徒。他们在干了许多“伟大”的事后，1945年1月在各处教堂上演基督诞生剧时被捕。除奥斯卡外，撒灰者的成员们均被处死刑。

苏军进攻但泽时，引起全城大火。苏军进入马策拉特家地窖，奥斯卡把包有纳粹党徽的水果糖扔给了马策拉特，马策拉特情急之下把党徽吞进了肚里，牺牲了。在埋葬马策拉特时，奥斯卡将自己的铁皮鼓扔进了墓穴里。在埋鼓时，库尔特用石头砸在了奥斯卡的头上，使他跌进了坟墓里。就在这时，奥斯卡的鼻子开始大量出血，他开始长个了。

大战结束后，但泽的德国人被驱逐回德国本土。奥斯卡的家被一个俄国人占据了。他长成了一个身高1米23公分的鸡胸驼背的畸形人。

第三部分主要描写的是奥斯卡战后的生活。

为了生活，玛丽亚和库尔特做起了黑市买卖。币制改革后，奥斯卡失去了工作。偶然的机会他成了艺术学院的人体模特，他的畸形形体给各种现代派画家们带来了源源不断的灵感。后来他成了一名签约铁皮鼓独奏演员，到各地演出。他以充满神奇魔力的鼓声使很多人重回童年，名声大振。一天，奥斯卡知道了原来他的老板就是贝布拉，他的老师。不久，贝布拉去世，奥斯卡继承了他的遗产，成了一名富人。

钱并没有给奥斯卡带来幸福，相反，他心中的负疚感却日益沉重。某天，他散步时发现地里有一根戴着戒指的无名指。正在树上休息的橱窗装饰师维特拉看见了这事，两人成了

上海译文出版社 2008 年版封面

朋友。回家后，奥斯卡把无名指放在装有防腐剂的密封大瓶里珍藏起来。

奥斯卡想方设法让警察认为他是杀人嫌疑犯。为了假戏真做，奥斯卡假装畏罪潜逃，在巴黎一个地铁出口处被国际警察逮捕。最后，他被法院送进了疗养与护理院里监视起来。

外面的世界已无净土，奥斯卡在病房里与世隔绝，回忆着幕幕往事。所谓的谋杀案真相大白，奥斯卡的获释指日可待。

但奥斯卡并不会因此而感到轻松：在那找不到一个“清白”的人的世界里，无比的恐惧会永远伴随着他。

争议内幕

在《铁皮鼓》中，格拉斯通过侏儒的眼睛审视人生，将人们调情、猥亵、幽会、交媾等隐私来了个大曝光。有的批评家指责小说对淫秽和色情的描写，有伤风化。小说中还有许多对上帝不恭、讽刺嘲弄的描写。小说中的奥斯卡在娘胎里智力已经发育，一生下来就懂得别人的说话，自己便有了主意，这与基督教认为上帝主宰一切的观点是相悖的。人们在祈祷时，奥斯卡一唱歌就震碎了教堂的玻璃；奥斯卡在圣心教堂里把铁皮鼓放到童子耶稣的塑像上，希望耶稣击鼓聚众，结果这种希望当然只能落空……格拉斯的本意是讽刺对纳粹俯首帖耳、与纳粹同流合污、为虎作伥的教会，结果被认为是“亵渎神圣”。1959 年底，不来梅文学奖评委会决定把该项奖金授予格拉斯，但不来梅市政府不予承认，认为《铁皮鼓》有很多色情描写，是淫秽小说，并指责小说亵渎了上帝。

约翰·厄普代克［美国］

《兔子，跑吧》

作者简介

约翰·厄普代克（1932—2009），20世纪美国最杰出的作家之一。1932年3月18日出生于美国宾夕法尼亚州的一个小村镇，父亲是中学教师，母亲是个有些文化教养的家庭主妇，上辈都是虔诚的路德教派信徒。厄普代克年少时得过牛皮癣，又有口吃毛病，童年不免蒙上一层阴影，母亲鼓励他写作以排除烦恼，他便由此进入了神秘的小说世界中。他从当地中学一跃而进哈佛大学深造，以优异成绩毕业，又赴英国牛津的罗斯金美术学院进修。1955年至1957年，他担任《纽约客》杂志编辑，同时开始发表短篇小说。1960年出版的《兔子，跑吧》是厄普代克文学生涯最大的突破。在之后的三十多年中，厄普代克以“兔子”哈利·安斯特朗为主角，连续创作了《兔子四部曲》：《兔子，跑吧》、《兔子归来》、《兔子，富了》以及《兔子歇了》。历时三十年创作完成的《兔子四部曲》是厄普代克天才和智慧的集中体现。《兔子四部曲》每一部分别在1960年代、1970年代、1980年代、1990年代初出版，通过“兔子”一生记录了美国战后40年社会历史的全貌，全景式地描写了美国中产阶级“平庸”、“无聊”、“美国梦”、“乐观向上”等生存状态。厄普代克有意选取每十年的最后一年作为故事发生的时间，以加强在末日来临之际孤独灵魂所经受的烦躁、恐惧、失落、异化和死亡的威胁。而这一年中现实世界的剧烈变局，又象征性地加强了社会的危机感。“兔子”三部曲中的《兔子，富了》（1981），当年出版后就先后荣获美国全国图书奖、全国图书批评奖和普利策小说奖。2003年，厄普代克以短篇小说集《早期故事》获得普利策奖；2006年出版的《恐怖分子》借由一名18岁伊斯兰恐怖分子观点批判美国文化。2009年1月厄普代克因肺癌逝世。

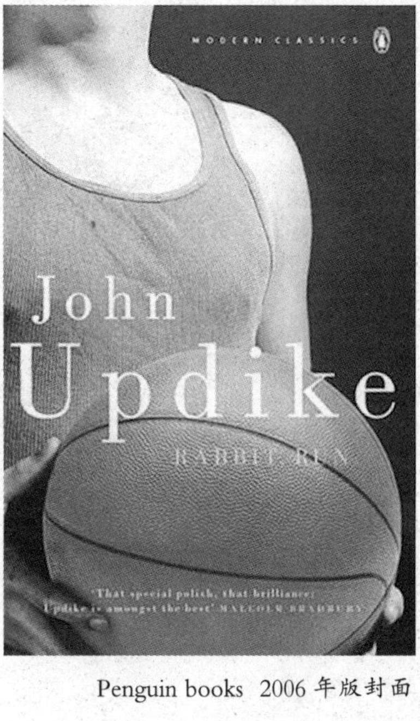

Penguin books 2006年版封面

厄普代克对文学创作一向持严肃认真的态度。他认为作家应该牢记"自己的使命和对艺术与社会的责任"，不要失去"人生的方向"。他说："三十年来，作家的社会地位大大降低，世人对作家的尊敬也不如以前，"这是"作家本人失去了使命感"所致，其结果造成了"现今的小说，苍白无力，繁琐，毫无气魄，有的甚至是迂腐，令人厌恶"。他强调，现实是作家的主要题材，远离了社会和人民，摸不着社会的脉搏，创作则不存在。

作品提要

《兔子，跑吧》的故事发生于 1959 年，绰号"兔子"的主人公哈利·安斯特朗是一个涉世未深的青年。他曾是中学篮球队的一名球星，走上社会后，发现"这个世界是偌大一个蜘蛛网，非得小心翼翼才得勉强通过"；"兔子"身为男人，已陷入平庸的中下阶层的家庭生活中，他就像是"出售廉价商品的小杂货店里那种该死的一便士一听的饮料一样不值钱"。在家里，他又得不到任何安慰，他的妻子詹妮斯是个庸俗卑琐的女人，终日以抽烟、喝酒、看电视度日，使他无法忍受。有时候在"米老鼠俱乐部"中"兔子"还能学到一些道理，特别是从俱乐部卖老鼠的人给他的每日箴言中。詹妮斯的肚子里已经怀着他的第二个孩子了。

一天兔子终于受不了如此生活，便驱车离家，前往中学时代篮球教练杜瑟罗的住处。他独自驱车在黑夜里疾驰，公路两旁的树木在车灯照耀下显出各种奇形怪状，他生怕灯光会惊动什么野兽或鬼怪。他边走边看美国地图，那标明道路的红线蓝线，纵横交错，密如蛛网，他在巨网中左冲右突，找不到出路。途中油站的男人告诉他《兔子，跑吧》中最著名的一句话——你知道，要到达一个地方的唯一办法，就是在动身之前，先要确定你要往哪里去。在教练杜瑟罗的撮合下，他认识了妓女露丝，与她姘居鬼混。他把她当做自己的"另一半身体"，企求在与她的结合之中重返人类的质朴状态，达到一种无差别的境界。然而，无论他怎样放纵自己的情欲，却仍觉得他们只是"各不相干的肉体"。就在他们享尽鱼水之欢之后的早上，刚好是礼拜日，教堂钟声响起，人们涌进教堂，"兔子"也感动得合眼祈祷，求神帮助、饶恕、指引与保佑家人和露丝。

上海译文出版社 2008 年版封面

詹妮斯又生了个女儿。"兔子"回到家里，试图与妻子重归于好，他妻子内心也想改弦更张，可是他们却无法消除一种生理、心理上的荒疏和冷漠。詹妮斯开始出去工作了，但是当詹妮斯因为“兔子”肮脏透顶而拒绝和他发生性关系时，他再次离家出走。一次醉酒后，詹妮斯不慎溺死了自己的孩子。“兔子”在一直关心他的圣公会艾牧师通知下得知孩子的死讯，他忍住悲痛，安慰詹妮斯，牧师和亲友都劝他日后应该安份守己。在葬礼上，他看见两个十几岁的孩子穿着紧身的运动衫，于是便忍不住盯着“她们美丽的屁股并想到了性”。葬礼结束后，“兔子”再去找露丝，露丝告诉他，她怀了他的孩子，于是“兔子”又跑了，按他在球场上养成的第二天性，漫无目的地跑着，跑着……

《兔子，跑吧》中的“兔子”充满不安，一直逃跑，畏惧伦理制约。性爱和神圣带来欢悦和安慰，但他并没有全心跃入信仰状态，性爱虽然美好，但婚姻与孩子带来的牢固束缚却令他望而却步。这部作品反映了 20 世纪 50 年代的美国社会生活和在这种“繁荣年代”里人们内心的空虚和苦闷。由于这部作品对于现代美国人内心世界的深刻开掘，当时年仅 28 岁的青年作家厄普代克一时名声大噪，引起美国读者的关注。

争议内幕

1962 年《兔子，跑吧》在爱尔兰被禁。爱尔兰审查委员会认为该书“淫秽下流”，尤其反对作者在书中描写的赤裸裸的性行以及男女乱交。这本书在爱尔兰被禁长达 5 年。

1976 年，缅因州 6 个社区高中的学生家长反对在学校的图书馆中陈列《兔子，跑吧》，因为其中大肆描写了性和婚外情，家长们援引了关于“兔子”和露丝几次做爱的场面，认为该书不适合学生阅读。1986 年，怀俄明州一学区把《兔子，跑吧》从中学英语必读书目中删除，理由是书中充满了肮脏的性描写和色情内容。

米兰·昆德拉［捷克］

《玩　笑》

作者简介

见《不能承受的生命之轻》简介。

作品提要

1948 年，捷克共产党刚刚开始执政，一种崭新的社会生活在捷克斯洛伐克展开。人们要生活得严肃、庄重和崇敬，谁要是不为新时代欢呼，谁就会被怀疑在唱反调，是对工人阶级的胜利成果不高兴，或者是被怀疑为自私地沉溺于某种个人忧伤之中。

路德维克是布拉格查理大学的一名学生会干部，他出身工人家庭，衷心拥护新的社会制度。他学习优秀，又是年轻的党员，可是他喜欢开玩笑，人们认为他多少有点自由主义和个人主义的苗头。路德维克爱上了一位庄重而漂亮的大学一年级女生，千方百计想赢得她的好感。姑娘去参加暑期党员训练班，她对周围的一切事物充满了激情，一切都是那么健康向上。路德维克觉得好笑，便给她寄了一张明信片，明信片上写道：“乐观主义是麻醉人民的鸦片！健康气氛散发出愚昧的恶臭！托洛茨基万岁！”他只是想开个玩笑，显示几分幽默。

Harper Collins
Publications 1993 年版封面

纯洁而严肃的姑娘立刻向组织报告了这件事。大学里的党员同志们可不认为这是个玩笑，于是来了个上纲上线彻底批判。路德维克在党委办公室被隔离盘问：“你对乐观主义有何看法？马克思说过，宗教是人民的鸦片。而你却认为乐观主义是鸦片。你的居心何在？你为何要嘲笑劳苦人民？你是托洛茨基分子吗？……”路德维克有口难辩。他找到党小组长泽马内克，希望他能替他说说话。泽马内克是他的好朋友，十分了解他的为人。但路德维克绝对没有想到，在全体会议上，正是泽马内克建议开除他的学籍和党籍。很快,路德维克被流放到边疆一个肮脏的边区兵营,每天都要下矿井从事繁重的劳动,在这里干活的都被看成党和人民的敌人。路德维克痛苦地意识到,一切全完了:学业、工作、友谊、爱情、理想。一个小小的玩笑竟让他付出了如此惨重的代价。

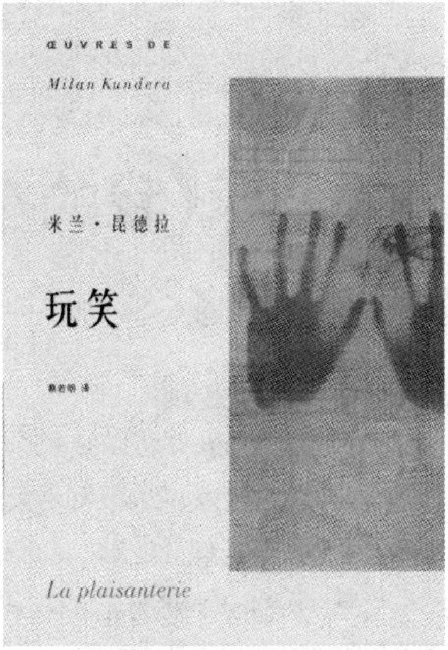

上海译文出版社 2003 年版封面

15 年后,卢德维克获释,回到大学完成了学业,被分配到科学院某研究所工作。一个偶然的机会他邂逅了电台女记者海伦娜,她的丈夫正是当年迫害过路德维克的泽马内克。强烈的复仇欲望促使他决定勾引海伦娜,以此来报复和羞辱泽马内克。当他和海伦娜发生肉体关系后,却发现自己不但没有达到复仇目的,反而帮了泽马内克的大忙——此时的泽马内克已经和妻子分居,正想摆脱妻子了。而海伦娜发现自己被两个男人欺骗,企图服药自杀,却仅仅误服了装在安眠药瓶里的泻药。命运和所有人开了一个巨大的玩笑。

争议内幕

昆德拉于 1966 年完成《玩笑》的原稿后把它拿给编辑审查,编辑希望他删去一个敏感的政治术语,因为这个术语在法律上并不存在。1967 年小说出版后,当局对小说进行了大量的批判,认为这部小说是对捷克共产党的劳改政策等的污蔑,是给社会主义抹黑,因此立即将它查禁。有人认为它是 20 世纪 60 年代后期在东欧出版的最优秀、最大胆的小说之一。在小说被禁之前短短的销售时间里就销出 12 万多册。该书在捷克遭禁后却在世界广为流传,被翻译成十几种语言。1990 年作者重返祖国后,该书的禁令被解除。

阿道夫·希特勒［德国］

《我的奋斗》

作者简介

阿道夫·希特勒(1889—1945),法西斯德国元首、第二次世界大战的头号战犯。生于奥地利的布劳瑙,在林茨和希太尔读中学。自学过绘画和建筑。1919年加入德国工人党,后成为该党党魁。1923年发动啤酒店暴动。1933年1月制造“国会纵火案”,夺取政权,任总理。1934年自称为元首,实行法西斯独裁。1936年建立柏林-罗马轴心,进军莱茵非军事区,武装干涉西班牙内战。1938年任德国最高统帅,先后吞并奥地利和捷克斯洛伐克。1939年9月侵略波兰,挑起第二次世界大战。1941年撕毁《德苏互不侵犯条约》,进攻苏联。1945年4月30日苏军攻占柏林时,希特勒与其妻爱娃同时自杀。希特勒著有《我的奋斗》、《希特勒的第二本书》,宣扬沙文主义、复仇主义和种族主义。

作品提要

希特勒于1889年4月20日生于奥地利的布劳瑙。小学时期的希特勒遵守纪律,成绩优秀。母亲性格温顺,疼爱孩子。但是父亲脾气十分粗暴,经常酗酒,并毒打小希特勒。所以在冷酷暴力的家庭环境下,逐渐形成了希特勒暴躁的性格。

1908年2月,希特勒独自前往维也纳靠做零活或出售临摹画糊口,受到泛日耳曼民族党的影响。1914年第一次世界大战爆发,希特勒加入了巴伐利亚步兵第一团,担任团队传令兵并获得了铁十字勋章。1919年,希特勒参加了一个叫做“德国工人党”的小团体,并成为该党主席团成员。1920年希特勒将该党改名为“民族社会主义德国工人党”(简称“民社党”或“国社党”,按德语缩写音译为“纳粹党”)。随着纳粹党知名度的不断提高,希特勒在党内的地位也日益突出。1927年希特勒最终夺取了党的领导权,成为该党主席。1923年11月8日,希特勒在慕尼黑发动了“啤酒馆暴动”,威胁正在开会的巴伐利亚首脑卡尔交出政权,终因孤立无援而失败。

1924年2月26日,希特勒及其主要成员因叛国罪被判刑。希特勒利用在狱中这段时间，写出了《我的奋斗》一书。书中系统地阐述了他创建第三帝国，征服欧洲的野心。希特勒原想把他的书题名为《四年半来对谎言、愚蠢和胆怯的斗争》，但是负责出版这本书的纳粹党出版社有头脑的经理马克斯·阿曼不喜欢这个累赘而没有生意眼光的书名，把它改成简短的《我的奋斗》。该书第一卷是希特勒1924年在监牢里完成的，第二卷于1926年完成，全书共782页。

《我的奋斗》记载了希特勒的思想历程和政治主张，该书被称为是纳粹党的“圣经”。到1940年，即第二次世界大战爆发后一年，这本“圣经”在德国的销量高达600万册。书中，希特勒用文字精确地阐述了他的理想和抱负。如果他掌权，他要把德国变成一个怎样的国家，他要用德国的武力征服世界，并把世界变成怎样的一个世界。

希特勒承认，他的思想形成于他20岁刚出头在维也纳的时候，并且在这以后也没有什么改变。他在书中概述了对未来德国和它有朝一日能成为“地球的主人”所依靠的手段的轮廓。1913年，24岁的他离开奥地利去德国，心中充满了德国民族主义的激烈热情，充满了对民主主义、马克思主义和犹太人的刻骨仇恨，并且确信上帝选择了雅利安人，特别是日耳曼人做主宰种族。在《我的奋斗》中他表示：不仅要使战败的、混乱不堪的德国在太阳底下占有比以前更伟大的地位，而且要建立一个新式的国家；这个国家要以人种为基础，要包括所有当时住在德国境外的日耳曼人。那么，新帝国如何恢复它的世界大国的地位，如何接着走向世界霸权呢？

首先，必须找法国算账，因为法国的目的总是想要肢解德国，让它变成一个个小国家。因此，必须要找法国来算一次总账，只有这样才能结束德国同法国永无休止的、基本上没有任何结果的争斗。当然首先要假定，德国实际上就是把灭亡法国当做一种手段而已，其目的是在将来能够为德国人民在其他地方进行扩张。至于在什么地方扩张？他坦率地说，德国必须在东方进行扩张——主要牺牲俄国。希特勒由此谈到了德国外交政策的核心想法。

Vintage Publications 1992年版封面

《我的奋斗》第一卷，希特勒详尽谈到了一个生存空间问题。他宣称，霍亨索伦帝国在非洲猎取殖民地犯了一个错误。他认为领土扩张政策不能在喀麦隆实现，几乎完全只能在欧洲实现。但是欧洲的土地都已被占有了。希特勒也承认这一点，但是他认为大自然并没有为任何民族或种族保留

Houghton Mifflin
Publications 1998 年版封面

这片土地的未来占有权;相反,这片土地是为有力量占有它的人民而存在的。不能用和平的方法取得的东西,就用拳头来取。他宣称,要取得新土地,只有在东方才有可能,因为要在欧洲取得领土的话只有在主要是牺牲俄国的情况下才有可能,这就是说,新帝国必须再一次沿着古代条顿武士的道路向前进军,用德国的剑为德国的犁取得土地,为德国人民取得每天的面包。

希特勒蔑视没有创造性政治思想的资产阶级要求恢复1914年德国疆界的主张,他要求在德国历史上挑选某个其他年代作为标准,宣布以恢复当时的情况作为外交政策的目标。希特勒不仅要消灭法国,而且还要向东挺进,把日耳曼人占居民中大多数的东方邻近疆土夺取过来,如奥地利、捷克斯洛伐克境内的苏台德区,波兰的西部,然后是俄国。

争议内幕

《我的奋斗》德语版于1925年出版,英文版于1933年在美国出版,从其出版到第二次世界大战的高潮时期,该书受到了无数的指责。据统计,《我的奋斗》是世界上最常遭到查禁的书籍之一。

1933年,美国出版了英文版的《我的奋斗》,一时引来诸多抗议和争论。随着美国国内抗议的增加,对《我的奋斗》一书的查禁也开始在世界各地频繁地发生。1933年 9月,前捷克斯洛伐克的布拉格禁止《我的奋斗》和其他两本关于奥地利君主政体的书籍销售或传播。不到一周,德国慕尼黑发生了第二起查禁事件。1933年10月,波兰的华沙法院查禁了希特勒的书,因为它“带有诬蔑性”。至今,很多国家都禁止出版这本宣扬纳粹主义的《我的奋斗》。

扎米亚京 [苏联]

《我 们》

作者简介

扎米亚京(1884—1937),著名作家,苏联20世纪20年代表现主义和象征主义流派的代表人物之一。早年担任过造船工程师,业余时间从事写作。十月革命后,他一方面对革命后的新生活感到喜悦、兴奋、激动,另一方面又觉得它杂乱无章,令人惶恐不安。他曾发表政治寓言,批评布尔什维克党的某些行为,使政府对他没有好感。在20年代,大多数批评家在肯定他具有较高艺术水平的同时,指责他脱离时代和思想右倾,称他为“反苏作家”。扎米亚京的《我们》与赫胥黎的《美丽新世界》和乔治·奥威尔的《1984》并称为“反乌托邦”小说三部巅峰之作。

作品提要

公元26世纪,地球上只有一个“大一统国”,它是一座玻璃城堡。所有的建筑,包括住房,全用透明的玻璃制成,这样政治警察就更容易监视他们。“大一统国”四周有一道绿色大墙,把一切有生命的绿色大自然阻隔在外面。“大一统国”没有民主,没有自由,人们彻底失去了个性和灵魂,没有属于自己的姓名,只有按字母和数字编排的号码。他们穿统一的制服,在同一时刻起床、睡觉、散步、吃饭。他们以吃合成食物为生,娱乐时四人站成一排,喇叭里播放着“大一统国”的国歌。那里没有婚姻,人们根据“性生活日期表”提出申请,凭粉红色的票过性生活,然后性伴侣在票根上签字。“大一统国”的统治者是“造福主”,他主宰和代表一切,每年由全体人民重选,总是全票当选。“大一统国”里处处装有窃听器,记录下所有号码的言论。

江苏人民出版社2005年版封面

小说主人公是D-503,他是“大一统国”的数学家,宇宙飞船的设计师。他是一个安分守己、恪尽本职、循规蹈矩的良民。但是D-503也偷偷地看点禁书，发现古人居然还生活在自由之中，居然对性生活放任不管，完全不按科学规律行事，像动物一样。由于D-503受到禁书的异端邪说诱惑，克制不住自己体内古老欲望的复苏，在一次列队散步时，他与I-330相遇，并且相爱了。I-330是“大一统国”某个地下反抗组织的成员，她要求个性解放、个人自由，要求恢复人性。造反开始后，人们才发现反对“造福主”的人事实上相当多，这些人谋划推翻“大一统国”，他们开始纵情于抽烟、喝酒这类恶习。当叛逆者在“一致同意节”(选举时只准一致同意的盛大节日)中公然表示反对“选举”“造福主”时，会场顿时大乱，“保卫局”开始全国性大搜捕。反抗组织的成员准备抢占宇宙飞船时被玻璃房的检票员看到了D-503的记事本，向“保密局”告了密。反抗组织的成员被一举抓获。D-503最终免于死刑，但是却做了神经中枢手术，丧失了感情和思想，开始向警方出卖他的同党。“大一统国”里先进的断头台能使受害者完全液化，瞬间将他化为一缕烟和一摊清水。I-330被处以极刑，看着I-330在玻璃钟形罩下被压缩空气折磨，D-503却丝毫不为所动。

虽然这次叛乱没有成功，但“大一统国”已危机四伏，“造福主”的统治岌岌可危了……

争议内幕

扎米亚京用幽默、尖锐的笔调来讽刺和嘲笑“大一统国”，在20世纪20年代的苏联文坛引起了震动。《我们》被禁止在苏联出版，而它的英译本和捷克文译本却在国外出版了。1927年，布拉格出版的俄文版《我们》，被全俄作家协会认为是扎米亚京对苏联社会的污蔑和攻击。高尔基批评它坏透了，是在发泄老处女的愤怒，还有一些理论家和批评家也对《我们》持否定态度，认为《我们》是对苏维埃国家的恶毒讽刺作品。由于《我们》的思想倾向被否定，作品的艺术成就也就被湮没了，直到1988年才首次在苏联公开发表，并得到重视和重新评价。

罗伯特·考密尔［美国］

《我是大腕》

作者简介

罗伯特·考密尔(1925—2000),美国作家、记者。1925年出生于马萨诸塞州莱明斯特,在那里度过了愉快而又温暖的童年。少年时的他是个体育爱好者,一个偶然的机会,考密尔的老师看到了他的作品并大加赞赏,将它推荐给一个杂志,这就是考密尔出版的第一个作品。大学毕业后,考密尔为当地一家广播电台写商业广播节目,不久投身报业,当了23年的编辑记者,并获得了美国三项主要的新闻奖。1974年,他的第一部长篇小说《巧克力之战》让他获得了巨大的成功,赢得了广大的青少年读者。1977年出版的《我是大腕》分别被《新闻周刊》、《纽约时报》和《学校图书馆期刊》评为最佳青少年读物,但也曾引起强烈争议。

作品提要

《我是大腕》有两条相互交织的叙述线索:一条是主人公的冒险奇遇;另一条是一系列的谈话录音。一开始,亚当·法莫正骑着他那老式的自行车从马萨诸塞州的茅纽蒙特到佛蒙特州的拉特堡,去看望正在住院的父亲。这次探望是有目的的,亚当感到害怕。亚当对精神病医生布林特的身份充满怀疑,他们之间的谈话录音起到了帮助亚当恢复记忆的作用。这两部分内容穿插在一起,揭开了主人公亚当身上的秘密。

亚当·法莫实际上就是保罗·戴尔蒙特。他自己不知道这些,直到14岁时,他父亲才告诉他真相(读者在读了一半后才发现)。当亚当还小时,他父亲是个精力充沛的记者,他发现了纽约州议会里的一些文件,它们对州和联邦官员都非常不利,确切地说是有着灾难性的打击。这些腐败的证据足以证明政府和犯罪集团勾结在一起。在不暴露身份的情况下,他的父亲秘密来到华盛顿作证,然后回家继续他的生活。但因为这件事,他们一家的生活却永远改变了。

一个叫"格瑞先生"的人进入了他们的生活。作为美国身份重塑部门的特工,格瑞先生给戴尔蒙特一家提供了新的身份和历史，甚至还制造了一篇关于他们出车祸死亡的新闻报道。格瑞先生让他们搬到别处去开始新的生活。格瑞先生以后每个月拜访他们一两次，在一个密封的地下室里与大卫·法莫(戴尔蒙特)进行秘密的交谈。

现在，亚当正骑着自行车驶向佛蒙特州的拉特堡。他没有告诉任何人。他很害怕，因为此行的前景难以预料。他回忆着父亲唱的歌，试图模仿父亲的样子唱那首"山谷中的农夫"，以增加勇气。但是，他被一只紧追他的狗吓坏了，后面还跟着3个从快餐店里出来的人。虽然他们威胁他，他还是设法暂时从他们身边逃离了。这3人开着车追他，先超过他，然后又恶作剧般调转车头，再一次次超过他，再折回……直到将亚当撞挤到水沟里。亚当被救了来，带到遥远的佛蒙特州的胡克塞特。在那里，他的自行车被朱尼尔·瓦尼偷走，在扭打中，亚当夺回了车。

亚当打算打电话给他最要好的朋友艾米·荷兹。但是，拨了两遍熟悉的电话号码，却被一个接电话的陌生人告知他拥有这个号码三年了，并且从没听说过亚当要找的人。接线员告诉亚当，在马萨诸塞州的茅纽蒙特根本没有叫荷兹的人。当到达贝尔顿福斯时，亚当想去一家名叫"休息一下"的汽车旅馆。他和父母前年在那里过得很开心，而现在却关闭了。街对面加油站的服务员告诉他，这家旅馆已经关闭至少两三年了。

最后到达拉特堡的医院时，有个医生过来迎接亚当，并与他一同前行。一路上他们遇到了从快餐店里出来制造麻烦的那3个人；他听到了狗的狂吠，害怕地四下张望，生怕鬼鬼祟祟的朱尼尔·瓦尼会突然窜出来。亚当被带到了自己的房间，他在那里唱着"山谷中的农夫"。他听到有人叫了声"保罗"，但他对"保罗"这个名字没有反应。他不知道自己是谁，只是说："我是大腕。"

Thorndike Press 1991 年版封面

谈话在一个密闭的房间内进行，这些谈话一层一层拨开了亚当记忆的迷雾。亚当想起了4岁时一次偷偷摸摸的旅行，记起了他身份的改变和家庭的变化。亚当对现在的自己感到迷惑：他现在在哪里？这里似乎不像个医院；精神病医生布林特是谁？他根本不像个精神病医生——他的提问似乎不仅仅是寻求亚当的个人生活，还在寻求一些特殊的秘密。有时他就像一个掠夺者或是敌人。尽管亚当快要控制不住自己的思维了，但他还是在怀疑布林特，拒绝回答他的提问，进行着自我保护。

格瑞先生总是穿着灰色的衣服，是亚当过去生活中的一个重要人物。他不仅仅通过改变戴尔蒙特一家的身份保护他们，同时还一直监视着他们。一天，格瑞先生打电话说，他们的身份可能已被发现，他们必须离开这个小镇几天。法莫一家“执行”了这个假期任务，他们第一天晚上在“休息一下”汽车旅馆里度过了快乐的时光。第二天，大卫·法莫注意到一辆车在跟踪他们。当他们停下车，下来欣赏远处的风景并活动活动四肢时，那辆车突然向他们撞过来。

Thorndike Publications
1998 年版封面

亚当记得这一切。他记得自己的身体在空中扭曲着、抖动着。他记得看到他母亲当场死亡。他记得一个声音说他的父亲受伤了并跑了，但“他们会捉到他——绝不会失手”。他记得那些人走向他，弯下腰说：“他呼吸微弱。动作快点，把她挪走。检查那孩子，他或许有用。快一点，赶快。”小说以布林特的年度报告结束。它总结了关于对年度目标 A（亚当·法莫）的问询结果，并说他“对部门 1-R 的 599-6 号证人（大卫·戴尔蒙特）提供的资料一无所知”。这些结果与前面两次审问的结果相符。报告要求对目标 A 继续进行监视和限制活动，因为他是有可能得知部门 1-R 犯罪证据的唯一的人。

小说的的结尾，亚当正在自行车上，不停向前骑。

争议内幕

虽然《我是大腕》获得了不少文学方面的奖项，但颇具争议的它却曾经引起一场历时 3 年的诉讼案。1985 年，一学区的教育主管把《我是大腕》列为学校禁书，这只是他的个人行为，并没有得到校委会的批准。这种做法随后引来轩然大波，支持他的人和反对他的人展开了激烈的争论。支持他的人认为该书语言粗俗，主题消极，含有色情描写，而且影射美国政府以及医务工作者的职业道德。对于书中的主题，教育主管完全持否定态度，他说：“你知道在小说最后发生了什么？那个孩子的父母被美国政府杀害了。这说明了什么？你还能信任我们的政府吗？”反对他的人认为这是一种强权手段，在几次关于此书能否被列为禁书的的讨论大会上，最后的表决结果都反对将《我是大腕》列为禁书。但该教育主管仍然一意孤行，把包括海明威的《永别了，武器》，索福克勒斯的《俄狄浦斯王》，杰克·伦敦的《荒野的呼唤》，莎士比亚的《驯悍记》、《哈姆雷特》、《李尔王》、《威尼斯商人》，斯坦贝克的《人与鼠》等书都列为禁书。这一结果引起了公众的抗议和嘲笑，一些家长、老师和学生提起了对学区教育主管的诉讼。该案件审理了 3 年，最终因教育主管不再谋求连任而告终。

南希·加登［美国］

《我心中的安妮》

作者简介

南希·加登(1938—)，美国女作家，善于描写青少年的生活，曾获得美国图书馆协会最畅销书奖。南希·加登的主要作品有《我心中的安妮》、《他们焚书的那年》、《清早的湖》、《鸽子和剑》以及《升起的好月亮》等，其中最著名的要数《我心中的安妮》。这是第一部用正面笔调描述青少年女同性恋的作品，出版后曾多次遭禁。加登还当过老师和编辑，2003年获得美国作家协会颁发的青少年文学终身成就奖。

作品提要

《我心中的安妮》描写了发生在两个相互爱慕的少女之间的故事。安妮和丽莎是两个不同学校的学生，她们在博物馆相识，由于都对艺术和中世纪文化感兴趣而成为朋友。安妮是意大利移民的后裔，父母没有受到多少教育，在城内一所公立学校上学。相反，丽莎则是来自富裕家庭，她的父母是专业人士。她自己在一所私立学校福斯特学院上学，而且还是该校学生会主席。

福斯特学院的女院长非常严厉，哪怕是犯了一点点小错误的人也要受到严厉的惩罚。当时学院陷入了财政危机，正在进行募捐，这意味着此时学院不能爆出一点丑闻，否则学院就会遭受巨大的损失。

安妮和丽莎之间的爱情与日俱增。她们对彼此之间的感情欲言又止，因为这种恋情不被社会认可，而且她们也没有地方进行身体上的亲密接触。学院里最受爱戴的两名教师是魏德默女士和斯蒂芬逊女士，她们两个合住一套公寓，当她们外出度假时，丽莎决定来照看她们的猫，接着她意识到她可以和安妮有机会单独呆在一起了。丽莎在空房子里转悠时，发现这两名女教师是一对情人；因为她在她们的主卧室里看到有关女同性恋的书籍，并注意到了她们卧室里的特殊摆设。在那个春假里，丽莎和安妮有空就去那座空房子约会，还发生了性关系。她们的关系被另一个学生发现了，传了出去，一个爱管闲事的学校秘书将此事告诉了校长，后来两名教师之间的事情也曝光了。

丽莎被勒令退学，并且被要求参加一个学校委员会委员召开的纪律惩罚会议，他们将决定是否将此事永久地记入她的档案，是否要把她的不良行为通知给即将要接受她成为建筑专业学生的麻省理工大学。安妮转到了另一个学校，她独自承受着耻辱，没有让她的父母知道此事。虽然学院后来没有对丽莎采取纪律处分，但是丽莎回到学校后，却不得不忍受别人的风言风语。然而那两位教师却丢了工作，因为学校误以为是她们影响了那两个女孩。

Farrar, Straus, Giroux Publications 2007 年版封面

后来安妮去西海岸的加州大学伯克利分校上学，而丽莎留在了东海岸的麻省理工大学。安妮给丽莎写了一封信，但是丽莎没有回信。最后，当丽莎发现她真的爱着安妮后，丽莎给安妮打了个电话，她们决定在圣诞节假期相聚。

争议内幕

《我心中的安妮》这本书经常遭到人们的抨击，原因是他们认为小说提倡同性恋行为，美化甚至鼓励同性恋。而一些没有读过这本书的人则会错误地认为该书中含有大量详细的性描写。20 世纪八九十年代，该书常遭查禁。

1988 年，俄勒冈州波特兰一社区图书馆的读者对《我心中的安妮》提出了异议，理由是书中将女同性恋者之间的爱和性描绘成了正常的事情了。于是，图书馆暂时把这本书从书架上撤走了，不过后来又放回去了。1991 年，在加利福尼亚州的两所高中里，《我心中的安妮》这本书神秘地失踪了。图书馆管理员后来发现是这两所学校的副校长将书从图书馆中拿走的，他们声称要审查一下书的内容。1993 年，堪萨斯城学区的一个牧师及其追随者把《我心中的安妮》浇上汽油，一把火烧光了。1994 年，由于家长的反对，这本书也被堪萨斯州一中学的图书馆清除出去。

托马斯·哈代 [英国]

《无名的裘德》

作者简介

托马斯·哈代(1840—1928),英国诗人、小说家。生于农村没落贵族家庭。1861 年去伦敦学建筑工程,并从事文学、哲学和神学的研究。当过几年建筑师,后致力于文学创作。哈代一生共创作 15 部长篇小说(出版 14 部),他自己将它们分为三组。第一组为“性格与环境小说”,包括《绿荫下》(1872)、《远离尘嚣》(1874)、《还乡》(1878)、《卡斯特桥市长》(1886)、《林地居民》(1887)、《德伯家的苔丝》(1891)、《无名的裘德》(1895)。第二组为“浪漫与幻想”小说,包括《一双蓝眼睛》(1873)、《号兵长》(1880)、《塔上的两个人》(1882)、《心爱的》(1892—1897)及《一群贵妇人》。第三组被哈代统称为“爱情阴谋故事”,由《计出无奈》(1871)、《埃塞尔伯特的婚姻》(1876)和《一个冷漠的女人》3 部构成。在这三组小说中,第一组代表了哈代长篇小说创作的最高成就。由于这些小说都以英国西南部威塞克斯广大的农村地区为背景,所以又被称为“威塞克斯小说”。这些小说大多是通过描述男女主人公一生的奋斗、追求、幻灭,反映人们对美好生活和理想的追求,以及在此过程中人与环境(包括人与人之间)的剧烈冲突,因而富有广泛深刻的社会意义和哲理。他在小说中感叹命运的无常,同时塑造了敢于向命运抗争、追求幸福的令人赞美的形象,表现了他对穷苦人的深切同情。他的作品承上启下,既继承了英国批判现实主义的优秀传统,也为 20 世纪的英国文学开拓了道路。

哈代在诗歌创作中也同样取得了瞩目成就,著有诗集《威塞克斯诗集》、《今昔之歌》、《时间的笑柄》、《环境的讽刺》、《幻觉的瞬间》、《中晚期抒情诗》、《人性面面观》等。在作家晚年,哈代创作了两部诗体悲剧《列王》和《康沃尔皇后的悲剧》,从而把他的诗歌创作推到了顶峰,使他成为 20 世纪英国最著名的诗人之一。

作品提要

裘德很小的时候就孤苦一人,被老巫婆似的开小面包坊的姑婆收养。尽管身世凄凉,生活艰辛，姑婆也不怎么疼爱他，但裘德总是坚强地活着，心里熊熊地燃烧着一股希望的火焰。他想当教区的主教，想当研究学问的人，想当牧师，为着这些理想，他自学希腊文和拉丁文语法书。基督堂是各种学院林立的地方，裘德很小的时候就敬仰着这个在他看来学问高深的地方；基督寺大学在他心目中，那是一座光明的城市，长有“知识之树”，是人类的导师出现的地方。白天，他学习雕刻和修复的技艺，为生存努力；晚上，油灯下勤奋攻读，为理想奋斗。

19岁时，裘德终于如愿以偿到了基督堂。在来到基督堂之前，裘德遇到了一个养猪场主的女儿艾拉白拉，她留给裘德的第一印象是“一个健壮茁实、味道十足的雌性动物，一点也不多，一点也不少”。当时艾拉白拉正在清洗猪肉，有一次她在扔一只“猪鞭”的时候正好砸到了裘德的头，裘德被她的外貌所吸引，于是将肉又扔了回去，两人就这样开始了交往。艾拉白拉不是一个纯洁无瑕的农家姑娘，她当过酒吧女招待，作风开放。艾拉白拉对裘德这样纯洁向上的青年羡慕不已，在同伴们的授意下设了个怀孕的圈套，于是两人结婚了。在最初的生理冲动过去以后，他们发现彼此之间并不合适，连孩子还没有出世就分手了。艾拉白拉变卖了所有的家产随父母去了欧洲，裘德重拾中断了几个月的理想，只身到了基督堂。

到基督寺后，他四出奔走，工作之余穿梭在那些学院建筑的门廊里，望着那些需要修复的雕像石刻建筑，幻想着自己在重新获得自由后能进入到学院里头。他买来更多的书看，投入更多的精力和时间来钻研，想出写信给各校院长推荐自己的办法来实现自己的理想。但他却始终被拒于高等学府大门之外。他终于认识到，他是让那些百万富翁们的儿子给挤到大门外的，以基督寺为代表的教育制度是给那些有大钱的人预备的。他在群众面前义愤填膺地控诉了这种不合理的教育制度，同时又把自己一生的挫败归因于时遇不济和嗜欲太多。为了谋生，他又当了石匠。在那里他遇到了表妹淑。淑身材轻盈瘦削，神情活泼，同时她还是个才智过人的女子。尽管他们彼此相爱，但淑还是选择嫁给了裘德的老师费乐生。但是淑并没有觉得幸福，就和费乐生分手，义无返顾地和裘德生活在一起。裘德终究得到了自己想要的爱情，每天务工格外有精神。后来，由于裘德的前妻艾拉白拉从中作梗，越来越多的人知道裘德和淑曾经的婚姻和现在的状况，人们对他们的态度

Bantam Classics 1985 年版封面

发生了根本性的改变，裘德的工作越来越少了。淑和裘德曾经也很想去教堂履行结婚程序，可淑到教堂忍受不了那一纸公文的约束，临阵又退却了。

上海译文出版社 2007 年版封面

淑和裘德艰苦地共同生活，后来有了两个孩子，加上艾拉白拉的儿子，就有了三个孩子，他们在人们的鄙视和唾弃中艰难地生活着。一天，淑带着艾拉白拉的儿子——“时光老人”到处找房，然而毫无结果。“时光老人”受此刺激，且得知淑还要生孩子，就对她加以责难。第二天早上他趁淑去找裘德，把弟弟妹妹都吊死了，自己也上吊自尽了。淑大受打击，因而流产。淑的精神完全崩溃，终于回到原来丈夫身边，心如死灰。裘德自淑离去后，也回到艾拉白拉身边，绝望潦倒。他在临终前极度悲凉地说：“让我出生的那个日子毁灭吧，让宣告一个男孩投入娘胎的那个黑夜毁灭吧。”

争议内幕

《无名的裘德》遭到了评论家猛烈的抨击，其激烈程度超过他其他所有作品。这部小说发表一星期之后，报上就纷纷出现批评文章，攻击谩骂的声音遍及美国、英国和澳大利亚。评论家认为该小说深陷于性之中，是个肮脏的故事，并指责哈代自甘堕落。哈代还常收到一些匿名信和明信片，他被冠之以最可卑的名字。在哈代接到的匿名信中，有一封信里包有一纸袋灰。来信者说，这包灰即那本“可恶的书”的灰。1896 年夏天，哈代收到伦敦威克菲尔德大主教的信，信中声称他把《无名的裘德》扔进了壁炉，并给图书馆去了信，命令他们从书架上取下该书，还吩咐今后对其作者的任何书都要严格对待。1896 年 7 月，《纽约日报》发表了“一女士”的批评来信，指责《无名的裘德》一书不道德、粗俗等。1897 年，《无名的裘德》在英美只能以删节本发表。鉴于对未来销量的考虑，哈代对书中的某些争议情节进行了修改，特别是扔猪鞭和艾拉白拉的色诱行为。1923 年英美才又出现由哈代重新审定的《无名的裘德》。

小克特·冯内戈特［美国］

《五号屠宰场》

作者简介

小克特·冯内戈特(1922—2007)出生于美国印第安纳州波利斯，在第二次世界大战中参军，被俘后关入纳粹战俘营，战后获得颁发给受伤士兵最高的奖状紫心勋章。他战前曾在康奈尔大学读书，战后又进入芝加哥大学，当过芝加哥新闻处驻警察局的记者和纽约通用电气公司的职员，1950年后成为专业作家，1965年后又当过中学教员和大学讲师。

冯内戈特写过9部长篇小说、两部短篇小说和6个剧本(包括1个电视剧)，是20世纪60年代崛起的比较有影响的作家。青少年都爱读他的作品，美国的各大专学校里还有不少冯内戈特迷，他们都把冯内戈特看做自己的代言人，说他的作品描写了对人类社会的失望和恐惧，道出了众人的心声。冯内戈特认为科学技术的发展给人类带来了不幸，人变成了机器，环境遭到了污染，核武器的发展更是个大灾难，因而在他的创作里对这些现象进行辛辣的讽刺。冯内戈特的小说起初被评论者当做一般科幻小说家对待，未受重视。60年代“黑色幽默”作家作为重要流派进入美国文坛，大家才尊他为“黑色幽默”的重要代表，把他的作品归入正统文学或严肃文学中。从冯内戈特的例子可以看出，所谓“通俗文学”和“严肃文学”，之间其实并不存在明确的、不可逾越的界线。他的主要作品有《五号屠宰场》、《巴恩豪斯效应的报告》、《哈里森·伯杰隆》、《汤姆·爱迪生的长毛狗》和《欧福问题》。

作品提要

该小说的主人公比利·皮尔格雷姆1922年出生于美国纽约伊利昂。他在军队中担任牧师助理。他的父亲在一次狩猎活动中意外身亡，比利休假回来后就被指派去一个团的牧师那里做助理工作——因为牧师原来的助理被杀死了。然而，这位牧师也在突围战役中牺牲，只剩下比利和其他3个美国人在德国境内迷失了方向，四处躲藏。这3位美国人中有一人名叫罗纳德·韦尔林，他是反坦克机枪手，从小到大都是一个人人都嫌弃的不受欢迎的人，韦尔林终生都十分痛苦。韦尔林不止一次地把比利带出敌军机枪的射程范围之外，但比利实在是太累了，而且身体状况又很糟糕，所以他根本就没有意识到自己的性命是别人捡回来的。这一态度激怒了韦尔林，韦尔林在拯救了比利数天后，指责他，踢他，鞭打他，并试图让他动起来。在韦尔林看来，这4人组合中，自己和另外两位原来是侦察兵的美国人已经成为了"三个火枪手"。然而，随着韦尔林日益坚持让已产生幻觉的比利活下来，两位侦察兵对比利和韦尔林的蔑视也就与日俱增，最后他俩抛弃了比利和韦尔林。韦尔林于是决定干脆干掉比利算了，当他抬起脚准备踹散比利那裸露的脊背时，一队德国士兵发现了他俩，把他俩当做战俘抓了回去。

比利和韦尔林接受了搜查，他们的武器和身上值钱的东西都被拿走了，然后他们被押解到了一个茅草屋中，它已经被用来关押美国战犯。这里大约关押着20个美国人。比利被德军挑选出来，还被拍了照，以作为实例，让人看看为了这场战争美国军队是如何备战的，训练出什么样的士兵。德国人带着这批美国战犯一起行军，一路上又抓获了其他一些美国战犯，最后，这些战犯就形成了一条人河。他们到了一个火车站，然后就被按照军衔分隔开来，士兵和士兵在一起，长官和长官在一起等。比利和韦尔林被分开了，但是韦尔林一再指证比利是拆散"三个火枪手"的罪魁祸首，消息传开了，与比利同车厢的人都对比利产生了反感。在旅程的第9天，韦尔林由于感染坏蛆而死。第10天，一直未停的火车终于停了，战俘们也被送到了一个集中营。比利是最后一个离开囚车的，在他后面的是尸体。

战俘们都被扒光了衣服，然后被送到淋浴室中去洗澡，他们的衣服也被送去消毒。这些人中有一个叫埃德加·德比的中年人，他的儿子此时正在太平洋战场作战；还有一个叫做保罗·拉扎罗，他是一个干瘪瘦小的人，浑身都长满了疖子。这两个人在韦尔林死的时候，都陪伴在他身边。德比抱着韦尔林的头，而拉扎罗则答应为他找比利报仇。战俘们拿到了一些衣服和每天都必须要佩戴的身份识别牌，然后被领到了一个窝棚里，这里已经关押着一些中年英国人，他们几乎是在战争快爆发的时候就被抓来了。然而，这些英国战俘并不像他们的美国伙伴。他们尽可能地让监禁生活过好，保持健

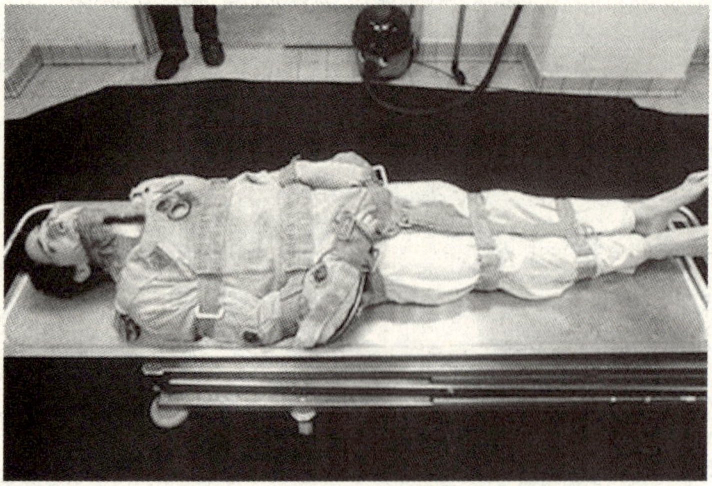

《五号屠宰场》电影剧照

康，打理得整齐。他们还聪明地与德国人打交道以便能够从德国人那里获得一些木材和其他建筑材料，这样他们就可以用这些材料使他们的窝棚更加适合居住。

Dell Publishing 1991 年版封面

比利身体极度虚弱，处于意识模糊的状态，他被送到英国战俘营的一个战俘医疗站，那里实际上就是一个放了6张床的窝棚。在医疗站里，比利被注射了吗啡，德比负责照看他。德比靠阅读《红色英勇勋章》来打发时间。由于吗啡的作用，比利呼呼大睡。等他终于苏醒过来后，比利既不知道自己身在何处，也不知道今夕何夕。德比和拉扎罗都在旁边的床上睡着了。显然拉扎罗的胳膊受了伤，原来是因为他从一个英国人那里偷香烟而被打了，而且他现在还在说着梦话，梦话的内容是告诉德比和比利，总有一天他会为韦尔林的死采取报仇行动，他坚持认为韦尔林的死是比利造成的。

这些美国人从英国人头目那里得知，他们将要在今天下午离开这里，前往德雷斯顿——一个美丽的城市……(他们)不必担心炸弹……德雷斯顿是一个开放的城市，那里不设防，也没有任何重要的军事工业和军队驻扎。这些美国人到达德雷斯顿的时候发现，这一切都是真的。他们被领到了一个水泥堡垒中，这里原先是屠宰场，现在变成了这些美国人居住的场所——“五号屠宰场”。这些美国战俘被分配在一个工厂中工作，该工厂生产的是富含维生素和矿物质的麦乳精，它们是为怀孕的德国妇女提供的营养品。

4天后，德雷斯顿被摧毁了。整个城市遭燃烧弹轰炸时，比利和其他一些美国人以及5个德国士兵由于正好在屠宰场的地下室而幸免于难。当他们第二天下午从地下室出来的时候，发现整个天空浓烟笼罩，一片漆黑，太阳如同一根愤怒的大头针。德雷斯顿现在就像是月球，除了矿石什么也没有。地上的石头是热的，附近所有的人都死了。几个德国士兵命令美国战俘们排成队，然后他们一起离开了屠宰场，来到了一个乡村客栈，由于这个客栈远离德雷斯顿，所以没有受到轰炸的影响。

两天后，战争结束了。比利和其他5个美国人又回到了德雷斯顿，他们逡巡于废弃的房子之间，找到了他们喜欢的纪念品。俄罗斯人很快就来到了这里并逮住了比利他们，两天之后他们被遣送回美国。

在整个这场战争中，比利就像是一个时光旅行者。他的旅途源于几个事件，也即当他濒临死亡边缘或者当他吃了药时。当他被韦尔林推着向前走的时候，他在时光中来回穿梭。例如，他回到了自己的孩童时代，那时他和他父亲还在青年基督徒协会。他的父亲用了“要么淹死，要么就游”的方法教比利游泳。当比利潜到游泳池的深处时，他发现了在游泳池底下，随处可以听到悠扬的音乐。他失去了意识，但是音乐还在继续。他冥冥中感觉到仿佛有人救了他。他痛恨人们救了他。他的思想又向前，来到了1965年，那时他去看望住在派恩诺尔养老院的母亲；然后他又回到了1958年，和他的儿子一起参加一个小型宴会活动；以后，他又来到了1961年的新年前夜聚会上，在那里他与另外一名妇女偷情；最后，他回到了德国，靠在一棵树上，被韦尔林不停的摇晃惊醒。

在英国人的战俘营，比利被注射了吗啡后沉睡过去。睡梦中比利的时光旅行又到了1948年，他来到了普莱西德湖附近的一家退伍军人医院。前步兵上尉埃利奥特·罗斯沃特向他介绍了基尔戈尔·特劳特的著作。特劳特是鲜为人知的科幻小说作家，后来他成为了比利深为喜爱的作家，而且比利在以后的日子中还碰见过他。比利继续游历，跳到自己44岁时的情景，那时，他被关在特拉尔法马多尔的一家动物园里。特拉尔法马多尔人是一种通灵的物种，它们生活在四维空间中，而且对于死亡概念有着很好的理解。它们把比利抓去，并把他放在了一个“人类展览区”中，在该展区中，比利被脱光了衣服，置身于布满从艾奥瓦州艾奥瓦城的西尔斯 & 罗巴克五金联合公司运来的家具和生活必需品之中。在比利被抓来后不久，特拉尔法马多尔人又抓来了一个女人——蒙塔娜·韦尔德哈克，20岁的她是一名电影明星。特拉尔法马多尔人之所以把她也抓来，是希望她与比利进行交媾。过了一段时间以后，蒙塔娜获得了比利的信任，两人果真交媾，这使特拉尔法马多尔人既惊奇又快乐。

然而，就在比利和蒙塔娜发生性关系后不久，比利就醒了。这是1968年，他感到自己出了很多的汗，因为他的电热毯温度已经很高了。自从出院以后，他的女儿就一直让他躺在床上。他之所以会住院，是因为他刚刚幸存于(他是唯一的幸存者)一场发生在佛蒙特的飞机失事。那是一次例行的旅行，他要飞往加拿大去参加一次验光师大会。他的妻子瓦伦西娅·梅保是一名很成功的验光师的女儿，她的父亲让比利在伊利昂负责打理他的生意，比利因此成了一个有钱人。飞机失事后瓦伦西娅赶往医院看望比利，却在途中去世，显然她是死于一氧化碳中毒。

比利第二天驱车来到了纽约市，并希望能够上电视节目告诉大家自己在特拉尔法马多尔人那里的奇遇。但是，他最后只上了广播电台的脱口秀，在这次脱口秀节目中，比利谈话的主题是“小说是否已经死了”。比利谈到了自己的时光旅行，谈到了蒙塔娜、特拉尔法马多尔人以及多维空间等，直到他被礼貌地赶出了播音室，因为播音室要插播商业广告。他回到了旅馆的房间里，将 25 分硬币放进了“神奇指头机器”中，这个机器和他的床是连接在一起的，只有放进硬币他才可以上床睡觉。他又开始了时光旅行，回到了特拉尔法马多尔。比利于 1976 年 2 月 13 日死去。

争议内幕

据统计，《五号屠宰场》是 20 世纪 70 年代到 90 年代早期最常遭到查禁的书籍之一，数不清的查禁个案与之有关，无论学生、家长、教师，还是行政人员、图书馆管理员，或是神职人员，都曾要求将冯内戈特的这本小说从学校或者图书馆中清理出去，甚至销毁掉。反对原因就是以下一种或几种：语言淫秽粗俗、充满暴力；“R 级”语言；亵渎神灵；道德败坏、残忍；“太现代”的语言及对战争的“不爱国”的描述。

1973 年艾奥瓦州一个小镇的教育委员会下令烧毁 32 本《五号屠宰场》，理由是其语言有问题。如果有教师在课堂上要求学生阅读本书，那么他将面临失业的危险。在南加州，一名教师因为使用这本书作为教科书而被捕。1982 年，佛罗里达州的一个审查委员会将《五号屠宰场》从一中学图书馆中清理了出去，理由是书中有露骨的性爱场景、暴力情节以及淫秽语言。1987 年，佐治亚州一地区法院决定永久性地查禁此书。1991 年，爱达荷州一名学生家长反对将此书作为 11 年级英语课的教材；因为学校没有采取有效的措施解决此事，一位官员下令清除并销毁此书。

查尔斯·狄更斯 [英国]

《雾都孤儿》

作者简介

查尔斯·狄更斯(1812—1870),19世纪著名批判现实主义作家。他以高度的艺术概括、生动的细节描写、妙趣横生的幽默和细致入微的心理分析，塑造了许多令人难忘的形象,真实地反映了英国19世纪初叶的社会面貌,具有巨大的感染力和认识价值,并形成了他的独特风格。狄更斯生活在英国由封建社会向资本主义社会过渡时期。他同情穷苦人民,又害怕革命。他希望通过教育和感化来改造剥削者,并依靠他们的善心和施舍来消除社会矛盾。他以生动幽默的笔触,真实、深刻地反映了生活。他从事创作的34年中,他写了14部长篇小说,许多中、短篇小说以及杂文、游记、戏剧等。狄更斯的主要小说代表作有《匹克威克外传》、《雾都孤儿》、《大卫·科波菲尔》、《艰难时世》、《双城记》和《远大前程》等。

作品提要

奥立弗·退斯特出生于19世纪30年代英国的一所济贫院里。他妈妈是在街头被人发现的,她在奥立弗刚刚出生后就死去了,无人知晓她的名字。奥立弗最初9年生活在一个管理不善的孤儿院里，之后被转到收容成人的济贫院。奥立弗和他的小伙伴们忍受着“慢性饥饿的折磨”。一天晚上吃饭时,一个孩子跟其他孩子说,如果不给他多吃一碗粥，他说不定会吃了谁。孩子们都吓怕了,于是其他孩子坚持要让奥立弗在晚饭时多要一点

电影《雾都孤儿》剧照

食物。他的请求震惊了当局，结果使他们出5英镑作为酬金，要人把奥立弗从济贫院带走。

Tor Books 1998 年版封面

甘菲尔先生是个残忍的烟囱清扫夫，他提出要收奥立弗为徒，因为他监管下的几个男孩都死了。奥立弗听到这个消息立刻脸色苍白，跪下请求把他锁到房间里，打他，杀他，怎么惩罚他都行，就是不要让他当甘菲尔先生的学徒。后来，教区的殡仪承办人苏尔伯雷先生接受了奥立弗当学徒。苏尔伯雷太太给奥立弗的东西连狗都不吃。奥立弗狼吞虎咽，好像那是极好的宴席似的。苏尔伯雷太太还苦恼他的饭量怎么这么大。随着麻疹病的传染，奥立弗在殡葬业已经历颇多了。他的同伴诺亚越来越嫉妒奥立弗的快速进步。一天，他侮辱奥立弗死去的妈妈，奥立弗盛怒之下打了他。因为这件事，奥立弗被苏尔伯雷先生等人狠狠揍了几顿，他的愤怒化成了泪水。第二天清早，奥立弗决定逃往伦敦。

在伦敦城外，奥立弗又饿、又冷、又累，身体非常虚弱。他倒在一户人家的门口。一个与他年龄相仿的男孩走过来，他叫杰克·达金斯，他的穿着和举止都像大人一样。杰克给奥立弗买了丰盛的食品，并说自己认识伦敦的一位"绅士"，这位绅士可以让奥立弗免费住在那儿。那天晚上，杰克领着奥立弗进了一个肮脏、黑暗的后屋，里面"干瘦的犹太老头"费金和几个男孩在吃晚饭。男孩们抽着烟斗，喝着烈性酒，奥立弗吃了一份饭，然后陷入了沉睡。实际上，费金是个职业罪犯，他训练孤儿为他偷东西。一连几天，费金一直都让奥立弗呆在屋里练偷东西的技术。奥立弗注意到，如果杰克等人空手而归，费金就要惩罚他们。最终，费金把奥立弗和杰克等人一起派出去"工作"。

过了一会儿，杰克偷了一个老绅士的手绢，老绅士转过身来看到奥立弗在逃跑，他以为奥立弗是小偷，于是大声叫了起来。一位警官赶到了，他不顾奥立弗声称自己无罪，还是把他抓到了警察局。那位老绅士叫布朗罗，他说他不想提出起诉。老先生从奥里弗的脸上好像认出了什么，但他说不清楚。因为怜悯病弱的小奥立弗，布朗罗先生把他带上马车一起走了。奥立弗发烧，一连几天不省人事。他醒来时，布朗罗先生和蔼的管家贝德温太太正在一旁照看着他。奥立弗说自己感觉好像妈妈来到了身边。奥立弗令人同情的身世让贝德温太太流出了泪水。奥立弗很像挂在屋中的一幅画像上的年轻妇女，这使得布朗罗先生大吃一惊。

费金贼窝中的两个大人比尔·赛克斯和南希打听到了奥立弗的住处，一天傍晚，南希设计抓住外出的奥立弗，拖着他来到一个肮脏的街区，停在一所破败不堪的房子前。赛克斯威胁奥立弗要放狗咬他，南希一边跳出来阻拦，一边说他们已经毁掉了奥立弗的一切美好前景。费金因为奥立弗试图逃跑，想要揍他，南希愤怒地阻止了费金。赛克斯打算抢劫一户人家，但他需要一个小男孩来帮忙，他认为奥立弗正合适。他们到达了目的地，爬过围墙。奥立弗惊恐万状，恳求赛克斯放他走。奥立弗打算冲上楼去，向这家人报警。赛克斯把奥立弗送进窗户，将他放到地上。然而就在此时，住在房子里的人醒了，其中一个还用枪打中了奥立弗的胳膊。赛克斯把淌着血的奥立弗丢在一个水沟里。

抢劫失败的第二天晚上，奥立弗苏醒过来，但依然神志混乱。他站起来，跌跌撞撞地走回赛克斯试图让他抢劫的那户人家。奥立弗虚弱的敲门声把屋内每个人都吓了一跳。仆人打开门发现奥立弗躺在门阶上。他们大喊着说奥立弗就是其中的一个窃贼中，并把他拖进门厅。这家的主人叫梅莱太太，她还有一个美丽的侄女叫露丝。一见到奥立弗，露丝小姐喊道这个孩子不可能是个强盗，除非那些成年的社会渣滓强迫他做了这样的事。她恳求姑妈不要把这孩子投入监狱。经过了几个星期，奥立弗终于慢慢地逐步好转了。他恳求能让他做一些事来报答这些善良人的好心。梅莱太太和露丝小姐带着奥立弗来到乡下。置身于美妙的乡野，奥立弗的健康状况大为好转，读写能力也飞速提高。他们一起在山乡度过了几个月时间，奥立弗和两位女士已是彼此十分依恋了。此时，费金和一个神秘的人孟可司正在设法抓住奥立弗。有人透露说奥立弗的妈妈死时留下了一个金盒子，孟可司得到并毁了那个金盒子。

人民文学出版社 2001 年版封面

一天奥立弗外出寄信，跟一个身披斗篷的高个男人撞上了。那男人对奥立弗骂骂咧咧，问他在这干什么，随后便猛然跌倒在地，“浑身痉挛，口吐白沫”。奥立弗找人帮忙搭救这个男人，然后才回家，并把这事忘得一干二净。一天，奥立弗在窗前读书的时候睡着了。他做了一个噩梦，梦见费金和另一个男人朝他指指点点，并窃窃私语。费金说：“就是他，错不了。”奥立弗惊醒了，他看见费金和他寄信时见到的那个陌生人从窗户朝屋里窥视着。

奥立弗高声呼救，一眨眼他们便消失了。孟可司来找费金，希望和他单独谈谈。两个男人来到一个僻静的房间，南希跟随着他们并偷听他们的谈话。南希由于听到了谈话内容而心神不宁，她找到了露丝，讲述了自己偷听到孟可司告诉费金他就是奥立弗的哥哥。孟可司不想让别人知道奥立弗的身份，这样他就可以继承全部家产。如果除掉奥立弗能使自己不受到威胁，孟可司就会这样做。孟可司还答应费金，如果费金可以抓住奥立弗，他将给费金一笔钱。当南希泄密的消息传到赛克斯耳朵里之后，他残忍地杀死了南希，逃离伦敦。他受负罪感和良心的谴责，又被愤怒的人群所追赶，在逃跑时一不留心吊死了自己。

在梅莱一家的帮助下，布朗罗先生和奥立弗又团聚了。布朗罗先生找到孟可司，追问奥立弗的身世。真相终于大白，原来孟可司是奥立弗同父异母的兄弟。他们的父亲黎福特与一个富家女子结婚，但婚姻不幸，于是和奥立弗的母亲艾格尼丝·弗莱明有了私情。孟可司一直在追逼奥立弗，设法剥夺他同父异母兄弟的那份遗产。布朗罗先生逼迫孟可司签字，把奥立弗的那份遗产归还给了奥立弗。而且，还查明露丝是艾格尼丝的妹妹，也就是奥立弗的小姨。费金由于自己的罪行被绞死。最后，布朗罗先生收养了奥立弗，他们和梅莱一家回到乡下，过着幸福的生活。

争议内幕

对于《雾都孤儿》的争议主要集中在费金这个人物的描写上。狄更斯在小说中有几百次直接将他称为“犹太人”，这个形象是根据19世纪文学和戏剧中描绘犹太人通常使用的传统方式塑造的。几个世纪以来，欧洲文化中有反犹太人的传统，认为犹太人是像撒旦一样的恶魔。费金长着红头发、红胡子、鹰钩鼻，很容易让人联想到恶魔。大部分人认为狄更斯对费金的描写并不是蓄意丑化犹太人，但再版时，狄更斯还是进行了大量的改动，把直接称费金为“犹太人”的地方都改掉了。1949年，纽约的一群犹太家长抗议在高中的文学课上学习《雾都孤儿》，认为它违反了他们的孩子不接受有宗教偏见的教育的权利。

埃里克·马里亚·雷马克［德国］

《西线无战事》

作者简介

埃里克·马里亚·雷马克(1898—1970)，出生于德国奥斯纳布吕克。他 18 岁参加第一次世界大战，在西线经历了许多战役，受伤 5 次。战后从事教师、会计、记者、编辑等多种职业。1933 年希特勒焚烧进步书籍，雷马克的作品也在其内。1939 年流亡美国，1945 年后曾在美国和瑞士两地居住。1970 年 9 月 25 日在瑞士逝世。

小说《西线无战事》(1929)是雷马克的重要作品之一，被列为具有世界影响的优秀反战小说。此小说出版后，引起国内外广泛的注意，销售量达 800 万册，被译成 29 种文字。继《西线无战事》后，雷马克的作品主要反映法西斯专制统治下的被毁掉的德国青年一代人的遭遇，描写他们所遭受到的困难和痛苦的精神状态。《流亡曲》(1941)和《凯旋门》(1946)描绘了逃出纳粹德国的流亡者的不幸遭遇。雷马克在 20 世纪 50 年代写的《生死存亡的年代》和《黑色的方尖碑》(1956)描绘的都是第二次世界大战期间的德国。他的作品还有《扬子江剪影》(1924)、《归途》(1931)、《三个伙伴》(1938)、《生命的火星》(1952)和剧本《最后一战》(1956)等。

雷马克的艺术风格与美国的海明威有相似之处，描写事物的手法具有客观、冷静和简洁的特色。

作品提要

第一次世界大战期间，在德国的一个小镇上，中学生保罗·博伊默尔和他的 20 个同学一起在老师“为祖国而战”的狂热煽动下报名参军，不久就被送往新兵营接受训练。保罗·博伊默尔与他的同班同学在后方军营中经过 10 个星期的训练后，都被送往前线。这 10 个星期的训练比他在学校 10 年所受的教育都要深刻。他和他的同学都曾有过自己的理想、计划，他们对战争也都有过罗曼蒂克的想法，但这一切不久就被残酷的现实一扫而光。他和他的同学们终于知道了，军队中重要的不是才智而是刷军靴的刷子，不是聪明而是条令、军规，不是自由而是操练。仅仅七十几天的时间就使他们认识到，训练一个人成为英雄如同训练一匹马去演马戏一样。

到前线不久，他就在野战医院中看着自己的好友克默里希痛苦地死去。这一惨痛的经历使他看到了战争的残酷。他悲愤地想到，全世界的人都应当在这张床前走过，并说："这是弗兰茨·克默里希，19岁半，他不愿意死，就别让他死吧！"

保罗所在的这一班士兵中，有他的同班同学克罗普——一个头脑清晰、思想敏锐的小伙子，米勒——他就是在战火中仍不忘背物理公式，勒尔，锁匠恰登，农民德特林，挖煤工海伊和机灵的鞋匠卡特辛斯基。这是一个充满了友爱精神的集体。他们曾共同用计惩罚了一贯虐待士兵的下级军官希默尔施托斯，一道分享偷来的食物，一道经受炮火的轰击，一同耳闻伤兵的呻吟，一齐目睹伙伴的死亡；他们也一同热烈争论这场与他们无干的战争。在一次争论中，克罗普提出了他对战争的主张："宣战应该是一种民众的节日，要入场券，有音乐伴奏，像斗牛一样。把互相宣战的国家的部长和将军赶到空地上，让他们都穿着游泳裤，拿着棍棒，相互殴打，谁最后剩下了，那他的国家就算胜利。这要比我们这些挨不上边的人相互厮杀要简单得多了，好得多了。"前线是一座囚笼，子弹在撕裂士兵的身体，炮火在麻痹毒害士兵的心灵，人和牲畜受伤的惨叫声无休无止让士兵无法忍受。在这儿的每时每刻都要提防随时可能到来的生命危险，而每时每刻这儿都有残酷的伤亡和令人难以承受的事发生。在闲谈中，他们不停地报怨着战争毁掉了他们的一切，抱怨战争是一切悲剧的根源。在一次肉搏战中，保罗用手榴弹炸中三个敌人。三对钢盔下的眼睛好像老在凝望着他，他恐惧地想："我们变成了危险的野兽。我们不是战斗，我们是在毁灭面前的东西保卫自己……我们失去了对任何人的感情……我们是没有感情的死人。"

Little Brown and Company
2007年版封面

一次残酷的战斗之后，海伊死了，而全连一百多人受伤，只剩下32个人。部队减员严重，只好退下火线进行改编。下了火线的士兵们又变成了正常人，爱说笑话的风趣的人和懒虫。他们不顾军令去河对岸帮助法国的居民，和姑娘们相会，为她们带去食物。

保罗从连长那得到了17天的假期——14天休假，3天路程假。另外，他还得到一个野外营地去报到，参加一门课程的学习。保罗回到了穷苦的家中，看到了战争中萧条的后方，看到了

译林出版社 2007 年版封面

久病在床、生命垂危的母亲，疲于奔波的父亲和羸弱的姐姐，还有他书房里保持原状的书籍、文具，自己收集蝴蝶的镜框，离别的时间只有半年多，但想来却恍如隔世！后方的一些狂热的好战分子，把他当成一个英雄，对战争抱着不切实际的幻想。他们对他描绘出一幅美好的战争图画，他们叫嚷着吞并比利时，要俄国的土地，要直捣巴黎。

临近假期结束时，他不得不到克默里希家去告知朋友的死讯。他背着自己的良心，对克默里希的母亲编造了一个故事，并发誓如果这不是真的，他就不再回来。这故事不是说她的儿子没有死，而是说她的儿子被一枪打中了心脏，当场就死去了，死时没有痛苦。这是多少令人心碎的谎话，多少令人心痛的誓言。

临别的夜晚，在与多病的母亲痛苦话别之后，他脑海里萦回着母亲的叮嘱，抚摸着她费尽千辛万苦奔走、乞求才给自己买来的衬裤、食物。他悲伤地诉说着："她躲在床上多么可怜啊，她，爱我超过整个世界……我过去是一个士兵，现在我什么也不是了，我有的只是我的痛苦，我母亲的痛苦，一切绝望了的永无了结的痛苦。我真不应该回来休假啊！"

假期结束后，保罗又在后方的临时营地里受了 4 个星期机械的训练。营房附近有一座俄国战俘营。这些在死亡线上挣扎的俘虏在垃圾堆搜寻着可以充饥的东西，他们向人乞讨食物，患着赤痢，等待着死亡。保罗常常被派去看守那些战俘。他每天看到从俘虏营中抬出的死人，每日目睹这些诚实的农民面孔，知道在他们的两只眼睛里，隐藏着无尽的悲愁。他愤愤地想，这难道就是他的敌人？他们应该去打谷、割麦、摘苹果。书中这里写道："可是一纸命令就使这些默默无言的身影变成了我们的敌人；一道命令说不定又会使他们变成我们的朋友。在某一张桌子上，有某几个我们谁也不认识的签署了一项文件，于是多少年间，从前一向受到全世界鄙视和最严厉处罚的罪恶，便变成我们的最高目标。"

训练中，父亲和姐姐来看望他。他们告诉他母亲患了癌症，家中却没钱医治，一家人的生活只能靠体弱的父亲加班干活来维持。保罗不由想起父亲靠吃药维持体力在夜间干活的情形。在痛苦中，他送走了父亲和姐姐。训练结束后，他临行时把母亲为他做的煎饼拿出来给那些饥饿的俄国俘虏。

保罗又回到前方，正值他所属的部队由前线调到司令部所在地接受皇帝检阅。他和他的伙伴看到了皇帝陛下。受过检阅之后，那个一贯想法奇特的恰登问道："我简直没法相信，一个皇帝也得像我一样到厕所拉屎呀。"闲谈中，他们讲到战争不过是统治者的骗局，而一些人依靠战争发了财。不久，他们在检阅中所用的新物品被收回。更糟糕的是他们并没有像谣传的一样调到俄国（那儿战况稍微好一些），而是被重新送上前线。

保罗和他的伙伴又回到了前线。一天夜里，他参加一个巡逻队去侦察敌人阵地。由于受到炮火的轰击，他只得躲在一个很深的弹坑里。整整一夜，双方的炮火在相互发射，士兵在反复冲杀。天将亮时，突然一个人跌进保罗所躲藏的弹坑里，他本能地向那个人刺去。那个本已受伤的法国士兵被刺中后躺在那儿，奄奄一息。保罗恐惧地望着他，望着手上的鲜血。法国兵在呻吟着，保罗爬了过去，喂他水，给他包扎伤口。这濒死的人的每一声喘息都像一把无形的匕首刺在自己的身上。直到下午三点钟左右，法国兵才痛苦地死去。保罗又能自由呼吸了，但只有片刻，这样的寂静更令他难受。他悲痛地对着死者说："朋友，我不是想杀死你啊。假如你再这样跳进来，我就不这样做了……在我看来，你只是一种幻象，我杀的就是这种幻象啊。……朋友，原谅我吧……他们为什么不告诉我们，你正是和我们一样的可怜人，你的母亲也和我的母亲一样在焦急地等待着。我们对死亡都有着同样的恐惧……朋友，站起来，把我的二十年生命拿去吧……"

事后，保罗通过翻看死者皮夹里的照片和信件才知道，他是个叫吉拉尔德·杜凡尔的印刷工人，并不富有，有家庭，有妻子和女儿。保罗知道这些后，越发的难过，决定以后给她们寄钱帮助她们生活。

保罗回到伙伴身边，经过一天的痛苦犹豫，他才把弹坑中的经历痛苦地讲述给他们听。他们安慰他说，他是无能为力的，他到这里干的就是这个。

后来他们赶上一个好差使看守军粮库，在那儿他们度过了二十几天的快乐生活。

但仅仅几天后，他们又上了前线。在一次坚守一个村庄的战斗中，保罗和克罗普受了伤，都被送进了医院。克罗普做了截肢手术。在养伤的过程中保罗想到：我年纪很轻，才二十岁；可是对于人生，却除了绝望、死亡、恐惧以及与悲痛的深渊联系在一起的迷惘浅薄之外，一无所知。我看到了各个民族彼此敌视，而且默然地、无知地、愚蠢地、甘心地、无辜地在互相残杀。我看到了世界上最聪明的头脑还在发明武器和撰写这样的文章，使这种种敌视和残杀更为巧妙，更为经久。跟我同样年龄的人，这里还是那里，在全世界，全都看到了这些个事情；所有跟我同时代的人，也都同我一样经历了这些个事情；如果我们突然站立起来，走到我们的父亲们面前，要求给以说明，他们会怎么样呢？如果没有的那样一个时代来临，他们会指望我们一些什么呢？这些年来，我们的工作就是杀人——这是我们有生以来的第一个职业。我们对于人生的知识仅限于死亡。今后还会发生什么事情？我们将会变成一个什么样子呢？

保罗伤好之后再度返回前线。不久，德特林为了回到家乡而逃走，结果被军事警察逮捕了，以后就再也没有消息了。米勒被人对准肚子打了一发信号弹，清醒中痛苦地死去了。勒尔不久也死了。在和保罗一起送饭的途中，卡特辛斯基被弹片击中胫骨。送卡特辛斯基前往医院的途中，保罗以为他会没事并被送回家乡，还为自己将来一个人而感到担心。但卡特辛斯基却死了，一个弹片击中了他的脑袋。

秋天的时候，保罗中了毒气，得到了两星期的休息。这时，人们纷纷谈论着和平和停火，但是对于保罗来说，这几年的生活沉重地压在他的身上，他不知道能否征服它。岁月再也不会带给他什么了。

1918 年 10 月的一天，前线司令部的战报上写着“西线无战事”，而就在这一天，保罗在前线死去了。他是往前面仆倒下去的，躺在地上，好像睡着了一般。把他翻过来，人们看到他可能没受多长时间的痛苦；他脸上有一种沉着的表情，差不多像是满意的样子，因为事情终于这样结束了。历史上这样记载着：1918 年 11 月 11 日，德国投降，第一次世界大战结束。

争议内幕

《西线无战事》在过去的几十年中是“最经常”遭查禁的书籍之一。该书于 1929 年在德国出版后大受欢迎，发行量达 120 万册以上，加上其他语种的译本，总发行量达 500 万册以上。纳粹党认为此书的反战态度诋毁了他们对于家庭和国家的理想，是不能容忍的。1930 年，由小说改编的电影正准备在柏林放映，纳粹党对剧场进行了破坏和捣乱，最后电影被禁演了。同年小说在德国遭查禁。1933 年，雷马克所有的作品都被付之一炬。到了 1932 年，他为了逃离纳粹迫害而移居去了瑞士，之后又去了美国。1938 年希特勒又剥夺了雷马克的国籍。雷马克虽然身在国外，但纳粹政权并没有放松对他的迫害。《西线无战事》在欧洲其他国家也遭查禁。1929 年，奥地利禁止军人阅读此书；在捷克斯洛伐克，此书从军人图书馆中删除。1933 年在意大利，该书的翻译版本因反战宣传而遭查禁。此外，1929 年，《西线无战事》在波士顿因含有淫秽内容而遭查禁。同一年，在芝加哥，美国海关查没了一批此书的英语译本，因为这个版本中被认为不当或令人反感的部分未被删除。

约翰·奥哈拉 [美国]

《相约萨马拉》

作者简介

约翰·奥哈拉(1905—1970),美国小说家,凭借28岁时的处女作《相约萨马拉》而一举成名,并迅速成为美国最杰出的作家之一。他以《北弗雷德里克街十号》一书获得了美国国家图书奖,并且在《纽约客》杂志发表了数量远多于其他作家的短篇小说。他一生共写了14部长篇小说,包括《向怒而生》、《酒绿花红》、《青楼艳妓》以及《露台青潮》,他的短篇小说被收录为共12册的作品集。

作品提要

《相约萨马拉》这个题目来自英国小说家毛姆的一段故事,大意是有一位巴格达商人,他让他的仆人到集市上买些食品回来。仆人回来了,脸色苍白,说刚才在集市上遇到了死神,向他做了一个威胁的手势。仆人请主人给他一匹马,好赶紧离开这里,躲避死亡的命运。商人把马借给了仆人,仆人翻身上马,以最快的速度策马飞奔而去。然后,商人来到集市上,看见了死神,于是问为什么用手势威胁他的仆人;死神回答:"那个手势不是威胁的意思,而是表示惊讶。看见他身在巴格达,我感到十分惊讶,因为我和他今晚在萨马拉有个约会。"

《相约萨马拉》这个悲剧母题贯穿了主人公朱利安的命运:他尽量躲避被毁灭,却不得不走向死神。小说讲的是在美国的禁酒时代,发生在宾夕法尼亚州一个虚构的小镇集博斯维尔的某个乡间俱乐部3天里发生的故事。那是一个毫无传统、平淡无奇的矿区小镇,发出死水般令人窒息的空气。故事中的人物是追名逐利、荒淫好色,一心只想着怎样才能提高自己的社会地位。小说情节很简单,主要是讲朱利安道德沦丧的过程。朱利安的母亲一位受人尊敬的内科医生,当地医院的负责人。朱利安的童年生活相当

Harcourt Braceand Company 1934 年版封面

重庆出版社 2006 年版封面

富足，而且他还很讨女人的喜欢。成年后他担任一家凯迪拉克汽车销售部门的主管，堪称成功人士。他拥有高等俱乐部会员资格、精致的宅第和生活方式，还娶了一位美丽大方、细心体贴的妻子。但是由于朱利安沉湎酒色，他们的婚姻陷入了危机。由于朱利安经营不善，财政陷入危机，他不得不向乡村俱乐部的另一个新贵成员哈里·雷利借 2 万美元。于是，在圣诞节期间的 3 天中，朱利安一步步走向死亡。在圣诞节的俱乐部晚会上，朱利安由于经济状况不佳心情烦躁，加上又喝了很多酒，他将一杯酒向哈里的脸上泼去，一块冰块把哈里的眼睛砸青了。第二天，朱利安去道歉遭到了拒绝，他于是又喝了很多酒，把车停在密闭的车库里，打开油门结束了自己的生命。人们觉得朱利安的生活幸福光鲜，不理解他为什么要自杀。

《相约萨马拉》的情节看上去似乎微不足道，然而此书被《时代》周刊评为创刊以来一百部最佳英文小说第六名，并得到了著名作家菲茨杰拉德和海明威高度的好评。中产阶级是光鲜、强大而骄傲的，然而这背后隐藏的是一环扣一环的阶级地位、社会关系。《相约萨马拉》中，奥哈拉则向我们描述了光环背后的阴影，再现了悲剧发生的前前后后的每一个细节。事实上，中产阶级的幸福生活经不起任何考验，仅仅泼出一杯冰水就能让一切美丽的幻象成为过眼云烟。

尽管《相约萨马拉》中没有赤裸裸的色情描写，整篇小说中还是充斥着有关性的情节和诋毁少数民族的评论。当朱利安向一个姑娘提出性要求被拒绝的时候，他想"叫她臭婊子"。城镇里的黑社会分子都有意大利的背景，而且他们小学都没有上完，却有着很厚的案底。小说中反犹太人的倾向更为明显，书中某些人物对和犹太人居住在一起表示担心。就是这些地方使得这部小说有了招人诟病的口实。

争议内幕

小说出版后的前 7 年没有遭到太大的反对，但在 1941 年美国邮政总局的法律顾问反复阅读《相约萨马拉》后，认为其"文字淫秽"，所以宣布禁止邮寄该书，并且告知出版商该书会被没收。此前纽约反色情犯罪协会指责该书是"淫秽下流的作品"，因为书中有不少性描写，而且还侮辱了不同的少数民族。在整个 20 世纪 50 年代中期，该小说一直列在美国邮政总局的禁书名单上。

1953年，美国严肃文学组织认为《相约萨马拉》和奥哈拉的另一部作品《北弗雷德里克街十号》都有"淫秽小说"之嫌，于是把它们列入了禁书目录之中。美国严肃文学组织向书商施压，要求书商把涉及的小说全部下架。《相约萨马拉》在明尼苏达州、密歇根州的部分地区遭到查禁，在其他一些城市的销售也遭到限制。

特里丰诺夫［苏联］

《消　逝》

作者简介

特里丰诺夫(1925—1981)，苏联作家。出身于老布尔什维克家庭，父亲20世纪30年代末遭镇压。1949年毕业于高尔基文学院，学习期间，开始发表作品。1951年发表反映战后年轻人生活的长篇小说《大学生》而获1951年斯大林奖金。此外，还发表有短篇小说集《阳光下》(1959)，长篇小说《解渴》(1963)，文献性作品《篝火的反光》(1965)，短篇小说与特写集《季节末》(1961)、《弗拉米尼奥河上的火炬》(1965)、《黄昏中的游戏》(1970)等。从1969年的短篇小说集《大檐帽》开始，转向描写城市居民的日常生活和道德问题，接连发表了中篇小说《交换》(1969)、《初步总结》(1970)、《长离别》(1971)、《另一种生活》(1975)和《滨河街公寓》(1976)，引起轰动和激烈争议。1973年有历史长篇小说《急不可待》问世，1978年发表生前的最后一部长篇小说《老人》，最终确立了他在苏联文坛的地位。1981年去世后问世的作品有《时间与地点》(1981)、《被推倒的房子》(1981)和《消逝》(1987)。

作品提要

1942年10月的一个夜晚，伊格尔只身从疏散地塔什干乘火车返回莫斯科进工厂参加工作。莫斯科滨河街上有一座楼房，曾是他的家。但现在他却无处容身，只好去投奔外婆安娜的表姐维拉家。尽管如此，他还是感到欣慰，因为他毕竟能重返莫斯科。春天，伊格尔在塔什干中学毕业时，正值军校招生，他平生第一次填写了复杂的履历表，结果未被录取。8月份莫斯科的工厂来招工。伊格尔没按外婆的意思填写履历表，却被录用了。

车站上、车厢里都拥挤不堪，混乱中他丢失了箱子和包袱，这使他不由得想起童年时代那面被打碎的镜子……

那天，是个新年除夕之夜。伊格尔和妹妹格外高兴，再过两天，他们就要上爸爸的老战友彼得伯伯的别墅滑雪去。这时，大伯米哈伊尔带着小表哥瓦列里来了。小伊格尔对这位国内战争的英雄十分敬重，虽说大伯已经退役，脾气不好，家庭不和睦。大伯一喝酒就爱回首往事，激动起来还要拍桌子。夜晚，几个孩子被安顿在儿童室里，伊格尔听到，妈妈的弟弟谢尔盖舅舅回来了。而且还带来一个不好的消息，说是彼得伯伯的哥哥去世了，这样滑雪的事儿就得告吹。第二天吃早饭时，外婆房间里传来可怕的响声，原来是大衣柜上的大镜子掉下来摔碎了。女用人说这是要打仗的预兆，可伊格尔却感到要发生什么谁也解释不清的事儿。

伊格尔来到维拉姨婆家，见到了济达姨妈和卧病在床的表姐玛琳娜。他记起了济达姨妈的丈夫巴维尔。巴维尔是父亲尼古拉在流放地结识的老同志，1931 年，他就受到指控，并且承认自己是“破坏分子”，1937 年他又因“参与反革命活动”遭逮捕。尼古拉不相信他有罪，就去找老战友达维德。达维德原是中央监察委员会的领导，后来他的职位被维辛斯基取代。达维德只知道巴维尔已经承认了自己的“罪行”，而且还供出了 14 个同党。尼古拉看到毫无希望，只得告辞，回家途中却遇见了阿尔谢尼。阿尔谢尼 1920 年还只是个市革命法庭的小秘书。那年秋天，他的表哥、“契卡”地方侦查员萨什卡因滥用职权、勒索抢夺他人遗产被判枪决。阿尔谢尼去向革命军事委员会成员尼古拉求情，但被尼古拉一口拒绝，从此怀恨在心。后来阿尔谢尼身居要职，尼古拉却被指控为暗藏的托洛茨基分子，贬为驻芬兰大使。阿尔谢尼认为报复的时机还不成熟，便耐心等待着。现在尼古拉却为了巴维尔之事不得不求见阿尔谢尼。阿尔谢尼暗暗高兴，仔细询问着，记录着。尼古拉突然意识到，他这样做是别有用心，只得悻悻离开。

一波未平，一波又起。一天晚上大家聚在一起聊天，伊格尔的妈妈提起米哈伊尔大伯要来的事，尼古拉这才记起哥哥让他转交给奥尔忠尼启则的手稿还没有转上去。后来米哈伊尔伯父来了，并在伊格尔家里过了夜。第二天傍晚，尼古拉还没有回家，米哈伊尔十分着急，因为奥尔忠尼启则对手稿的反应将决定他能否回军事科学院工作。此时，尼古拉回来了，他脸色苍白，告诉大家，奥尔忠尼启则死了，听说是因为心脏麻痹。伊格尔感到，爸爸仿佛一下子变衰老了，虚弱了。

工作之余，伊格尔非常思念远在塔什干的亲人们。当初安娜外婆得知伊格尔要回莫斯科做工时，十分发愁，因为她在自己家里收留了老朋友达维德之后，生活变得更加困难了。此外，她家隔壁还住着一个凶狠的老太婆希尼亚科娃。从前，外婆在书记处工作时，希尼亚科娃对她极尽谄媚，达维德还救过希尼亚科娃的命。可现在达维德经过那场闻名全国的大审判之后变成了一个半疯的人，生活都无法自理，希尼亚科娃自以为有权瞧不起他们了，所以经常无理取闹。

冬天来临，伊格尔记起了儿时与小伙伴们课余一起玩钻山洞的游戏。后来沃洛佳的父亲被捕了，据说他是德国间谍，因此廖尼亚建议把沃洛佳开除出他们的小组。沃洛佳被开除了，从此，伊格尔便和童年的游戏分了手，但他一直无法相信沃洛佳的爸爸是敌人。

4 月间，谢尔盖舅舅又在家中掀起了一场风波，他和未婚妻瓦丽娅吹了，却爱上了在电影制片厂工作的有夫之妇阿达。外婆和妈妈都表示反对，谢尔盖却不以为然，与她们大吵起来。伊格尔这才知道，原来谢尔盖舅舅不是外婆亲生的儿子，他是在国内战争后的饥荒年月中被外婆收养的一个楚瓦什孤孩。十几年来，安娜待他如同亲儿子一般。在这场争吵后，谢尔盖半夜离家去找阿达。阿达的丈夫在谢尔盖上学的那所学院工作，与阿达的感情已经破裂。凌晨三点多，一阵敲门声把他们惊醒，谢尔盖以为是阿达的丈夫回来了，但来的却是 5 个穿制服的搜查人员。阿达被告知，她丈夫已被逮捕，搜查持续了三个多小时。搜查人员走后，阿达痛苦不堪，她要求谢尔盖离开她，决心独自去打听丈夫的下落。

被捕的人越来越多，尼古拉感到十分困惑。正在这时，他又收到一封叫玛莎的女人写来的信，约他见面。1920 年在罗斯托夫，尼古拉救过玛莎的命，她是个坦率、天真、善良的姑娘。后来玛莎结了婚，一直在外地工作，尼古拉猜不透此时她来莫斯科找他干什么。玛莎在见面后告诉他，她的丈夫被捕了，罪名是日本间谍。玛莎在丈夫被捕后去打听情况，发现办案人竟是她哥哥的中学同学、她自小就认识的普切林采夫。她对普切林采夫说，她丈夫是个忠诚的共产党员，却被他轰了出去。她的熟人中已有 9 人被捕，起初她以为这总是有原因的，直到她丈夫被捕，她才对此产生了怀疑，她相信尼古拉是唯一能向她解释这一切为什么会发生的人。

尼古拉回到家中，心情沉重。深夜，大家都睡了，尼古拉还没有躺下，突然听到门铃声。他明白轮到了自己，他并不比别人更幸运。他快步穿过走廊，用力打开门，进来的是瓦列里。第二天，他带孩子们去看阅兵式。该吃午饭了，尼古拉催伊格尔回家，说明年还可以再看。但不知为什么伊格尔觉得，不会有下次了。

争议内幕

《消逝》是特里丰诺夫一部未完成的自传性长篇小说，由于作品毫不掩饰地描述了苏联 30 年代的大清洗而遭禁。在作家逝世后将近 6 年才得以发表，小说发表后受到苏联文艺界的重视和肯定，认为准确地反映了“时代的真实，历史的真实”。

格雷斯·梅塔利乌［美国］

《小镇佩顿》

作者简介

格雷斯·梅塔利乌(1924—1964),美国女作家。出生在新罕布什尔州的曼切斯特,儿时家庭非常贫困。她想象力丰富,热爱写作,高中毕业后没有继续学业。19岁时结婚,成为了一个家庭主妇,生活困顿潦倒,但仍然笔耕不辍。

1956年小说《小镇佩顿》出版,引起极大轰动,在《纽约时报》畅销书榜上停留了一年多的时间。这本书甚至在一定程度上改变了美国的出版业。格雷斯·梅塔利乌被人们称为“装在牛仔裤里的潘多拉”,也有人评论她是一个糟糕的作家和一堆垃圾。但是时过境迁,一切都发生了改变,人们承认她是一位伟大的作家。

作品提要

《小镇佩顿》,又名《小城风雨》,讲的是在美国东北部新英格兰区一个小镇所发生的一连串涉及爱情及丑闻的故事。

小说没有露骨的色情描写，但却弥漫着暗含性的内容。从最基本的角度来看,《小镇佩顿》是一个极具戏剧性的故事,它谈到了贪欲、复仇、有损于别人的卑劣事件和遍及很多小镇的按捺不住的性欲。邻居窥探邻居,人们想了解别人的隐私,镇里的人努力地掩盖他们的过错和欲望。

故事围绕着艾利森·麦肯齐展开，她的母亲康斯坦斯·斯坦迪斯早年离开这个镇去纽约市闯天下。康斯坦斯多年后回到小镇,带着一个襁褓中的婴儿,婴儿的父亲是一个有妇之夫。康斯坦斯后来结了婚,继而守寡。艾利森并不了解她的生世，她梦想中学毕业后能够离开小镇佩

Northeastern University Press
1999年版封面

顿，离开这个猥琐的地方，去纽约当作家。

瑟琳娜·克罗斯是小说的第三号女主人公，她是穷人家的孩子，被她的继父糟蹋了，但是她后来成为了一个能干而又独立的女人。小说中有的人物干过通奸和乱伦的勾当，女人在性方面也并不仅仅是男人们的性奴隶。在小说的结尾部分，艾利森成为了一个已婚的出版经纪人的情人，她犹豫地对他说："那么你认为未婚者之间的性关系是可以原谅的啦。"片刻之后，她被他搂在怀中，她开始呻吟，发出动物般的声音，他继续挑逗着她……而在此之前，艾利森都没有失去她的贞操。当她得知她的情人已经结了婚，她失望地回到了小镇佩顿，她不再害怕当地的环境对她的影响。

争议内幕

《小镇佩顿》在还未出版前就有出版社预料到了它的热销，抢着买下了它的再版权。1957年，这本小说的平装本销售了 300 万本，而到了 1967 年则超过了 1000 万本。《小镇佩顿》虽然争议很多，但这却恰恰刺激了它的销量。

1957 年，田纳西州诺克斯维尔市通过了一个法规，允许该市审查委员会查禁他们所认定的淫秽出版物。委员会的矛头直指《小镇佩顿》，禁止当地书商出售该书。当一个大胆的书报亭老板公然销售该书时，当地政府关闭了这个书报亭。

1958 年 5 月，《小镇佩顿》在爱尔兰被禁，爱尔兰审查委员会发现此书"淫秽"和"下流"，尤其反对作者对人物性行为的描写和"男女滥交"，直到 70 年代该禁令才被解除。同年，加拿大海关没收了一批货物，其中包括《小镇佩顿》，并规定日后也不允许进口该书。为了判定该书是否淫秽，加拿大关税委员会举行了一个听证会，由一位英语教授和一位退休历史教授证明该书不属于淫秽作品，关税委员会随即宣布允许该书进口。

约翰·克莱兰德［英国］

《一个快乐妇人的回忆录》

作者简介

约翰·克莱兰德(1709—1789)，出生在伦敦南部的萨里郡，母亲是富商之女，父亲是海关官员。因家庭与贵族朋友的密切关系，10 岁的克莱兰德进了当时有名的“威斯敏斯特”贵族学校。他在校成绩优异，但两年后不知何故离开了该校。1728 年 8 月，克莱兰德到达印度孟买，先是当士兵，后升至文官，还在孟买任东印度公司的代理人。1740 年因父病重回国。父亲死后，他继续经商，常常失败，1748 年因欠债无力偿还而被捕入狱。狱中他完成了《一个快乐妇人的回忆录》的第二卷(当时小说的第一卷刚发表不久)。克莱兰德声称自己极度贫困，最终免于判罪，还受到格兰维尔勋爵的赏识，为他争取到 100 英镑的年金。从此，38 岁的克莱兰德开始了他的写作生涯。他经常在报刊上发表文章。并写有小说《一个花花公子的回忆》(1751)、剧本《令人尊敬的女人》(1768)以及有关医学、语言的小册子。

作品提要

《一个快乐妇人的回忆录》又名《范妮·希尔回忆录》，主角范妮·希尔是个妓女，她回忆的全是自己的性经验，因此 Fanny 便成了女性生殖器的俚俗名称。其故事讲述了一个名叫范妮·希尔的小姑娘的经历，她生于利物浦的一个穷苦家庭。在她 15 岁的时候，由于她的父母死于天花，她成了一个穷困的孤儿，听到富有吸引力的关于大城市伦敦生活的故事后，她决定到那里碰碰运气。她希望找到一份保姆的工作，但她遇到了一个老妇人，这位妇人介绍范妮去卖淫。她的第一份工作就是和妓院老板在一起，这位老板希望把范妮培养成一名性感的女子。

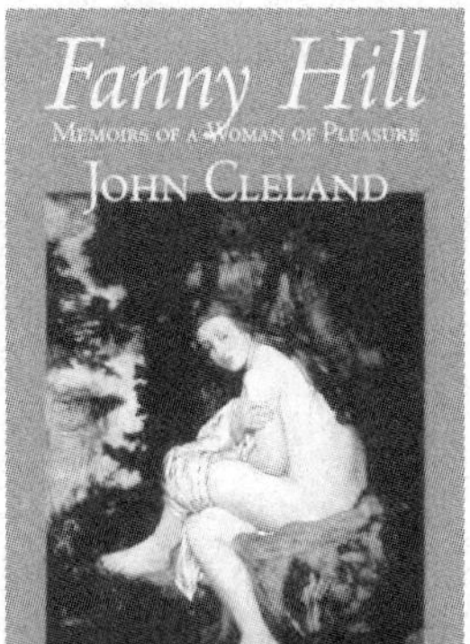

Wildside Press 2002 年版封面

人们都认为这本书用尽了性场面描写的所有手法，描述了强奸未遂、诱奸、各种不同类型的性交、同性恋、性虐狂以及如何佯装处

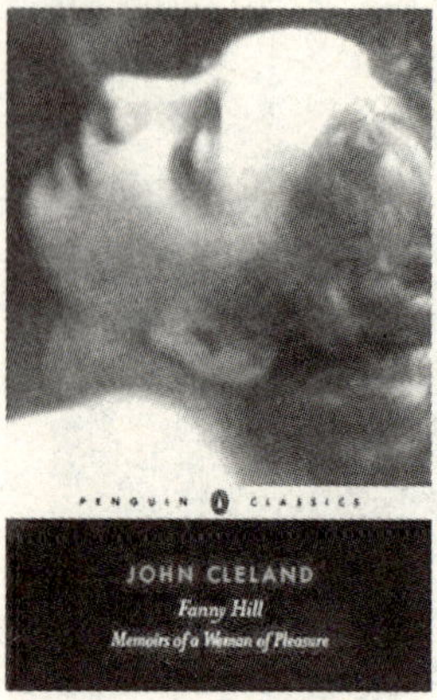

Penguin books 2004 年版封面

女，等等。但是，此书的语言在性文学作品中可算是最好的，小说中多数情节中的语言都是经过修饰和比喻性的，作者在小说中并没有使用通常被认为是淫秽下流的词，尽管有些词语非常露骨。

书中有这样的虐恋情节：巴维尔为自己的特殊嗜好向范妮道歉，并恳求她扮演他心目中的角色。于是范妮按照他事先设计好的情节，取来鞭子和长凳，强迫他伏在长凳上，他表现出一定程度的犹豫和拒绝，最后终于屈从于范妮的命令。他俯伏在长凳上，范妮捆紧了他的手和脚，撩起他的衬衫，把他的裤子褪到膝处，开始鞭打他。鞭笞很快取得了预期的效果，他开始剧烈地勃起。随后巴维尔和范妮交换角色，由他来鞭打她。

在小说的结尾部分，主人公范妮在经历了多次性行为之后，远离了自己罪恶的生活，同查尔斯结婚。婚后的范妮觉得，和以往沉溺于感官刺激的生活相比，纯真快乐的生活才是真正值得享受的。

争议内幕

小说发表不久，在 1749 年 11 月 8 日，此书的作者及出版商就受到法庭的传讯，此书被查封并被宣布为禁书。克莱兰德急忙通过朋友疏通关节，并向有关官员写信，为自己辩白，甚至声称此书不是他所写，他只是替人整理。1750 年，法庭开始对《一个快乐妇人的回忆录》一书案进行审理。伦敦的大主教指责此书是他所读到的最邪恶的一本书，并把当时发生的两次地震归罪于此书。然而，也许是克莱兰德受到了爱才的格兰维尔勋爵的保护，法庭最终并未做出对克莱兰德不利的判决。而且，此书虽然为禁书，但 200 年来，在欧美的出版、销售几乎始终没有停止，称得上为世界上最畅销的书。从 1750 年至 1850 年这 100 年间，它在美国、英国再版 20 次，法文译本在 50 年内出版 4 次，同时在德国、意大利、葡萄牙等国都有译本出版。其间，1821 年，此书被美国麻省法院判为禁书，成为美国的第一部禁书。从 19 世纪后半叶至 20 世纪中叶，此书曾一度销声匿迹。1963 年，纽约的普特南出版杜与伦敦的五月花出版社分别出版了这本书，结果双双受到起诉。而普特南出版社于 1966 年被宣判无过，从此，这本被禁了 200 多年的书在美国解禁。而在英国，法庭经过激烈辩论，仍判此书为淫秽读物，属非法出版物。这一判决引起公众和舆论的反对，1965 年伦敦上演了根据此书改编的电影，结果也遭到禁演。五月花出版社在舆论的支持下，于 1970 年再次推出此书，未受到政府和法庭的干涉，其电影也在 1968 年再次公演。1985 年，牛津大学出版社出版了《一个快乐妇人的回忆录》一书，并附有评注，而且编者把此书归入“世界经典作品丛书”。

乔治·奥威尔 [英国]

《1984》

作者简介

见《动物庄园》。

作品提要

第二次世界大战之后，世界处于一片混乱中。虽然战争带给人们的直接危险结束了，但是许多人仍然感到害怕。如果共产主义思想在全世界继续发展，则意味着美国和其他许多国家赖以繁荣的资本主义制度即将消亡。《1984》是更深远地讨论这一问题的小说，它规划了一个完全极权主义的未来世界，极其深刻地描述了这样一个社会里的人文主义问题。

《1984》是现代最尖锐的讽刺作品之一，它是对可能发生事件的一个令人生畏的警告。异型的"大洋国"中的每一种习俗的做法，都可以在我们的现代世界中找到对应的孪生物。电视、思想控制、弥天大谎、群众的歇斯底里，所有这些都是现代社会的顽疾。

Plume Books Publications 1983 年版封面

在一个名叫"大洋国"的国家里，有一块叫做"一号机场"的陆地，伦敦就坐落在这块大陆上。39 岁的温斯顿·史密斯是个多病的人，脚踝上还有一个从来没有愈合过的伤口。他与其生活的世界和谐、融洽，至少在外表上如此。他喝苦涩的胜利牌杜松子酒，抽劣质的胜利牌香烟。每天早上，他在电视屏幕前做操，当指导者在收播两用电视机上向他讲话时，他总是恭敬地倾听。他的房间肮脏破败、摇摇欲坠。不过年届不惑的他尚能记得他过去曾有过的好房子。由于他撰写官方语言"新语"颇为得力，所以在"真理部"有一相当不错的工作。他是党的外围成员。

一天中午，他没有在部里吃饭，为自己赢得了一小会儿时间。于是他躲到电视监控看不到的一个角落，偷偷摸摸地拿出自己的日记本。这是一本用现在已找不到的精良纸制成的本子，样式已经过时，还是温斯顿·史密斯违禁跑到查林顿先生开的旧货店里买到的。虽说保存一本日记并不违法，但因为大洋国里没有法律，所以史密斯总有些提心吊胆。他连篇累牍地写下他所目睹的英勇的大洋国武装力量狂轰乱炸地中海上翻船失事难民的场面。

温斯顿·史密斯审视日记，惊恐地发现他已经不止一次地写上了反对老大哥的口号。他知道自己的行为是犯罪，即便这是由于喝了杜松子酒；哪怕仅仅是想一想这些口号，也是罪过。他目光所及之处皆是老大哥正面像的招贴画。公民们一天之内上百次地被提醒：老大哥在注视着一切。

在真理部里，温斯顿·史密斯埋头于日常工作。他的工作是重写各种报道记录。倘若党对战争进程做了错误的预言，倘若某些生产状况与已公布的第九个三年计划的目标不符，温斯顿就更改有关这些预言和计划的报道记录。一切发表的材料都不断地被改来改去，以便全部历史与党的希望和目标相符。

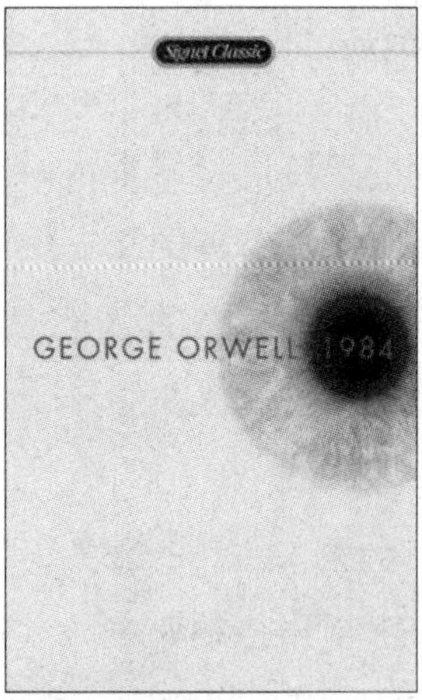

Signet Book Publications
1990 年版封面

日常工作有时全被“两分钟仇恨”活动打断。活动时，党的敌人戈尔茨坦的面孔出现在巨幅的荧光屏上，一位政府发言人努力激发观众对戈尔茨坦的憎恨。戈尔茨坦被控领导了一次重大的阴谋活动反对大洋国。温斯顿声音响亮、恪尽职守地嗑响自己的鞋跟，加入到仇恨的人群中去。

Chelsea House Publications
2006 年版封面

一位身佩红色贞洁带的引人注目的黑发姑娘，似乎经常在办公室和机关供应站里接近温斯顿。温斯顿害怕她可能是思想警察。当他在真理部外面见到她时，便认定她是在跟踪他。于是有一回他动了杀死她的念头。一天，她在工作中悄悄递给他一个小纸条，说她爱他。

温斯顿深感为难。他曾经结过婚，妻子是“反性同盟”成员。对她来说，生儿育女是对党的责任。当他们没能生孩子时，她离开了他。可现在，这位姑娘——她叫裘莉娅——谈到了爱。温斯顿小心谨慎地寻找机会，终于在食堂和裘莉娅说了几句悄悄话。她迅速地指定了位于郊外农村的约会地点。温斯顿和裘莉娅在远离荧光屏的树林里相会，裘莉娅渴望他成为自己的情人，她夸耀说自己曾经是几位党员的临时情妇。她难以容忍“反性同盟”，尽管她正在“勤勉地”为它工作。她还在黑市上买了些糖果。

温斯顿再次造访查林顿先生的旧货店，这位小业主向他展示了一间仍保持着革命前模样的楼上卧室。尽管说起来很疯狂，温斯顿还是租下了这间房子。此后，他与裘莉娅的简短幽会就有了一张舒适的床。温斯顿在这间旧式房间中感到心旷神怡，这里没有荧光屏监视他们。

在工作中，温斯顿·史密斯有时遇到相貌温和的党的圈内人士奥布莱恩。根据一次偶然的谈话，温斯顿判断出奥布莱恩并非完全赞同党的全部目标。在条件允许的时候，温斯顿和裘莉娅前往奥布莱恩的住处。奥布莱恩向他们证实，戈尔茨坦确实是一项阴谋活动的首领，党最终将被推翻。裘莉娅告诉了奥布莱恩自己违反党纪的罪过；温斯顿则详细叙述了党在公开审讯和清洗中的歪曲事实的证据。奥布莱恩发展他们加入了“兄弟会”，并赠给他们戈尔茨坦的著作阅读。其实，这些只是奥布莱恩的阴谋。

在对当前敌人进行了令人筋疲力尽的“仇恨周”之后，温斯顿和裘莉娅双双躺在床上，温斯顿向昏昏欲睡的裘莉娅高声朗读戈尔茨坦的著作。突然，一个声音传来，命令他们站到房间中央。温斯顿意识到有一个隐蔽的荧光屏已经监视下他们的全部行为，他感到恶心欲吐。刹那间，房间里到处都是乱挥警棍的警察。查林顿先生走了进来，35 岁的他从和蔼可亲、头脑单纯的无产阶级的一员，摇身一变成为一个敏锐的人。温斯顿知道，查林顿先生是思想警察。一名卫兵猛击裘莉娅的腹部，另一些人把温斯顿架走，投入监狱。

温斯顿日复一日地受到严刑拷打，直到他承认自己的罪过。在受拷问期间，奥布莱恩一直站在他的身边。他让温斯顿一直呆在一种拷刑台上，同时派一名医生护理他，维持他的生命。他告诉温斯顿，戈尔茨坦的书实际上是党的产物，有一部分就是他奥布莱恩自己亲手写的。

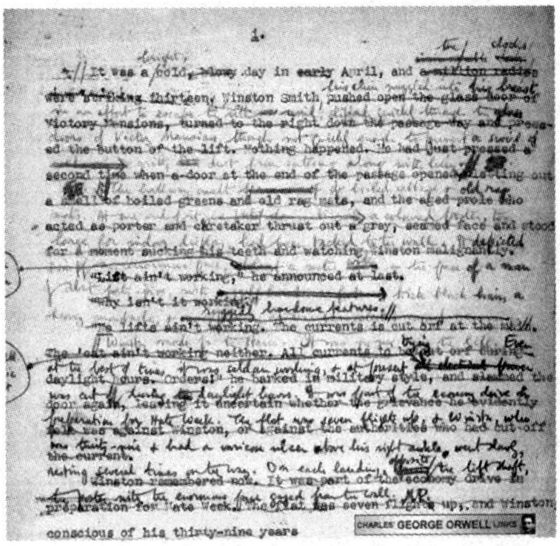

《1984》手稿的开头部分

尽管发生了这一切，但这个受尽折磨的人还有一点小小的慰藉：他仍然爱裘莉娅。奥布莱恩得知温斯顿·史密斯害怕老鼠，于是他拿来一只大笼子，里面装了这种啮齿动物，他把笼子环绕温斯顿的头固定住。在丧失理智的恐怖中，温斯顿恳求奥布莱恩让老鼠去吃裘莉娅。

现在，只剩最后一道障碍没被攻破：温斯顿·史密斯仍然仇视老大哥并这样说了出来。奥布莱恩耐心地解释说，党不希望有殉道者，因为这样反而增

上海译文出版社 2008 年版封面

加了对立面的力量；党的领导人也不需要仅仅是卑躬的奴才，温斯顿还必须正确地进行思考。幸福地沉浸在无知之中的无产者永远不需要领导人去激发他们的热情，而所有的党员则必须按照老大哥的指示来思想、来感受。

温斯顿·史密斯最后被释放时，已是头秃牙落。由于他已经被清洗过，由于他的罪过还不十分严重，所以他在一个次要的委员会里被分配了一份工作。他经常孤独一人坐在小酒馆里，喝着胜利牌杜松子酒。他有一回还看见了裘莉娅。她的身体变粗了，脸上疤痕累累。他们之间几乎无话可说。

一天，小酒馆里举行盛大的庆祝活动，大洋国在非洲取得了一次重要的胜利。忽然，形容枯槁的温斯顿·史密斯感到自己已洗清了罪过，他相信这一点。现在，他可以带着一个纯洁的灵魂去死了，因为他终于爱上了老大哥。

在《1984》一书里，几乎所有的人都被作者奥威尔想象出来的专制政治吸引，甚至吓住了，以至忽略了温斯顿·史密斯和裘莉娅的个人遭遇。但是，并不否认温斯顿和裘莉娅的爱情是和完全奴化状态这一中心主题相联系的。事实上，大洋国生活中的悲剧之一就是：没有任何行动是仅仅属于个人的。公民的一切思想、情感和行动都是政治性的。温斯顿和裘莉娅这种纯粹的本能性欲望在大洋国是最彻底的反叛行为，因为国家代表着这种本能的极端对立面：纯粹的理智。如果老大哥有什么可害怕的话，那就是本能。

争议内幕

在《1984》出版后的 50 年里，曾经遭到了多次查禁。在美国，有 30 本书最经常被禁，《1984》名列第五。该书遭到查禁的原因主要有二点：其一是针对它的不道德和淫秽内容。人们认为书中的性爱描写不适合青年人，甚至于不适合任何年龄层的读者阅读。其二，有一些人是因为它"以称赞的口吻描述共产主义"，所以坚持要把《1984》从学校图书馆里彻底清除。这是 20 世纪六七十年代的政治环境决定的，当时美国和苏联的军备竞赛愈演愈烈，苏联作为一个共产主义国家严重威胁到了美国的安全和它的民主理想。1966 年的一次调查发现，虽然许多评论家认为它是部经典书籍，但是它只能在 41%的学校图书馆中看到。

朱迪·布鲁姆 [美国]

《永　远》

作者简介

朱迪·布鲁姆(1938—　),美国著名通俗小说作家。布鲁姆的青少年小说题材多为种族歧视、离婚、校园暴力和青少年性行为,曾经引起巨大的争议,是校园和图书管查禁名单上的常客。后来布鲁姆转向成人小说的写作,主要作品有《老婆》、《聪明女人》和《夏日姊妹》,每本书都很畅销。2004年,布鲁姆获得了美国图书基金会颁发的奖章,以表彰她在儿童和青少年题材作品上的贡献。

作品提要

《永远》是一本讲述两个青少年凯瑟林和麦克的初恋经过和性爱感觉的小说,小说中有很多浪漫的叙述和性爱的描写。这两个孩子在除夕晚会上认识,随后约会了好几个星期,然后他们的关系越来越亲密,而且每次见面总有性欲的冲动。凯瑟林是一个处女,她在犹豫是否要"失控",而麦克总是急切地去说服凯瑟林,最终凯瑟林被打动了。他们的第一次性尝试对凯瑟林来说是很不值一提的,因为麦克达到性高潮时,她的欲火还没被挑逗起来呢。当他们性生活的节奏合拍之后,凯瑟林变成了主动的进攻者,享受着做爱的感觉,总是寻找时机和麦克单独呆在一起厮混。他们发誓要相爱到"永远",在凯瑟林18岁生日的时候,麦克送给凯瑟林一根银项链,在项链吊坠的一边刻着凯瑟林的名字,另一边刻着"永远,麦克"。

2004年朱迪获奖后发表感言

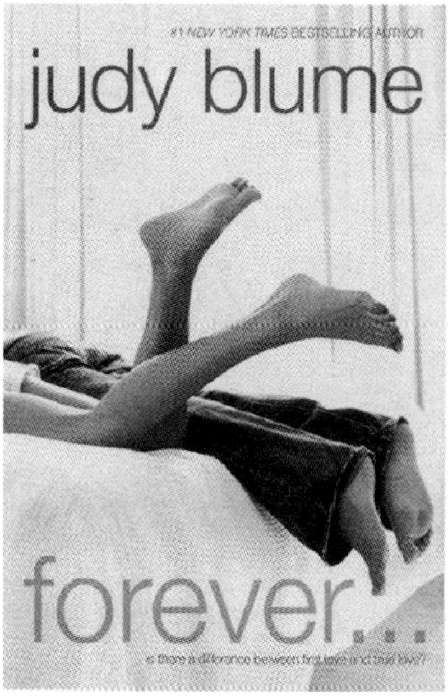

Atheneum Richard
Jackson Books 2003 年版封面

他们双方的态度都是积极而又负责任的，他们讨论了避孕和防止性病的问题，在没有避孕的时候，他们就互相手淫而不是性交。他们交往的情况书中描写得很详细。从麦克对凯瑟林胸部的迷恋、到后来频繁而又花样繁多的做爱方式都有具体描述。作为次要情节，书中还附带介绍了他们的几个朋友的性行为。外号叫“女巫”的女孩“有着天才的 IQ（智商），至少和 6 个男孩上过床”，生了一个孩子却不知道孩子的父亲是谁。埃里卡试图和一个极有天赋的中学男演员阿蒂发生性行为来帮助他判定他是否是同性恋，但是她的努力导致了阿蒂想要自杀。

凯瑟林的父母考虑到她年纪还小，不能现在就把一生托付给麦克，于是他们要求凯瑟林和其他人约会，还把她送到数百英里以外的夏令营去工作，以考验他们的关系。当凯瑟林的祖父去世时，凯瑟林投入了年轻的律师泽奥怀抱，泽奥聪明地告诉她说他需要她，这使凯瑟林认识到她不可能真的“永远”爱麦克。当凯瑟林和麦克再次见面时，凯瑟林决定和麦克分手，使得麦克陷入愤怒和痛苦之中。

这本小说被人称为一部“中学生的性爱指南”。

争议内幕

《永远》这本小说因为含有详尽的、反复出现的性描写遭到学校和图书馆的多次查禁。查禁的理由主要是“语言淫秽下流，谈论手淫、避孕和反抗家长”、“涉足了上帝所禁止的婚外性行为”、可能鼓励年轻读者“去尝试性行为”、“把性意识灌输到孩子们的脑子中”等。20 世纪 80 年代至 90 年代，宾夕法尼亚州、佛罗里达州、俄亥俄州、缅因州、加利福尼亚州、伊利诺斯州和爱荷华州一些中学图书馆把该书列为“限制阅读”的书籍或是查禁了该书。1999 年，《永远》入选 90 年代美国最有争议的 10 本书之一。2005 年，《永远》还被美国图书馆协会评为年度最受争议书的第二名。布鲁姆是美国历史上被禁次数最多的儿童书作家，她还自编了一本被禁作品集，名为《我也不想这样》。

詹姆斯·乔伊斯 [爱尔兰]

《尤利西斯》

作者简介

詹姆斯·乔伊斯(1882—1941)是现代主义小说鼎盛时期的代表,意识流小说大师。他出身于爱尔兰首都都柏林的一个税务官家庭。少年时在天主教耶稣会办的学校里受过严格的古典文化与宗教教育,青年时代入都柏林大学学院专攻现代语言学课程。其时,爱尔兰政局动荡不安,天主教会的影响使社会沉闷压抑。乔伊斯于20岁左右便下定决心离弃家庭,与天主教及都柏林庸俗狭隘的生活决裂。1904年,乔伊斯离开爱尔兰,开始流亡欧洲大陆。他先后到过奥地利、意大利、瑞士、法国,做过银行职员和英语教师,后在热心人的资助下,才能从事文学创作。1941年,乔伊斯逝世于瑞士苏黎世。其作品有诗集《室内音乐》(1907),短篇小说集《都柏林人》(1914),长篇小说《一个青年艺术家的肖像》(1916),剧本《流亡者》(1918),长篇小说《尤利西斯》(1922),长篇小说《芬尼根守灵夜》(1939)。代表作品《尤利西斯》堪称西方现代文学史中的一部开创性巨著。

作品提要

乔伊斯 1904 年的照片

小说《尤利西斯》描写都柏林三个居民——年轻的爱尔兰作家、教师迪德路斯,犹太广告推销员布卢姆及妻子莫莉——在1904年6月16日早晨6点到夜间2点40分,19个多小时的经历。

早晨8点钟。一年前因丧母从巴黎回到都柏林的迪德路斯心里老惦念着一件事:母亲临终时曾经恳求他跪下为她的灵魂做祷告,出于对宗教教规的反抗,他背叛了天主教教义并拒绝了母亲的请求。如今她已死去1周年了,这件事使他感到内疚,心神不安。这时,他来到旧城楼的楼梯顶上,向外眺望都柏林港,看着窗外的大海,母亲可怕的幻影在他脑际突然间再次展现出来。他自言自语道:“不,妈,让我按自己的想法去做,让我自由地生活!”但他对母亲仍感到内疚并痛恨

Vintage Books 1990 年版封面

酗酒堕落的父亲。他厌恶周围的世界，感到自己的生活变得毫无追求，于是便放荡不羁。早餐后，迪德路斯离开旧城楼去学校教古代史，他对学生们说："历史是一场噩梦，我竭力想从梦里醒来。"这一天是学校的半休日，学生们很不安心，有一个学生连简单的题目都答不出来，在他身上迪德路斯仿佛看到了自己儿时的笨拙。下课后，他松了一口气，独自去海边散步，打算去拜访他一向瞧不起的一个舅舅，认为这样也许可以减轻他对母亲不孝的内疚，但他又打消了这个主意。他想到了世界和人类的起源，想到了文学和他学生时代的日子，想到了他的不幸，想起了贫穷的家庭和那既寒酸又讲究绅士派头的酒鬼父亲。回家后，他想动手写诗，但是写不下去。下午，他去图书馆，写了一篇长长的但自认为很好的讲稿，谈的是莎士比亚与他父亲的关系，其实正是讲他自己。

同一天，犹太广告推销员布卢姆起来后给妻子莫莉做早点并取来了邮件。莫莉是一个才能平庸的职业歌女，一个身体肥胖、纵情声色的女子。结婚 16 年来，布卢姆是个称职的丈夫，从不对妻子发牢骚。他知道莫莉不断有外遇，虽然表面上对此无动于衷，心里却多少有点不高兴，只要有人提及此事，他就立刻转变话题。布卢姆一边吃着早餐，一边看女儿的来信。他的女儿在马林加的一家照相馆工作，她的信令布卢姆想起了早早夭折的儿子，因为女儿信中讲了一个青年学生，布卢姆便担心女儿会跟她母亲一样。布卢姆出去溜达，到邮局取了封信。由于在家里生活不幸福，他就用一个假名通过邮件调情。他懒懒地走过一座教堂，听了会弥撒，后来，他又跟随一群人去参加一个老朋友的葬礼。在葬礼过程中，布卢姆想到牧师每天都要迎接一批新尸，一年到头，牧师就做同样的祷告，撒同样的圣水。他又一次想起了夭折的儿子和自杀身亡的父亲。在他的下意识中，他还幻想着老朋友在地狱中的所见所闻。这天，布卢姆的工作是去报社安排一个广告的印刷。在报社里，布卢姆和迪德路斯相遇，但两人都没打招呼。离开报社后，布卢姆走过奥康奈尔桥，向别人谈起葬礼情况。布卢姆一边走着，一边欣赏着夏日都柏林的景色，最后他走进一家酒馆，要了份点心，后来又来到了国家图书馆查找一些报纸资料，在那儿他又碰到了迪德路斯，但两人仍然没有打招呼。中午，布卢姆在奥蒙德饭店吃了一顿过时午餐，看到了莫莉的相好，他听见人们嘲笑莫莉是贱货，便竭力想把话题引开，但丝毫没起作用。黄昏时分，布卢姆在酒馆卷入了一场关于拳击赛中博彩的事，他从嘲骂的人群中出来，跑到桑迪蒙特海岸去消遣。一个美丽而放荡的女子正带着一群孩子在打球，他站在旁边不禁心猿意马。月亮升起来后，布卢姆决定去医院去看望一个临产的太太。他沿着海岸慢慢走着，经过教堂时，里面的布谷鸟钟敲了九下，这时他突然意识到，当他在海滩上梦想着爱情时，他又做了一次乌龟。到了医院，他得知那位太太难产。在那儿他又一次看到了迪德路斯和一群医学院学生正在喝酒，讲着关于生产的下流话。他跟着他们来到附近的一个酒馆，然后和他们一起去逛妓院。醉意朦胧中，他仿佛看到了妻子和相好寻欢作乐的画面，而自己却成了世人的笑柄。迪德路斯喝得烂醉，似乎看到死去的母亲突然从墓地走出来，再次请求他为她的灵魂做祈祷，但他依然不肯。最后，他匆匆地跑向街头，与两个英国士兵打了一架，结果被打倒在地。赶来的布卢姆将他扶起，觉得他就像他那夭折了的儿子，就把他带回自己家里。此时，迪德路斯已经精疲力竭，一直沉默不语，而布卢姆则大谈艺术与科学。布卢姆让迪德路斯留下来过夜，并希望他少与那些放荡的朋友来往，并与自己住在一起，但迪德路斯拒绝了。他离开了布卢姆家，走回寂静的街道，听到了圣乔治教堂的钟又响了起来。布卢姆爬上床，在昏昏欲睡时以命令的口吻对莫莉说，她必须明天早晨起床为他做早餐。莫莉则躲在床上无法入睡。她回忆着自己的一生，想起她当初怎样结识布卢姆，后来又怎样和那么多男人胡搞。她想到人体的神秘，想到她所认识的人们，她在直布罗陀兵站度过的少年时代。她还幻想着迪德路斯来和她丈夫住在一起，迪德路斯有才气、年轻、高雅、有教养，是个不错的相好。她又想起布卢姆对她的追求，他们一起度过的岁月，想起了布卢姆向她求婚那天，她头上带着玫瑰花，两人紧紧拥抱在一起。她一直醒着，任思绪畅游，而此时此刻，她那俗不可耐的尤利西斯即布卢姆在虚度了一天之后，正在她身边的黑暗中打着隆隆的呼噜。

争议内幕

1920年，《小评论》刊登了《尤利西斯》的部分章节，于是该杂志主编被送上了法庭。1922年，美国邮局以“有伤风化”的罪名将500册《尤利西斯》当众焚毁。在法庭上，法官判决停止发行《尤利西斯》。

虽然该书在英美是禁书，但在德国、法国和日本相继出版了它的译本。1930年，纽约兰登书屋正准备出版这本书，它邮寄的一本《尤利西斯》被海关没收，于是《尤利西斯》又被送上了法庭。这次的庭审法官否定了《尤利西斯》是淫秽作品的说法，并且在法律上形成了判断一部作品是否为淫秽作品的标准，即如果一本书从总体上说有文学价值，书中所谓的淫秽部分对于表现这本书的主题又很重要，那么这本书就不应当被认定为是淫秽作品。此后，《尤利西斯》才得以在美国出版发行。

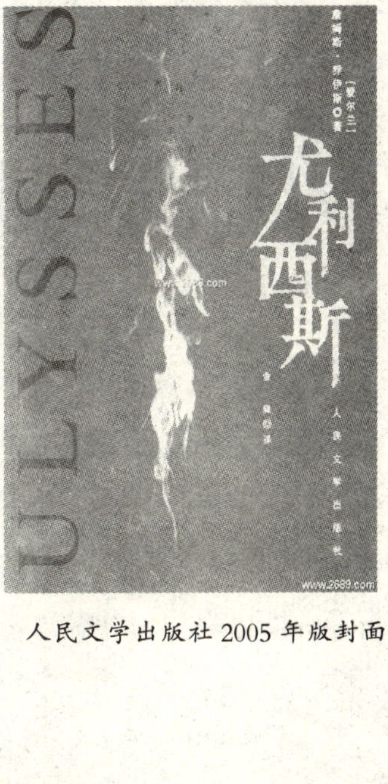

人民文学出版社2005年版封面

萨德［法国］

《贞洁的厄运》

作者简介

萨德(1740—1814)是法国一系列色情和哲学书籍的作者。萨德生活在法国历史上最动荡的时期，一生充满冒险经历，他在大革命的不同时期被3个不同性质的政权关押，在监狱中度过了25年。他的思想、行为和作品都表现出一种罕见的极端性。萨德的作品丰富而杂乱，包括诗歌、戏剧、散文、小说、哲学对话等多种体裁，其中大部分是在监狱中完成的。主要小说作品有《贞洁的厄运》、《闺房哲学》、《爱之罪》、《香阁侯爵》等。在这些作品中，萨德大量、细致地描绘了千奇百怪的色情场景，特别是性关系中的虐待行为，后来的学者把主动虐待别人的行为称为“萨德现象”(Sadism)，即“施虐症”。

Peter Owen Publishers 1996 年版封面

作品提要

《贞洁的厄运》由两篇小说合并而成，是萨德最重要、最著名的小说作品，全书共10卷，近4000页，初版带有100幅色情插图。小说叙述的是两姊妹的故事。于丽埃特和于丝汀是大银行家的女儿，姐姐于丽埃特15岁，褐发，妹妹于丝汀12岁，金发。两人都十分美丽，寄养在修道院中，过着无忧无虑的生活。因银行破产，父母双亡，她们被扔到了大街上，举目无亲，一文不名，只能依靠自己的力量白手起家打天下。由于姊妹俩对今后生活的态度和打算不一，因而一出修道院即分道扬镳，各奔东西。

妹妹于丝汀天性纯真善良。她试图在艰难困苦的环境中保持自己的信仰、美德、贞操，但在实际生活中却根本行不通，处处碰壁，遭到一连串无情的打击。她先后落入色魔、强盗、放荡的教士、虚伪的贵族、凶残的制假钱者等人手中，一再地被欺骗、玩弄、强奸。最后受人诬陷而被逮捕、审判。

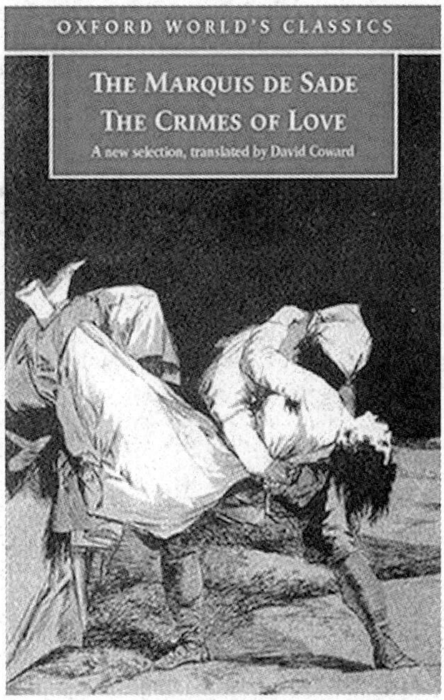

Oxford University Press 2005 年版封面

姐姐于丽埃特的性格和妹妹恰恰相反。她狡黠，精于世故，为达目的不惜一切手段。她走出修道院后自愿进入一个妓院，很快成为远近闻名的高级妓女。后来嫁给了一个老实巴交的贵族，得到了侯爵夫人的头衔，但又施计害死了丈夫。后因犯罪事发逃到了意大利。在意大利，她四处旅行，出入豪门，以卖淫和偷盗为生，先后和佛罗伦萨大公、罗马教皇、那不勒斯王子等一起组织过放荡聚会，最后身价倍增，胜利地回到巴黎，进入法国上流社会。

小说中，于丝汀在被押解到巴黎的路上遇见了于丽埃特，向她讲述了自己的悲惨遭遇。姐姐通过自己的关系为她洗清了罪名。但在一个暴风雨的夜晚，妹妹按照姐姐的吩咐去关窗户时被雷电击中而丧命。

萨德在此书献辞中写道，他要破除人们对善有善报、恶有恶报的幻想，要通过人们至今未采用过的方式来表现邪恶最终战胜善良。小说中，妹妹于丝汀身上集中地体现了一切传统道德，但她却沦为命运的玩偶、施暴的目标、泄欲的对象，受尽最野蛮的折磨和摧残，这就是"美德的不幸"。姐姐于丽埃特是邪恶的象征，做尽坏事，但她却一帆风顺，飞黄腾达，这就是"恶行的走运"。在小说结尾处命运借助姐姐之手杀死了妹妹：恶行战胜了美德。小说中还充满了强奸、同性恋、乱伦、性变态、性虐待和血淋淋的暴力场面的描写，骇人听闻，不堪入目。

争议内幕

萨德的大部分作品都是在监狱中完成的，一些手稿被家人和政府烧毁，未能传世。《贞洁的厄运》通过两姊妹那既相互补充、又相互对立的故事表达出的抑善扬恶的思想，以及大量大胆的性描写与社会公认的道德标准相背，因此小说一发表便招来了一片谩骂声，被认为猥亵下流，是性欲狂的胡言乱语。萨德的作品往往被认为既无艺术价值也无思想价值，他的作品被法院明令查禁，在某些国家公开出版发行只是最近的事情。

西尔维亚·普拉斯 [美国]

《钟形罩瓶》

作者简介

西尔维亚·普拉斯(1932—1963),是美国女性文学中一位颇具代表性的诗人、小说家。她出生于波士顿一个贫苦家庭,在中学时就开始不断发表诗作和短篇小说。1960 年出版了第一部诗集《巨人》。1961 年初,普拉斯开始写自传体小说《钟形罩瓶》。普拉斯为创作《钟形罩瓶》酝酿很久,在她进入大学后不久,就对自己的女性身份越来越敏感,对作为诗人、妻子和母亲的复合角色产生了强烈的心理冲突。小说署名是普拉斯的笔名“维多利亚·卢卡斯”,并于 1963 年 6 月自杀前一个月发表。普拉斯死后出版的作品包括诗集《爱丽尔》、《涉水》、《冬树》和《西尔维娅·普拉斯诗集》。其中《爱丽尔》再版 7 次,并获美国普利策诗歌奖,深受评论界的重视。

Faber and Faber Publications
1966 年版封面

作品提要

小说描述了一位女学生埃丝特·格林伍德 6 个月的生活片段。埃丝特才华横溢,事业心和自尊心极强,她的门门功课都是 A。埃丝特长相一般,也从未把自己看做美人,但她像其他追求时髦的姑娘一样,沉湎于对流行的盲目追求。为此她时常感到羞愧并诅咒自己, 却又不自觉地一味追求时髦,千方百计吸引异性,因为她知道受异性欢迎,远远高于她作为好学生的价值。有一次埃丝特被男友邀请参加耶鲁大学的舞会,她突然发现令同伴们侧目的并不是她平时的优异成绩而是她的表面形象。在纽约的舞会上,当一个陌生男人走向她和女伴时,他选择的是她的女友多利而不是她,埃丝特自尊受到严重伤害,对她的追求产生了怀疑。

埃丝特从小接受传统教育,长大后很重视贞操,直至 19

岁还是个处女。母亲写信给她，要她保护贞操，这使她大惑不解。她遇到的男人似乎都把女人分成贞洁型和淫荡型。她大学里的一位男朋友埃里克把所爱的姑娘视为贞洁型，而另一个女性憎恨者马克却把她看做荡妇，威胁说要强奸她；而埃丝特的反应是，当她发现多利轻浮放荡的行为时就赶回旅馆洗个热水澡来荡涤污浊。

Harper Collins Publications
2000 年版封面

有一天，受男友巴迪的邀请，埃丝特在他的医学院分娩室看到了一个个钟形玻璃瓶内装着的死胎，和一个在诅咒和呻吟中被麻醉的分娩的母亲，觉得女人只是受男人控制而从事生产的机器。

后来，埃丝特到巴迪家时发现，威拉德太太花了几个星期用她丈夫的旧毛衣织成的地毯，只是作为厨房门口的擦脚垫，威拉德太太只是从早到晚忙碌不停的、无聊的家庭主妇而已。作为对传统女性角色的厌恶和报复，她蔑视并拒绝了巴迪的求婚。社会的双重道德标准使她和巴迪的关系日趋复杂，当她获知巴迪与女招待有过性行为后十分恼火，感到自己受了欺骗，从此他们之间的和谐关系完全破碎了。为了获得心理平衡，她决心挑战传统的道德标准——失去贞操。回校以后，她在图书馆的台阶上随便引诱了一个年轻教授欧文，事后血流不止，痛苦不堪。

在离开纽约前，埃丝特从旅馆高楼的窗口，把所有的时髦服饰全部抛弃，作为对时髦女性形象的鄙视、对世俗的唾弃和对社会标准的排斥。当埃丝特获悉没有被录取参加一个暑期工作班时，便对自己的前途彻底绝望，试图自杀，获救后她的观念走向了另一个极端。虽然此时她已被彻底毁容，但她感到非常满足。回校以后，她由于精神崩溃又多次自杀未遂，最后被送往精神病院治疗。在医院里她遇见了医生罗兰，发现她才是完美女性的代表，因为她既温柔内敛又刚毅果敢，事业得意，感情美满。在罗兰治疗和开导下，埃丝特回校继续学习，开始了新的生活。

争议内幕

《钟形罩瓶》受到指责的原因是它过多地讨论了性，书中充满淫秽的内容，还批评传统的婚姻生活和母亲的角色，把婚姻比做无聊的家庭责任的监狱，形容母亲是与肮脏为伍的苦力、生孩子的机器等。20 世纪 70 年代，印第安纳州几所中学的校长要求把《钟形罩瓶》一书从学生必读书目中删除，理由是这本书不适合学生阅读。

彼德·赖特［英国］

《捉拿间谍的人》

作者简介

彼德·赖特(1916—1995),英国军情5局的专职科学家。他是该局历史上第一位专职科学家,后升至该局副局长。

作品提要

《捉拿间谍的人》是赖特退休后写的回忆录。书中披露了许多涉及英国国家利益和声誉的重大内幕,讲述了英国谍报机构的侦查技术和若干重大的反间谍案件的侦查行动,还披露了许多重要内情。20世纪五六十年代,军情5局对埃及政府展开间谍活动,赖特发明了一种方法,可以破译埃及大使馆使用的密码。这一技术在苏伊士运河危机中发挥了很大作用。同时,军情5局还计划暗杀当时的埃及总统纳赛尔。赖特透露,军情5局不仅对苏联等敌对国家安装窃听设备进行窃听,还在盟国法国的大使馆安装窃听设备。赖特还着重谈到苏联的“五人间谍网”是如何打入英国谍报机构的。赖特对这“五人”,特别是“第五人”进行跟踪追查,查出这“第五人”就是当时身为军情5局局长的霍利斯。这些事件披露以后,在英国政府和情报部门引起了相当大的恐慌,人们怀疑情报部门保守机密的能力。

Musson Books 1987 年版封面

争议内幕

1987年,英国《星期日泰晤士报》等报纸发表了《捉拿间谍的人》部分节选。英政府立即决定,暂时禁止英国的报纸等媒体报道有关该书的内容。《星期日泰晤士报》对该禁令向法院提起了上诉,但法院作出了有利于政府的判决。不久,此书在澳大利亚发行。英国前首相撒切尔夫人试图阻止该书在澳大利亚发行,引出了一场旷日持久、花费巨大的司法大战,结果以失败告终。1989年5月,英国一高级法院作出判决,宣布《星期日泰晤士报》和《独立报》违反了有关禁止发表《捉拿间谍的人》一书内容的命令,并对它们处以罚款。

艾丽斯·沃克 [美国]

《紫颜色》

作者简介

艾丽斯·沃克(1944—),美国著名黑人女作家。出身于美国南方佐治亚洲的一个佃农家庭,自幼便对南方黑人所受的痛苦压迫有着切身体会。20世纪60年代,她就读于莎拉·劳伦斯学院并获得了学士学位。沃克是著名的女权主义者,60年代起就积极参加美国黑人民权运动和女权运动,并担任妇女运动刊物《女士》的主编。然而,她与一位白人律师的婚姻却在当地引起了争议,无论是黑人还是白人都强烈地抨击她这一大胆举动。此次事件让沃克清楚地认识到黑人妇女的悲惨处境,她们不仅会受到白人种族主义的压迫,同时也将遭遇来自于家庭和黑人社区内部的性别歧视。沃克的作品大都以故乡为背景,充满对社会问题的严肃思考。主要作品有《格兰奇·卡普兰的第三次生命》、《梅丽恩迪》、《革命的牵牛花》、《兰斯顿·休斯传》、《紫颜色》等。1983年,沃克的长篇小说《紫颜色》获得了全国图书奖和普利策两项大奖。

作品提要

小说通过一对黑人姐妹——西莉和耐蒂的书信展开叙述。全书共92封书信,作者将书信体与黑人古老的抒情有机结合在一起,熟练运用黑人的方言,使整个作品色彩浓郁,耐人寻味。故事发生在20世纪初美国南方佐尔亚的一个小山村里。14岁的西莉遭到父亲奸污而怀了孕,她又羞又怕,只是偷偷地给上帝写信,倾诉心中的惶惑,西莉先后生下一男一女两个孩子,都被父亲夺走送了人。原本身体便很虚弱的母亲不了解事情的真相,在病痛和绝望中悲惨地死去了。父亲随即又娶了一个年轻女子为妻,然而却依然不放过任何能蹂躏西莉的机

电影《紫颜色》剧照中的姐妹俩

Harcourt Publications 1992 年版封面

会，同时他又想将魔爪伸向西莉年幼的妹妹耐蒂。为了保护妹妹不受到侵犯，可怜的西莉不得不一次又一次地屈服于父亲的淫威。然而父亲终于对西莉厌倦了，而且他更急于除掉这块挡在他与耐蒂之间的“绊脚石”。在西莉 20 岁那年，父亲强行将她嫁给了村里的一个鳏夫。西莉不敢也不愿对丈夫直呼其名，在写给上帝的信件中，她只称为某某先生。

原本某某先生对西莉毫无感情，他只是因为看中耐蒂才上门求亲的。由于父亲答应给西莉一头母牛作为陪嫁，这才勉强同意娶西莉为妻。同时，村中盛传某某先生还有一位名叫莎格·艾弗里的情妇。一个偶然的机会使西莉得到了莎格的照片。不知为什么，西莉一下子就对照片中的女人产生了好感。西莉结婚后毫无怨言地照顾着某某先生前妻留下的四个小孩子，并包揽下家中所有大小杂务，然而某某先生却依然对她百般虐待，非打即骂。在他的眼中，西莉只是他发泄性欲的工具。受尽了苦难的西莉对此早已麻木不仁，习惯了逆来顺受的她全然失去了反抗的意识。一次，进城的时候，西莉在布店中看见一个女人带了个五六岁大的小孩在挑选布料。母性的直觉告诉西莉那就是她失散了多年的女儿奥莉维亚。西莉没有前去相认，然而单单知道女儿尚在人世，西莉已经很满足了。这时，耐蒂忍受不了父亲对她的不轨企图，出逃来到了西莉家，但没安好心的某某先生却也妄想占有耐蒂。在遭到耐蒂拒绝后，某某先生借故将她赶了出去。西莉和耐蒂临分别前约定互相通信，可耐蒂别后却音信全无。

某某先生的大儿子哈波已经长大成人并开始恋爱了。他不顾父亲的反对，与恋人索菲亚组成了小家庭。索菲亚是个高大壮实、具有叛逆性格的姑娘，她真心诚意爱着哈波，却不容许他奴役自己；哈波深受大男子主义旧观念、旧习俗的毒害，希望索菲亚能像西莉那样对丈夫俯首贴耳。索菲亚公然反抗哈波对她的欺压，并且取得了不小的胜利，然而这种时常爆发的打闹也使夫妻双方苦恼不已。在此期间，某某先生的情人莎格到镇上来了，她的出现使某某先生兴奋极了。莎格是一位很有特色的歌唱家，镇上喜爱她的男人都把她叫做蜜蜂皇后。莎格身患重病，某某先生把她接到家中，西莉的精心照顾使她很快恢复了健康。不仅如此，西莉还得知，如果不是因为某某先生父亲的干涉，莎格原应嫁给某某先生的。可是，西莉对这个处在情敌地位上的女人却没有丝毫厌恶之情。

索菲亚终于下决心离开了哈波。百无聊赖的哈波建起一个酒吧，莎格的演唱使酒吧每晚都宾客盈门。在不知不觉中，西莉和莎格成了无话不谈的知心好友。当莎格得知西莉时常遭受某某先生折磨时，她便决定留下来帮助西莉。莎格鼓励西莉去了解自己的身体，认识自己的聪明才智，甚至让她试着去体味性生活能给女人带来的乐趣，可西莉清楚，莎格还是会离开她的。这时倔强的索菲亚因为顶撞白人市长而被送进监狱，狱警们将她殴打得面目全非。她被判了12年徒刑，在狱中过着非人的生活。大家都知道，如果不想办法将她从监狱中救出来的话，索菲亚会送命的。哈波的新女友吱吱叫主动提出由她去向监狱长求情，为此她惨遭监狱长的强暴。索菲亚最终也被释放出狱，只是她依然逃脱不了去为白人市长及其夫人做女佣的命运。面对白人对待黑人的那种居高临下、轻蔑无比的态度，索菲亚只能默默地忍受。

莎格再次回来的时候，带回一辆汽车，同时也带回一个丈夫。和莎格谈心的时候，西莉向她倾吐出自己在少女时期的悲惨遭遇。莎格对西莉十分同情，并对西莉表露了她的爱意，由此之后，西莉似乎找到了信心的源泉。莎格发现，某某先生把耐蒂写给西莉的信全部藏了起来。机智的莎格靠着和他打情骂俏的机会，将所有的信偷了出来交到西莉手中。西莉对某某先生的行径感到十分气愤，她生平第一次公然反抗了某某先生，并决定和莎格一起去田纳西州北部的孟菲斯，那里有莎格自己的家。西莉从未觉得自己会像现在这样自由和快乐。在莎格的鼓励下，西莉学着缝制长裤，并开了一个裁缝铺子，她有了朋友和爱，也有了金钱和时间，而且还开始学习文化知识了。

从耐蒂那厚厚一叠来信中，西莉得知了耐蒂自出走后的一切经历。当时，无处可去的耐蒂来到塞缪尔牧师夫妇家里，他们恰好是西莉的儿女——亚当和奥莉维亚的养父母。于是，耐蒂承担下照看孩子的工作。塞缪尔夫妇正准备动身去非洲大陆的奥林卡地区传教，耐蒂也随其来到非洲。在非洲的所见所闻让耐蒂感到既激动又痛心。这片祖辈们曾居住过的大陆上依然充斥着愚昧和疾病，耐蒂和塞缪尔夫妇在奥林卡安下家，一面传教一面传授各种文化知识，生活十分艰苦。转眼间数年便过去了。塞缪尔夫人感染上非洲的疟疾不治身亡，亚当和奥莉维亚也成为大孩子了。亚当爱上了美丽的当地姑娘塔希，却又深深地震惊于奥林卡部族沿留的残害女性身心健康的种种陋俗。英国殖民主义者为了开垦橡胶园，肆意破坏奥林卡人民的村落及其赖以生存的土地，并勒令奥林卡人离开家

Phoenix Press 2004 年版封面

译林出版社 1998 年版封面

园，搬迁别处。塞缪尔和耐蒂赶去向主教求助，却遭到教会的冷眼相待。失望之余，塞缪尔鼓励奥林卡人去投奔住在丛林深处的布雷田人，让非洲人民联合起来反抗白人的殖民统治。在塞缪尔夫人临死前，耐蒂向他们坦露了两个孩子的身世，而此时，耐蒂发现自己居然一直深爱着塞缪尔，于是，两人幸福地结合了，并决心带着奥莉维亚、亚当和已成为儿媳的塔希乘船返回美国。

更让西莉感到高兴的是，耐蒂告诉她，那个曾经对她施暴的人并不是她们的亲生父亲。这一消息驱散了一直笼罩在西莉心头的阴影。而某某先生在西莉离开他之后，一改过去懒散的大男子主义作风，变得勤劳起来。他向西莉承认了自己过去的错误，并获得了西莉的原谅，西莉终于乐意以名字称他了。两个人虽然没有复合，却也建立起诚挚的友谊。继父死后，西莉得到了一幢房子作为遗产，她做梦也没有想到她会拥有自己的房子。然而，西莉忽然发现莎格爱上了一个 19 岁的男孩。西莉虽然心碎欲绝却又深知这便是莎格的风格——想爱就去爱，全然不受约束。慢慢地，西莉学着去习惯没有莎格在身边的生活，可这时，莎格却再一次回到西莉家中。

回来的并不止莎格一个。耐蒂和塞缪尔带着两个孩子在某一天突然出现在西莉眼前。西莉终于得以和阔别了多年的妹妹重逢，终于可以和亲生的儿女欢聚一堂。虽然孩子们早已成年，而此时的西莉却觉得自己格外年轻。

争议内幕

沃克完成《紫颜色》后曾把它交给一位自己的编辑好友审阅，但这位编辑表示小说涉及了乱伦、强奸和同性恋等内容，他建议沃克对某些情节进行修改，以便出版。但沃克并没有采纳他的建议。后来，《紫颜色》在另一家出版公司出版后大受欢迎，但也有人对它提出尖锐的批评，并引起男性读者——尤其是黑人男性的指责与抗议。这些批评主要集中于两点：一是它的激进的女权主义观点，二是他对同性恋的描写。对此沃克解释说，黑人妇女身受双重压迫，她们所受的性别歧视远远超过了白人妇女。至于同性恋，她说这是现实存在的，不必大惊小怪。随后不久，名导演斯皮尔伯格将其改编并成功地搬上银幕，并获得奥斯卡奖提名。

托尼·莫里森［美国］

《最蓝的眼睛》

作者简介

托尼·莫里森(1931—),美国当代女作家。出身于普通的黑人家庭,大学时攻读英语和古典文学,在康奈尔大学获得硕士学位。1965 年莫里森开始了在兰登书屋的编辑生涯,一直升任至高级编辑。第一部小说《最蓝的眼睛》发表于 1970 年,这本书获得了评论界的赞扬。1973 年,莫里森的第二部小说《秀拉》出版,获得了全国书评界小说奖的提名。1977 年,她的第三部小说《所罗门之歌》获得了 1978 年度全美书评界小说奖。之后,她的另一部小说《柏油娃》雄踞全美畅销书榜 4 个月之久。1987 年她发表了代表作《宠儿》。这部小说使托尼·莫里森赢得了世界范围的赞誉,并使她荣获普利策文学奖,从此,莫里森跻身于 20 世纪的杰出文学家之列。莫里森被聘为普林斯顿大学人文学院的教授。之后,她又发表了小说《爵士乐》、《天堂》和文学集《大盒子》。托尼·莫里森对文学特别是女性文学及黑人文学的巨大贡献,使她荣获了 1993 年度诺贝尔文学奖,成为世界上获得诺贝尔文学奖的 8 位女性之一,也是唯一获此殊荣的黑人女性。

南海出版公司 2005 年版封面

作品提要

9 岁的克劳蒂亚与 10 岁的弗里达·麦克蒂尔同父母一起生活在俄亥俄州的洛伦城。父母终日为生计奔忙,无暇顾及自己的女儿。学校已经开学了,姐妹俩还要帮着家里去拾从列车上掉下来的煤炭。麦克蒂尔家的房子很宽敞,但是却破旧透风、老鼠四窜。然而,全家却生活在爱与稳定的基调上。在麦克蒂尔家寄宿着两个人——亨利·华盛顿与一个叫皮克拉的黑人小女孩。亨利十分讨孩子们喜欢,因为他时常会逗她们开心,还给她们变魔术——他给她们一个便士,然后再把钱变没,惹得女孩子们找那枚藏在他身上的硬币。皮克拉的父亲烧

Rosetta Books 2002 年版封面

毁了自家的房子，这使得克劳蒂亚姐妹俩对她十分同情。皮克拉非常喜欢童星秀兰·邓波儿，她深信美丽就是白色的肤色，而自己却很丑陋。

搬回自己家以后，皮克拉的日子异常难熬。父亲经常酗酒，每次酒醉回家后都会和母亲大吵一架，皮克拉希望自己能够消失掉。她想象着，除了眼睛身体的每个部分都在溶解消失。她憎恨那使自己被老师和同学忽视的丑陋外表。皮克拉认为，如果她能有一双蓝色的眼睛，她就能得到关爱，她的命运就会被改变。杂货店老板对皮克拉说话的态度很粗暴，当她把钱递过去的时候，他根本不想碰她的手。回家的路上皮克拉又气又羞。这些又都使皮克拉更加相信自己相貌的丑陋。就连母亲也错怪她杀了尤尼奥尔(一个浅黑色皮肤的小男孩儿)的小猫，骂她是“肮脏的黑人小婊子”。

她的母亲波琳有一只跛足，常常感到很孤独。一天，她正好碰到查理·布莱得拉夫，他们相爱了，婚后来到洛伦城。那里的女人对她很不友好，她们耻笑她的乡土味儿。她一直沉迷在电影里，电影使她相信只有美丽的人才配拥有浪漫爱情，而她自己却相貌丑陋。她觉得只有在工作时才最有生气。她的工作是给一个白人妇女打扫房间，而这家人也十分欣赏她出色的工作。她开始只爱这个白人家庭，忽视自己的家和家人。皮克拉的父亲查理襁褓时就被父母遗弃在垃圾堆上。他第一次做爱的时候被两个白人男人发现，他们羞辱他，让他当着他们的面继续做爱。他跑去找自己的父亲，却遭到父亲的辱骂和冷落。从那以后，查理就变得放荡起来。他爱女人，打女人，找工作，辞工作，还杀了三个白人——却始终不以为然。婚姻让他觉得像个陷阱，他渐渐失去了对生活的兴趣，开始酗酒。

Knopf Press 2007 年版封面

一天，查理回家时看见皮克拉正在洗碗。在愧疚激起的爱恨交加的情感下，他奸污了她。然而，当皮克拉的母亲发现皮克拉躺在地上不省人事的时候，却不相信她讲的话，反而将她痛打了一顿。皮克拉去找索普海德·丘吉，一个冒牌的特异功能师，求他给自己一双蓝色的眼睛。他非但没有帮助她，还利用她去弄死一只自己讨厌的老狗。当皮克拉看见老狗吃了有毒的肉之后在地上痛苦地挣扎，最终死去时，她吓坏了。

克劳蒂亚和弗里达听说皮克拉怀了她自己父亲的孩子。她的父亲查理现在已经离家出走。整个街区都在指责查理的无耻行径，可是他们好像也在指责皮克拉的罪过。他们认为应该把皮克拉赶出学校。人们议论着，巴望那个没出世的孩子最好死掉。但克劳蒂亚和弗里达和周围其他人不同，她们想让这个孩子活下来。克劳蒂亚能想象那个未出世的孩子长着美丽的眼睛、美丽的嘴唇和美丽的皮肤。然而，皮克拉的孩子因早产而夭折。查理再次强暴了皮克拉之后离家出走，死在一家济贫院里。皮克拉疯了，拼命挥动着双臂，似乎试图去飞翔。她幻想着自己已经拥有了最蓝的眼睛。

争议内幕

《最蓝的眼睛》由于“淫秽粗俗”的语言和“对性行为的露骨描写”，在一些学校受到了抨击。比如小说中对皮克拉两次遭到强暴的露骨描写、皮克拉听到父母亲在隔壁房间做爱发出声音的情节和皮克拉的父亲查理第一次做爱的时候被两个白人男人发现的情节等。美国一些高中迫于家长的压力只能把《最蓝的眼睛》从学校图书馆中清理出去。